學習障礙與補救教學
教師及家長實用手冊
（第五版）

孟瑛如　著

五南圖書出版公司 印行

自 序

　　學習障礙是個高異質性的團體，國內師資培育體系在面對這類學生的補救教學與行為處遇訓練尚有很大的發展空間，而家長在面對這類孩子時更是惶恐。故而我最常面對的問題便是：「有沒有哪一種教法是公認對學障學生最有效的教學方法？」似乎人人都在尋找學習障礙學生補救教學的萬靈藥，雖然學習障礙無法躲避，只能克服。但目前的克服方法卻莫衷一是，我一直相信愛與正確的教育信念是不二法門，以愛為出發點，相信沒有教不會的孩子，如果甲方法不行，我們就試乙方法，乙方法失敗再試丙方法，在不斷嘗試的過程中不斷學習，總有一天會找到最適合這個孩子的適性教育萬靈藥！

　　我是國內教育體系畢業，再至國外修讀碩博士學位，回國後也一直待在教育體系服務，即使到大學任教後，仍保持作臨床個案的習慣，陸續在國內外相關的學障書籍上整理出了許多學習障礙學生的相關學習特徵，也加進了一些自己平日觀察到的學習障礙學習特徵，共整理出 258 個學習特徵，於是我開始有空時便像填空遊戲般的去試著填滿每個學習特徵下的補救教學方法，這種填空遊戲在平日繁忙的教學演講工作中給了我極大的樂趣，正如同當年每週三在《中國時報》生活版上寫認識學障兒專欄一般，它是一種隨時隨地皆可進行的活動，也許 15 分鐘下來便有了個小小的成品，不僅是快樂，也有成就感極了。後來我把這些學習特徵與補救教學濃縮成 202 點，並置於自己與研究小組所架設的「有愛無礙」網站上（網址：http://dale.nthu.edu.tw）。這種設計引起了使用者極大的回響，使用者希望我能將 202 個學習特徵建成一份有常模的量表，並繼續將其後附帶的補救教學策略部分再作整理。經過近一年的努力，再將 202 個學習特徵刪減成 106 個，最後經項目分析後，篩選了 80 題成為「國民中小學學習行為特徵檢核表」（孟瑛如 & 陳麗如，2011），其主要目的乃在篩選國民中小學學習障礙學生。而其所附帶的補救教學策略在本書這次五版改版中，已改列為分為五大部分：(1) 注

意力、記憶力；(2) 知覺或知動協調能力；(3) 理解、表達、推理能力；(4) 情緒與社會適應；(5) 自我刺激行為，共 126 點學習行為特徵及相關教學與班級經營策略。而其實教師及家長在面對篩選出來的學習障礙學生後，可能更關心的是如何作補救教學與行為處遇策略，為保留給教師及家長充裕的選擇與處遇空間，在學習行為特徵與補救教學建議前新增原有補救教學建議的原則：正向支持、合理調整與通用設計。並為方便使用與實用取向，本書自 2002 年初版時，我即嘗試在學習特徵與補救教學章節前放上次淺顯文字寫作的學習障礙定義、鑑定流程、鑑定工具簡介、資源班簡介，淺談個別化教育計畫，本次五版改版再融入特教新趨勢、新修正特教相關法規、DSM-5、ICD-11 及十二年國民基本教育課綱等相關概念，但不足之處尚多，敬祈各先進不吝指教。

　　回想由第一次玩學習特徵與補救教學的填空遊戲，到這本書的初版付梓，直到因特教法的修正及 ICF 的實施，在整體學習障礙定義、鑑定流程，甚或個別化教育計畫部分均有了甚大的改變，所以著手作二版的修正與改寫。因相關鑑定流程及測驗工具的推陳出新，而有了三、四版，直至今天的五版。過程中，總希望能藉由這本書所提供的各種學習與教學策略，讓學習障礙學生能在特教教師提供適性教學的協助下，逐步擴大自己的學習舒適圈。學習對我而言，就是思想自由，學會了，才能在領域裡自由飛翔，而成就感所帶來的喜悅更是難以形容，願書中的每種學習或教學策略都能為學生及教師帶來成功的經驗！

　　有時看著某一個學習特徵，依然可以回想起這是在哪一次個案諮詢時回答的問題，或是在看教學觀摩時所迸發的靈感，這期間要感謝許多教師、家長與學生的鼓勵，讓我有一直填下去與分享的樂趣，更感謝「有愛無礙」研究團隊長期以來的付出與陪伴。也感謝家人給我的無盡支持，讓我能在家庭、教學、研究及寫作間取得生活的平衡點。覺得自己是一個非常幸運與幸福的人，總能做自己喜歡的事，而喜歡的事總能做成！最後要謝謝五南圖書出版公司的同仁，讓這本書能順利的付梓！

孟瑛如　謹識

民國 113 年 9 月

目　錄

Contents

Contents

附錄 ■ ■ ■ 321

Contents

第 1 章

高異質性的學習障礙兒童

　　學習障礙是統稱一群因神經心理功能異常導致認知歷程成分（包括注意、記憶、理解、推理、表達、知覺或知覺動作協調等能力）異常的問題者。學障學生的主要外顯困難在聽、說、讀、寫、算的課堂表現上，但學習障礙的心理歷程缺陷往往不只包括學科方面，也包括發展方面的注意力、記憶力、思考、推理及表達等問題，例如：孩子的功課不好，有可能是因學業方面的障礙，也有可能是身心發展能力部分的問題；也就是有的學生需在被鑑定出來後施以學業上的補救教學，有的則需施以發展性補救教學，例如：注意力專注訓練、記憶策略訓練、思考力訓練及社會技能訓練等，以協助其學業的進步。

　　目前在一般資源班中的補救教學多偏向學業性補救教學，而較忽略發展性補救教學，這不僅是師資養成部分的問題，也是社會價值觀較重視學業成就，希望儘速看到學業成績的提升，無法忍耐通常需要費時較久才能看到效果的發展性補救教學，也較無法容忍教師在教室中從事不符學業進度與內容的補救教學。

　　除了現行補救教學方式的偏頗之外，學習障礙學生的高異質性也會為補救教學方式的選擇帶來困擾，甚至為家長及教師帶來無所適從之感。例如：(1) 有些孩子是智商能力和實際成就間的差距，也就是智力測驗分數為正常或以上，但學業成就卻可能是班上最後幾名；(2) 有些孩子則是智商能力間的差距，有可能操作或空間部分的智商能力很好，但語文部分的智商能力卻很差，在現今課堂表現大多需依賴語文能力的情形下，往往會影響學業上的整體表現；(3) 部分孩子是同一智商能力內不同成分間的差距，例如：同為語文智商，有可能常識能力很好，然而語文理解能力卻很差；(4) 另有些孩子會呈現學業成就科目間或同一科目不同成分間的差距，例如：國語和數學科間的成就差距極明顯，或是國語科部分可以認字並讀字，卻無法理解字義；(5) 還有些孩子會呈現不同評量方式間的差距，例如：填充與選擇題間表現的差距。

　　正因為學障學生的異質性是如此的高，而教師養成體系在面對這類學生的補救教學訓練準備是如此不足，故而在面對家長與教師時，我最常面對的問題是：「有沒有哪一種教法是公認對學障學生最有效的教學法？」通常我只能無奈的搖頭，學障補救教學是沒有單一萬靈藥可尋的，但愛與正確的教育信念卻是尋求正確教學法的不二法門。學障的補救教學法繁多，只要我們能秉持愛學生的信念，相信沒有教不會的學生，則甲方法行

不通，我們可以試乙方法，在以愛爲主軸的情形下，終有一天最適合孩子的適性教育萬靈藥會出現！

第一節 我國關於學習障礙兒童之定義

我國在民國 81 年，教育部方正式提出國內第一個法定的學習障礙定義，其內容如下：

「學習障礙，指在聽、說、讀、寫、算等能力的習得與運用上有顯著的困難者。學習障礙可能伴隨其他障礙，如感覺障礙、智能不足、情緒困擾；或由環境因素所引起，如文化刺激不足、教學不當所產生的障礙，但不是由前述狀況所直接引起的結果。學習障礙通常包括發展性的學習障礙與學業性的學習障礙，前者如注意力缺陷、知覺缺陷、視動協調能力缺陷和記憶力缺陷；後者如閱讀能力障礙、書寫能力障礙和數學障礙。」

而最近的定義，則爲新修訂完成之《特殊教育學生及幼兒鑑定辦法》（教育部，2024a）第十一條之定義：

「本法第三條第九款所稱學習障礙，統稱神經心理功能異常而顯現出注意、記憶、理解、知覺、知覺動作、推理等能力有問題，致在聽、說、讀、寫或算等學習上有顯著困難者；其障礙並非因感官、智能、情緒等障礙因素或文化刺激不足、教學不當等環境因素所直接造成之結果。

前項所定學習障礙，其鑑定基準依下列各款規定：

一、智力正常或在正常程度以上。

二、個人內在能力有顯著差異。

三、聽覺理解、口語表達、識字、閱讀理解、書寫、數學運算等學習表現有顯著困難，且經確定一般教育所提供之介入，仍難有效改善。」（請參閱附錄七）

第二節 ICD-10 及 11 中關於學習障礙兒童之相關定義與特徵

世界衛生組織的精神衛生部，可以說是發展國際精神與行爲障礙之診斷與分類最主要的世界性機構。在 ICD-10 國際疾病分類第十版擺脫

ICD-9 的舊有規格，而與美國精神學會所頒布之 DSM-IV 系統日趨相近，在這兩者中皆提到關於學習障礙定義與鑑定方面的相關知能。胡海國及林信男（1996）曾翻譯 ICD-10 之中文本，本節將介紹其中有關學習障礙兒童的部分，並標明譯本中之頁碼數，讀者若有進一步探究興趣，可參考原譯本。而現今則已進入 ICD-11，讀者可參考本書附錄十六。

F81 特定學業技巧發展障礙症（p.267）

簡稱 SDDSS，臨床現象為特定學業技巧之學習有顯著缺陷。這些學習障礙雖然可以與某些疾病同時併生，但並非直接由於這些情況所造成（例如：智能不足、明顯的神經缺損、未經矯正的視覺及聽覺問題或情緒困擾）。特定學業技巧發展障礙症常與其他臨床症候群（例如：注意力缺損障礙症或行為規範障礙症）或其他發展障礙症（例如：特定運動功能或語言發展障礙症）共同發生。這類障礙症在早期發展中正常學業技巧的學習有障礙，被認為是由於某種生物功能失調導致異常的認知過程所致。此障礙症較常發生於男童，與其他發展障礙症相同。

診斷特定學業技巧發展障礙症有幾個基本條件：

1. 特定學業技巧障礙要達到臨床上有意義的程度。

2. 此類障礙必須相當特定，無法完全以智能不足或智能稍差來解釋。

3. 在教育過程中就有，而非後來才出現的。

4. 必須沒有足以解釋學業困難的外在因素。

而在診斷上有五種困難：

1. 必須要與學業成績的正常發展變異鑑別。

2. 必須把發展過程列入考慮。

3. 困難在於學業的技巧是經由教導與學習而得，並非只是生物成熟的功能所致。

4. 雖然研究結果支持認知過程異常的假說，但卻沒有很容易的方法區分導致閱讀困難的狀況，以及因為不良閱讀技巧所造成的相關狀況。

5. 目前對於特定學業發展障礙症的細分類的最好方式，仍然不確定。

F81.0 特定閱讀障礙症（p.270）

最主要的特徵為在閱讀技巧的發展上有特定顯著的障礙，無法完全

以心智年齡、視力問題或就學不當來解釋。閱讀理解技巧、閱讀認字、口頭閱讀技巧及需要閱讀的技能都可能受到影響。拼音困難常伴隨特定閱讀障礙，而且經常到了青少年期即使閱讀能力有所進步時仍繼續存在。罹患特定閱讀障礙症的兒童常有特定語言發展障礙症的病史，而且對現在語言功能加以完整評估時，經常會發現有細微的困難同時存在。除了學業不佳外，上學出席率偏低及社會適應問題常伴隨發生，尤其是在國小高年級及國中階段。在所有已知的語文都可發現此狀況，但是不確定語文本質及書寫字體是否會影響發生的頻率。

兒童的閱讀表現以其年齡、一般智能及學校安置而言明顯偏低，最好以個別施予有關閱讀正確性及理解能力的標準化測驗為基礎，來加以評估。在學習字母書寫的早期，可能在背誦字母、字母命名、發出簡單字音及分析或分類發音時（即使聽力正常）會有困難。

在口語閱讀技巧上出現錯誤，如：(1) 省略、取代、偏差、加字或加字母等；(2) 閱讀速度緩慢；(3) 起頭錯誤、停頓太久，或在課文中找不到位置，造詞錯誤；(4) 句中單字顛倒或單字中字母顛倒等。也可能在閱讀理解能力上有所缺陷，如：(1) 無法記憶所讀內容；(2) 無法從所讀的內容得到結論或推論；及 (3) 不以從所閱讀的特定故事中所得到的資料回答與此故事相關的問題，反而以一般常識作為回答的資料背景。在兒童期晚期及成人期，拼音困難比閱讀障礙嚴重是常見的。拼音困難常牽涉到不正確的發音錯誤，而且似乎閱讀及拼音問題是部分源於語音學分析的障礙所致。

特定閱讀發展障礙症常有早期語言發展障礙症的病史。某些個案在聽覺處理上及視覺處理上有問題，注意力困難、過動及衝動行為也很常見。包含「特定閱讀遲滯」、「閱讀落後」、「發展性讀字困難症」、「拼音困難合併閱讀障礙」等。

F81.1 特定拼音障礙症（p.272）

這種障礙症的主要特徵為無特定閱讀障礙症之病史，同時無法完全以心智年齡偏低、視力問題或就學不當來解釋的一種特定且顯著的拼音技巧發展障礙。以口語拼字或用文字正確地拼字能力都受到影響。只有書寫問題的兒童不應被包括在內，但在某些個案，拼音困難可能合併書寫問題。不像特定閱讀障礙常見的型態，其拼音錯誤但發音傾向於正確。

兒童的拼音表現以兒童的年齡、其一般智能及學校安置而言明顯偏低。最好以個別施予標準化拼音測驗為基礎來加以評估。兒童的閱讀技巧（包括正確性及理解能力）應當在正常範圍內，而且並無明顯的閱讀困難病史。拼音困難應當不是主要由於任何教學不當，或視力、聽力或神經系統的障礙所引起的直接效果。包含「特定拼音遲滯」（無閱讀障礙）。

F81.2　特定算術障礙症（p.272）

這種障礙症是一種無法完全以一般智能不足、或明顯的教學不當來解釋的特定算術技巧障礙。這種障礙與基本加、減、乘、除運算技巧的熟練度有關（而與較抽象的數學技巧如：代數學、三角學、幾何學或微積分學則較不相關）。

此兒童的算術表現以其年齡、一般智能及學校安置而言明顯偏低。最好以個別施予標準化算術測驗為基礎來加以評估。而兒童的閱讀及拼音技巧以其心智年齡而言應當在正常範圍以內，同樣的最好也以個別施予標準化測驗作為評估。算術困難應當不是主要來自於教學不當，或視力、聽力或神經功能的缺陷所引起的直接效果；同時也不應當是續發於任何神經、精神或其他疾病而來的結果。這類兒童的聽覺感官及語言技巧傾向屬於正常範圍，而視覺空間及視覺感官技巧傾向於有障礙。

算術困難可能包括：無法理解特殊算術運作所蘊藏的概念、無法了解算術的名詞與符號、不認得數字符號、標準算術運作執行困難、在了解哪些數目與所考慮的算術問題相關有困難、在計算過程中給予數目連接或置入適當的小數點或符號有困難、算術運作的空間組織欠佳，以及無法善用九九乘法表。包含「算術發展障礙」、「發展性傑氏症候群」、「發展性計算不能症」。

F81.3　混合性學業技巧障礙症（p.273）

這類障礙症為定義不明，未適當概念化（但為必要的）之剩餘分類，其算術及閱讀或拼音技巧均有明顯缺陷，但其因無法完全以一般性智能不足或教學不當來解釋。此診斷當用在同時符合 F81.2 及 F81.0 或 F81.1 兩者之一時的診斷標準的障礙症。

F81.8 其他特定學業技巧發展障礙症（p.273）

包含「表達性書寫發展障礙症」。

F81.9 未分類特定學業技巧發展障礙症（p.274）

　　這類診斷分類應盡可能的避免使用，只有當出現顯著的學習缺陷而無法完全以智能不足、視力問題或就學不當來解釋的非特定性障礙症時方可使用。包含「未分類學習障礙」。

第三節 DSM- Ⅳ 及 5 中關於學習障礙兒童之相關定義與特徵

　　DSM-IV 中認為學習障礙包括閱讀障礙、數學障礙、文字書寫表達障礙，以及其他未提及的學習障礙。

◆ 診斷特徵（DSM-IV-TR, 2000, pp.49-56）

　　當個體在標準化的測驗中，如閱讀、數學文字、書寫表達等表現顯著地低於該個體年齡、年級或智力應有的預期成就，就會被認為是學習障礙。這些學習困難會顯著地妨礙個體的學業成就，或日常生活中需要用到閱讀、數學或書寫等技巧的活動。許多統計結果也表示這些學習困難會造成顯著差異。所謂成就測驗或 IQ 測驗中成績的顯著低落，通常被定義為差距兩個標準差以上。而在成就測驗與 IQ 測驗中有時會使用較小的差異標準，例如：介於一個標準差與兩個標準差之間，特別在個體伴隨著有認知過程處理缺陷、心智缺陷或一般醫學原因造成的情況下，抑或是受到個體的種族或文化背景影響的情形下，使得個體的表現不能單純用 IQ 測驗判斷。其學習困難情形也遠超過其因感官缺陷所引起，學習障礙會持續影響到成人時期。

◆ 伴隨的特徵與缺陷

　　無道德觀、低自尊，以及缺乏社交技巧，可能認定為學習障礙的伴隨特徵。學障學生的退學率幾近 40%（大約是平均的 1.5 倍）。具學習障

礙的成人在就業及社會適應上也可能發生顯著的困難。許多（10-25%）
有行為偏差、反社會人格、注意力缺陷過動症、情緒低落或憂鬱症等問題
的人也常伴有學習障礙。有證據顯示學習障礙者也通常會伴隨語言發展遲
緩，特別是有閱讀障礙，但其語言發展遲緩現象並不會嚴重到形同溝通障
礙者。學習障礙也很可能會伴隨著發展失調、認知處理過程潛在失常的問
題，如抽象知覺、語言處理、注意力、記憶力，或同時出現其中幾項問題，
通常會在學習障礙之前或同時發生。評估這些能力的標準化測驗往往不如
教育心理學的測驗來得有信效度。雖然基因、出生前後的傷害、各種神經
學上或其他醫學上的情況可能都會伴隨著出現學習障礙，但出現這些情況
並不能預測他最後一定會有學習障礙。而且也有很多學障的個案並沒有上
述情況出現。然而，學障常常被發現伴隨著醫學上的原因，例如吸毒、酒
精對胎兒的影響、放射線影響等。

♦ 特定的文化特徵

我們必須要注意到智力測驗的過程是否考慮到個體的種族文化背景。
我們可以選用將具有受試者相同特徵者納入常模建立的測驗，或聘用對受
試者的種族文化背景很熟悉的監考人員來解決這個問題。我們往往需要用
個別化的測驗來診斷個案是否為學習障礙。

♦ 出現率

學習障礙依診斷方法的本質及使用定義的不同，據估計經診斷為學障
的約有 2-10%。在美國約有 5% 的公立學校學生被認定有學習障礙。

♦ 鑑別診斷

學習障礙必須與學業成績的正常變異及由於文化刺激不足、教學不當
或文化因素所造成的學習困難作一分野。不適當的教育方式會造成他們在
標準成就測驗上的低成就表現。那些來自於與主流文化不同的文化背景的
兒童或母語不是英語的兒童，或是遇到教學不當班級的兒童，很可能成績
就比較差。這類背景的兒童也較常因為生病、貧窮或混亂的生活環境而曠
課、失學。

視覺或聽覺損害也可能影響學習能力，學校應在聽力或視力檢查時予

以篩檢。只有在個體的學習困難遠超過這些感官缺陷所造成的困難時，才會被認定為學習障礙。伴隨神經或醫學問題者應被編在 Axis III。

在智能障礙遲緩的個案，學習困難的情形與一般智力不足的個案相同。然而在某些輕度智能障礙的個案，其閱讀、數學或文字書寫表達等能力，會顯著低於就其所受教育及其智能障礙嚴重程度所預期應有的水準。就這些個案而言，應給予額外且適合的學習障礙診斷。

對於廣泛性發展障礙的個案，僅有當其學業低落現象顯著低於其智能與教育的預期水準時才給予額外的學習障礙診斷。對有溝通障礙的個案，評估他們的智力則需要用到非語文智力的標準化測驗。如果這些個案的學業成就顯著低於他們的智力程度應有的表現，則仍應給予適合的學習障礙診斷。

數學障礙與文字表達障礙最常伴隨閱讀障礙同時發生，故而若個案符合其中一種學習障礙的診斷標準，則其他幾種也應同時被診斷。

315.00 閱讀缺陷

◆ 診斷特徵

閱讀障礙的基本特徵在於其閱讀成就（如個別標準化測驗中閱讀的正確性、速度或理解能力）顯著低於其實際年齡、智力程度、教育程度應有的預期水準（標準 A）。它會顯著影響個體的學業成就或日常生活中需要用到閱讀能力的活動（標準 B）。假如個體有其他感官上的缺陷，則其閱讀困難會超過其感官缺陷所造成的程度（標準 C）。假如有神經性或其他醫學上、感官上的情況出現，則應屬於 Axis III。閱讀缺陷的個案（又名 dyslexia），在朗讀時會有扭曲、替代或省略音等特徵；同時在朗讀與默讀時，都會有速度較慢及錯誤理解的特徵。

◆ 伴隨的特徵和缺陷

可參考學習障礙伴隨的特徵和缺陷一節（DSM-IV-TR, 2000, p.50）。數學障礙和文字表達書寫障礙經常與閱讀障礙同時發生，很少個案會出現只有兩種障礙之一卻無閱讀障礙的情形。

◆ 特定性別特徵

60-80% 的閱讀障礙是男性。現行的轉介程序可能較偏向鑑別出男性個案，因為他們較常在學習障礙的同時伴隨外顯的擾亂行為。我們用較仔細且嚴謹的標準來診斷閱讀障礙而非基於傳統的學校轉介與診斷流程時，男性與女性的發生率會較一致。

◆ 出現率

由於許多研究都著重於學習障礙的出現率而非針對個別的閱讀、數學、文字表達障礙，因此閱讀障礙的出現率是很難建立的。據估計，每五個學障個案中有四個會有閱讀缺陷，包括單獨發生或伴隨數學文字表達障礙的個案。在美國其出現率約為學齡兒童的 4%。在其他採用較嚴謹標準來診斷閱讀障礙的國家，這個出現率可能會降低。

◆ 過程

雖然閱讀困難的特徵（例如：不能夠區分常用字母或認出常用字母與其發音）可能出現在幼稚園時期，但閱讀障礙很少在幼稚園末期或剛上小學前被診斷出來，因為一般學校很少在這個時期之前教導閱讀。特別是閱讀障礙者伴隨著高 IQ 時，這類的孩子在低年級的表現通常在水準之內或很接近這個年級的水準，一直到四年級或以後閱讀障礙可能都不會很明顯。相當高比例的個案在早期診斷與早期療育的情形下，預後良好的閱讀障礙可持續到成人期。

◆ 家族模式

閱讀障礙會有家族性，尤其是在一等親中有學習障礙者，其出現率更高。

◆ 鑑別診斷

參考學習障礙的鑑別診斷（DSM-IV-TR, 2000, p.51）。

♦ 閱讀障礙的診斷標準

    A. 在個別標準化測驗中的閱讀正確性或理解等閱讀成就，顯著低於其實際年齡、智力或教育程度應有之預期表現。

    B. 標準 A 所出現的情形顯著影響個案的學習成就，或日常生活中需要用到閱讀技巧的活動。

    C. 假如個體有其他感官上的缺陷，則其閱讀困難會遠超過其感官缺陷所造成的程度。

    附註：假如有神經性或其他醫學上、感官上的問題情況出現，則應屬於 Axis III。

315.1　數學障礙

♦ 診斷特徵

    數學障礙的基本特徵是數學能力（如個別標準化測驗中數學計算或推理能力）顯著低於個案實際年齡、智力及教育程度應有的預期水準（標準 A）。這項數學缺陷顯著影響個案的學習成就或日常生活中需要用到數學技巧的活動（標準 B）。假如個體有其他感官上的缺陷，則其數學能力上的困難會遠超過其感官缺陷所造成的程度（標準 C）。假如個案有神經性或其他醫學上、感官上的情況出現，則應屬於 Axis III。在數學障礙的情形，許多技能都有可能受損，包括語言能力（例如：了解或命名數學專有名詞，操作、概念化或解讀應用題或數學算式）、知覺能力（例如：理解或閱讀數字或算術符號，以及把個體分類）、注意力（例如：正確地抄寫數字或圖形，記得進位，以及觀察運算符號），以及數學能力（例如：遵循數學步驟、計算物件、學習乘法表）。

♦ 伴隨的特徵和缺陷

    可參考學習障礙伴隨的特徵和缺陷一節（DSM-IV-TR, 2000, p.50）。數學缺陷通常伴隨著閱讀障礙或文字表達障礙。

♦ 出現率

    由於許多研究都著重於學習障礙的出現率而非針對個別的閱讀、數

學、文字表達缺陷，因此數學障礙的出現率是很難建立的。據估計，每五個學障個案中有一個會是只有數學障礙（未伴隨其他學習上的障礙）。在美國其出現率約為學齡兒童的 1%。

◆ 過程

儘管數學障礙的症狀可能早在幼兒園或一年級就已出現（例如：數字觀念的混淆及不能正確數數），數學缺陷卻很少在一年級末期前被診斷出來，因為多數學校教育通常在這個時間點之前很少有完整的數學教學，通常要到二或三年級其症狀才會比較明顯。特別是當數學障礙者伴隨著高智商出現時，兒童在低年級時可能可以表現得在水準之內或接近水準，直到五年級或以後，數學障礙才會顯現出來。

◆ 鑑別診斷

參考學障的鑑別診斷（DSM-IV-TR, 2000, p.51）。

◆ 數學障礙的診斷標準

A. 個別標準化測驗中所評估的數學能力，顯著低於個案實際年齡、智力及教育程度應有的預期水準。

B. 標準 A 所出現的情形嚴重影響個案的學習成就，或日常生活中需要用到數學技巧的活動。

C. 假如個體有其他感官上的缺陷，則其數學能力上的困難會超過其感官缺陷所造成的程度。

附註：假如個案有神經性或其他醫學上、感官上的問題情況出現，則應屬於 Axis III。

315.2 文字書寫表達缺陷

◆ 診斷特徵

文字書寫表達障礙的基本特徵是個案的書寫能力（如個別標準化測驗或書寫能力評估的能力）顯著低於個案實際年齡、智力及教育程度應有的預期水準（標準 A）。並且這項文字書寫表達障礙嚴重影響個案的學習成

就，或日常生活中需要用到書寫能力的活動（標準 B）。假如個體有其他感官上的缺陷，則其文字書寫能力上的困難會超過其感官缺陷所造成的程度（標準 C）。假如個案有神經性或其他醫學上、感官上的問題情況出現，則應屬於 Axis III。文字書寫表達障礙一般會有以下幾種困難合併出現，如寫作時句子中會有文法或標點的錯誤、句子組織能力差、多重拼字錯誤、寫字能力很差。在只有拼字錯誤或寫字能力差卻未伴隨其他文字書寫表達障礙的情況下，通常不會被診斷為文字書寫表達障礙。與其他學習上的障礙比起來，我們對文字表達書寫障礙及其矯治方法所知甚少，特別是當個案沒有閱讀缺陷時。除了拼字以外，這個領域標準化測驗的發展較閱讀或數學能力的測驗來得少，文字書寫表達能力的障礙情形評估尚需要個案在校中所書寫的大量作業樣本與該年齡及智力應有預期表現作對照，特別是對小學低年級的學生而言，為確定其是否出現障礙及其障礙程度，有必要要求兒童抄寫、聽寫及自由寫作。

♦ 伴隨的特徵和缺陷

可參考學習障礙伴隨的特徵和缺陷一節（DSM-IV-TR, 2000, p.50）。文字書寫表達障礙通常伴隨著閱讀障礙或數學障礙。也有一些證據指出它會伴隨著語言及知覺動作缺陷。

♦ 出現率

由於許多研究都著重於學習障礙的出現率而非針對個別的閱讀、數學、文字書寫表達障礙，因此文字書寫表達障礙的出現率是很難建立的。但文字書寫表達障礙很少在不伴隨其他學習障礙的情形下單獨出現。

♦ 過程

儘管書寫困難的問題（如特別的寫字困難、抄寫能力不足，或不能記住常用字的字母順序）可能出現在像一年級這麼早的時期，但文字書寫表達障礙卻很少在一年級末期前被診斷出來，因為在這個時期之前多數學校並沒有正式充分的書寫教學。這個障礙通常到二年級才會顯現出來。文字書寫表達障礙有時也會發生在較大的兒童或成人身上，但我們對它的長期預後情形所知甚少。

◆ 鑑別診斷

　　參考學障的差別診斷（DSM-IV-TR, 2000, p.51）。而未伴隨其他書寫表達困難單獨出現的拼字或寫字障礙，並不能診斷為文字書寫表達障礙。如果寫字困難是由於動作協調的問題，則可能是發展性運動協調障礙。

◆ 文字書寫表達障礙的診斷標準

    A. 個別標準化測驗（或書寫能力的功能性評量），顯著低於個案實際年齡、智力及教育程度應有的預期水準。

    B. 標準 A 所出現的情形嚴重影響個案的學習成就，或日常生活中需要用到寫作的活動（如寫出正確語法的句子或條理分明的短文）。

    C. 假如個體有其他感官上的缺陷，則其書寫能力上的困難會超過其感官缺陷所造成的程度。

    附註：假如個案有神經性或其他醫學上、感官上的問題情況出現，則應屬於 Axis III。

315.3　其他未特定的學習障礙

　　這類的學習障礙並不符合任何一個特定的學習障礙的標準。他們可能三個方面（閱讀、數學、文字書寫表達）都有問題，並且顯著的影響他們的學業成就，即使他們在能力測驗上的表現並未顯著低於其實際年齡、智力、教育程度的預期應有水準。

由 DSM-5 的改變談學習障礙未來的鑑定與教學輔導趨勢

壹、學習障礙研究

　　學習障礙（Learning Disabilities）研究的興起為近年來特殊教育的新興潮流，而相關鑑定與教學議題則成為學習障礙研究熱門話題。學習障礙兒童的推估出現率大約占學齡兒童的 1-3%，但學習障礙兒童的鑑定出現率往往受到鑑定標準和鑑定工具所影響（孟瑛如，2013a；楊坤堂，2002）。隨著鑑定辦法更新與鑑定工具的日益發展，學習障礙人口被鑑

定出的人數有逐年增加的趨勢。根據教育部 102 學年度的統計，學習障礙人數已經占全體身心障礙比例的 28.9%，成為各障礙之冠（教育部，2014）。學習障礙的鑑定會隨著定義與診斷標準而出現不同的調整，DSM 系統是在研究上最常被引用的診斷標準，自美國精神疾病診斷手冊第五版（Diagnostic and Statistical Manual of Mental Disorders-V，以下簡稱 DSM-5）（APA, 2013）出版後，有關學習障礙的診斷標準也出現和過去四版（Diagnostic and Statistical Manual of Mental Disorders-IV-TR，以下簡稱 DSM-IV-TR）（APA, 2000）時的內容有所調整。

學習障礙在 DSM-IV-TR 原稱為學習疾患（Learning Disorder），被歸類於第一軸向：通常初診斷於嬰兒期、兒童期、或青春期的疾患，其中再細分為閱讀疾患（Reading Disorder）、數學疾患（Mathematics Disorder）、文字表達疾患（Disorder of Written Expression）、以及其他未註明之學習疾患。到 DSM-5 則更名為特定式學習疾患（Specific Learning Disorder），且由於新版的 DSM 已經取消軸向分類，因此學習障礙被歸類於第一部分：神經發展性疾患（Neurodevelopmental Disorders，包含智能障礙、溝通疾患、自閉症類群、注意力缺陷／過動疾患、特定式學習疾患，以及動作疾患），其中再細分為在閱讀能力具有障礙（315.00/F81.0）、在書寫表達能力具有障礙（315.2/F81.1）、以及在數學能力具有障礙（315.1/F81.2）三類。

貳、學習障礙的診斷

 DSM-5 中學習障礙的診斷（譯自 DSM-5, 2013）

(一) 診斷標準（DSM-5, pp. 66-67）

目前國內針對學習障礙相關研究仍常引用 DSM-IV（APA, 2000）之診斷準則。以下針對 DSM-5 有關學習障礙之診斷做說明，同時也與 DSM-IV 做比較。

A.	在學習和使用學業技巧上有困難，至少出現下列所指出的症狀之一，並且持續至少6個月，儘管提供一般教育介入後仍出現明顯的困難：
1.	不正確或讀字緩慢、費力（例如：不正確地大聲讀單字，或緩慢且遲疑、很頻繁的猜測生字，讀出生字會有困難）。
2.	對於了解閱讀內容的意義具有困難（例如：可能可以正確讀文本但不理解其中的順序、關係、影響，或閱讀內容的深層涵義）。
3.	拼字困難（例如：可能會增加、省略或替代母音或子音）。
4.	書寫表達困難（例如：造句時會有使用文法或標點的多重錯誤，段落組織運用貧乏，缺乏清晰想法的書寫表達）。
5.	精熟數字感、算術公式、算術定理或計算具有困難（例如：缺乏對數字大小或關係的了解；對於個位數加法仍用手指數算，無法像同儕採用回憶算術定理的方式計算；在數學計算過程中出現錯誤，也可能在轉換過程中錯誤）。
6.	數學推理困難（例如：對於應用數學概念、公式或過程有嚴重的困難，尤其在解決量的問題時）。
B.	會實質的影響學業技巧，成就表現遠低於對個別實際年齡所預期應有的水準，同時造成顯著妨礙其學業或職業成就，或是日常生活活動，藉由個別地實施標準化成就測驗和完整臨床診斷測驗作評量。針對17歲以上的個人，學習困難或妨礙的歷程檔案可以用來替代標準化測驗。
C.	該學習困難開始於就學期間但可能不會完全的顯現出來，直到被影響的學業技巧要求超過個別原本有限的能力（例如：在限時的測驗中，在緊湊的時限中需閱讀或書寫的較長且複雜的報告，過重的學業負荷等）。
D.	該學習困難不能以智能障礙、未經矯治的視覺或聽覺能力、其他心智或神經系統疾患、心理創傷做更好的描述，非文化刺激不足或是教學不當所造成。
註記：上述四項診斷標準必須符合個人過去臨床完整歷程的綜合資料（發展的、醫學的、家庭的、教育的）、學校報告和教育心理評量。	

（二）亞型（DSM-5, p. 67）

1. 在閱讀能力具有障礙 315.00（F81.0）

(1) 文字閱讀正確度；(2) 閱讀速度或流暢度；(3) 閱讀理解。（註：通常針對文字閱讀速度與流暢度、文字解碼能力及拼字能力均差的個案，有另一個名詞「Dyslexia」來統稱這種類型個案，他們通常亦會伴隨閱讀障礙或是數學推理困難。）

2. 在書寫表達具有障礙 315.2（F81.1）

(1) 拼字正確度；(2) 文法和標點正確度；(3) 書寫表達組織性或是精

確性。

3. 在數學具有障礙 315.1（F81.2）

(1) 數感；(2) 數學公式記憶；(3) 數學計算正確性與流暢性；(4) 數學推理正確性。（註：通常針對數字處理、數學公式學習、數學計算正確性與流暢性能力均差的個案，有另一個名詞「Dyscalculia」來統稱這種類型個案，他們通常亦會伴隨數學推理困難或是識字障礙。）

(三) 嚴重程度分類（DSM-5, pp. 67-68）

1. 輕度學習疾患

通常僅會在一或兩個學業領域呈現學習困難，只要在學校生活中提供適性補償或支持服務即可能運作良好。

2. 中度學習疾患

通常會在一或多個學業領域呈現學習困難，在學校生活中沒有提供規律且密集的特教教學，個案無法達到精熟學習。所以，適性補償或支持服務需提供在學校生活、工作場所、甚或家中，以協助個案正確或有效能的完成日常生活活動。

3. 重度學習疾患

會嚴重妨礙學業學習，在學校生活中沒有提供持續且密集的特教適性教學，個案無法學習學業技能。儘管有序列性適性補償或支持服務提供在學校生活、工作場所、甚或家中，個案仍可能無法正確或有效能的完成日常生活活動。

(四) 盛行率（DSM-5, p. 70）

特定式學習疾患介於閱讀、書寫和數學的學業項目的盛行率是5-15%，介於不同語言文化的學齡兒童。在成人的盛行不可得知，但大約顯示為 4%。

(五) 性別相關診斷議題（APA, 2013）

學習障礙是男性比女性多見（比例約為 2:1 至 3:1），同時並不能歸因於例如確診誤差、定義或測量變異、語言、種族或是社會經濟地位的差異等。

㈥ 發展與進程（DSM-5, pp. 70-72）

　　特殊學習疾患開始、辨識、診斷通常會發生在國小期間，當他們被要求學習閱讀、拼字、書寫和數學學習。然而，某些徵兆如語言遲緩或困難、押韻和計算困難，或是被要求良好的動作技能在書寫中出現困難，一般發生在進入正式學校之前的早期兒童。可能是行為的顯現（例如：勉強的參與學習、反抗的行為）。特定式學習疾患是終生的，但進程和診斷表現是具變異的，某種程度上視對環境的工作項目影響而定：個別的學習困難的範圍和嚴重程度，個別的學習能力、合併症，和可行的支持系統與介入。但是，閱讀流暢和理解、拼字、書寫表達和算術技巧在日常生活中的問題仍會持續到成年。

　　症狀的顯現會隨著年紀而發生改變，因此，個人在一生中可能會有持續或重整轉移的學習困難。症狀的例子可能在學齡前的觀察出現對於需要語言聲音的遊戲（例如：重複或押韻）缺乏興趣，並且在學習童謠上出現困擾。具有學習疾患的學齡前兒童可能經常使用嬰兒語、讀錯字音，並且在記憶名字的字母、數字、或是日期有困擾。他們可能在辨識自己名字的字母出現錯誤，並在學習數字運算上出現困擾。具有學習疾患的幼兒園兒童可能無法辨識和書寫字母，可能無法書寫自己的名字、或可能使用自己創造的拼字。他們可能在需要切斷音節字上出現困擾（例如：cowboy 分成 cow 和 boy），並在辨認字的押韻上出現困難（例如：cat, bat, hat）。幼兒園兒童也可能在連結字母和字音上出現困擾（例如：字母 b 應該要發 /b/ 的音），並可能無法辨識在系列字串中的音韻。

　　特定式學習疾患在國小階段的兒童典型地出現明顯困難，在學習字母和聲音的關聯（特別是說英語的兒童），流暢的字編碼、拼字或數學公式；大聲閱讀是緩慢的、不正確而且費力，有些兒童會很掙扎在理解用口語呈現較大的數字量。國小階段兒童（1-3 年級）可能持續在辨識和運用音速上出現問題，無法閱讀一般單音節的字（如同 mat 或 top），也無法辨識一般不規則拼法的字（例如：said, two）。他們可能在需要指出字和音的問題上做出閱讀錯誤（例如：big 對於 got），並且在對數字和字母排序上出現困難。他們也可能對於記憶有關加、減等等的數學公式或數學運算流程出現困難，同時抱怨數學過於困難而逃避學習。特定式學習疾患兒童在國小中、高年級階段（4-6 年級）可能錯誤發音或跳過長、多音節的字（例

如：將 convertible 說成 conible，將 animal 說成 aminal），並且對於相似字感到困擾（例如：tornado 混淆成 volcano）。他們可能對於記住日期、名稱或是電話號碼出現困擾，並且無法在時間內完成回家作業或考試。在中年級的兒童也可能理解不足伴隨緩慢、吃力和不正確的閱讀，並且在閱讀短的功能字（例如：that, the, an, in）出現困擾。他們可能在拼字和書寫工作上顯得不足，可能在讀出正確字音的開頭後，接著幾乎用猜的（例如：讀 clover 當成 clock），同時可能表達出對大聲閱讀的害怕，或是拒絕大聲閱讀。

相對來說，青少年可能精熟於字的編碼，但閱讀持續緩慢、吃力，而且他們可能顯現出明顯的問題在閱讀理解和書寫表達（包括拼字的不足），同時對數學公式的缺乏精熟，或是無法解決數學的問題。在青少年和進入成年期間，個別的學習困難可能持續造成許多拼字錯誤、閱讀單字、文章連結緩慢且十分費力，發多音節字時伴隨困擾。他們可能經常需要重讀教材來理解或取得重點並從書寫文章中推論產生困擾。青少年和成年可能避開需要被要求閱讀或算術的活動（愉快的閱讀或閱讀的教學）。有特定式學習疾患的成人會持續有拼字問題、閱讀緩慢吃力、或是對於用數字訊息書寫成工作相關的文件出現問題和嚴重的影響。他們可能避免同時需要文件和要求閱讀或書寫的工作相關活動，或是使用替代的方法去得到內容（例如：text-to-speech/speech-to-text 軟體／有聲書／視聽媒體）。

一項替代的診斷表達可為持續終生的學習困難做定義（例如在精熟數字感上的能力不足，或用點記數大的數量），或是缺乏對於字的辨識與拼字的熟練。通常兒童時期、青少年和成年會逃避或勉強參與需要學業技巧的活動。嚴重焦慮時期或焦慮性疾患，包含身體的抱怨或疼痛發作，通常會終其一生且伴隨這兩項的學習障礙表現的定義和範圍。

㈦ 診斷特質（APA, 2013）

學習障礙的基本特徵是關鍵學術技能的持續學習困難，多數會在接受正規教育期間被發現。關鍵的學術技能包括準確且流暢的閱讀單詞、閱讀理解、書寫表達、算術計算，以及數學推理。對於需後天被教導與學習得來的相關學術技能（例如：閱讀、書寫表達、數學），學習障礙問題擾亂個案學習關鍵學術技能的正常模式，讓其無法如後天大腦發展而能自然成

熟的其他能力，例如：說話或是走路等。

第二個重要的特點是受影響的關鍵學術技能的個人表現遠低於個案年齡的平均值。為達到最大的診斷確定性（例如：關鍵學術技能低於年齡平均值），需要在一個或多個標準化測驗或單一學術領域測驗內的分測驗呈現至少低於個案年齡分數平均值 1.5 個標準差以上。但若學習障礙可經由臨床評估、學業史、學校資料或定期評量成績等提供足夠證據時，也可以使用較寬鬆的低於個案年齡分數平均值 1.0 至 2.5 個標準差以上來做綜合研判。

第三個核心特徵是學習困難現象在大多數學習障礙者身上是在學業生活一開始的初學年齡階段即顯而易見。當然在少數學習障礙者身上，學習困難現象可能在一開始未有明顯症狀，一直到學業生活後期由於學習需求增加並超越個人有限的學習能力後，而開始出現症狀。

第四個關鍵的診斷特徵是學習障礙者的學習困難現象並不能被歸因於智能障礙、視覺障礙、聽覺障礙或是運動障礙等所造成。也不能歸因是一般所謂的外界因素，例如：經濟或環境不利因素、長期缺課或缺乏個體所在社區通常可以提供的教育。學習障礙會使表現出正常智力功能水準的人（一般估計智商大於 70，允許測量誤差約是上下差距 5%），學習受到影響，也就是所謂的「意外的學術低成就」。學習障礙也會發生在智力被認定為資賦優異者身上，但這些個案能透過使用補償策略、額外高度努力或支持，以維持足夠學業功能表現，直到學習需求或是特定評估方式（例如：有限時要求的智力或是學業成就測驗）超出其所能而表現出障礙，影響學習或完成所需的任務。

(八) 支持診斷特質（APA, 2013）

學習障礙需要在接受正規教育開始之後才能診斷，可以在之後的任何兒童、青少年或成人階段做出診斷，但需提供正規教育時期的發病相關證據，因此綜合評估是必須的。但對學習障礙支持診斷特質而言，學習障礙常常在學齡前即有徵兆，會出現注意力、語言或運動技能的延遲發展，這些徵兆可能持續並伴隨著特定的學習障礙症狀；能力不平均是很常見的，例如：個案會出現高於平均能力的繪畫或設計等視覺空間能力，但卻有付出極大努力後，仍呈現速度緩慢、不能正確閱讀、不良的閱讀理解和書面

表達能力。

目前對於學習障礙的生物標誌仍然所知有限。整體而言，遺傳差異於整體而言是很明顯的現象，但個案在認知處理功能、腦部結構和功能只會出現有限的變化，亦即現在在認知測試、神經影像學或基因檢測上，仍不足以是學習障礙的有效診斷方式。

㈨ 鑑別診斷

1.學業成就的正常變異

學業成就的正常變異有可能是因例如缺乏教育機會、持續教學不當、用第二語言學習等外部因素所造成。而學習障礙的學習困難是即使有適當的教育機會、和同儕相同的教學指導環境、雖使用第二語言學習但有足夠的語言指導存在等情形下，仍會持續的有顯著的學習困難。

2.智能不足（智能障礙）

學習障礙不同於智能不足有關的一般學習困難，因為其學習困難是發生在智力功能正常水平的情況（即一般估計智商大於 70，允許測量誤差約是上下差距 5%）。如果智能不足的現象存在，只有當學習困難的程度超過通常與智能不足相關的學習障礙程度時，可診斷為學習障礙。

3.注意力缺陷過動症

學習障礙需與注意力缺陷過動症相關的學業表現不佳作區別，因為注意力缺陷過動症不一定會反映出關鍵學術技能的特定問題，但可能會反映在執行這些技能上的困難。然而，學習障礙與注意力缺陷過動症同時發生的機率會比預期的更高，如果這兩種病症的診斷準則都滿足，則同時給予兩種診斷。

二 學習障礙在 DSM-5 與 DSM-IV-TR 之比較

除在前言中提及，DSM-5 不再以軸向分類，而將學習障礙歸類於神經發展性疾患之中，強調學習障礙的成因可能源自於神經發展異常。另外，DSM-IV-TR 針對不同亞型分別描述診斷標準，而在 DSM-5 中則將三個亞型之診斷標準予以整合，作更精確的學習行為特徵描述及就學階段之分類，同時將學習疾患按功能與嚴重程度區分為輕、中、重三級；而過去四版在閱讀疾患中強調家族模式的存在，在五版則不再羅列。此外，有關

學習障礙的盛行率，五版的出現率推估也較過去提高，在性別比例上之推估也較過去四版來得精確。有關 DSM-IV-TR 與 DSM-5 之比較，請參閱下列表 1-1。

表 1-1　DSM-IV-TR 與 DSM-5 對學習障礙診斷之比較

項目	DSM-5	DSM-IV-TR
歸類／軸向	第一部分 神經發展性疾患	第一軸向 通常初診斷於嬰兒期、兒童期或青春期的疾患
診斷標準	整合為四項準則（A～D）	按照亞型分別列出準則
亞型分類	1.閱讀障礙 　文字閱讀正確度、閱讀速度或流暢度、閱讀理解 2.書寫表達障礙 　拼字正確度、文法和標點正確度、書寫表達組織性或是精確性 3.數學障礙 　數字感、數學公式記憶、數學計算正確性與流暢性、數學推理正確性	1.閱讀疾患 　念／認讀錯誤、閱讀理解問題 2.數學疾患 　語言能力、知覺能力、注意力、數學能力 3.文字表達疾患 　標點／文法錯誤、句子組織能力差、多重拼字錯誤、寫字能力差
嚴重程度	輕、中、重三級	未劃分
發展進程	分為學前、1-3年級、4-6年級、青少年，以及成年	幼稚園、國小階段（1-6年級）、較大的兒童或青年、成人
盛行率	5-15%	2-10%
性別差異	男女比在2：1～3：1之間	僅在閱讀疾患中提及約60-80%為男性

　　從上表的結果來看，學習障礙的診斷在 DSM-5 與 DSM-IV-TR 之間確實有不同之處，除前段所描述不同之外，在亞型的描述上，DSM-5 也做了比較明確的次亞型分類與描述。閱讀障礙和書寫障礙次亞型在四版與五版差異不大，惟在書寫障礙中強調書寫表達的組織性與正確性，而不若四版僅著重在句子的書寫正確。另一項明顯不同則在於數學障礙的次亞型分類，在五版中著重「基礎數學能力」和「推理」的表現，因此劃分為數字感、公式記憶、計算流暢與推理，而四版的數學障礙包含範圍較廣，除

了數學能力外，語言能力、注意力與知覺能力都可能是數學障礙的特徵。由此可以發現，DSM-5 對於數學障礙的定義是採取較嚴格的標準，不僅排除閱讀對於數學能力的影響，也將共同因素的注意力和知覺能力予以排除。

參、未來鑑定與教學之建議

國內的學習障礙鑑定工作，主要依據《特殊教育學生及幼兒鑑定辦法》（教育部，2024a）進行。根據《特殊教育學生及幼兒鑑定辦法》第十一條，學習障礙的定義為：「本法第三條第九款所稱學習障礙，統稱神經心理功能異常而顯現出注意、記憶、理解、知覺、知覺動作、推理等能力有問題，致在聽、說、讀、寫或算等學習上有顯著困難者；其障礙並非因感官、智能、情緒等障礙因素或文化刺激不足、教學不當等環境因素所直接造成之結果。

前項所定學習障礙，其鑑定基準依下列各款規定：

一、智力正常或在正常程度以上。

二、個人內在能力有顯著差異。

三、聽覺理解、口語表達、識字、閱讀理解、書寫、數學運算等學習表現有顯著困難，且經確定一般教育所提供之介入，仍難有效改善。」

由上述鑑定辦法來看，學習障礙的成因導致於神經心理功能異常，而顯現的亞型可能在特定的學習技能：聽、說、讀、寫，以及算，同時可以發現因特定學習技能學習問題顯現出的障礙為聽覺理解、口語表達、識字、閱讀理解、書寫、以及數學運算等等，與 DSM-5 或 DSM-IV-TR 的學習障礙亞型比較，似乎涵蓋範圍略有出入。在 DSM-5 診斷中，聽覺理解與口語表達兩類偏向於溝通疾患（Communication Disorders），識字和閱讀理解則歸納於亞型中的閱讀障礙，有關書寫和數學部分，DSM-5 所描述則較為詳細清楚，有不同亞型的歸納。以數學障礙來說，國內鑑定辦法主要描述以數學運算困難為主，而 DSM-5 則歸納出數字感、數學公式記憶、計算流暢與數學推理四類；對書寫障礙來說，國內鑑定辦法主要描述以書寫困難為主，但在 DSM-5 則詳細描述標點／文法錯誤、段落組織正確等等。另一項重點，關於學習障礙定義國內鑑定辦法僅限於就學階段（18 歲前），但在 DSM 的診斷中則能適用到青少年到成人階段。

總結上述所言，從 DSM-5 與國內《身心障礙及資賦優異學生鑑定辦法》討論關於學習障礙之特質診斷，關於未來鑑定與教學之議題提出以下建議：

 關於鑑定

從上述討論可以發現，DSM-5 相較於 DSM-IV-TR 與國內鑑定辦法而言，不論是在定義與亞型描述上，學習障礙的診斷較為完整，也提供較為精確的描述。雖然目前國內對於學習障礙之鑑定必須符合《身心障礙及資賦優異學生鑑定辦法》，但 DSM-5 的診斷仍能提供鑑定輔助的說明。目前國內對於學習障礙鑑定之工具已十分豐富，尤其針對識字、閱讀、寫字、書寫或數學等不同亞型或特定學習技能之測驗工具，都有助於釐清學習障礙中存在的差異表現或學習特質。因此，第一線之心評人員對於測驗結果除了分數或百分等級之說明，更需要分析其錯誤類型或特殊特徵表現，並且參考 DSM-5 中所描述與國內鑑定辦法所定義，對於學習障礙鑑定的結果解釋將能更具適切性，也讓家長或普通班老師能更清楚了解。

二　關於教學輔導

鑑定在確定障礙的存在，而教學輔導即是障礙確定後提供適當的服務之一。教學應該是要針對鑑定結果而來，針對障礙和其對應的亞型、特質進行教學輔導課程設計與規劃。學習障礙是一類異質性很高的障礙（孟瑛如，2013b），同樣是被鑑定為學習障礙，可能每一位孩子表現出的學習特質和特徵都不盡相同，同樣是課堂上對小組中的學習障礙進行補救教學與輔導，可能小組中包含閱讀障礙、書寫障礙、數學障礙、或是混合型的學習障礙，若教學與輔導無法有差異化的規劃設計，可能無法符合不同學障亞型的孩子。由前部分的討論可以發現 DSM-5 可以適度輔助學習障礙亞型之判定，尤其是可以針對其障礙特質進行比對，在確定障礙與亞型後才能針對其學習與輔導問題對症下藥進行教學介入。以資源班的補救教學與輔導為例，同樣在進行國語課課文教學時，閱讀障礙的孩子可能需要針對理解和認讀流暢進行補救，輔導活動時若要求閱讀相關資料，也建議有報讀服務；而書寫障礙可能需要練習造詞造句，或是練習寫段落大意，輔導活動時不建議有大量書寫回饋活動設計；在進行數學科的四則運算教學

時，數學障礙孩子可能有些必須偏重在計算流暢與速度，有些則必須加強運算規則記憶，甚至有些是必須融入應用題理解與推理的設計，輔導活動時則需更注意守時與思考力相關能力的加強。

自 DSM-5 出版以來，已逐漸被研究與實務工作者引用參考使用，雖然其診斷與描述以國外的臨床個案為主，但對於國內鑑定與相關研究上仍具有參考價值，不僅提供心理評量人員診斷亞型或障礙特徵判斷之參考，也能提供第一線教師設計課程與教學使用，讓學習疾患診斷、鑑定與教學能日益進步，提供更優質的特殊服務。現今已出版 DSM-5-TR，也即將有 DSM-VI，各位讀者若有興趣欲進一步探討，可自行至 https://www.psychiatry.org/psychiatrists/practice/dsm 做進一步的了解。

第 2 章

學習障礙兒童的鑑定

第一節 ICF 與特殊教育法身心障礙分類的關係

一 ICF 簡介

國際健康功能與身心障礙分類（International Classification of Functioning, Disability, and Health，簡稱 ICF），是世界衛生組織修訂的國際通用版本。ICF 分類系統對人體功能性狀態與失能程度進行分類，提供了全球統一的框架來評估障礙程度，在 ICF 編碼系統內，障礙狀態編碼是一系列的數碼，用於多面向資料蒐集與測量，涵蓋三個領域：身體系統、功能活動與參與（王國羽，2010）。目前 ICF 在復健醫學相關專科臨床上運用普遍，政府也正在推廣其行政上的運用，希望能達到改善障礙者狀況的目的（請參閱附錄十至十七）。

二 身心障礙鑑定新舊制比較

為解決目前國內身心障礙類別不斷擴大，並合理分配社會資源，身心障礙鑑定及需求評估新制於 101 年 7 月 11 日正式實施，《身心障礙者權益保障法》（內政部，2012）參考世界衛生組織（WHO）頒布的國際健康功能與身心障礙分類系統（ICF），由過去的疾病導向，改為功能導向，分類也以 ICF 中身體功能以及結構之「八大身心功能障礙類別」，替代現行以疾病名稱（16 類）之分類方式，係以「神經系統構造及精神、心智功能損傷」、「眼、耳及相關構造與感官功能及疼痛損傷」、「涉及聲音和言語構造及其功能損傷」、「循環、造血、免疫與呼吸系統構造及其功能損傷」、「消化、新陳代謝與內分泌系統構造及其功能損傷」、「泌尿與生殖系統構造及其功能損傷」、「神經、肌肉、骨骼之移動相關構造及其功能損傷」及「皮膚與相關構造及其功能損傷」等八項身體功能損傷或不全作為評估需求之基本架構。不再單純以身體功能與構造之醫療診斷，尚需檢測個人活動參與的能力、表現及環境對個人的影響（請參閱附錄十一至十二）。

新制與舊制不同之處，是新制鑑定使用國際健康功能與身心障礙分類系統，依據 ICF 系統，政府可視身心障礙者的確實需求，提供必要的福利服務，而非包裹式套餐福利。舉例來說，A 先生與 B 先生同為左腳截肢者，但 A 先生無交通工具，所以即使有工作機會也無法前往；B 先生已購買改

裝車輛及輪椅代步，有固定工作，基本生活能自理，在新制鑑定制度下，將因應不同的環境障礙，而給予兩人不同的福利服務。像 A 先生無交通工具，所以提供輔具補助、復康巴士、生活津貼、居家服務等；而 B 先生因有交通工具，所以提供輔具免費維修服務、車輛免牌照稅等（孫慶璋，2012）。新制的實施，在福利資源的整備及服務輸送網絡的建置，將有重大的進展，身心障礙朋友亦會獲得更妥善的照顧（賴淑楨，2011）。

三 ICF 與特殊教育法身心障礙分類的關係

教育部（2012）公布 ICF 與身心障礙學生分類之對照，而因內政部（2011）所公布《身心障礙者權益保障法》第五條已明訂：

「本法所稱身心障礙者，指下列各款身體系統構造或功能，有損傷或不全導致顯著偏離或喪失，影響其活動與參與社會生活，經醫事、社會工作、特殊教育與職業輔導評量等相關專業人員組成之專業團隊鑑定及評估，領有身心障礙證明者：

一、神經系統構造及精神、心智功能。

二、眼、耳及相關構造與感官功能及疼痛。

三、涉及聲音與言語構造及其功能。

四、循環、造血、免疫與呼吸系統構造及其功能。

五、消化、新陳代謝與內分泌系統相關構造及其功能。

六、泌尿與生殖系統相關構造及其功能。

七、神經、肌肉、骨骼之移動相關構造及其功能。

八、皮膚與相關構造及其功能。」

故而原屬隱性障礙，非《身心障礙者權益保障法》所列對象，但為 ICF 涵蓋對象的學習障礙及情緒行為障礙，因 ICF 之執行，亦屬於現今《身心障礙者權益保障法》所列對象之一，同時也因《身心障礙者權益保障法》之明訂，日後身心障礙手冊已成歷史名詞，而以身心障礙證明取代。依據教育部（2012）公布 ICF 與身心障礙學生分類之對照，ICF 中身體功能以及結構之「八大身心功能障礙類別」與教育部特殊教育身心障礙學生類別對應關係分析及內涵如下：

(一) 神經系統構造及精神、心智功能損傷

神經系統構造包括腦部、脊髓、腦膜、交感神經系統及副交感神經系統五大部分，與腦功能（又稱心智功能）發展有直接相關，也關係著其他感官、循環、內分泌、泌尿及皮膚等構造之功能。腦功能可分為整體心智功能與特定心智功能兩大類。

整體心智功能包括意識、定位（定向）、智力、整體心理社會、氣質與人格特質、精力與驅動力及睡眠等功能。特定心智功能涵蓋注意力、記憶、精神動作控制、情緒、知覺、思考、高階認知、語言、計算、依序執行複雜動作、自我與時間體認等功能。

特殊教育身心障礙學生類別中與「神經系統構造及精神、心智功能損傷」之相關障礙，包含智能障礙、自閉症、多重障礙、其他障礙、情緒行為障礙、學習障礙、發展遲緩等類別。

(二) 眼、耳及相關構造與感官功能及疼痛損傷

「眼、耳及相關構造」主要是指接收外界訊息的感官，如眼睛和耳朵與其周邊的構造，這些構造若有缺損或不全則易導致視覺功能或聽覺功能的損傷。「感官功能」則是涵蓋各種感覺如視覺、聽覺、味覺、嗅覺、本體覺、觸覺、溫度覺等。「疼痛」則是指痛覺的功能。以下將分為眼耳與相關構造、感官功能及疼痛等三個部分敘述。

眼耳與相關構造包括眼睛的結構（眼窩和眼球）、眼睛周圍結構和耳朵結構（外耳、中耳和內耳）。感官功能則包括視覺相關功能、聽覺相關功能、味覺、嗅覺、本體覺、觸覺、溫度覺等。疼痛是指身體各部位的痛覺。

特殊教育身心障礙學生類別中與「眼、耳及相關構造與感官功能及疼痛損傷」之相關障礙，有視覺障礙、聽覺障礙與其他障礙（罕見疾病）。

(三) 涉及聲音和言語構造及其功能損傷

涉及發聲與言語功能的身體結構包括鼻、口腔、咽和喉等四部分，發聲與言語功能包括發聲、構音、言語的流暢與節律、替代性發聲等四類。發聲功能是指藉由空氣通過喉部產生各種聲音的功能，包括聲音的產生和音質；構音是指產生語音的功能，包括清晰發音、音素構音等功能；產生

言語流暢和節奏的功能，包括言語流暢、節律、速度和旋律的功能；另類發聲功能是指產生其他發聲方式的功能，包括產生音符和音域的功能，例如：唱歌、吟唱、喃喃聲、幼兒牙牙學語、哼唱、大哭和尖叫等。

　　特殊教育身心障礙學生中與「涉及聲音和言語構造及其功能損傷」之相關障礙，有語言障礙和多重障礙兩類。

㈣ 循環、造血、免疫與呼吸系統構造及其功能損傷

　　循環系統主要的構造包括心臟、動脈、靜脈及微血管，與血液循環的功能有關；免疫系統主要的構造包括淋巴管、淋巴結、胸腺、脾臟、骨髓，與血液的製造功能及免疫的功能有關；呼吸系統主要的構造包括氣管、肺臟、胸廓、呼吸肌等，與呼吸功能有關。

　　特殊教育身心障礙學生中與「循環、造血、免疫與呼吸系統構造及其功能損傷」對應之障礙，有身體病弱、多重障礙及其他障礙。

㈤ 消化、新陳代謝與內分泌系統構造及其功能損傷

　　有關消化代謝和內分泌系統的主要結構包含唾腺、食道、胃、腸（小腸、大腸等）、胰臟、肝臟、膽囊及膽管、內分泌結構（腦垂體、甲狀腺、副甲狀腺、腎上腺）等。

　　特殊教育身心障礙學生中與「消化、新陳代謝與內分泌系統構造及其功能損傷」對應之障礙，有智能障礙、多重障礙、身體病弱及其他障礙。

㈥ 泌尿與生殖系統構造及其功能損傷

　　泌尿系統的結構包含泌尿系統（腎臟、輸尿管、膀胱、尿道）、骨盆底等結構。生殖和生育功能結構包含生殖系統（卵巢，子宮結構：子宮體、子宮頸、輸卵管）、乳房及乳頭、陰蒂（大陰唇、小陰唇、陰道）、睪丸、陰莖結構（陰莖頭、陰莖體）、前列腺等。

　　特殊教育身心障礙學生中與「泌尿與生殖系統構造及其功能損傷」之相關障礙，有身體病弱、多重障礙及其他障礙三類。

㈦ 神經、肌肉、骨骼之移動相關構造及其功能損傷

　　神經、肌肉、骨骼之移動相關構造及其功能包括個人與動作有關構

造，以及與動作有關之功能。與動作有關構造包含頭與頸部構造、肩部構造、上肢構造、骨盆部構造、下肢構造、軀幹構造、與動作有關的其他肌肉、骨骼構造等；與動作有關之功能則論及關節與骨骼、肌肉、動作等功能。

特殊教育身心障礙學生中與「神經、肌肉、骨骼之移動相關構造及其功能損傷」之相關障礙，包含肢體障礙、多重障礙和其他障礙。

(八) 皮膚與相關構造及其功能損傷

皮膚相關的身體結構包括皮膚區域、皮膚腺體、指（趾）甲和毛髮等部分。功能涵蓋皮膚之保護、修復、降溫／分泌汗液等功能；皮膚的感覺功能；毛髮及指（趾）甲的保護、顏色和外觀等功能。

特殊教育身心障礙學生中與「皮膚與相關構造及其功能損傷」之相關障礙，包含視覺障礙、聽覺障礙、肢體障礙、多重障礙、情緒行為障礙、語言障礙及其他障礙。

ICF 與身心障礙學生分類之對照摘要如下表：

	智能障礙	視覺障礙	聽覺障礙	語言障礙	肢體障礙	身體病弱	情緒行為障礙	學習障礙	多重障礙	自閉症	發展遲緩	其他障礙
1.神經系統構造及精神、心智功能損傷	✓						✓	✓	✓	✓	✓	✓
2.眼、耳及相關構造與感官功能及疼痛損傷		✓	✓									✓
3.涉及聲音和言語構造及其功能損傷				✓					✓			
4.循環、造血、免疫與呼吸系統構造及其功能損傷						✓			✓			✓
5.消化、新陳代謝與內分泌系統構造及其功能損傷	✓					✓			✓			✓
6.泌尿與生殖系統構造及其功能損傷						✓			✓			✓

	智能障礙	視覺障礙	聽覺障礙	語言障礙	肢體障礙	身體病弱	情緒行為障礙	學習障礙	多重障礙	自閉症	發展遲緩	其他障礙
7.神經、肌肉、骨骼之移動相關構造及其功能損傷					✓				✓			✓
8.皮膚與相關構造及其功能損傷		✓	✓	✓	✓		✓		✓			✓

四 評估方式與人員

　　身心障礙鑑定及需求評估新制正式實施後，原手冊到期需重新鑑定的身心障礙朋友，將依新制辦理。民眾除了在醫院鑑定外，尚需由評估團隊對身心障礙者所迫切的需求進行評估。雖然在鑑定與評估的時間，將比現行的制度來得長，但卻能提供身心障礙者客製化服務。鑑定人員則由原有的醫師改爲由醫師、社工、特教、物理治療師、職能治療師等人員籌組專業團隊人員進行鑑定。身心障礙者在醫院完成鑑定後，由政府社會處之需求評估團隊主動聯繫個案或家屬進行需求評估，與身心障礙者和家人共同討論福利與需求，協助案家連結迫切的福利資源服務並提供諮詢，因此往後民眾申請社會福利將更具個別性及符合需求。

五 各縣市實施狀況

(一) 實施狀況

　　身心障礙鑑定採「二階段換證」進行：

　　第一階段：3年（101年7月11日至104年7月10日）──以新申請、申請重新鑑定或原領手冊到期註記效期之身心障礙者爲主要對象。

　　第二階段：4年（104年7月11日至108年7月11日）──以執永久效期手冊之身心障礙者爲主要對象；在未換證前，身心障礙者其仍繼續享有原身心障礙福利。

(二) 相關資訊網站

　　1. 內政部—身心障礙服務入口網——ICF 專區：http://dpws.moi.gov.tw/commonch/home.jsp?menudata=DisbMenu&serno=201101050001&mserno=200805260011&contlink=ap/icf.jsp

　　2. 服務身心障礙朋友的好幫手——認識 ICF：http://dpws.moi.gov.tw/know_icf/

　　3. 服務身心障礙朋友的好幫手——認識身心障礙者權益保障法：http://dpws.moi.gov.tw/know_bml/

(三) 身心障礙證明鑑定流程

　　新制身心障礙鑑定與需求評估制度於 101 年 7 月 11 日開始實施，新制度中，身心障礙需過醫療鑑定，再加上社會局的需求評估，始可核發身心障礙證明（請參閱附錄十及十四）。

第二節 語文型學習障礙與非語文型學習障礙之鑑別診斷

　　在國內身心障礙群體中，依據教育部特教通報網，學習障礙學生是出現率第二高的群體。學習障礙可以從兩個向度加以分類：一為語文型學習障礙（Verbal Learning Disability，簡稱 VLD），可分為閱讀（reading）、算術（arithmetic）、書寫（writing）、拼字（spelling）及書寫表達（written expression）等，是直接在學業學習表現上的問題。VLD 學生往往因為語文能力與學習的問題而在相關學科的學業表現有明顯的成就

低落現象，故而又稱學業型學習障礙。二為所謂的非語文學習障礙（Non-verbal Learning Disabilities，簡稱 NLD），可分為注意力（attention）、記憶力（memory）、知覺技能（perceptual skills）、思考技能（thinking skills）、口語表達技能（oral language skills）及社會技能（social skills）等。這些發展能力落後致影響學習的問題往往無法經由學業成就的表現直接被發現，卻通常是 NLD 學生學業表現低落最直接的影響因素，故而又稱發展型學習障礙。國外早在四十餘年前，Johnson 和 Myklebust（1967）即已注意到學習障礙者中，有一群學童在看圖學習、空間定向、身體意象、社交知覺能力不足等和課業學習無直接關係的學習技巧出現問題，經研究後，在其著作《學習障礙：教育原則和實施》中，首度將此類學習障礙稱為 NLD（Johnson & Myklebust, 1967），自此開啟了後續的研究。國內有較明確的輔導及探討是在 2000 年以後（孟瑛如，2003；黃莉雯、孟瑛如，2009；黃姿慎、孟瑛如，2008；洪儷瑜、李瑩玓，2000；單延愷，2006；單延愷、洪儷瑜、陳心怡，2008）。

　　黃莉雯及孟瑛如（2009）的研究指出，由桃、竹（新竹縣市）、苗四縣市於 94 至 96 學年度鑑輔會送審之 3,270 件學習障礙個案裡再以 NLD 之特徵篩選，被選為 NLD 之 15 名受試者中，竟有三分之一原被鑑定為非特殊生或學業低成就學生。其原因可能有二：首先，對心評人員而言，VLD 的學習、行為特徵已有所熟悉，但上述提及的 NLD 之學習行為特徵相關資訊尚未清楚的整合在國人面前，使得心評人員所憑恃的知能還不足以正確地研判 NLD 個案，因而產生了漏篩或誤判的情形。其次，國內鑑定學習障礙所使用之初篩工具大多以 VLD 所呈現之特徵作為評判參考。以「中文年級認字量表」（黃秀霜，1999）、「基礎數學概念評量」（柯華葳，1999a）兩樣初篩工具為例，識字障礙者、數學障礙者之表現會低於年級水準，但對具有基礎識字、計算能力之 NLD 學生而言，其表現可能會達到年級水準，而造成檢測上的盲點，這透露出測驗工具的限制。各類別學習障礙學生於鑑定過程的表現，在中年級之後的學習行為特徵表現與低年級相較，呈現顯著的變化趨勢，顯示中年級後為學習行為關鍵特徵的分水嶺。此一結果與各縣市學習障礙學生於中年級後有較高的送鑑定比例之事實相符。若讀者欲進一步探討，可使用國小語文及非語文學習障礙檢核表（孟瑛如、朱志清、黃澤洋、謝瓊慧，2014）做評估以利釐清及後續輔導與教學工作之進行。以下分別說明此兩種類型之特徵。

一　語文型學習障礙（VLD）

◆ 診斷特徵

語文型學障兒童在拼字、閱讀、書寫或算術等方面的能力有缺陷，而妨礙其學習，包含聽覺語言障礙、閱讀障礙、書寫障礙、口語障礙及算術障礙等。

◆ 鑑別診斷

參考第一章 DSM-IV-TR、ICD-10 或 DSM-5 診斷標準部分的說明。

二　非語文型學習障礙（NLD）

◆ 診斷特徵

非語文型學習障礙是一種神經心理症候群，主要在右半腦神經心理上有缺陷。非語文學習障礙兒童的閱讀理解能力、數學和寫字能力較差，但其最主要的學習問題不是出現於學業、語言和認知上，而是在社會人際、動作協調及空間組織等非語文技巧的學習有顯著的困難，包括動作協調不佳；無法理解環境中非語文的溝通訊息；對非語文符號和線索的辨識困難；無法了解時間、空間、大小之間的關聯。

◆ 出現率

非語文型學障的出現率目前並無明確的統計資料，有學者預估在學習障礙群體中有 5-10% 為非語文型學障，另有學者認為三分之一的學習障礙兒童同時具有非語文學障的困難，男女比例大約是 1:1（Elksnin & Elksnin, 2004; Rourke, 1989, 1995; Thomposn, 1997）。

◆ 鑑別診斷

目前非語文型學障的診斷在 DSM-5 或 ICD-11 以及特教相關法規並未有明確的鑑定標準，其鑑別通常採用多種測驗工具，評估其認知能力、注意力、記憶力、知覺能力、語言能力、社會適應等各能力之發展，以及臨床特徵綜合研判受試者是否為非語文型學障之學生。

學者們（Thomposn, 1997; Rourke, Ahmad, Collins, Hayman-Abello, Hayman-Abello, & Warriner, 2002）經過長時間的觀察與研究，針對非語文型學習障礙提出以下臨床診斷標準：

A.社交技巧的缺損： 欠缺覺察非語文社會線索的能力，可能有社交退縮、對於新情境易感到不知所措、抗拒參與團體活動以避免挫折等。

B.動作協調困難： 有嚴重的平衡問題及精細動作不佳的問題。

C.知覺組織困難： 以視覺空間組織的困難最為常見，包含缺乏想像、空間知覺差、較低的視覺編碼技能、背景形象辨識困難。

除上述診斷標準之外，學障的主要鑑定工具魏氏兒童智力量表（WISC-IV）的各項分測驗或組合分數的表現，也是鑑別診斷時參考的一部分。經研究（Hale, Fiorello, Miller, Wenrich, Teodori, & Henzel, 2008；Semrud-Clickman & Glass, 2008）指出，NLD兒童在魏氏兒童智力量表的分測驗表現以語文題材相關分測驗優於作業題材的分測驗，當中NLD的學生表現較佳的為「理解」分測驗，較差的分測驗為「算術」。組合分數當中以VCI（語文理解分數）最高，而PRI（知覺推理指數）表現較差。

NLD與亞斯柏格症候群（Asperger's Syndrome，簡稱AS）在神經心理表現或缺損及行為特徵具有高度相似性，在認知與語言的發展上為正常，但在社交互動與人際關係的表現困難，無法辨識或理解非語文線索，例如：臉部表情、肢體語言等，易從字面解讀他人的談話而不知其真正意涵，因而常被認為是粗魯無理、懶散的人。兩者的差異在於，NLD學生並無AS常見的固定而重複的行為；而NLD的主要缺陷視覺—空間的問題，AS較沒有此問題；NLD常因發展能力的學習問題，因而伴隨學業低成就的現象，尤其是在數學學習上有極大的困難，故而在學術性向智力測驗上多呈現評量結果低落的情形，但AS學生則多伴隨高智商，同時在課業學習上較無顯著困難。NLD與AS雖然有相似的地方，卻是兩種不同的障礙，各有其獨特的特徵，因此鑑別診斷時應留意而不混淆。

第三節 學習障礙兒童的鑑定流程與常用鑑定工具

有鑑於學習障礙與情緒行為障礙兩者常互相伴隨，具鑑定上所謂的常

見共病現象，故而以下在列出鑑定流程與常見鑑定工具時，均是兩者共同
臚列，以利讀者比較及運用。

一 學習障礙兒童鑑定建議流程

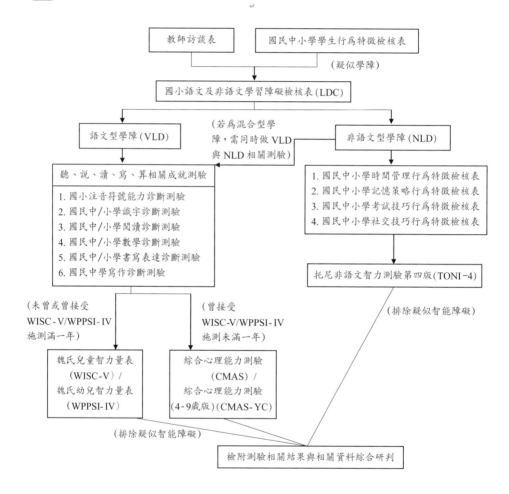

備註：

(1)WISC-V之WMI指數較偏向聽覺注意，可另施測「電腦化注意力診斷測驗
（CADA）」，以完整了解孩子在注意力部分的問題。

(2)若個案拒做任何以上耗時較長的智力測驗，亦可以施測「綜合心理能力測驗（4-9歲
版）（CMAS-YC）」，以先期取得其簡易智力作為參考用。

(3)相關測驗簡介可參考後所附之「學習障礙／情緒行為障礙鑑定表兒童常用鑑定工具簡
介表」。

㈠ 情緒行為障礙兒童鑑定建議流程

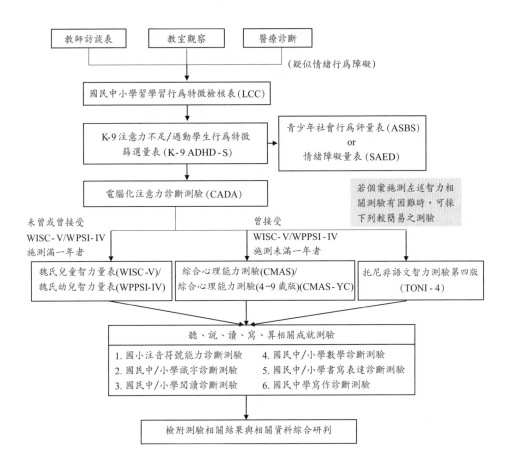

備註：

(1)WISC-V之WMI指數較偏向聽覺注意，可另施測「電腦化注意力診斷測驗
（CADA）」，以完整了解孩子在注意力部分的問題。

(2)若個案拒做任何以上耗時較長的智力測驗，亦可以施測「綜合心理能力測驗（4-9歲
版）（CMAS-YC）」，以先期取得其簡易智力。

(3)相關測驗簡介可參考後所附之「學習障礙／情緒行為障礙鑑定表兒童常用鑑定工具簡
介表」。

(二) 智能障礙兒童鑑定建議流程

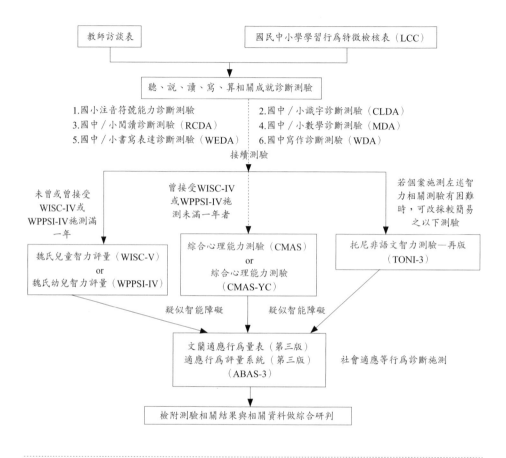

備註：

(1)WISC-IV之WMI指數較偏向聽覺注意，可另施測「電腦化診斷測驗（CADA）」，以完整了解孩子在注意力部分的問題。

(2)相關測驗簡介可參考後所附之「學習障礙／情緒行為障礙／智能障礙鑑定表兒童常用鑑定工具簡介表」。

國內學障兒童常用鑑定工具簡介

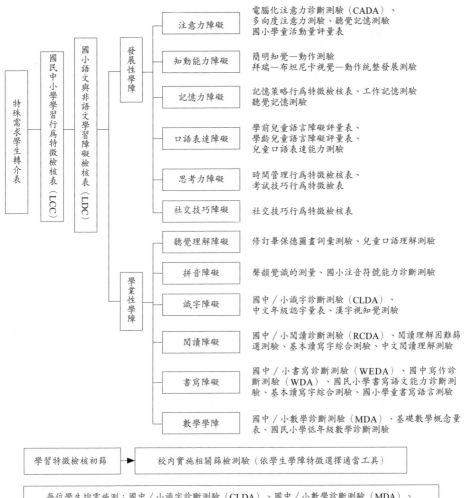

學習障礙疑似障礙類別常用鑑定測驗工具

特殊需求學生轉介表 — 國民中小學學習行為特徵檢核表（LCC）— 國小語文與非語文學習障礙檢核表（LDC）

發展性學障
- 注意力障礙：電腦化注意力診斷測驗（CADA）、多向度注意力測驗、聽覺記憶測驗、國小學童活動量評量表
- 知動能力障礙：簡明知覺—動作測驗、拜瑞—布坦尼卡視覺—動作統整發展測驗
- 記憶力障礙：記憶策略行為特徵檢核表、工作記憶測驗、聽覺記憶測驗
- 口語表達障礙：學前兒童語言障礙評量表、學齡兒童語言障礙評量表、兒童口語表達能力測驗
- 思考力障礙：時間管理行為特徵檢核表、考試技巧行為特徵檢核表
- 社交技巧障礙：社交技巧行為特徵檢核表

學業性學障
- 聽覺理解障礙：修訂畢保德圖畫詞彙測驗、兒童口語理解測驗
- 拼音障礙：聲韻覺識的測量、國小注音符號能力診斷測驗
- 識字障礙：國中／小識字診斷測驗（CLDA）、中文年級認字量表、漢字視知覺測驗
- 閱讀障礙：國中／小閱讀診斷測驗（RCDA）、閱讀理解困難篩選測驗、基本讀寫字綜合測驗、中文閱讀理解測驗
- 書寫障礙：國中／小書寫診斷測驗（WEDA）、國中寫作診斷測驗（WDA）、國民小學書寫語文能力診斷測驗、基本讀寫字綜合測驗、國小學童書寫語言測驗
- 數學學障：國中／小數學診斷測驗（MDA）、基礎數學概念量表、國民小學低年級數學診斷測驗

學習特徵檢核初篩 → 校內實施相關篩檢測驗（依學生學障特徵選擇適當工具）

每位學生均需施測：國中／小識字診斷測驗（CLDA）、國中／小數學診斷測驗（MDA）、國中／小閱讀診斷測驗（RCDA）

三 國內學習障礙／情緒行為障礙／智能障礙兒童常用鑑定工具簡介

(一) 智力測驗

測驗名稱	原作／編製者	修訂者	適用對象	測驗時間	測驗形式	測驗方式	測驗用途	出版單位
學前幼兒認知發展診斷測驗（Cognition Development Diagnostic Assessment for Pre-schoolers, CDDAP）	孟瑛如、陳雅萍、田仲閔、黃姿慎、簡吟文、彭文松、郭虹伶（2019）		學前2歲至6歲11個月疑似具有發展遲緩問題者或欲了解幼兒發展狀態者	九個分測驗的實施時間大約是50至60分鐘	個別施測	本測驗將評估架構劃分為三大因素（認知、語文、以及社會情緒），共分為九個分測驗（認知推理、口語、情緒認知、顏色搜尋、常識、情境決擇與計量、圖形搜尋、溝通、以及幾何造型），由施測者操作或幼兒記錄九個分測驗。與學前發展遲緩篩選量表（DSP）合併使用。	本測驗為學前階段發展診斷測驗，目的在測量學前階段兒童智力或認知發展狀態，或是診斷出疑似有發展遲緩之個案。但目的在預測個案之力或整體發展現況，或是藉由測驗過程中可能出現的發展弱勢能力，提供診斷解釋參考之用。	
魏氏兒童智力量表（Wechsler Intelligence Scale for Children-Revised，簡稱WISC-V）第五版	Dr. Wechsler, D.	陳心怡等教授（2018）	6歲0個月至16歲11個月	獲得FSIQ，約50至70分鐘；獲得FSIQ，五個主要指數及性指數分數，約70至95分鐘	個別施測	個別施測，以口語或筆操作，由施測者記錄16個分測驗。	用於鑑定智能資賦、學習障礙、學習障礙等特殊兒童的認知強弱項鑑工具。可用來評估兒童學習潛力，預測學業成就，並協助評估學習困難或學習障礙之可能原因。	中國行為科學社

測驗名稱	原作／編製者	修訂者	適用對象	測驗時間	測驗形式	測驗方式	測驗用途	出版單位
魏氏幼兒智力量表第四版（Wechsler Preschool and Primary Scale of Intelligence–Fourth Edition，簡稱WPPSI-IV）	Dr. Wechsler, Wechsler D.	陳心怡、陳榮華等教授（2013）	2歲6個月至7歲11個月	2:6-3:11歲組：約30至60分鐘；4:0-7:11歲組：約40至80分鐘	個別施測	個別施測，以口語或動筆操作，由施測者記錄。	測驗結果可作為決定教育安置和養護方案及研擬臨床治療計畫之指南。亦可提供神經心理學的評估及研究目的之實質臨床資訊。可用於評估兒童智優、智障、認知發展遲緩等特殊兒童的認知和強弱項需衡鑑工具。其結果可作為研擬臨床治療計畫及決定教育安置和養護方案之指南。可用來評估兒童學習智力、預測學業成就、並協助評估學習困難或學習障礙之可能原因。提供神經心理學的評估及使用於研究目的。	中國行為科學社
綜合心理能力測驗（Comprehensive Mental Abilities Scale for Young Children，簡稱CMAS-YC）	林幸台、郭靜姿、蔡崇建、胡心慈、盧雪梅（2011）		4歲至9歲半兒童	90分鐘	個別施測	操作測驗。	鑑別學生心理能力（認知能力）的表現，進而決定個別教育計畫。	心理出版社
多向度團體智力測驗（兒童版）（Multi-dimension Group Intelligence Test for Children，簡稱MGIT-C）	吳武典、金瑜、張靖卿（2010）		小二至小六	90分鐘	個別施測、團體施測	紙筆測驗。	1.國小階段特殊學生篩檢。2.一般學生心智評量。3.配合其他測驗，可作為教育安置與輔導之參考。	心理出版社

測驗名稱	原作/編製者	修訂者	適用對象	測驗時間	測驗形式	測驗方式	測驗用途	出版單位
多向度團體智力測驗（青少年版）（Multi-dimension Group Intelligence Test for Adolescence，簡稱MGIT-A）	吳武典、金瑜、張靖卿（2010）		國一至高三	90分鐘	個別施測、團體施測	紙筆測驗。	1.國中、高中階段特殊學生篩檢。 2.一般學生心智評量。 3.配合其他測驗，可作為教育安置與輔導之參考。	心理出版社
魏氏兒童智力量表第四版（Wechsler Intelligence Scale for Children-Revised，簡稱WISC-IV）	Dr. David Wechsler	陳榮華、陳心怡等教授（2007）	6歲至16歲11個月	約60至90分鐘	個別施測	以口語或動筆操作，由施測者記錄14個分測驗。	1.供資優、智優、學障等特殊兒童鑑定，研擬臨床治療計畫及決定教育安置和養護方案之指南。 2.提供神經心理學的評估及研究目的。 3.可與ABAS-II兒童版併用，以評量受試者認知功能與適應技能間的關係。	中國行為科學社
綜合心理能力測驗（Comprehensive Mental Abilities Scale，簡稱CMAS）	林幸台、吳武典、王振德、蔡崇建、郭靜姿、胡心慈（2000）		5至14歲	90分鐘	個別施測	由施測者於紀錄紙上記錄受測者作答表現。	鑑別學生心理能力（認知能力）的表現，進而作為個別教育計畫。	心理出版社
魏氏幼兒智力評量（Wechsler Preschool and Primary Scale of Intelligence-Revised，簡稱WPPSI-R）	Dr. David Wechsler	陳榮華、陳心怡等教授（2000）	3歲至7歲3個月	十個分測驗的實施時間大約是50至70分鐘；若要施測兩個替代測驗則需再增加5至10分鐘	個別施測	個別施測，以口語或動筆操作，由施測者記錄12個分測驗。	診斷智能障礙的學前兒童、診斷資賦優異的學前兒童，並可作為低年級特殊兒童鑑定、安置，以及研擬早期介入方案的參考。	中國行為科學社

測驗名稱	原作/編製者	修訂者	適用對象	測驗時間	測驗形式	測驗方式	測驗用途	出版單位
托尼非語文智力測驗—再版（Test of Nonverbal Intelligence-Third Edition，簡稱TONI-3）	Linda Brown, Rita J. Sherbenou 及 Susan K. Johnson	吳武典、蔡崇建、胡心慈、王振德、林幸台、郭靜姿（2000）	4歲至16歲5個月	30分鐘	個別施測、小組施測、團體施測	紙筆測驗。	1.預估智力水準、認知功能與學業傾向。2.確認智能缺陷（尤其在無法分辨是智能還是語言、動作影響表現時）。3.作為一般智力評量的工具，測驗資料可作為診斷或以進一步介入輔導的參考依據。4.研究用（本測驗有甲、乙式，為複本測驗之用，可作為前後測之用）。	心理出版社
簡易個別智力量表	王振德（1999）		4歲至7歲半（未滿8歲）	約30至40分鐘	個別施測	使用記錄紙計分、計分六個分測驗。	1.鑑定智能障礙、學習障礙及發展遲緩的診斷工具。2.可作為一般學生心智能力狀況的評量工具。	心理出版社
綜合性非語文智力測驗（Comprehensive Test of Nonverbal Intelligence，簡稱CTONI）	許天威、蕭金土（1999）		一年級至九年級	約60分鐘	個別施測、團體施測	透過動作或手勢等非語文之指示，用紙筆、操作或口頭方式回答。	1.可協助教師做常態編班之依據。2.可了解受測學生在分類、排序、類推方面的能力。3.避免文化或語文之影響、作為資賦優異或智能障礙、語言、聽覺、情緒障礙學生的智能篩選工具。	心理出版社

測驗名稱	原作／編製者	修訂者	適用對象	測驗時間	測驗形式	測驗方式	測驗用途	出版單位
修訂畢保德圖畫詞彙測驗（Peabody Picture Vocabulary Test-Revised，簡稱PPVT-R）	Lloyd M. Dunn，Leota M. Dunn.	陸莉、劉鴻香（1998）	3歲至12歲	通常10至15分鐘可完成。	個別施測	根據受試者年齡找到測驗起點，使用題本和答題分紙記錄。	藉測驗量受試者之德讀詞彙能力，或用做初步評量童兒智能的篩選工具。	心理出版社
智能結構學習能力測驗（The Structure of Intellect，簡稱SOI）	Robert Meeker 及Mary Meeker Guilford	陳龍安（1996）	幼稚園大班至國小三年級學童	甲式或乙式施測各需兩個半小時至三個小時；其他各式則各需一至一個半小時。	個別或團體施測皆可	依受試者年齡、安排施測者人數。	評估學生基本學習能力的優、缺點，作為診斷與輔導評估，如：一般診斷、診斷學習障礙；診斷成就的可能原因，診斷學習之視力發展問題等評估；診斷基本技巧分析障礙評估，或是教學方法與評估的評估依據。	心理出版社

(二) 學科能力及成就測驗

測驗名稱	原作／編製者	修訂者	適用對象	測驗時間	測驗形式	測驗方式	測驗用途	出版單位
聽寫高學習能力量表（青年版）	陳龍如、孟瑛如（2019）		高中及大專院校生	約40至60分鐘	個別施測	本測驗共分四部分七個分測驗，分別為字詞認讀（字詞辨識、字詞表現）、聽覺表現、文章閱讀（視覺記憶、閱讀表現）及書寫表現（書寫字...	測驗過程與結果可幫受測者檢視自己的領域學習風格，作為發展學習策略的依據。在身心障礙學生的應用上，量表結果可篩選出具學習困難...	中國行為科學社

測驗名稱	原作/編製者	修訂者	適用對象	測驗時間	測驗形式	測驗方式	測驗用途	出版單位
						量、書寫品質），以口語或動筆操作七個分測驗，由施測者記錄七個分測驗。	的學生，配合更多相關資料或觀察並可以作為鑑定疑似身心障礙學生之部分佐證資料，包括學習障礙、智能障礙，並可了解聽覺障礙及視覺障礙等其他理由因素對其學習造成的影響程度。	
國民小學一至三年級識字診斷測驗（LDA/G1-3）（Elementary School Literacy Diagnostic Assessment/ Grades 1-3）	孟瑛如、張淑蘋、范姜雅菁、楊佩蓁、周文聿（2015）		一年級下學期至四年級上學期學生	30分鐘	個別施測、團體施測	本測驗有甲式、乙式、丙式與丁式共四式測驗，每一式測驗包含聽音辨字、字形辨識三個分測驗，以了解學生字音、字形、字義，以及整體表現。各分測驗之內容如下：1.聽音辨字：評估受試者聽音辨字的能力。2.字形辨別：了解受試者區辨字形、字義以及正確使用字義的能力。3.字形辨識：評估受試者辨識中文字的能力。	1.可作為評量一般教學之教學成效測驗。2.診斷識字能力有問題的學生，藉此規劃與發展能夠啟發學生的教學策略。	心理出版社

測驗名稱	原作/編製者	修訂者	適用對象	測驗時間	測驗形式	測驗方式	測驗用途	出版單位
國民小學四至六年級識字診斷測驗（LDA/G4-6）（Elementary School Literacy Diagnostic Assessment/Grades 4-6）	孟瑛如、張淑蘋、范姜雅菁、陳虹君、周文聿（2015）		四年級下學期至七年級上學期學生	30分鐘	個別施測、團體施測	本測驗有甲式、乙式、丙式與丁式共四式測驗，每一式測驗包含聽音辨字、字形辨別三個分測驗，以了解學生字音、字形、字義，以及整體表現。各分測驗之內容如下：1.聽音辨字：評估受試者聽音辨字的能力。2.字形表辨別：評估受試者區辨字形、了解字義以及正確使用字義的能力。3.字形辨識：評估受試者辨識中文的能力。	1.可作為評量一般教學之教學成效測驗。2.診斷字能力有問題的學生，藉此規劃與發展能夠啟發學生的教學策略。	心理出版社
國民中學七至九年級識字診斷測驗（LDA/G7-9）（Junior High School Literacy Diagnostic Assessment/Grades7-9）	孟瑛如、陳志平、盧玉真、謝瓊慧、周文聿（2015）		七年級下學期至高中一年級上學期	30分鐘	個別施測、團體施測	本測驗有甲式、乙式、丙式與丁式共四式測驗，每一式測驗包含聽音辨識、字形辨別三個分測驗，以了解學生字音、字形、字義，以及整體表現。各分測驗之內容如下：	1.可作為評量一般教學之教學成效測驗。2.診斷字能力有問題的學生，藉此規劃與發展能夠啟發學生的教學策略。	心理出版社

測驗名稱	原作/編製者	修訂者	適用對象	測驗時間	測驗形式	測驗方式	測驗用途	出版單位
						1.聽音辨字：評估受試者聽音辨字的能力。2.字形義辨別：評估受試者形、了解字義以及正確使用字義的能力。3.字形辨識：評估受試者辨識中文字的能力。		
國民小學一至三年級閱讀理解診斷測驗（RCDA/ G1-3）（Elementary School Reading Comprehension Diagnostic Assessment/ Grades 1-3）	孟瑛如、魏銘志、田仲閔、周文聿（2015）		一年級下學期至四年級上學期學生	20分鐘	個別施測、團體施測	本測驗有甲式、乙式、丙式與丁式共四式測驗；每一式測驗均有25題，包含字義理解分測驗，評量與推論理解分測驗，評量下列五個分項能力表現： 1.語意理解能力：評量對個別語詞意義的了解能力。 2.語法分析能力：評量依據字序、文法、語意等關係，做適當排列組成命題，進而理解釋句子的能力。 3.文意統整能力：評量對於文章基本事實的理解能力。 4.推論能力：評量根據文章的語境、脈絡，統整結合既有的經驗和知識，能夠讀文章。	1.可作為評量一般教學之教學成效測驗。2.篩檢疑似閱讀（等）障礙學生，作為提報鑑定或提供教學調整策略之參考。	心理出版社

測驗名稱	原作/編製者	修訂者	適用對象	測驗時間	測驗形式	測驗方式	測驗用途	出版單位
國民小學四至六年級閱讀理解診斷測驗（RCDA/G4-6）(Elementary School Reading Comprehension Diagnostic Assessment/Grades 4-6)	孟瑛如、田仲閔、周文聿、魏銘志（2015）		國小四年級下學期至國中七年級上學期學生	20分鐘	個別施測、團體施測	本測驗共35題，包含字義理解分測驗與推論理解分測驗，評量下列五個分項能力表現： 1.語義理解能力：評量對個別語詞意義的了解能力。 2.語法分析能力：評量依據字序、文法、語意關係，做適當排列組成命題，進而解釋句子的能力。 3.文意統整能力：評量對於文章基本事實的理解能力。 4.推論能力：評量根據文章的語境、脈絡，統整結合既有的經驗和知識，能夠為文章添加缺失的訊息，建構完整的意義，進而理解篇章意義的能力。 5.文意統整能力：評量從文章當中找出重點、主要概念或文章架構的能力。	1.可作為評量一般教學之教學成效測驗。 2.篩檢疑似閱讀障礙學生，作為提供鑑定或提供教學調整策略之參考。	心理出版社

測驗名稱	原作/編製者	修訂者	適用對象	測驗時間	測驗形式	測驗方式	測驗用途	出版單位
國民中學七至九年級閱讀理解診斷測驗（RCDA／G7-9）(Elementary School Comprehension Diagnostic Assessment/ Grades 7-9)	孟瑛如、江素鳳、周嘉慧、周文、商怡文、李（2015）		國中七年級下學期至高中一年級上學期學生	25分鐘	個別施測、團體施測	本測驗共26題，包含字義理解分測驗與推論理義理解分測驗，評量下列五個分項能力表現： 1.語意理解能力：評量的了對個別詞語意義的了解能力。 2.語法分析能力：評量依據字序、文法、語意等關係，做適當排列組成命題，進而解釋句子的能力。 3.文意統整能力：評量對於文章基本事實的理解能力。 4.推論能力：評量根據文章的語境、脈絡，統整結合既有的經驗和知識，能夠填補缺失的訊息，完整篇章意義的理解能力。 5.文意統整能力：評量從文章當中找出重點、主要概念或文章架構的能力。	1.可作為評量一般教學之教學成效測驗。 2.篩檢疑似閱讀障礙學生，作為提供閱讀障礙鑑定或提供教學調整策略之參考。	心理出版社

測驗名稱	原作/編製者	修訂者	適用對象	測驗時間	測驗形式	測驗方式	測驗用途	出版單位
國民小學一至三年級書寫表達診斷測驗（WEDA/ G1-3）(Elementary School Written Expression Diagnostic Assessment/ Grades 1-3)	孟瑛如、黃姿慎、鍾曉芬、楊佩蓁、周文聿（2015）		國小一年級下學期至四年級上學期學生	25分鐘	個別施測、團體施測	本測驗共五個分測驗，評量基本書寫能力與基本寫字能力，包含： 1.聽寫：藉由學生能否根據老師的念讀寫出正確的國字，來評量學生之詞彙認知與國字書寫能力。 2.看字造詞：藉由學生能否運用正確的國字組成正確詞彙，來評量學生詞彙理解能力。 3.句子結合與造句：藉由學生依照題目規範之連結詞進行結合，來評量理解的語句結合和形成想法的能力，藉由學生能否應用適當呈現文句和想法，以及標點符號來評量學生字彙運用與句子形成的能力。 4.遠距抄寫：藉由遠距的字形抄寫題目海報上的字，來評量學生高字能力及視覺記憶的能力。	1.可作為評量一般教學之教學成效測驗。 2.篩檢疑似書寫表達障礙學生，作為書寫提報鑑定或提供教學調整策略之參考。	心理出版社

測驗名稱	原作/編製者	修訂者	適用對象	測驗時間	測驗形式	測驗方式	測驗用途	出版單位
國民小學四至六年級書寫表達診斷測驗（WEDA／G4-6）(Elementary School Written Expression Diagnostic Assessment/Grades 4-6)	孟瑛如、黃姿慎、鍾曉芬、楊佩蓁、周文聿（2015）		國小四年級下學期至國中七年級上學期學生	25分鐘	個別施測、團體施測	5.近距抄寫：藉由近距離抄寫題本上的句子，來評量學生寫字能力及視覺記憶能力。 本測驗共五個分測驗，評量基本寫作能力與基本寫字能力，包含： 1.聽寫：藉由學生能否根據老師的念讀寫出正確的國字，來評量學生之詞彙認知與國字書寫能力。 2.看字造詞：藉由學生能否運用正確的國字組成正確的詞彙，來評量學生詞彙理解能力。 3.句子結合與造句：藉由學生依照題目規範之連結詞進行語句結合，來評量學生想的語句組織和形成句文能力；藉由學生能否應用適當呈現想法，標點符號和句法，來評量學生字彙運用與句子形成的能力。	1.可作為評量一般教學之教學成效測驗。 2.篩檢疑似書寫表達障礙學生，作為提報鑑定或提供教學調整策略之參考。	心理出版社

測驗名稱	原作/編製者	修訂者	適用對象	測驗時間	測驗形式	測驗方式	測驗用途	出版單位
國民中學七至九年級書寫表達診斷測驗（WEDA/ G7-9）(Junior High School Written Expression Diagnostic Assessment/ Grades 7-9)	孟瑛如、江素鳳、周嘉慧、田仲閔、楊佩蓁、周文聿（2015）		國中七年級下學期至高中一年級上學期學生	25分鐘	個別施測、團體施測	本測驗共五個分測驗，評量基本寫作能力與基本寫字能力，包含： 1.填寫適當的中文字：藉由學生能否根據語境寫出正確的字彙，來評量學生之字彙感和形成思想的能力。 2.依條件改寫句子：藉由學生能否根據語法而合理的結合前後句，來評量學生組織和形成思想的能力。 3.造句：藉由適當文句應用呈現想法，來評量學生能否符號呈現和標點、量學生字彙運用與句子形成的能力。 4.遠距抄寫：藉由遠距離的抄寫題目海報上的字，來評量學生寫字能力及視覺記憶能力。 5.近距抄寫：藉由近距離抄寫題本上的句子，來評量學生寫字能力及視覺記憶能力。	1.可作為評量一般教學之教學成效測驗。 2.篩檢疑似書寫表達障礙學生，作為提報鑑定或提供教學調整策略之參考。	心理出版社

測驗名稱	原作/編製者	修訂者	適用對象	測驗時間	測驗形式	測驗方式	測驗用途	出版單位
						的字，來評量學生寫字能力及視覺記憶能力。5.近距抄寫：藉由近距離抄寫題末上的句子，來評量學生寫字能力及視覺記憶能力。		
國民中學七至九年級寫作診斷測驗（WCDA/ G7-9）（Junior High School Writing Composition Diagnostic Assessment/ Grades 7-9）	孟瑛如、江素鳳、周嘉慧、簡吟文、楊佩蓁、周文聿（2015）		國中七年級下學期至高中一年級上學期學生	45分鐘	個別施測、團體施測	本測驗以家庭、學校、娛樂及飲食四大主題，繪製四張情境圖卡，依據學生寫作內容評量下列四個分項指標：1.思想與主題：評量受試者是否充分了解情境圖卡所呈現的活動主題，並能依據主題進行寫作。2.結構與組織：評量在寫作時是否有一致性的敘寫觀點，並能有完整的主旨呈現。3.文句與修辭：評量受試者在寫作時是否能用正確、豐富、流暢的語句表達自己的情感或意見。4.用字與標點：評量受試者文字書寫及標點符號運用的正確性。	1.可作為評量一般教學之教學成效測驗。2.師依據疑似寫作障礙學生，作為提報鑑定或提供教學調整策略之參考。	心理出版社

測驗名稱	原作/編製者	修訂者	適用對象	測驗時間	測驗形式	測驗方式	測驗用途	出版單位
國民小學一至二年級數學診斷測驗（MDA/ G1-2）(Elementary School Elementatics Diagnostic Assessment/ Grades 1-2)	孟瑛如、簡吟文、邱佳寧、陳虹君、周文聿（2015）		一年級下學期至三年級上學期學生	20分鐘	個別施測、團體施測	本測驗有甲式、乙式、丙式與丁式共四式測驗，每一式測驗均有35題，均包含計算、幾何、數量比較與圖表四分測驗，可了解學生在數學各向度以及整體數學能力之優弱勢表現。各分測驗之內容如下： 1.計算：運用加減乘除之多步驟之四則計算。 2.幾何：幾何或空間概念的認識與理解。 3.數量比較：數（字）量比較、單位換算或大小比較。 4.圖表：分類整理、圖表的解讀與認知。 5.應用：根據題目之敘述進行解題，包含對題意的理解、正確列式和解題。	1.可作為一般教學之教學成效評量之測驗。 2.篩選數學學科資優之學生，作為篩選資優數學學科資優之鑑定參考，並可進一步規劃資優教學之課程。 3.篩檢數學學習困難之學生，作為診斷數學障礙特教之鑑定參考，並可進一步規劃補救教學之課程。	心理出版社
國民小學三至四年級數學診斷測驗（MDA/ G3-4）(Elementary School Mathematics Diagnostic Assessment/ Grades 3-4)	孟瑛如、簡吟文、邱佳寧、陳虹君、周文聿（2015）		三年級下學期至五年級上學期學生	20分鐘	個別施測、團體施測	本測驗有甲式、乙式、丙式與丁式共一式測驗，每一式測驗均有35題，均包含計算、幾何、數量比較、圖表與應用五個分測驗，可了解學生分測驗之理解，可了解學生。	1.可作為一般教學之教學成效評量之測驗。 2.篩選數學學科資優之學生，作為篩選資優數學學科資優之鑑定參考，並可進一步規劃資優教學之課程。	心理出版社

測驗名稱	原作/編製者	修訂者	適用對象	測驗時間	測驗形式	測驗方式	測驗用途	出版單位
						在數學各向度以及整體數學能力之優弱勢表現。各分測驗之內容如下：1.計算：運用數學規則進行加減乘除之四則計算。2.幾何：幾何視覺與理解。3.數量比較：數（字）量比較：單位換算或大小比較。4.圖表：分類整理、圖表的解讀與認知。5.應用：根據題目之敘述進行解題，包含對題意的理解、正確列式和解題。	3.篩檢數學學習困難之學生，作為診斷數學障礙特徵之鑑定參考，並可進一步規劃補救教學之課程。	
國民小學五至六年級數學診斷測驗（MDA/ G5-6）（Elementary School Mathematics Diagnostic Assessment/ Grades 5-6）	孟瑛如、簡吟文、邱佳寧、陳虹君、周文聿（2015）		五年級下學期至七年級上學期學生	25分鐘	個別施測、團體施測	本測驗有甲式、乙式、丙式與丁式共四式測驗，每一式測驗均有35題，均包含計算、幾何、數量比較、圖表與應用五個分測驗，可了解學生在數學各向度以及整體數學能力之優弱勢表現。各分測驗之內容如下：	1.可作為一般教學之測驗，學成效評量之參考。2.篩選數學學科資優之學生，作為資優之鑑定參考，並可進一步規劃資優教學之課程。3.篩檢數學學習困難之學生，作為診斷數學障礙特徵之鑑定參考，並可進一步規劃補救教學之課程。	心理出版社

測驗名稱	原作/編製者	修訂者	適用對象	測驗時間	測驗形式	測驗方式	測驗用途	出版單位
						1.計算：運用數學規則進行加減乘除或多步驟之四則計算。 2.幾何：幾何或空間概念的認識與理解。 3.數量比較：數（字）量比較：單位換算或大小比較。 4.圖表：分類整理、圖表的解讀與認知。 5.應用：根據題目之敘述進行解題，包含對題意的理解、正確陳列式和解題。		
國民中學七至九年級數學診斷測驗（MDA/ G7-9）(Junior High School Mathematics Diagnostic Assessment/ Grades 7-9)	孟瑛如、陳虹君、周文聿（2015）		七年級下學期至高一上學期學生	35分鐘	個別施測、團體施測	本測驗有甲式、乙式、丙式與丁式共四式。每一式測驗均有30題，均包含計算、幾何、統計與應用四個分測驗，可了解學生在整體數學各向度之優弱勢整體表現。各分測驗之內容如下： 1.計算：包含數與量、代數概念、運用數學規則進行加減乘除或四則計算。 2.幾何：幾何或空間概念的認識與理解。	1.可作為一般教學之教學成效評量之測驗。 2.篩選數學學科資優之學生，作為評選之鑑定參考，並可進一步規劃資優教學之課程。 3.篩檢數學學習困難之學生，作為診斷之鑑定參考，並可進一步規劃補救教學之課程。	心理出版社

測驗名稱	原作／編製者	修訂者	適用對象	測驗時間	測驗形式	測驗方式	測驗用途	出版單位
						3.統計：圖表的解讀與資料歸納。 4.應用：根據題目之敘述進行解題，包含對題意的理解、正確列式和解題。		
國小學童中文閱讀理解測驗	王木榮、童宜綢（2006）		六年級	60分鐘	個別或團體施測皆可	紙筆測驗。	1.針對國小六年級學童現階段閱讀理解能力加以評量，幫助了解其自身各項閱讀理解次能力的發展情形與優勢。 2.提供教師閱讀指導、語文教學的參考依據，藉以規劃適當的教學計畫。	心理出版社
基本讀寫字綜合測驗	洪儷瑜、張郁雯、陳秀芬、李瑩玓、陳慶順（2003）		一年級至三年級或三年級以上有讀寫字困難類型的學生	40分鐘	個別或團體施測皆可	以口語或聽寫透過筆試操作。	1.診斷讀寫字困難的學生。 2.診斷學生學習的困難類型。 3.評估國小低年級讀寫字的能力。	心理出版社
國小注音符號能力診斷測驗	黃秀霜、鄭美芝（2003）		國小一年級	30至60分鐘	個別或團體施測皆可	以紙筆操作，由熟悉學生行為的教師或家長填寫。	不同難度的聽寫與認讀的測驗中，可整的了解（學生）在一般學童中注音能力的地位；更可填寫「計分及錯誤可分析型」紙工的錯課類型分析	心理出版社

測驗名稱	原作/編製者	修訂者	適用對象	測驗時間	測驗形式	測驗方式	測驗用途	出版單位
中文年級認字量表	黃秀霜（2001）		國小一年級至國中三年級學童，亦可適用於學習障礙學生	預計施測5分鐘	個別施測	以口頭讀字的方式評量在沒有上下文脈絡影響下學生的認字能力。測驗題目總共有200個字，在連續錯20個字之後即停止。	誤內容，診斷閱讀障礙學生認讀注音符號之錯誤組型，並獲得補救教學的建議。	心理出版社
國小兒童書寫語文能力診斷測驗—第二版（Written Language Ability Diagnostic Test for Children，簡稱WLADTC）	參考Myklebust之The Picture Story Language Test（PSLT）	楊坤堂、李水源、張世彗、吳純純（2000）	國小一年級至國小六年級學童	約40至80分鐘	個別與團體施測、個別施測、團體施測	透過一張圖片語文故事的刺激來蒐集國小學童的自發性書寫語文作為分析書寫語文的作文產品、造句商數及文意層次等表現情形。	1.可作為學習障礙的鑑定診斷工具。2.分析兒童書寫語文的作文產品、語法商數和文意層次，來了解兒童的書寫語文能力。	心理出版社
國民中小學國語文成就測驗	邱上真、洪碧霞（1999）		國小一年級至國中三年級學生	聽力測驗：一、二、三、五、六年級約25分鐘：四年級38分鐘。書面測驗：約32分鐘。四年級閱讀：40分鐘。	個別或團體施測皆可	採選擇題題型，為導向，配合各年級學生學習的語文教材，分別評量學生的聽力與識字能力。	1.基本國語文能力的鑑別。2.國語文學習障礙生的篩選。	高雄師大（未出版）

測驗名稱	原作/編製者	修訂者	適用對象	測驗時間	測驗形式	測驗方式	測驗用途	出版單位
國小作文能力測驗	葉靖雲（1999）		國小四年級至六年級學童	沒有時間限制，作文每頁約10分鐘	個別或團體施測皆可	施測者指導學生依年級完成不同項目。分作文與造句，作文細分為說明文與記敘文。	以語文觀方式評量學生國語文能力，進而擬定教學計畫。	彰化師大（未出版）
國小低年級數學科學篩選測驗	陳東陞（1996）		國小一年級至二年級	約40分鐘	個別或團體施測皆可	以選擇題和計算題來評量。	篩選出有數學潛力或學習困難的學童，以擬定補救教學方案。	心理出版社
國中新生國語文能力測驗	許天威、陳政見（1994）		六年級至七年級	約需50分鐘	團體施測	依照題本第一頁的指示說明，練習例題後正式開始。	鑑別各學科能力顯著落後或超前的學童。	心理出版社
國中新生數學能力測驗	周台傑、巫春貴（1994）		六年級至七年級	約需60分鐘	團體施測	依照題本第一頁的指示說明，練習例題後正式開始。	鑑別各學科能力顯著落後或超前的學童。	心理出版社
國中新生自然科學能力測驗	徐享良、曾秀錦（1994）		六年級至七年級	約需70分鐘	團體施測	依照題本第一頁的指示說明，練習例題後正式開始。	鑑別各學科能力顯著落後或超前的學生。	心理出版社
國民小學數學課程標準測驗（甲乙丙三式）	吳裕益、洪碧霞（1994）		國小三年級至六年級學童	筆試版約40分鐘；電腦化版需1小時	團體施測	以選擇題來評量。	診斷學生對數學某一領域上是否有困難，並可由診斷的結果，幫助老師們針對對學童來編製適性的補救教材。	台南師院（未出版）
國民小學國語文成就測驗	周台傑（1992）		國小一年級至六年級學童	約需50分鐘	團體施測	以筆試進行，由錄音帶或自行閱讀後選擇答案。	1.特殊兒童之鑑定。2.兒童國語文能力之評估。3.國語文教學方案發展之評估。	精華印刷企業社

測驗名稱	原作／編製者	修訂者	適用對象	測驗時間	測驗形式	測驗方式	測驗用途	出版單位
國民小學數學能力發展測驗	周台傑、范金玉（1987）		國小一年級至六年級學童	約需40分鐘	團體施測	以選擇題和計算題來評量。	1.持採兒童之鑑定。 2.兒童數學能力之評估。 3.數學教學方案發展之評估。	精華印刷企業社

（三）心理歷程評量表系列

測驗名稱	原作／編製者	修訂者	適用對象	測驗時間	測驗形式	測驗方式	測驗用途	出版單位
國小學習障礙學生聽覺理解評量表	林惠芬、林宏熾（2000）		國小四年級至六年級學生	約30至40分鐘	個別施測	與成就測驗相似之題目，由主試者念題目，記錄受試者的答案。	評量學習障礙學生聽覺理解能力，以學習輔導為補救教的依據。	彰化師大（未出版）
閱讀理解困難篩選測驗	柯華葳（1999）		國小二年級至六年級學童	約10分鐘	個別或團體施測皆可	以筆試方式進行、題型分為選擇題與閱讀測驗兩部分。若受試者因認字量不足，施測者可將題目念給他聽。	偵測閱讀理解的困難，排除閱讀歷程中會影響閱讀理解的其他成分。	中正大學（未出版）
基礎數學概念評量	柯華葳（1999）		國小二年級至六年級學童	測驗時間因年級不同而不同，都在9至10分鐘完成	個別或團體施測皆可	以筆試方式進行、完成數學概念的題目。	在短時間內分出數學學習上有困難的學生。	中正大學（未出版）
工作記憶測驗	曾世杰（1999）		國小二年級至六年級學童	10至15分鐘可完成	個別施測	本測驗以口語進行，試者以語音現刺激，要求受試者按順序背出所聽到的物件。	用來區辨學生的閱讀能力及閱讀理解。測驗依年級、可將工作記憶特差的高危險群兒童區辨出來，以儘早了解其學習困難情形，給予補救。	台東師院（未出版）

測驗名稱	原作/編製者	修訂者	適用對象	測驗時間	測驗形式	測驗方式	測驗用途	出版單位
聲韻覺識的測量	曾世杰（1999）		國小二年級至六年級學童	約14分鐘	個別或團體施測皆可	由錄音機呈現限音，要受試者選出正確聲調及注音符號。	測出聲韻處理能力及注音能力，找出有解讀困音的兒童，以儘早了解其學習困難情形，給予補救。	台東師院（未出版）
聽覺記憶測驗	陳美芳（1999）		國小二年級至國中一年級學生	約10分鐘	個別施測	主試者念出長度不同的句子，要受試者複誦背出，並記錄之。	評量國小學生對中文語句的聽覺記憶與理解能力，測驗結果可給各其他相關測驗，作為診斷學童語文能力，擬定教學方案的參考。	台灣師大（未出版）
序列記憶測驗（漢字視知覺測驗）	洪儷瑜（1997）		國小二年級至六年級學童，對來國語文成就或有閱讀困難的學生可延伸到國中。	約6分鐘	個別施測	以希臘字母為刺激材料，以視覺方式呈現給受試者，要求受試者在四個選項中選出一樣順序的符號。	診斷國語文低成就學生的漢字視知覺能力。	台灣師大（未出版）
部件辨識測驗（漢字視知覺測驗）	洪儷瑜（1997）		國小二年級至六年級學童，可延伸至國中。	約6分鐘	團體施測	在四個限字中，選出一個與其他沒有的共同特徵。	初步區分於視覺辨識有困難的學生。	台灣師大（未出版）
組字規則測驗（漢字視知覺測驗）	洪儷瑜（1997）		國小二年級至六年級學童	約6分鐘	團體施測	要求受試者在兩個限項目中選出一個是比較不像中文的。	初步區分於視覺辨識有困難的學生。	台灣師大（未出版）
國民小學低年級數學診斷測驗	秦麗花、吳裕益（1996）		二年級下學期至三年級	約40分鐘	個別或團體施測皆可	以36題數學試題單選判斷。	1.初步篩選數學學習障礙變定。2.診斷數學障礙所在。3.作為資源班教學前後測工具，提供教師教學成效評量訊息。	心理出版社

測驗名稱	原作/編製者	修訂者	適用對象	測驗時間	測驗形式	測驗方式	測驗用途	出版單位
高中（職）學生學習與閱讀書策略量表	李咏吟、林本喬、洪寶蓮、賀孝銘、李蓮等教授（1995）		高中（職）一年級至三年級學生	約20至25分鐘	個別或團體施測皆可	學生自行評斷與填寫自己的學習策略。	了解高中（職）生所使用的學習策略，藉此提供適當的學習輔導，以增進其學習效果。	中國行為科學社
國中生學習與閱讀書策略量表	李咏吟、張德榮、陳慶福、林本喬、韓楷檉等教授（1993）		國中一年級至三年級學生	約25分鐘至30分鐘	個別或團體施測皆可	學生自行評斷與填寫自己的學習閱讀書所在。	診斷國中生的學習困擾所在，以作為補救教學、學習輔導及諮商的依據或工具。	中國行為科學社

(四) 發展篩檢系列

測驗名稱	原作/編製者	修訂者	適用對象	測驗時間	測驗形式	測驗方式	測驗用途	出版單位
學前至九年級注意力缺陷過動症學生行為特徵篩選量表（K-9 ADHD-S）家長版/教師版	孟瑛如、簡吟文、陳虹君（2016）		學前至九年級學生	約20至25分鐘	個別或團體施測皆可	家長/教師自行評斷與填寫被篩選者的注意力及過動行為特徵。	篩選學前至九年級中階段疑似注意力表現者。	心理出版社
電腦化注意力診斷測驗（CADA）	孟瑛如、簡吟文、陳虹君、張品穎、周文聿（2014）		學前至九年級學生	約40分鐘	個別施測	採用電腦化測驗評估學前至國中階段被測者注意力之表現。	學前至國中階段欲測試注意力表現者。	心理出版社
國語正音檢核表—再版	席行蕙、許天威、徐享良（2004）		一年級至九年級或有發音障礙者	沒有時間限制，約50分鐘	個別施測	以圖畫卡形式呈現題目，進行發音診斷。	採取標準參照的方式，診斷個案的國語語音障礙型、找出個案發音不標準的語句，以便設計矯正計畫。	心理出版社

測驗名稱	原作/編製者	修訂者	適用對象	測驗時間	測驗形式	測驗方式	測驗用途	出版單位
簡明失語症測驗	鍾玉梅、李淑娥、張妙鄉（2003）		四年級以上疑似腦傷患者	30至60分鐘	個別施測	以聽力或口語及操作物件，透過率試測驗。	1.有效評估失語症患者的聽讀寫能力。2.可將患者依嚴重程度分類。	心理出版社
0至6歲兒童發展篩檢量表	黃惠玲（2000）		0歲到6歲的兒童	約10至20分鐘	個別施測	由孩童的主要照顧者針對孩子的表現填寫。	快速並簡易地篩檢出遲緩、發展遲緩或育不均衡的學生，並參考作答的內容進一步作鑑定與診斷。	心理出版社
兒童感覺發展檢核表	J. Ayres	鄭信雄、李月卿（1998）	6至12歲兒童	約20至30分鐘	個別施測	由平日照顧兒童的人員（以家長最適宜）依兒童平日的表現勾選答案即可。	評估兒童感覺統合失常的程度，以便針對感覺統合有缺陷的孩童進行矯治。	心理出版社
中華畫人測驗	邱紹春（1997）		2至10歲兒童或12歲以下之智能障礙者	沒有時間限制	個別施測	選擇受試者所畫人物及其各部位項目，利用評審表進行評分。	快速、客觀地篩選出智能障礙兒童。	心理出版社
拜瑞—布坦尼卡視覺—動作統整發展測驗（The Berry-Buktenica Developmental Test of Visual-Motor Integration，簡稱VMI）	Keith E. Beery	陸莉、劉鴻香（1997）	3歲以上至成人	約10至15分鐘	團體、小組或個別施測	受試者以紙筆畫27個有難易順序的幾何圖形。	透過早期篩選，幫助鑑定在統整視知覺與動作能力（手指與手部動作）有明顯困難的個案，經子適當的教育、醫療或其他的介入，得以矯正或預治，亦可用作研究工具。	心理出版社
幼兒感覺發展檢核表	李月卿、鄭信雄（1996）		3至6歲幼兒	約20至30分鐘	個別施測	由平日照顧幼兒的人員依幼兒平日的表現勾選答案即可。	評估幼兒感覺統合失常的程度，以便針對感覺統合有缺陷的孩童進行矯治。	心理出版社

測驗名稱	原作／編製者	修訂者	適用對象	測驗時間	測驗形式	測驗方式	測驗用途	出版單位
簡明知覺—動作測驗（Quick Neurological Screening Test，簡稱 QNST）	Mutti、Sterling 及 Spalding	周台傑（1996）	6至12歲兒童	約20至30分鐘	個別施測	受試者依照指示做動作，由主試者在計分紙上記錄評分。	評量與兒童學習有關的神經性統整能力，例如：動作發展的成熟度、大小肌肉的控制、注意力、視知覺與觸知覺、動作的速度、空間感、空間組織與身體平衡等能力。	心理出版社
多向度注意力測驗	周台傑、邱上真、宋淑慧（1993）		國小一年級至六年級學生	有作答時間限制，約40分鐘。高年級可較早完成。	團體施測為主	受試者依照指示圈選不同圖形。	評量學生在注意力多種向度的表現情形，以篩選注意力不足的兒童。	心理出版社

(五) 人格測驗與適應量表

測驗名稱	原作／編製者	修訂者	適用對象	測驗時間	測驗形式	測驗方式	測驗用途	出版單位
文蘭適應行為量表（第三版）	S. Sparrow、D. Cicchetti、C. Saulnier(2016)	張正芬、陳心怡、邱春瑜（2024）	2至90歲	沒有作答時間限制，約20分鐘	個別或團體施測皆可	施測者評斷與填寫受試者平日的相關適應行為。	評量受評者個人在日常生活中表現的溝通、自我照顧，及與他人相處時所展現的行為。	中國行為科學社
適應行為評量系統（第三版）(ABAS-3)	P. Harrison & T. Oakland(2015)	盧台華、林煒傑、陳心怡（2024）	6至17歲	沒有作答時間限制，約20分鐘	個別或團體施測皆可	施測者評斷與填寫受試者在家庭、學校及其他環境中的重要行為。	評量受評者個人在日常生活中表現的溝通、學習功能、社區生活、健康與安全、家庭生活、自我照顧、休閒、自我引導、社交時所展現的行為。	中國行為科學社

測驗名稱	原作/編製者	修訂者	適用對象	測驗時間	測驗形式	測驗方式	測驗用途	出版單位
學前幼兒發展篩選量表（Developmental Scales for Preschoolers, DSP）	孟瑛如、陳雅鈴、田仲閔、黃姿慎、簡吟文、彭文松、周文聿、郭虹伶（2019）		學前2歲至6歲11個月疑似發展遲緩有具發展遲緩問題者或欲了解幼兒發展狀態者	沒有時間限制，以讓作答者能完全理解題意並完成句意為主，一般完成作答時間為20分鐘。	個別施測	共分為四項領域：(1)身體動作、(2)認知、(3)語文及(4)社會領域，每個領域設計規劃是依題項是在家庭或是學校生活中，主要照顧者可以觀察到的幼兒能力表現，填寫者依據幼兒的行為表現頻率，以五點量表量測，還以統計方式進行各領域分數討論及分析。	為了適時發現疑似遲緩幼兒，並且依對幼兒疑似遲緩的項目作進一步的診斷評估。	心理出版社
國小語文及非語文學習障礙檢核表	孟瑛如、朱志清、黃澤洋、謝瓊慧（2014）		小一至小六（「低年級版」適用於國小一年級及二年級；「中高年級版」適用於國小三年級到六年級）	沒有時間限制，約15至20分鐘	個別或團體施測皆可	本量表有五個量表，分為低年級版本102題、中高年級版本106題，分量表各題示範行，而各分量表之題目按照LD、VLD及NLD之學習特質來排序，四個分量表分別為：1.注意與記憶 2.理解與表達 3.知動協調 4.社會適應	為了提供教師在教學現場，能夠快速有效地辨認出學生是否具有學習障礙的學習特徵，並且進一步區分出非語文型學習障礙（nonverbal learning disability, NLD）的疑似個案，以便在提供轉介介紹之前的教學介入時，能對學生有所了解並提供適時適當的教學調整等策略與實施輔導等協助。	
行為困擾量表—第四版	李坤崇、歐慧敏（2008）		四年級至九年級	沒有時間限制，約25至30分鐘	個別或團體施測皆可	對於智力或語文能力較差之學生以個別施測為宜。	評量學生之行為困擾，以協助輔導及補救工作推展。	心理出版社

測驗名稱	原作/編製者	修訂者	適用對象	測驗時間	測驗形式	測驗方式	測驗用途	出版單位
國民中小學社交技巧篩選表（含家長版、教師版及同儕版）	孟瑛如（2004）		小一至九年級	沒有時間限制，約10至20分鐘	個別或團體施測皆可	教師/學生/同儕自行評斷與填寫被篩選者的社交技巧行為特徵。	評量學生之社交技巧行為困擾，以協助輔導及教學工作推展。	心理出版社
國民中小學時間管理概念篩選表（含家長版、教師版及學生自評版）	孟瑛如（2004）		小一至九年級	沒有時間限制，約10至20分鐘	個別或團體施測皆可	家長/教師/學生自行評斷與填寫被篩選者的時間管理行為特徵。	評量學生之時間管理行為困擾，以協助輔導及教學工作推展。	心理出版社
國民中小學考試技巧篩選表（含家長版、教師版及學生自評版）	孟瑛如（2004）		小一至九年級	沒有時間限制，約10至20分鐘	個別或團體施測皆可	家長/教師/學生自行評斷與填寫被篩選者的考試技巧行為特徵。	評量學生之考試技巧行為困擾，以協助輔導及教學工作推展。	心理出版社
國民中小學記憶策略篩選表（含家長版、教師版及學生自評版）	孟瑛如（2004）		小一至九年級	沒有時間限制，約10至20分鐘	個別或團體施測皆可	家長/教師/學生自行評斷與填寫被篩選者的記憶策略行為特徵。	評量學生之記憶策略行為困擾，以協助輔導及教學工作推展。	心理出版社
親職壓力量表	翁毓秀（2003）		家有12歲以下兒童之父母親	30至40分鐘	個別施測、團體施測	紙筆測驗。	1.個別診斷評估家長在扮演親職角色所面臨的壓力源。 2.了解家長面臨最大的壓力源為何，作為處遇及輔導的參考。 3.處遇前後的成效測量。	心理出版社
社會適應表現檢核表	盧台華、鄭雪珠、史習樂、林燕玲（2003）		5至15歲	不限時間	個別施測	紙筆測驗，由主要照顧者填寫。	評量學生在日常生活中所需之各項能力表現，作為各階段智能障礙學生的鑑定與安置之依據，多重障礙者亦可採	心理出版社

測驗名稱	原作/編製者	修訂者	適用對象	測驗時間	測驗形式	測驗方式	測驗用途	出版單位
							用本檢核表，作為其鑑定、安置與個別化教育計畫之參考。除了智能障礙者的鑑定之外，其他如情緒障礙、自閉症、發展遲緩者，亦可以此為重要之參考依據。	
幼稚園兒童活動評量表	陳政見、劉英森 (2001)		幼稚園小班至大班的兒童	沒有時間限制，每位學生約3至5分鐘	個別施測	需由兒童相處六個月以上之教師方可填寫；依每位兒童特性而個別評量。	1.幫助教師了解學生負向活動量。2.精本量表評量結果擬定輔導策略。3.可藉本量表及早篩選可疑過動兒童，並適時進行轉介與鑑定。	心理出版社
情緒障礙量表（Scale for Assessing Emotional Disturbance，簡稱SAED）	Michael Epstein及Douglas Cullinan	鄭麗月（2001）	6至18歲之普通班及特殊教育班學生	約10分鐘	個別或團體施測皆可	由家長或老師填寫。	1.了解對情緒和行為障礙兒童的特殊性。2.評量學生是否符合情緒和行為障礙特殊教育的要求。3.篩檢兒童是否具有情緒困擾。4.幫助決定學生是否會為社會不適應，而非情緒困擾。5.幫助決定學生是否有情緒和行為障礙影響到他/她在教育上的表現。	心理出版社

測驗名稱	原作/編製者	修訂者	適用對象	測驗時間	測驗形式	測驗方式	測驗用途	出版單位
行為與情緒評量表（Behavioral and Emotional Rating Scale，簡稱BERS）	M.H. Epstein 及 J. M. Sharma	楊宗仁（2001）	6至18歲的兒童及青少年	約10分鐘	個別或團體施測皆可	由對學生熟悉三個月以上之家長或老師填寫量表。	用以評量、診斷和了解兒童與青少年行為和情緒的優勢能力及其個人資源，並用以鑑定與診斷情緒障礙學生。	心理出版社
身心障礙者轉銜服務評估量表	陳麗如、王文科、林宏熾（2001）		適於評估身心障礙離校轉校學生，尤其適用於正處於離開高中藏特殊教育學校之特殊班（含資源班）階段之學生，包括正準備離開的學生，及剛離開學校之身心障礙人士。	沒有時間限制，依障礙問題而異，約15至30分鐘。	可小團體施測	紙筆測驗。有生理缺陷的學生（如視覺障礙或肢體障礙學生），得經由主試者一對一協助填寫。另外，認知能力較差的學生得透過家長共同反應填寫。	評估身心障礙者轉校轉衡服務之需求程度。可了解案主在各種服務上之需求，及內在需求之差異現象，以便進一步為案主編寫個別轉衡計畫（ITP），及提供適當的轉衡服務。	心理出版社
國民中小學學習行為特徵檢核表	孟瑛如、陳麗如（2001）		國小一年級至國中三年級之學生	約15至20分鐘	個別或團體施測皆可	由與學生有一定接觸的教師/家長，依對學生學習特徵的了解進行檢核表的填寫。	本量表在評估學生的學習特徵，可依老師檢核具有學習障礙/困難的學生。	心理出版社
青少年社會行為評量表	Martens和Elliot等學者建議編製	洪儷瑜（2000）	六年級至九年級	約30分鐘	個別施測	學生自己填寫的「學生自評」外，再另有其導師及同班同學填寫「教師評」及「同儕評」。	1.利用多元評量的方式診斷青少年社會適應問題。2.引導對社會適應不良學生的介入、擴大注意到適應行為缺陷學生的社會適應問題，以期調整學校適應問題及青少年社會適應問題之介入策略。	心理出版社

右側欄外直書：第2章 學習障礙兒童的鑑定與診斷

測驗名稱	原作/編製者	修訂者	適用對象	測驗時間	測驗形式	測驗方式	測驗用途	出版單位
							3.提供學校發現鑑定嚴重情緒障礙學生，由篩選到特殊教育資格的鑑定，以收及早介入之效。4.供社會技巧訓練課程之訓練前、後表現的評量。	
主題情境測驗	賴美如（2000）		國小一年級階段至六年級階段學童，與孩童的父親與母親，與子女及母親與子女	約20至40分鐘，視受試者實際情況而定。	個別或團體施測皆可	以親子人物為主角，家庭溝通互動為主題，畫式情境題目呈現，甲、乙兩式。	以測驗分數了解在團體中的相對位置；亦可以測驗內容，及選項選擇上的差異與察覺，並進一步促發更有效，更深入的親子溝通與了解。	心理出版社
國小兒童自我概念量表	吳裕益、侯雅齡（2000）		國小四至六年級之學童	約30分鐘	個別或團體測驗皆可	紙筆測驗。在教師講解下，學生可自行作答。	利用本量表所提供的常模，了解受試者的自我概念在團體中的相對地位；以甄別出低自我概念者，並提供適當的輔導策略。	心理出版社
大學生心理適應量表	陳李綢（2000）		大一至大四	25至30分鐘	個別、團測、施測	紙筆測驗。	1.了解大學生的適應問題與困難所在。2.評估與診斷大學生心理適應問題。	心理出版社
國小學童生活適應量表	吳新華（1996）		國小四年級至六年級之學童	沒有時間限制，約35至40分鐘。	視需要個別或團體施測皆可	針對題目進行紙筆作答，可由老師唸題或自行作答。	協助受試者與輔導老師作各方面的學習與適應，了解受試者在學習適應其各方面的情況，診斷其學習成效不佳的原因，給予適當的輔導及補救措施。	心理出版社

測驗名稱	原作／編製者	修訂者	適用對象	測驗時間	測驗形式	測驗方式	測驗用途	出版單位
學習適應量表—增訂版（Learning Adjustment Inventory）	陳英豪、林正文、李坤崇	李坤崇（1996）	四年級至九年級	沒有時間限制，約25至30分鐘。	電腦卷、個別施測、團體施測	本測驗屬於自陳量表，由受試者口述或家長記錄。	協助受試者與輔導老師了解受試者在學習適應各方面的情況，診斷受試者學習成效不佳的原因，給予適當的輔導及補救措施。	心理出版社

(六) 性向測驗

測驗名稱	原作／編製者	修訂者	適用對象	測驗時間	測驗形式	測驗方式	測驗用途	出版單位
中學多元性向測驗（第二版）（Multiple Aptitude Test Battery for High School Students）	盧雪梅、毛國楠（2013）		八年級至高二	80分鐘	電腦卷、個別施測、團體施測	純筆測驗。	1.國中、高中階段生涯規劃與教育輔導之參考。 2.可評估八種不同能力的相對優勢。	心理出版社
多向度性向測驗組合（Multiple Dimension Aptitude Test Battery，簡稱MDATB）	歐滄和、路君約（2003）		八年級至高二	94分鐘	個別施測、團體施測	純筆測驗。	1.高中選組之依據。 2.利於升學、就業輔導及公司人才甄選。 3.可評估八種不同能力的相對優勢。 4.可評估電腦與電學方面的能力、彌補傳統性向測驗的不足。	心理出版社
批判思考測驗—第一級（Critical Thinking Test-Level I，簡稱CTT-I）	葉玉珠（2003）		五年級至高三	30分鐘	個別施測、團體施測	純筆測驗。	評量國中、國小中高年級學生批判思考能力。	心理出版社

附錄：未出版之學障／情障學生鑑定與診斷測驗工具放置地點

1. 國立臺灣師範大學特殊教育中心　　02-2392-2784
2. 國立臺北師範學院特殊教育中心　　02-2737-3061
3. 臺北市立師範學院特殊教育中心　　02-2311-1880#4131-4133
4. 私立中原大學特殊教育中心　　　　03-4563175#6752
5. 國立清華大學特殊教育中心　　　　03-5715131#77203，73313
6. 國立臺中教育大學特殊教育中心　　04-226-3181#361
7. 國立中興大學教育學程中心　　　　04-284-0668
8. 國立彰化師範大學特殊教育中心　　04-723-2105#2407
9. 國立嘉義大學特殊教育中心　　　　05-226-3645
10. 國立臺南大學特殊教育中心　　　　06-2136191
11. 國立高雄師範大學特殊教育中心　　07-717-2930#1601
12. 國立屏東教育大學特殊教育中心　　08-722-6141#650
13. 國立臺東大學特殊教育中心　　　　08-933-8211
14. 國立花蓮教育大學特殊教育中心　　03-822-7647

備註：本表格之整理原則

1. 前述表格將學障／情障兒童常用鑑定工具分為智力測驗、學科能力及成就測驗、心理歷程評量表系列、發展量表系列、人格與適應測驗等等。
2. 測驗工具之編排順序以出版年代依序排列，出版年代近者排於前，依序類推。
3. 測驗原作／編製者及修訂者依計畫主持人排列，而後為姓氏筆劃排列。
4. 本表若有遺漏或未盡之處，尚祈各位先進不吝指正。

第四節　不要輸在起跑點——慎選好資源班

　　當孩子入學後，若發現在學習上有問題的情況時，普通班教師可能會於每年 4 至 5 月或 9 月在各校輔導室通知後，填寫轉介表、篩選表、觀察表等，並經過家長簽同意書後，即可安排學障相關鑑定，該鑑定通常由本校或他校之合格心評老師為之。若未及趕上統一鑑定的時間，目前各縣市教育局轄下的鑑輔會通常亦會接受日常提出的鑑定申請，家長也可以自行帶至各大醫院的兒童心智科或兒童精神衛生科作鑑定。鑑定後疑似學障及其他類的特殊孩子，其資料含家長安置同意書及安置志願順序會被統一送至鑑輔會，鑑輔會會擇期邀請家長、學校人員、教育行政人員、衛生及

有關機關代表、相關服務專業人員等召開會議，詳細確認孩子隸屬特殊教育的類別並進行安置，安置原則依特教法規定需以能滿足學生學習需要，符合最大利益下最少限制的教育環境，並以學生之居家環境就近安置為原則。家長得邀請教師、學者專家或相關專業人員陪同列席該會議。鑑輔會之安置決議可對安置學校或機構提出環境設備改良、復健服務提供、教育輔助器材準備、生活協助計畫等書面建議，故而家長應善用此次機會讓與會人員了解自己的需求。而家長若能事前做好功課，充分了解自己孩子每天將要有部分時間待在那裡接受補救教學的資源班，相信更能讓孩子在補救教學的起點，有個好的開始（請參閱附錄一至九）！

一個健全運作的資源班通常具有下列特點：

1. 具有合格且富教學經驗與熱誠的特教老師。

2. 資源教室位於學校中心位置，鄰近輔導室或保健室，並具有無障礙環境之設備。

3. 能落實特教專款專用，故教室中各類資源教材教具齊備，同時並有相關電腦設備以隨時能實施電腦輔助教學。

4. 資源班教師與普通班教師能共用聯絡簿，甚至各項學習單及作業單，有定期溝通的雙邊教學會議，使學生能夠在普通班與資源班的教學緊密結合，有良好普特合作關係。

5. 身心障礙學生個別化教育計畫，應於開學前訂定；轉學生應於入學後一個月內訂定；新生應於開學前訂定初步個別化教育計畫，並於開學後一個月內檢討修正。

前項計畫，每學期應至少檢討一次，高級中等以下學校應以團隊合作方式對身心障礙學生訂定個別化教育計畫，訂定時應邀請身心障礙學生本人，以及學生之法定代理人或實際照顧者參與；必要時，法定代理人或實際照顧者得邀請相關人員陪同參與。經學校評估學生有需求時，應邀請特殊教育相關專業人員參與個別化教育計畫討論，提供合作諮詢，協助教師掌握學生特質，發展合宜教學策略，提升教學效能。

6. 校內特教推行委員會應依據《高級中等以下學校特殊教育推行委員會設置辦法》（教育部，2023e）定時召開、決議、執行與追蹤考核，達成校內行政體系資源整合與支持服務特殊教育的目的。

7. 校內特教支持體系完善，特教相關人員，指參與特殊教育、融合教育及相關服務措施之其他有關人員，包括特殊教育相關專業人員、教師助

理員、特教學生助理人員及其他人員能依法規執行、考核及追蹤相關特教業務。

8. 校內確實推動融合教育，依據《特殊教育法施行細則》第七條，融合教育內涵應考量學校與幼兒園全體學生及幼兒所需之生活適應、人際互動與學習參與之重要知能，包括下列內容：

「一、人類多樣性、特殊教育學生及幼兒特質與輔導。

二、身心障礙學生及幼兒人權與平等措施。

三、通用設計、合理調整與個別化支持服務。

四、無障礙、可及性與社會參與。

五、課程教學調整、轉銜輔導及終身學習之教育。」

9. 定期或不定期的親師聯絡或親職教育課程活動的舉辦。

如果你的孩子現未待在合適的資源班裡，家長仍可運用正向溝通的方式來慢慢改變整個學校環境，因為每一個人的心態都是期望自己能做好的。而如果你的孩子待的是個很棒的資源班，更別吝於向辛苦的教師及相關人員多鼓勵，如此不僅可增加更多的特教生力軍，也能讓未來更多有此需要的孩子受惠。

第五節 我的孩子在資源班裡學什麼——淺談個別化教育計畫

資源班是因應近年特教界回歸主流趨勢的一項措施，接受幫助的特殊學生在課程的安排上，只有需補救教學科目的授課時間，甚或只需在早自習或課餘時間至資源班，其餘時間則仍在原班與原有同學一起上課，故而所謂資源班即指特殊學生在該班中可得到普通班中所無法提供的特殊教師、教材、教具、設備等資源，以達適性教育的目標。資源班是教育的暫時與支援狀態，其主要目的為希望學生經由補救教學後，能找到適合自己的學習管道，回歸到原有普通班中正常上課。

既然資源班的主要功能為扮演普通班與其餘特教班間的橋梁角色，家長們也許更該關心的是自己的孩子在資源班中被施予何種型態與內涵的補救教學，以協助自己的孩子能儘速在步上軌道後回到普通班正常學習。按照《特殊教育法》（教育部，2024a）第三十一條的規定：「高級中等以

下學校應以團隊合作方式對身心障礙學生訂定個別化教育計畫，訂定時應邀請身心障礙學生本人，以及學生之法定代理人或實際照顧者參與；必要時，法定代理人或實際照顧者得邀請相關人員陪同參與。經學校評估學生有需求時，應邀請特殊教育相關專業人員參與個別化教育計畫討論，提供合作諮詢，協助教師掌握學生特質，發展合宜教學策略，提升教學效能。

　　身心障礙學生個別化教育計畫，應於開學前訂定；轉學生應於入學後一個月內訂定；新生應於開學前訂定初步個別化教育計畫，並於開學後一個月內檢討修正。前項個別化教育計畫，每學期至少應檢討一次。」個別化教育方案泛指一份書寫與整理完善的學生個別學習方案與歷程，是為每位孩子適性教育目的所個別量身打造的教育計畫，也是了解自己孩子會在學校中被施予何種型態與內涵的補救教學的最佳管道。

　　按照《特殊教育法施行細則》（教育部，2024b）第十條規定：「本法第三十一條所稱個別化教育計畫，指運用團隊合作方式，針對身心障礙學生個別特性所訂定之特殊教育及相關服務計畫；其內容包括下列事項：

　　一、學生能力現況、家庭狀況及需求評估。

　　二、學生所需特殊教育、相關服務及支持策略。

　　三、學年與學期教育目標、達成學期教育目標之評量方式、日期及標準。

　　四、具情緒與行為問題學生所需之行為功能介入方案及行政支援。

　　五、學生之轉銜輔導及服務內容。

　　學校應將身心障礙且資賦優異學生之個別輔導計畫內容，併入個別化教育計畫規劃。

　　幼兒園為身心障礙幼兒訂定個別化教育計畫時，應準用第一項規定。」故而依據前述法規，資源班的家長及學生應每學期至少參與兩次的個別化教育計畫會議，一次是擬定，一次是檢討。然而，家長及學生的問題可能是不知如何在個別化教育計畫會議時主張自己的權利，甚或分辨攤在自己眼前的個別化教育方案是否適合自己的孩子。一份適性且好的個別化教育方案應至少符合下列要件（請參閱附錄一至二）：

　　1.應針對孩子的個別學習特性擬定，應能針對孩子的學習優勢在教育目標上做潛能開發，弱勢學習部分做補救教學，且應在同一份個別化教育方案中呈現孩子的優弱勢學習，確實融入十二年基本教育身心障礙相關之特殊需求領域課程綱要（教育部，2019b），以達優勢學習彌補弱勢學習

的適性教育目的。

2.個別化教育計畫的格式可以彈性，然內容應符合《特教法施行細則》（教育部，2023b）第十條的規定，指運用團隊合作方式，針對身心障礙學生個別特性所訂定之特殊教育及相關服務計畫。其內容包括下列事項：

(1) 學生能力現況、家庭狀況及需求評估。

(2) 學生所需特殊教育、相關服務及支持策略。

(3) 學年與學期教育目標、達成學期教育目標之評量方式、日期及標準。

(4) 具情緒與行為問題學生所需之行為功能介入方案及行政支援。

(5) 學生之轉銜輔導及服務內容。

前項第五款所定轉銜輔導及服務，參與訂定個別化教育計畫之人員，除身心障礙學生本人，以及學生之法定代理人或實際照顧者參與，其餘特教相關人員應包括參與特殊教育、融合教育及相關服務措施之其他有關人員，包括特殊教育相關專業人員、教師助理員、特教學生助理人員及其他人員。

3.個別化教育計畫除了上述第二點的內容外，應附有孩子在校學習過程的檔案歷程評量，如作業、考卷、錯誤型態分析表等，以更增教師、父母、專業團隊對孩子學習情形的了解與掌握。

4.個別化教育計畫內，教師需根據學生實際的年齡與年級，參照各學習階段各領域／科目之學習重點，再根據個別化教育計畫中所敘明之學生能力現況與需求作為課程調整之依據，列出符合該生之學年與學期教育目標，並以編選與調整課程及教材的方式達成。每學年重新評估學生能力現況及安置適切性，採滾動式適性修正原則。

5.個別化教育計畫內，教師應依學生之個別需求，彈性調整課程，包括學習內容、學習歷程、學習環境及學習評量，以及學習節數／學分數，因此需含括所提供之部定各領域／科目及特殊需求領域／科目之節數／學分數，並據以執行及修正。

6.個別化教育計畫訂定過程必須以團隊合作方式進行評估，並成立個別化教育計畫小組，小組成員需於個別化教育計畫會議中，依學生之個別特性訂定特殊教育及相關服務計畫。

7.個別化教育計畫訂定須符合相關行政程序：

(1) 須將身心障礙學生的課程規劃送學校特殊教育推行委員會審議，

融入學校課程計畫後，再送學校課程發展委員會通過並陳報各該主管機關備查。

(2) 個別化教育計畫需經家長同意後確實執行，若有意見得再召開個別化教育計畫會議修正；若仍有爭議時，應依據《特殊教育學生及幼兒申訴服務辦法》（教育部，20231），以書面向學校提起申訴。

(3) 學生之個別化教育計畫經特殊教育推行委員會審議不通過達二次者，應再送主管機關審議。若主管機關認為該委員會不通過之決定係無理由者，學校應依該個別化教育計畫進行課程調整。

8. 個別化教育計畫相關注意事項（教育部，2019a）

(1) 個別化教育計畫團隊進行評估時，需檢視調整措施能否符合相關之客觀標準，包括：a. 相關性：該調整措施與有效實現該名身心障礙學生權利之目的具相關性；b. 比例性：該調整措施與能為該名障礙者實現之權利符合比例；c. 可能性：該調整措施在事實上與法律上可能做到（如：現行科技可以做到的調整措施），或是實現該調整措施不會違反現行法律；d. 財政上的可行性：窮盡可得的財政支援還是可以提供；e. 經濟上的可行性：提供該調整措施不會危害義務承擔方（如：學校）之營運與生存，或實質傷害其核心功能之執行。若學生所提出的調整措施，不符合上述標準之任何一項，學校得拒絕調整。

(2) 學生之個別化教育計畫團隊評估且經學校特殊教育推行委員會確認之調整需求，若非有不可抗力之因素，學校與教師需盡其義務與職責實踐該調整措施，以免使身心障礙學生遭排拒於普通教育系統之外，而違背《身心障礙者權利公約》第二十四條所明定之教育權。

目前在國內的「有愛無礙」for IEP 網站（網址：http://www.dale.nthu.edu.tw）有專為資源班所發展的電腦化個別化教育計畫，有完整的格式與內容，可免費下載，在電腦科技的協助下可大量節省教師製作個別化教育計畫的時間與精力，也可供家長作為了解個別化教育計畫之用，「有愛無礙」for content 則有對應的數千套相關教材教具教案等，可供免費下載及應用，而「有愛無礙」for general 提供社會大眾及家長相關特教知能及資源之參考，「有愛無礙」for teachers 則提供教師相關特教鑑定安置輔導、教學知能、班級經營、資源服務與支持資訊。

第3章

學習行為特徵與補救教學方法

前言

在論及學習障礙學生學習行為特徵與補救教學時，便不得不論及三項重要的原則，亦即正向支持、合理調整、通用設計，茲分述如下：

一　正向支持

所謂正向行為支持（positive behavior support，簡稱 PBS）主要是依據行為理論、生態系統和人本理論，採取實證基礎與積極的策略來處理學生的行為問題，在國內外已有大量具體實證性介入策略的研究，強調預防、系統性的改善學生的行為問題。包含有研究根據的評量、介入和依數據資料做決定的持續性過程，以達到替代、因應和容忍、一般適應技能目標。學校蘊含著巨大的潛能，可以來消除孤獨、離群索居和壓力。對多數的老師和校長來說，首要任務是創造正向積極的學校氣氛，因為它確保了最佳的學習、成長與改變的條件。一般而言，就是當人們與他人互動且感到安全時，學習效果最好。

在美國，三級預防的概念更與全校性正向行為與介入支持（Positive Behavior and Intervention Supports，簡稱 PBIS）結合，顯現出不錯的成果。在國內，教育部對於三級輔導和正向行為與介入支持的推展一直不遺餘力，就是體會到情緒行為問題逐漸傷害到兒童與青少年的身心健康（孟瑛如等，2024）。由下表可見三級輔導（發展、介入、處遇）與特殊教育三級（篩選、鑑定安置、教學輔導）結合的運作方式：

輔導	行為分析		特徵
	輔導	特教	
宣導 （發展性輔導）	A 遠因／近因	鑑定（次亞型）	篩選 （RTI）
確認個案 （介入性輔導）	B 介入輔導	正向行為支持 1. 樹立正向目標行為（簡單、正向、清楚、可行） 2. 根據正向目標行為進行溝通及訓練	鑑定安置
輔導 （處遇性輔導）	C 後果增強	自我決策	教學輔導 專業團隊 應用膳食 固定運動
		結案 執行另一個正向行為目標	

　　特教與輔導均強調正向支持的重要性，但最主要分別，在於輔導因為面對的是認知正常的一般學生，故多強調由認知著手，探討行為的遠因及近因，進而在在介入與處遇階段改變個案行為，但在特殊教育所面對的學生，一般而言，多會面臨認知與理解表達問題，故而多強調由表面的行為開始改變，逐步改善行為的過程同步重塑對方的認知觀點，故而在個案情緒行為問題處於高張力時，多半以如何解決問題為主，運用給予替代、因應、容忍、適應行為訓練以轉移個案注意力，讓個案明白可以做什麼或是如何做，要比斷是非或是禁止命令來得更重要，而在和緩期一般談話或討論時，更強調情感贊同／價值中立→根據正向目標詢問下列問題→事實陳述／學習步驟（認知學習）／工作分析（技能訓練）→自我決策／理性思考→社會參與。可參閱下圖：

1.樹立正向目標行為須符合以下原則
　(1) 改善個體與相關他人的生活品質。
　(2) 強調由周遭他人於日常生活情境中進行介入。
　(3) 強調介入的實用性、可接受度、適配性與主觀感受等社會效度。
　(4) 使用多項要素的介入。
　(5) 聚焦系統性改變。

(6) 看重行為教導與營造正向環境等預防策略。

(7) 融合應用行為分析、心理學等多元理論的觀點。

2. 根據正向目標行為進行溝通及訓練須符合以下原則

(1) 情感贊同、價值中立。

(2) 事實陳述、學習步驟／工作分析（根據正向目標做詢問）。

(3) 自我決策。

3. 自我決策

　　自我決策對於身心障礙學生的重要性是無庸置疑的，其真正意義在於提升學生獨立自主的能力。身心障礙學生相較於大多數的同儕，在表達自己的想法、了解自己的興趣與優弱勢、甚至規劃自己未來的方向上，仍被動的習慣由父母或老師提供生活各層面的答案，學校在教育階段必須給身心障礙學生學習和練習自我決策能力的機會，並在此過程中累積他們自己的自信。好的生活品質與生活滿意度跟自我決策能力成正比，自我決策技能的發展高低跟身心障礙者在學校之學科成就表現或離開學校後的就業以及社區融合表現緊密相關聯。故自我決策技巧的習得可從就學階段開始，給予學生一個發展及培養自我決策的練習機會，對其未來的學習與生活有實質的幫助。

4. 理性思考須符合以下原則

(1) 它是以事實為基礎的。

(2) 能保護你的生活的（例如：學會表達憤怒，而非憤怒的表達）。

(3) 能使你更迅速達到你的目標的。

(4) 能使你和別人保持良好關係及防止人際衝突發生的。

二　合理調整

　　根據 2010 年《Equality Act 平等法》，合理調整義務是「採取必要之合理措施以避免障礙者因學校或代表學校實施之規定、標準或作法，或因缺乏輔助性協助與服務，而處於實質劣勢。」合理調整義務總共包含以下三個元素：(1) 規定、標準、作法；(2) 輔助性協助與服務；(3) 物理特性。只有在有需要避免「實質劣勢」的情況下，才會觸發合理調整義務。「實質」的定義是指任何超越輕微或微不足道的事情。障礙學生是否處於實質劣勢視情況而定。合理調整的概念非常重要，指在「不造成不成比例或過

度負擔之情況下，進行必要及適當之合理調整。」

若基於《身心障礙者權利公約》（CRPD），「合理調整」（reasonable accommodation／合理之對待）是指，根據具體需要，在不造成義務方不成比例或過度負擔狀態下，進行必要及適當之修改與調整（modification and adjustments），確保身心障礙者在與他人平等基礎上，享有或行使所有人權及基本自由。CRPD 第二條「定義」第三款規定，「基於身心障礙之歧視」是指基於身心障礙而作出之任何區別、排斥或限制，包括「拒絕提供合理調整」。CRPD 第五條「平等與不歧視」第三項規定，爲促進平等與消除歧視，國家應採取所有適當步驟，以確保提供合理調整。CRPD 第二十四條「教育」規定，爲實現身心障礙者享有受教育之權利，國家應確保提供合理調整以滿足個人需求。

合理調整可以以下步驟實施（可參考下圖）：

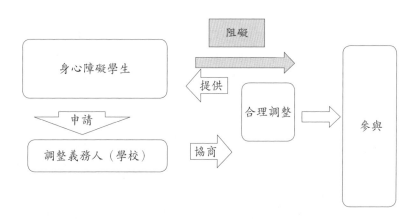

1. 確認並提出需求：可以是障礙者自身，也可以是潛在的責任承擔方，也可以主動詢問障礙者，提出的方式以書面或言詞均可。

2. 對話協商的過程：障礙者與責任承擔方應進行對話協商，因會牽涉障礙者個人敏感訊息，這些訊息與合理調整需求是否可以透漏，要由障礙者決定，因此在提供合理調整的過程需要保密且須有紀錄。

3. 確認適當調整措施：責任承擔方應與障礙者進行對話協商後，確認適當調整措施，適當調整措施沒有固定或唯一的方式，而是必須考量障礙者的需求及能力，提供可消除負面影響之措施，例如：課程調整可考慮以下原則：

(1) Accommodation：不須調整內容或成就預期目標，可調整課程順

序、時間軸線、教學策略。

(2) Modification：可調整部分內容、成就預期目標、課程順序、時間軸線、教學策略。

(3) Alternative：可調整全部內容、成就預期目標、課程順序、時間軸線、教學策略，以因應學生個別適性學習需求。

4. 評估合理調整是否造成過度負擔：一旦確認符合障礙者需求的適當措施，若責任承擔方無法舉證造成組織的「過度負擔」，就應進行合理調整。

5. 遭到拒絕而無法接受時的處理方式：若合理調整的請求遭到拒絕時，障礙者可提出自己的替代方案，或向責任承擔方內部反應或正式提起申訴，若仍無法解決，可向主管機關陳情或訴願，經陳情或訴願若仍無法接受，可向法院提起訴訟。

三 通用設計

通用學習設計（UDL）是一個基於對人類學習方式的科學見解來改進和優化所有人的教學和學習的框架。強調公平對待、無障礙環境、融合教育及同儕支持。通用設計的主要目標為幫助學生／學習者成為有自主學習能力的人，使他們能夠設定明確的學習目標，進行自我反思，善於利用各種資源，真實地表達自我，並能夠制定策略和積極採取行動。

以下的通用設計指南，提供了一系列可應用於任何學科或領域的具體建議，以確保所有學習者都能獲得並參與有意義的、具有挑戰性的學習機會。主要是協助學生建構學習策略及內化執行功能，在向度上有三：(1) 多元呈現／提供多樣化的呈現方式；(2) 積極參與／多樣化的參與方式；(3) 行動與表達／提供多樣化的行為和表達方式。以讓學生能充分參與學習（engage），才能自主學習（enable），進而能發展潛能（empower），做最好的自己！請參閱以下所附之通用設計指南：

向度	多元呈現／提供多樣化的呈現方式	積極參與／多樣化的參與方式	行動與表達／提供多樣化的行為和表達方式
方法／學習途徑	● 感知培養洞察力(1) □ 1.1支持個別化呈現訊息的機會。 　✓ 背景與文字或圖像之間的對比度。 　✓ 用顏色凸顯重要資訊或強調的重點。 　✓ 說話或聲音的音量或速率。 　✓ 影片、動畫、解說、模擬等的速度或是時間。 　✓ 視覺或其他元素的排版。 　✓ 印刷或教材使用的字體。 □ 1.2支持多種對於資訊知和認知的方式 　1. 為所有圖像、圖形、動畫或影片提供所有描述（文字或語音）。 　2. 將學習概念使用觸覺（模型物體）作為參照物。 　3. 提供實際物件和空間模型來傳達透視圖。 　4. 提供聽覺提示來轉換核心概念和視覺訊息。 　✓ *在視覺呈示的文字上轉換成語音應留意：	● 樂於接納不同的興趣和身分特性(7) □ 7.1完善選擇和自主權。 　✓ 透過提供以下選擇，為學習者自主提供可能的自由決定的權和自主權： 　　○ 探索的內容。 　　○ 用於資訊蒐集或生產的工具。 　　○ 可用獎勵或認可的類型。 　　○ 用於練習和評估技能的背景或內容。 　　○ 布局的顏色、設計或圖形等。 　　○ 任務完成的順序或時間安排。 　✓ 讓學習者和教育者可以一起合作設計學習目標、活動和任務。 □ 7.2最佳相關性、價值與真實，以便其能夠： 　✓ 改變活動和資訊來源，以便其能夠： 　　○ 根據學習者的生活進行個人化和情境化。 　　○ 具有文化相關性和回應能力。 　　○ 與社會相關。 　　○ 適合年齡和能力。	● 互動性(4) □ 4.1調整並導重各種反應、操作和移動的方式。 　✓ 在與教材、實體操作和技術互動時，對動作的速度、時機和範圍要求中保持彈性。 　✓ 提供不同的反應或選作的選項。 　✓ 替代手寫或滑鼠操作的選項。 　　○ 提供通過手部、語音、單一開關、搖桿、適配鍵盤與材料互動的選項。 　✓ *在設計物理空間時嵌入彈性（如設計的座位安排和照明等）。 □ 4.2對無障礙材料的獲取以及輔助和無障礙技術的獲取最佳化／改善獲取無障礙教材以及輔助無障礙技術的途徑。 　✓ 確保工具的獲取可以使用多種工具進行操作和互動，包括鍵盤、滑鼠、開關和語音命令。 　　○ 設備和語音相關。 　✓ 提供替代鍵盤操作滑鼠進行的能力。

向度	多元呈現／提供多樣化的呈現方式	積極參與／多樣化的參與方式	行動與表達／提供多樣化的行為和表達方式
	o 遵循無障礙標準（如NIMAS, DAISY）來建立數位化的文字。 o 允許有能力的幫手夥伴或補助者大聲朗讀文本內容。 o 提供文字轉語音軟體的存取權。 ✓ * 在視覺的文字上轉換成語音應留意： o 使用字幕或自動語音轉文字（語音辨識）的方式進行口語描述。 o 提供聲音或音樂的視覺化的圖表、圖示或聲音符號。 o 提供視訊或音訊片段的書面文字記錄。 o 口述時同步提供手語翻譯。 o 使用視覺聽覺替代表示重點和韻律（例如：表情符號、符號或圖像）。 o 為聲音效果或提醒語音提供視覺或觸覺（例如：振動）替代方式。 o 為音樂詮釋提供視覺和／或情感描述。 □ 1.3 * 以真實的方式呈現多樣的觀點和身分特性。	o 適合不同種族、文化、民族和性別群體。 ✓ 設計有意義的活動，使學習成果真實、與真實的受眾交流並反映參與者明確的目的。 ✓ 提供允許積極參與、探索和實驗的任務。 ✓ 鼓勵個人對內容和活動做出回應、評價和自我反思。 ✓ 促進創意解決問題，包括培養運用想像力解決新穎和相關複雜問題，或以創意方式理解複雜想法的活動。 □ 7.3 * 培育有趣的事物和遊戲。 ✓ 以多種形式培養樂趣，包括不限於戶外遊戲、感官遊戲、想像遊戲和藝術遊戲。 ✓ 納入探索、實驗和發現的機會。 ✓ 為學習者創造空間，讓他們透過與自己的身分、自我意識和社群的連結來找到快樂。 ✓ 為學習者創造空間，讓他們為自己的成就感到自豪。	✓ 提供便利使用的替代鍵盤（例如：觸控螢幕）。 ✓ 針對觸控螢幕和鍵盤提供客製化覆蓋層或膠膜。 ✓ 選擇與替代鍵盤工具無縫對接的軟體。 □ 其他：

向度	多元呈現／提供多樣化的呈現方式	積極參與／多樣化的參與方式	行動與表達／提供多樣化的行為和表達方式
	✓ 在教材內容中融入不同身分的作者，例如：性別、種族、不同能力、國籍和社會經濟背景等不同主題。 ✓ 認識到不同人群、文化和歷史對當前理解所學內容的貢獻。 ✓ 關注人們和文化被呈現描述的方式。 ✓ 挑戰質疑對人群和文化的刻板印象或有害描述。 ✓ 尋求真實、複雜的人群、文化、歷史和世界觀的描述。 ✓ 促進對多元觀點的傾聽。 □ 其他：	✓ 融入故事講述活動。 □ 7.4描述偏見、威脅和干擾／消除偏見、減少威脅和排除干擾。 ✓ 創造一個接受和支持的課堂氛圍。 　o 探討偏見的影響。 　o 創造表達的空間。 　o 培養從錯誤表達中學習的文化。 ✓ 針對新奇或有風險的標準進行改變。 　o 圖表、日曆、時間表、可見計時器、提示等可以提高日常活動和過渡的可預測性。 　o 建立班級行事曆與班規。 　o 預告和預覽可以幫助學習者者預測活動、日程安排和新事項的變化，並為之做好準備。 　o 增加意外驚喜，與上述相反，可以在高度規化的活動中最大限度地發揮想不到的、令人驚訝的或創新選擇。 ✓ 改變感官刺激的標準。 　o 背景噪音或視覺刺激、噪音緩衝區、控制可呈現的功能或項目數量的變化。	

向度	多元呈現／提供多樣化的呈現方式	積極參與／多樣化的參與方式	行動與表達／提供多樣化的行動和表達方式
建構學習策略	● 利用語言和符號(2) □ 2.1解釋詞彙、符號和語言結構。 ✓ 預先教導詞彙和符號，尤其是促進學習者經驗和先備知識連結的方式。 ✓ 圖形符號等提供關於符號的替代文字描述。 ✓ 強調複雜的術語、表達式或符號組式，是如何由簡單的單字或符號組成。 ✓ 在文本中搭配對詞彙和符號的說明（例如：定義、解釋、插圖、翻譯或註腳）。	o 調整工作節奏、工作時間長度、休息或暫停時間或活動間或順序的變化。 ✓ 改變學習活動所需的社會互動需求、敏銳感知需要支持和保護的狀況，以及調整其公開展示和評估的方式。 ✓ 處理負面經歷：在學習環境中主動認識到學生可能的負面經歷，並採取措施改善。 □ 其他： ● 鼓勵持續努力和堅持(8) □ 8.1澄清目標的意義和目的。 ✓ 提示或要求學習者明確制定或重申目標。 ✓ 以多種方式展示目標。 ✓ 鼓勵將長期目標分解為短期目標。 ✓ 使用可視覺化所需的結果。 ✓ 讓學習者參與關於什麼是理想的評量生與其文化背景和興趣有關的範例。 □ 8.2改善需求與資源來提升挑戰性。 ✓ 相信每位學習者的潛力並培養他們的信念。	● 幫助表達與溝通(5) □ 5.1使用多媒體進行溝通。 ✓ 以多種媒體形式創作，例如：文字、演講、繪畫、插圖、漫畫、故事板、設計、電影、音樂、舞蹈／動作、視覺藝術、雕塑與視頻。 ✓ 使用可以實體控制物品（例如：區塊、3D模型、十進位區塊／基數塊）。 ✓ 使用社群媒體和互動式網路工具（例如：論壇、聊天、分鏡、漫畫設計、註釋工具、分鏡、漫畫、動畫演示）。

向度	多元呈現／提供多樣化的呈現方式	積極參與／多樣化的參與方式	行動與表達／提供多樣化的行動與表達方式
	✓ 針對不熟悉的引述，在文本中搭配簡單說明（例如：特定符號、屬性和定理、學術語言、比喻語言、數學語言、古文或方言）。 ✓ 透過以下替代策略學習不熟悉的語法或基礎結構： 　○ 凸顯結構關係或使其更加明確 　○ 與先前學習的結構建立有意義的連結 　○ 使元素之間的關係明確（例如：凸顯文章中的轉折詞、概念圖想法之間的連結等） □ 2.2提供文本、數學標記和符號的解釋。 ✓ 允許使用文字轉語音。 ✓ 使用數字數學符號的自動發聲系統（Math ML）。 ✓ 使用帶有真人錄音的數位文字（例如：Daisy Talking Books）。 ✓ 在適當的情況下允許靈活性和輕鬆存取符號的多種表示形式（例如：公式、文字問題、圖表）。	✓ 提供不同難度的選擇。 ✓ 提供多種工具和彈性的支持。 ✓ 強調滿足標準課程、努力和改進，作為外部評估和競爭的替代方案。 □ 8.3促進相互合作和共同學習。 ✓ 創建具有明確目標、角色、期望和職責的合作學習小組團隊。 ✓ 創建具有差異化目標和支持的全校範圍內的積極行為支持計畫。 ✓ 使用提示、指導學習者何時以及如何向同儕和／或老師尋求協助。 ✓ *使用提示來引導學習者表達和分享不同的觀點。 ✓ 鼓勵和支持同儕互動和支持的機會（例如：同儕導師）。 ✓ 建構從事共同興趣認同或活動的學習者社群。 ✓ 建構從事多元興趣認同或活動的學習者社群。 ✓ 建立群體規範、強調促進學習的想法。 ✓ *鼓勵提出問題、相互合作與共同學習。	✓ 使用多種策略解決問題。 □ 5.2使用不同工具進行建構、組成和創意發揮。 ✓ 提供拼字檢查、文法檢查、單字預測軟體。 ✓ 提供文字轉語音軟體（語音群識）、人工聽寫、錄音。 ✓ 提供計算機、圖形計算器、幾何畫板或預先格式化的方格紙。 ✓ 提供句子開頭或句型或概念圖工具。 ✓ 使用故事網絡、大綱工具或概念圖工具。 ✓ 提供電腦輔助設計（CAD）、音樂符號（書寫）軟體或數學符號軟體。 ✓ 提供虛擬或具體的數學操作（例如：以10為底的積木、代數積木）。 ✓ 使用網頁應用程式（例如：維基、動畫、簡報）。 □ 5.3透過多層次支持進行練習讓表現達到流暢精熟 ✓ 提供差異化範例進行模擬。

向度	多元呈現／提供多樣化的呈現方式	積極參與／多樣化的參與方式	行動與表達／提供多樣化的行為和表達方式
	透過關鍵術語清單提供符號說明。 2.3 培養對跨語言和方言的理解和尊重。 ✓ * 提供多元化的課程，包括來自不同語言背景的各種文學作品、歷史觀點和文化習俗。 ✓ * 鼓勵學生分享各自的文化和背景。 ✓ 慶祝語言多樣性，展示各種語言文化，培養同學間的自豪感和尊重。 ✓ 用主要語言（例如：國語）呈現所有相關語言信息，並為國語能力缺陷者提供本土語（例如：閩南語、原住民語）和聽語譯學習者提供手語翻譯呈現關鍵信息。 ✓ 將主要語言和本土語言的定義和發音透過關鍵詞彙連結起來。 ✓ 使用專業術語和常用詞來定義社會科學中的專業詞彙（例如：社會圖圖例）「地圖圖例」。 ✓ 提供電子翻譯工具或網路上多語言術語表的連結。	概念、想法和觀點。 □ 8.4 促進歸屬感和社群意識。 ✓ 為學習者創造機會，分享他們對歸屬感和社群的意識看法。 ✓ 創造機會讓學習者提出促進歸屬感和社群意識的方法。 ✓ 檢查學習偏見如何影響學生的歸屬感。 □ 8.5 提供行動導向的回饋。 ✓ 提供鼓勵堅持的回饋、注重效能和自我意識的發展，並鼓勵面對面對挑戰時使用具體的支持和策略。 ✓ 提供強調努力、改進和達到標準而不只是相對績效的回饋。 ✓ 提供頻繁、適時且具體的回饋。 ✓ 提供實質和資訊豐富的回饋，而不是充滿比較或競爭性的回饋。 ✓ 提供示範反思的方法，模擬如何將評估（包括別錯誤和錯誤答案的正向策略）納入未來成功的策略中。 ✓ * 提供鼓勵學習者承擔冒險和多角度思考觀點的回饋。 □ 其他：	展示相同結果但使用不同方法、策略、技能等的模型。 ✓ 提供差異化的導師（即使是不同方法來激勵、指導、回饋或告知的教師／導師）。 ✓ 提供可以隨著獨立性和技能的增加而逐步撤除的鷹架（例如：嵌入到數位閱讀本為寫作軟體中）。 ✓ 提供差異化回饋（例如：可理解的回饋，因為它可以針對個別同學習者進行客製化）。 ✓ 針對實質問題提供多個新穎解決方案的範例。 □ 5.4 * 描述有關表達和溝通方式偏好／解決與表達和溝通方式相關的偏見。 ✓ 預測並探討偏見如何影響表達和溝通模式。 ✓ 預測並探討偏見如何影響表達和溝通方式的選擇。 ✓ 以多種方式溝通，讓所有與學習目標相符的表達方式同樣受到重視。 □ 其他：

向度	多元呈現／提供多樣化的呈現方式	積極參與／多樣化的參與方式	行動與表達／提供多樣化的行為和表達方式
	✓ 搭配視覺、非語言的支援來幫助詞彙理解（例如：圖片、影片等）。 ✓ 支持跨語言能力，鼓勵學生靈活運用自己的語言資本。 ✓ 認識並融入非口語語言，例如：手語。 □ 2.4＊描述對於語言和符號的使用偏好／消除語言和符號使用中的偏見。 ✓ 促進不同語言的聽和理解 ✓ 盡可能使用字幕和手語。 ✓ 使用多種語言的字幕。 ✓ 用多元語言標示教室的物品。 ✓ 開放在溝通時使用多種語言和方言，包含說和寫。 ✓ 認同學習標準語言（例如：國語）的目標並非要同化成單一語言。 ✓ 避免使用歧視性語言（例如：使用與障礙相關的詞彙作為貶義詞）。 ✓ 避免使用和迫害、歧視和非人性有關的語言和符號。 □ 2.5透過多媒體方式呈現說明。		

向度	多元呈現／提供多樣化的呈現方式	積極參與／多樣化的參與方式	行動與表達／提供多樣化的行為和表達方式
內化 執行 功能	✓ 用特定符號呈現關鍵概念、具體或虛擬模擬，以表示不同的說明形式（例如：文字或數學方程式）或另一種輔助說明形式（例如：插圖、舞蹈／動作、圖表、表格、模型、影片、圖形、分鏡、照片、圖畫）。 ✓ 文本中的重要資訊提供相關的描圖、方程式、圖表或圖畫，並且有明確的連接和說明。 □ 其他： ● 建構知識與理解(3) □ 3.1將先備知識與新知識聯繫起來。 ✓ 透過連結和啟動先備知識來聚焦指令（例如：使用視覺圖像、概念錨定或概念掌握歷程）。 ✓ 使用嗜進組織方法（例如：KWL 方法、概念圖）。 ✓ 透過示範或模擬預先指導關鍵概念。 ✓ 將概念與相關類比、隱喻連結起來。	● 情緒能力／培養情感能力(9) □ 9.1認知期望、信念和動機。 ✓ 提供提示、提醒、指南、細則、清單、重點放在： 　○ 自我監督目標，例如：減少因沮喪而爆發攻擊性行為的頻率。 　○ 面對干擾時增加專注任務的時間。 　○ 提高自我反思和自我強化的頻率。 ✓ 提供教練、導師或代理人來模擬設定適合個人的目標的過程，同時考慮優勢和劣勢。	● 促進學習策略的發展(6) □ 6.1設定有意義的目標。 ✓ 提供提示和鷹架來估計工作量、資源和難度。 ✓ 提供目標設定流程和作品的模型或範例。 ✓ 為鷹架目標設定提供指南和清單。 ✓ 在明顯的地方張貼目標、目的和時間表。 □ 6.2針對挑戰來進行預測和計畫。

向度	多元呈現／提供多樣化的呈現方式	積極參與／多樣化的參與方式	行動與表達／提供多樣化的行為和表達方式
	✓ 建立明確的跨課程連結（例如：在社會課指導讀寫能力策略）。 □ 3.2 凸顯模式、關鍵特徵、重要觀點和相互關係。 ✓ 凸顯或強調文字、圖形、圖表、公式中的關鍵元素。 ✓ 使用大綱、圖形組織者、單元組織者、歷程組織者歷程來強調關鍵想法和關係。 ✓ 使用多個正反範例來強調關鍵特徵。 ✓ 使用口頭引導和文字符號提示引起對關鍵功能的注意。 ✓ 凸顯以前學到的技能可用於解決新問題。 □ 3.3 培養知識和建構意義的多元方式。 ✓ 融入多種認知學習方式，如講故事、運動學習、問題解決和通過人際經驗的關係學習。 ✓ 為每個步驟提供明確的提示，幫助學習者按照流程邏輯理解和建立複雜任務的結構。	✓ 支持鼓勵自我反思和確定個人目標的活動。 □ 9.2 培養對自我和對他人的意識。 ✓ 使用差異化的鷹架支持與回饋。 　培養技巧： 　○ 管控挫折感。 　○ 尋求外在他人的情感支持。 　○ 發展內在自我控制和應對技能。 　○ 適當處理對於學科特定的恐懼，以及對「天生」能力的評判（例如：將「我如何改善我在目標困難任務上的表現？」作為數學說「我不擅長數學」的反例）。 ✓ 使用現實生活情境或模擬來展示應對技巧。 ＊ 為學習者創造反思社交互動的機會。 ＊ 創造機會讓學習者欣賞自己與他人在個人、文化和語言資產（例如：展示學習者創作的自畫像，為興趣相投的小組創造空間，與同儕和同事分享感謝信）。	✓ 在行動前加入「停下來思考」的提示以及足夠的空間。 ✓ 加入提示「展示你解釋你的作品」（例如：作品集評論、藝術評論）。 ✓ 提供檢查清單和專案規劃模板，用於了解問題、設定優先順序。 ✓ 加入教師或導師模擬放聲思考的過程。 ✓ 指引學生將長期目標分解為可實現的短期目標。 □ 6.3 組織資訊和資源。 ✓ 針對數據蒐集和組織訊息提供圖形組織和範例。 ✓ 加入用於分類和系統化的提示。 ✓ 提供清單和筆記指南。 □ 6.4 提升監測過程的能力。 ✓ 提出問題來引導自我監控和反思。 ✓ 用圖表或照片顯示進展。 ✓ 根據學生的需求來提供不同類型的反饋。

向度	多元呈現／提供多樣化的呈現方式	積極參與／多樣化的參與方式	行動與表達／提供多樣化的行為和表達方式
	✓ 提供多種組織方法和方式（例如：使用表格和算法進行數學運算）來增進理解。 ✓ 使用可以互動的模型來引導探索和理解。 ✓ 引入提供資訊處理策略的分層架構。 ✓ 提供課程的多個切入點以及內容的可選途徑（例如：透過戲劇、伴品、藝術和文學、電影和媒體來探索偉大的想法）。 ✓ 將資訊「分解」成更小的元素。 ✓ 逐步釋放訊息（例如：順序突出顯示）。 ✓ 消除不必要的干擾，除非它們對於教學目標至關重要。 □ 3.4 最大化的遷移和類化能力／提升訊息轉移和歸納的能力。 ✓ 提供清單、主辦單位、便利貼、電子提醒。 ✓ 提示使用記憶策略和技巧（例如：視覺意象、釋義策略、位點法等）。	□ 9.3 促進個別和群體提取的反思。 ✓ 提供設備、輔助工具和圖表來幫助個人學習、蒐集、繪製圖表和顯示自己行為的數據，以監測這些行為的變化。 ✓ 使用的活動包括學習者獲得回饋和存取替代的架構（例如：圖表、回饋、範本）的方式，以支持可理解和及時的方式理解學習進度。 ＊ 制定並實施範本規範，以幫助個人和團隊進行反思。 □ 9.4 ＊ 培養學習同理心和復原的練習 ✓ 使用循環學習的策略（即一種方法讓學習者通過傾訴談話來充分享情感和經歷，並逐一回應。） ✓ 或情緒檢視導學策略來鼓勵學習者從彼此的角度學習。 ✓ 促使學習者分享因應策略或因應需求、鼓勵學習者互相照顧。 ✓ 研究制定「夥伴長椅」或負責的夥伴等規範，以鼓勵學習社群的共同責任。	✓ 用模板範例幫助學生具有品質和完整的自我評估。 ✓ 提供多種差異化自我評估的方法（如角色扮演、影片、同儕回饋）。 ✓ 使用評估清單、評分標準和個別指導會議，幫助學生了解標準。 □ 6.5 ＊ 挑戰一般溝通社群和個別指導會議創造討論的機會。 作為個人和社群時、共同為非融合的活動進行命名、探索問題解決的方法。 ✓ 作為個人和社群時、共同發展具體和特定的活動以融合非融合的活動，並建立適合的社群。 ✓ 當一項非融合性活動被呈現，提供社區本位活動的治療機會，例如修復式正義。 □ 其他：

向度	多元呈現／提供多樣化的呈現方式	積極參與／多樣化的參與方式	行動與表達／提供多樣化的行動與表達方式和表達方式
	✓ 納入明確的複習和實作機會，包含社交技能。 ✓ 提供範本、圖形組織、概念圖以輔助製作筆記。 ✓ ＊提供將新資訊與先備知識連結的架構（例如：字族文、心智圖、word webs、half-full concept maps） ＊將新想法嵌入熟悉的想法和背景中（例如：使用類比、隱喻、戲劇、音樂、電影等）來使學習更具關聯性。 ✓ ＊提供明確的支持機會來將學習應用到新情境中（例如：解決物理原理同類型的問題，或使用遊樂場來建造遊樂場）。 ✓ ＊隨著時間的推移提供重新審視關鍵想法和想法之間聯繫的機會。 □ 其他：	✓ 共同制定課堂規範，尤其要求讓學習者提出他們在課堂上感到安心適應所需的內容。 ✓ 為學習者創造友善且公平的工具、流程和規範，讓他們在課堂、工作場域和其他學習環境中相互遵守群體體規範。 ✓ 使用如同循環實踐類似的方法，來做出有關如何在規範被破壞後恢復群體的公共決策。此項規範可以涵蓋初學者和成人學習者與環境，以幫助建立信任與和諧。 □ 其他：	

目標：幫助學生／學習者成為有自主學習能力的人，使他們能夠設定明確的學習目標，進行自我反思，善於利用各種資源、真實地表達自我，並能夠制定策略略以採取積極行動。

＊表示通用設計指南3.0版的新增項目。通用設計指南1.0版是以多元呈現為順序第一，但在版本2.1後則強調促進學生學習參與的重要性，編修過程將不適用國內之制度、字句或舉例做修正，圖表以內容編號僅提供給大家參考在原網站內參考位置（編修譯參考來源：https://udlguidelines.cast.org/）。同時為方便給教師及學生勾選及使用，另將相關通用設計內容編成excel檔，置於有愛無礙網站for teachers子網站內供下載及使用。

　　以下 126 點學習行為特徵係參考楊坤堂（2008）；許天威、徐享良、張勝成（2009）；Lerner & Johns（2014）；楊為舒（2014）；呂建志（2014）；徐嘉珍（2015）；孟瑛如（2016）；呂秀卿（2016）；洪儷瑜（2018）等著作上所提之學習行為特徵，再補充作者平日教學、臨床諮商觀察與研究所得（吳侑達、孟瑛如譯，2017；孟瑛如，2010，2012，2013，2014a，2014b，2016，2018；孟瑛如、梁毅，2023；孟瑛如、陳麗如，2002；孟瑛如、謝瓊慧，2012；孟瑛如等，2015，2016；孟瑛如、吳侑達、簡吟文譯，2018；孟瑛如、簡吟文，2016，2017；孟瑛如、陳志平、彭文松、陳明終、呂秋蓮，2015；孟瑛如、簡吟文、陳明終、呂秋蓮，2015；黃玉瑄，2013；孟瑛如等，2024；彭慧婷、孟瑛如，2023、2024；羅宇真、孟瑛如，2018；魏銘志、孟瑛如、簡吟文，2012；Meng ＆ Yeh，2022；Yeh & Meng，2020，2023a、b，2024a、b），同時參考相關實務教學網站內容（網址列於參考文獻處）整理而成。主要分為五大部分：第一節、注意力、記憶力；第二節、知覺或知動協調能力；第三節、理解、表達、推理能力；第四節、情緒與社會適應；第五節、自我刺激行為。其中注意力、記憶力部分由做事無法集中注意力超過 15 分鐘以上到無法將完成的作業放在指定的地方為 1-17 項；知覺動作或知動協調能力則由對有方向性的字易混淆到區分方向，例如：左右、東西、南北的能力不佳為 18-38 項；至於理解、表達、推理能力則涵蓋由學習意願低落到會用口語數數，但無法辨讀數字等為 39-93 項特徵；情緒與社會適應部分則有會以哭泣或表現其他問題行為，以逃避閱讀或做作業到即使經過教師輔導也不能完全完成指定作業等為 94-115 項特徵；自我刺激行為部分則為咬手指、踢腳、抖腳、晃動腳等為 116-126 項自我刺激行為。而所有學習行為特徵其後所附之補救教學方法，其排列原則與參考方法如下：

　　1. 輔導原則中以學生生理因素之排除排第一位。

　　2. 教學方法或策略之排列以與上課有關之教學輔導原則為優先，平時練習或其他解決方法或策略在後。

　　3. 輔導原則之敘述以正向句為主，主要涵蓋前言中所述正向支持、合理調整、通用設計等原則。

　　4. 相同的學習問題，學生可能會以不同的學習特徵呈現，教師或家長可在閱讀學習特徵與補救教學法後，自行依個案的狀況作調整與運用。

第一節 注意力、記憶力

1 做事無法集中注意力超過 15 分鐘以上

◆ 生理因素

★檢查學生是否有注意力不足的問題，若有注意力不足問題，則可與醫師討論是否能以服藥的方法減輕其症狀。

★查明學生是否因生理原因而影響其注意力，如：弱視看不清黑板。

◆ 教學策略

★用言語引起學生的注意，如：「你猜 …… 會怎麼樣呢？」

★參與活動時經常叫學生名字或拍拍學生肩膀，提醒他注意。

★在黑板上出題目叫學生上去寫，或是叫學生站起來朗誦課文。

★在課堂上請學生上台做示範、上台演算，讓他在短時間內強迫專心。

★將學生座位調到靠近講台的位置，利用教師之身體權威感吸引學生上課時的注意力。

★在學生開始無法集中注意力時，很自然的走到同學的桌子旁邊，輕敲桌沿，提醒他專心。

★在講課時提到學生的名字，例如：把題目或敘述中的主角名字改成他的名字、以目光約束，或點他起來回答問題。

★讓學生參與課堂上的活動，並有合法的活動機會，例如：可請學生幫老師拿著說明用的海報或是協助示範實驗的操作員。

★教師應隨時和學生保持眼神的接觸，並且善用言語、聲調、手勢、教具等方法引導學生專注在學習的項目上。

★採用結構式上課法，讓學生儘量維持在有事可做的狀態，例如：在課本上畫重點、抄寫板書、示範教具的操作等，避免因上課時等待時間過長而造成注意力的渙散。

★可利用暗示的方式，告訴學生，老師正在注意他的行為，例如：走到學生前面，幫他把書翻到正確的頁數，亦可對學生採取眼神示意的方式。

★老師在講課時，可以預先準備一些與課程相關的有趣實例，當同學的

注意力開始無法專注時，即結合課程內容舉出有趣實例，以吸引同學的注意力。

★暗示學生，老師正在注意他的行為，在學生開始分心時，很自然的走到他桌子旁邊，輕敲桌沿，提醒他專心。

★在課堂上請學生上台演算，讓他在短時間內強迫專心。

★在學生閱讀一段時間後要他寫下重點。

★把題目或敘述中的主角名字改成學生的名字，提高對課堂的參與動機。

★老師將課程切成 15 分鐘左右，每隔 15 分鐘就提示說接下來我們要進行另一單元，以利學生於課堂變化性中提升學習動機。

★老師寫黑板時，儘量採用依序由左至右或由右至左的方式書寫，以使教學資訊能依序出現。

★課程安排及教材教具選擇應力求有趣、簡單、循序漸進，吸引學生學習。

★多使用有趣可引起學生動機的教具，設計活潑生動的課程，例如：角色扮演、遊戲內容或教材，或採用多媒體教學方式，找出學生有興趣的學習主題，引導學生參與學習活動，增進注意力。

★採用競賽的方式，與其他人比賽，看誰能在 5 分鐘或 10 分鐘裡面乖乖的寫作業而不亂動，就給他獎勵。

★在上課或遊戲開始之前，老師先告訴他「等一下你來教我怎麼做」等話語，讓他知道等一下老師會叫他。

★以討論的方式與學生共同列出環境中哪些訊息為干擾訊息，哪些則為應該要注意的訊息，並且在分辨後進一步引導學生練習將干擾的訊息忽略，而對於課堂學習的訊息練習專注。

★以問答或是輪流的方式練習對指定學習活動的專注。

★老師在課堂中多讓學生練習適當的轉移注意力，如：將視線從黑板轉到課本等方式。

★以口語的方式確認學生能複誦出學習重點，如：數字、單字、指令等。

★課程設計結合功能性動作訓練，例如：折返跑蒐集部首部件成字、讓個案學生做出加減乘除手勢、遊走各組做加減乘除四則運算、深蹲表示對或站立表示錯做是非選擇的回答等方式，讓學生維持在靜態課程中結合動態訓練，維持有事可做的狀態，並加深學習的印象。

★可採用遊戲本位課程設計，例如：採用認知性桌遊作為引起動機或是

課程評量的課程設計，使用在遊戲操作中自然維持注意力來做學習。

◆ 同儕影響

★安排學生與比較專心的同學一起學習。

★可安排一個細心的學生與其同坐，作爲示範的榜樣。

◆ 時間安排

★將每次進行活動時間縮短，分散次數進行。

★分段設立目標，讓學生能逐步的完成，並給予正增強以鼓勵學生朝目標行爲趨近。

★在學生閱讀 10 或 15 分鐘後要他寫下重點、口述內容、做題目或找出文章大意。

★利用學生喜歡做的活動或科目，訓練其注意力，規定必須從事 15 分鐘以上才能休息，然後依序延長。

★先規定學生至少要專心 5 分鐘後，才可以做一件自己喜歡的事，然後再漸進延長專心的時間。

★上課時採多元活動方式進行，可每 15 分鐘變換教學形式，例如：教學 15 分鐘後，進行抽問、搶答、遊戲。

★老師將課程切成 15 分鐘左右的幾段，每隔 15 分鐘就提示說接下來我們要進行另一單元，即使教的內容是屬於同一範圍，也可以找個名目將其區分，以利學生於課堂變化性中提升學習動機。

◆ 環境

★學生眼光注視的教室前方的布置要單純。

★學生座位遠離窗戶、門等易引起分心的事物。

★將學生學習環境安排在安靜、不干擾的一角。

★教學環境儘量單純化，減少注意力分散的誘發源。

★在不影響現有教室的座位方向及形式的前提下，儘量安排學生的座位靠近老師。

★教室的空間不可太大，必要時可用布幕或拉簾隔成較小的空間，以減少學生分心的機會。

★教師寫黑板時，儘量採用依序由左至右或由右至左的方式書寫，以使
教學資訊能依序出現。

◆ 增強制度

★增加學生學習過程中的主動參與，並伴隨使用獎勵品增強。

★以鼓勵的方式，若學生能專心超過 20 分鐘，則給予榮譽卡。

★利用增強物，當學生注意力達設定時間，就給予正增強，提高其學習
的興趣。

★若學生為注意力缺乏，則以計時器先行測其注意力持續的時間，而後
逐步延長其注意力時間，並適時獎勵其合格行為。

◆ 教學媒體

★多使用有趣可引起學生動機的教具。

★採多媒體教學方式，以提高學生學習興趣。

★將視覺刺激單純化，老師一次只呈現單一學習材料。

★使用能吸引學生的輔助教具，如：圖卡、卡通人物布偶。

★課程安排及教材教具的選擇應力求有趣、簡單、循序漸進，吸引學生
學習。

★設計活潑生動的課程，例如：角色扮演、遊戲內容或教材吸引學生。

★找出學生有興趣的學習主題，引導學生參與學習活動，增進注意力集
中情況。

◆ 其他

★採用競賽的方式，與家中手足或學校其他學生比賽，看誰能在 5 分鐘
或 10 分鐘裡面乖乖的寫作業而不亂動，就給他獎勵，完成後可逐步
拉長時距。

★教導學生自我暗示法，例如：每次上課之際，先請學生閉目養神，
等其心情平靜時，告訴自己說：「我很棒，我每天都會學到一些新東
西！」或是「我會上課專心聽講，讓每一分鐘的我都在進步。」

★在上課或遊戲開始之前，老師先告訴他「等一下我要請 ××× 小朋
友做一遍！」或「等一下 ××× 小朋友會教我怎麼做」等話語，讓

他知道等一下老師會叫他，提醒他集中注意力聽講。

2 考試時尚未專心看完一道題目即作答

♦ 考試情境

★教導學生答題時，一個字一個字將題目念出來。

★讓學生以默念的方式將一題題目完整念完，才可以開始作答。

★讀題目時，請學生拿著筆在題目下面或是旁邊畫線，沿著線做閱讀，等確認畫線過了，例如：表示題目從頭讀完了，才能作答。

★要學生在看題目的同時，用手或筆指著題目，眼睛看到哪裡，手指就指著哪裡，並在題目最後作上記號，表示這一題看過了。

★讓學生學會自我提醒暗示「等一下，想清楚了再回答」。

★告訴學生在題號前面做符號，如：如果題目做完了，可以在題目前面「√」；如果這題只會寫部分，可以在題號前面畫「？」的符號；若是不會寫，就在題目前面畫上「X」的記號。

★用折考卷的方式，例如：在做第一題題目時，將考卷其餘的部分對折到第一題題目的下面或者是旁邊，讓自己看不到考卷上的其他題目，而能專心的閱讀眼前這唯一的一題題目。

★平常練習時，要求學生將未做之題目部分以白紙遮住，然後以手指逐字指著題目並默念，訓練學生依此程序做完一道題，才可進行下一道題。

♦ 其他

★教導學生養成默念題目的習慣。

★在考卷上加「提示語」。例如：我會把每題題目看完才作答等。

★老師在出考卷時，標示每題答案共有幾個，也可用箭頭或不同顏色標示方法，提醒學生應特別注意之處。

★將題目分成多頁或設計遮板遮蓋其他題目，考卷上每次只呈現一題。

★將考卷製成「分項考卷」，每頁只有一大項的題目呈現，做完一項依頁尾之提示語繼續翻頁作答。

3 考試時會遺漏某些題目未作答

◆ 考試情境

★發考卷時，老師可口頭提醒學生總共有幾題。

★規定學生每一大題作答的時間，鼓勵學生提早完成也要再檢查。

★規定學生可用尺。對著一行行的題目，藉著尺的輔助做題目的閱讀。

★考試之前，老師提醒學生必須按照題目的順序作答，會做的話必須按照題號做；如果不會做，才可在不會做的題目上畫上記號後跳做下一題。

★考卷發下後，由老師發號施令：「現在雙手擺桌上，仔細把題目看完！」、「每個小朋友都要仔細把題目看完，沒有仔細看完的人不可以寫考卷！」、「現在都仔細看完題目了，很好！可以拿起筆來並寫下你的答案。」

◆ 練習活動

★養成學生在寫完考卷後再檢查一遍的習慣，以防漏題未答。

★提醒學生作答完畢時在題目前面打一個小勾勾，仔細確認每一題檢查過。

★教導學生自我暗示法，例如：在考試前，先請學生閉目養神，等心情平靜之際，告訴自己：「我很棒，我會一題一題的作答，把我會的題目表現出來。」

◆ 試卷

★在試卷上註明提示語：「請檢查是不是所有題目都回答完了？」

★試卷的題目編排要簡單清楚，最好加上格線，並要求學生按照順序作答。

★在試卷上標上「提示語」，例如：「再檢查一遍」或「下面還有題目」等字樣，並在題目上將重要部分畫線，或標以其他顏色。

4 一張試卷上如果只有一個問題時，就會作答；但如果同時出現多個題目時，就有難以作答之現象

♦ 試卷部分策略

★學生試卷採一題一張的原則。

★題目每個小題都標示清楚，要求幾個答案也註明清楚。

★教導學生將其他無關的題目先遮起來，只專注在某一題的策略。

★以念一題作答一題的考試方式來進行測驗，儘量以聽覺作用分散視覺上的專注。

★教導學生在作答時，可將考卷折好，一次只呈現一題，做完再看下一題。

★教師可替學生準備特製的考卷，考卷的紙張大小與他人無異，只是每張卷紙上僅呈現一道題目。

♦ 其他策略

★要求學生在一張複雜的圖中找出某個特定對象。

★平時多給予學生注意力的訓練，如：玩射擊遊戲。

★在平時練習時，一次呈現一道題目，再漸次增加呈現的題數。

★建議學生在閱讀或寫考卷時，用一把尺橫（直）放在所閱讀的那一列（行）的下（左）方，遮住尚未閱讀的部分，以利專注作答。

5 讀書時，容易因背景噪音或其他聲音的干擾而分心

♦ 教學環境

★提供學生以布幕圍起來或卡座方式的閱讀環境。

★教室的安排儘量設置在安靜的區域，減少干擾源。

★學生座位的安排應遠離窗邊、走廊、操場、冷氣等處。

★將學生座位安排在離老師最近的地方，以便時時提醒他要注意。

★運用隔絕型的書桌，例如：在桌上前方及兩側設置遮板，以隔絕分心來源。

★設計「專用閱覽角落」，將角落用矮櫃隔開，布置舒適且適合閱讀的

環境。

★學習環境中可鋪設地毯，或是在桌椅的四個腳裝上防止噪音的布墊，避免學生因為桌椅移動的聲音而受到干擾。

★老師寫黑板時儘量採用依序由左至右或由右至左，固定一種的方式書寫，使教學資訊能依序出現。

◆ 聲音策略

★請學生戴上耳機將其他干擾源過濾掉。

★播放課文朗讀帶，以錄音機的音量隔絕外界的聲音。

★教具的選擇以不會發出奇怪、不相干聲音的為最佳選擇。

★盡可能使用視聽媒體教學或動態教學，以吸引學生注意力。

★聽覺性教材的選用要特別注意，無背景音樂和雜音的產品會是較好的選擇。

★教師音量加大提醒學生注意，如：「看老師這邊……」、「剛剛老師說什麼？請你們再說一次」、「好，下一題……」。

◆ 訓練策略

★玩傳話遊戲，例如：在有背景音樂的情境下，要求學生將前一位同學所說的話傳給下一位。

★訓練學生在吵雜的環境下培養專注的能力，例如：在吵雜的音樂聲中聽取老師的指令並複述一次。

★訂立短程目標，告訴學生接下來的二十分鐘要把哪一部分的書看完，讓學生在短期目標與時間壓力的情形下學習。

★要學生發現自己分心時，就開始數數字，數到十後，再回到原本的工作上，以短暫的數數字時間來拉回學生的注意力。

★老師可不定時下來走動，經過學生的位置時輕拍一下，拉回他的注意力。

★讓學生自己實際體會分心時所做出的作業與專心時做出的作業兩者間的差異。

★家長可以在學生身邊監督，當他分心時馬上輕輕的捏或彈他的手一下警示他，讓他知道「我又分心了」！

★告訴學生若是常分心，往往事情要花更多的時間才能完成，或是根本無法完成。

★由家長或老師示範在做事時一直因外界干擾而分心的樣子，讓學生自己指出哪裡不對了，並藉此告訴他正確的方式。

★當學生被一個外界的干擾而吸引注意力時，就馬上用另一個「良性干擾」把他的注意力再拉回來，最後把他的注意力導回正在從事的事情上。例如：當他被窗外的汽車喇叭聲吸引，立刻用朗誦課文的聲音拉回他；當他被朗誦的聲音吸引時，再用他正在從事的事情來吸引他。

◆ 同儕影響

★安排專心的同學坐在學生左右，營造成功的學習榜樣。

★安排一些行為良好或學生相當重視的同學坐在他座位附近，以提供良好的示範作用。

★座位安排可以設計一位較細心的學生與其同坐，經常性的提醒和正確示範，有助養成自律及專心的習慣。

★發現學生有分心狀況時，依當時情況適度讚美鄰座的同學，採取鄰近增強的方式，以利學生學習鄰座學生的專心行為。

6　過度警覺或敏感，對事物反應過當或易受驚嚇

◆ 鬆弛策略

★放一些輕音樂，讓學生閉上雙眼傾聽，以達到放鬆的效果。

★在學生受到驚嚇的時候，要求他練習肌肉放鬆，降低驚嚇的情緒。

★訓練學生學會放鬆自己的情緒，學習環境儘量維持在平靜、愉快的氣氛中。

★教學生每次在遇見自己恐懼、抗拒的事物時，先做個深呼吸舒緩一下，讓身心放鬆，將心情放鬆之後，再來看待及處理該件事。

★教學生學習用深呼吸取代驚嚇。

★讓學生學會自我提醒暗示：「不要怕！沒關係！別怕！」

★安排愉快的課程活動以減少緊張及嚴肅的氣氛。

★轉移學生注意力，訓練他專心於一件事情，忽略外界的驚嚇物。

★進行密集式感覺運動訓練，利用運動及大量的觸覺刺激來改善學生過

度警覺或敏感的心態。

♦ 正向溝通

★讓學生將受驚嚇的原因說出來，並將驚嚇源移除。

★將學生害怕的東西與正向的增強物結合，減低其恐懼感。

★與學生晤談，鼓勵學生試著去正視自己所恐懼及抗拒的事物。

★透過各種方法找出容易受驚嚇的原因，再針對原因找出解決方法。

★採用系統減敏法，在日常生活中製造類似讓學生警覺的發生源，讓他習慣這些發生源存在日常生活中。

★讓學生在事件過後，記錄下整件事情的發生過程與自己當時的反應，讓他自己在事後來評斷當初遇到該件事時，是否反應過當。若下次再有類似事件，自己的反應可為何。

★若學生缺乏安全感，老師可以先花一些時間陪伴學生，並在言語溝通過程中教導學生建立對自我的安全感，之後逐漸減少陪伴的時間。

★安撫學生的情緒，告訴他在這個環境下他是安全的。

★用溫柔、和緩、親切的態度與學生溝通，讓學生能以輕鬆的心態與他人接觸。

★隨時給學生一個關懷、鼓勵的眼神，或是輕拍學生，讓他知道老師或家長隨時關心他。

★進行各項活動或溝通時，先明確和善的告知即將進行的工作，讓學生先有心理準備，避免突如其來的變化。

★當學生反應過大時，老師馬上以觸摸學生身體的方式，如：拍背、手倚在肩膀等，來緩和學生的緊張與不安全感。

♦ 同儕影響

★叮嚀其他同學不要故意去挑起該生的懼怕源。

★讓他多參加社團活動以習慣人與人之間的互動，並藉此轉移注意力。

★驚嚇事件發生時可請旁邊同學和他一起做其他的事情，如：唱歌、數數兒，讓情緒轉換一下。

★請學生的好朋友陪著該生一起去接觸並完成該生所恐懼或是會過度反應的事情。

7 當老師要他注意特定的複雜學習活動或他害怕的活動時，他就不知如何表現

◆ 解決懼怕問題

★ 與學生約談，找出使學生害怕的原因後再對症下藥。

★ 將複雜或令學生害怕的活動搭配有趣的活動一起進行，或與獎勵連結形成制約，讓學生不再感到害怕。

◆ 建立自信

★ 老師請學生上台練習，不管對或錯，都儘量找出本次表現的優點予以肯定。

★ 教師應隨時監督學生，給予協助，之後視情況慢慢減少協助程度。

★ 先讓學生從簡單的事情入手，營造成功的學習經驗，建立其自信心。

★ 學生若能順利完成或是至少完成一半的活動時，就給予適度的獎勵。

★ 多用獎勵而非懲罰，學生如果表現良好，要立即給予稱讚以建立他的自信。

★ 以鼓勵及適度獎賞的方式來增進學生的學習興趣，逐漸適應複雜的學習活動。

◆ 步驟分析

★ 幫學生做學習步驟分解及示範，讓他能循序漸進地學習以減低學習時的恐懼感。

★ 將活動內容及步驟一步步清楚的寫下來，讓學生以使用提示卡的方式遵循步驟進行。

★ 把複雜的學習活動分成幾個簡單的步驟，讓學生由最簡單的開始做起或留意他能力所及的部分。

★ 對於活動的內容或做法，教師應分段、分次一項項讓學生了解。

★ 以備忘錄的方式，條列式的寫明要進行的學習步驟及活動，讓學生有預備的心情，而不致恐懼害怕。

★ 將整個學習活動分階段進行，如：某個活動分兩階段進行，先要求學生完成第一階段，待學生完成後，再要求學生完成第二階段的活動，

分段進行可使活動流程較單純以降低學生的恐懼感。

♦ 遊戲活動

★讓學生由一些較爲簡單的事情著手以培養成就感。

★以遊戲的方式進行複雜課程的學習，增強學生的學習興趣。

★以小組進行的方式，同儕一起進行學習活動，讓學生在同儕的帶領與示範下學習。

★活動時，指示應儘量簡單化、正向化，並讓學生參與老師的示範活動。

♦ 其他

★由教師在一旁示範並講解，讓學生跟著仿作。

★老師可多採用易引起學生學習動機的教材、教具和教學方法，例如：遊戲教學或電腦教學。

★老師帶著學生一起進行該學習活動，陪著學生一起學習、思考，並藉此讓學生了解整個學習活動的流程。

★在學生不喜歡或害怕的活動中，加入他最喜歡的因子，例如：以他最喜愛的卡通人物作爲活動的包裝，以遊戲提升學生的參與感。

8 有注意力固執的現象，例如：在從事某些行爲或活動時很難要求他做其他的事

♦ 教學策略

★開始上課時，教師的提示語即爲：「手放平，腳併攏，眼睛看老師」，以使學生身體無法從事固執行爲。

★上課時，桌上只留必要物品，減少固執源物品的出現。

★多提醒學生幾次，喚回他的注意。

★在不經意的情況下，移開學生注意力固執的來源。

★將學生的「注意力固執」引到有關學習的事情上，例如：在他想用刀切橡皮擦時，規定他必須手執課本閱讀。

★在班上將同學編成兩人小組，請與他編成一組的同學隨時注意他、提醒他。

★在學生發生注意力固執的時候，故意打斷，分散其注意力，請他去做其他的活動。

★若學生已開始有注意力固執行為時，可叫他起來回答問題或是拿教具，強迫其轉移注意力。

★先讓學生把正在做的事情告一個段落，再用他最喜歡的東西，例如：玩具、零食，轉移他的注意力。

★當學生固執的做某活動時，教師應簡單明瞭地說：「停！」必要時要動手去阻止學生固執的動作。

★學生若有固執現象時，可要求他閉上眼睛深呼吸數到十。在閉上眼睛這段時間，老師在旁邊跟學生說等張開眼睛後，我們就要進行另外一項工作，藉以隔開學生與注意力固執源。

◆ 活動遊戲

★讓學生練習玩闖關遊戲，不斷轉換情境讓他去適應無固執源的情形。

★避免安排會引起固執行為的活動，或是使用會引起固執行為的教具。

★把學生的座位排在離講台或老師座位最近的地方，老師可以隨時注意到他的狀況。

★善用增強獎勵學生，藉由成功達成所設定目標可以有所回饋而努力維持自己的良好聽課行為。

★跟學生約定好暗號，如：聽到什麼聲音或是看到什麼符號，就應停止某項活動的進行。

★讓學生多練習注意力轉換，如：看電視的時候每隔一陣子就轉台，然後跟學生討論內容。

★訓練學生依照口令行事，並建立一「象徵的符號」代表停止手上的工作。如：「老師說：現在停止任何動作」，訓練學生一聽到這句話，便抬頭看老師。

9 難以獨立完成工作，需要他人在旁督導

◆ 步驟分析

★把工作簡化成幾個步驟，示範給學生看。

★訓練學生將工作分成更小的部分，然後一步一步的完成工作。

★以條列式的方式交代學生工作，並以文字、注音或圖畫說明如何完成各項步驟，讓學生可依說明步驟執行。

★給學生完整的流程圖，讓學生依步驟做事，完成後即給予鼓勵。一段練習之後再慢慢加深工作的難度。

★逐步訓練學生獨立完成工作的能力，例如：將工作最簡單的部分留給學生獨立完成，之後逐漸增加他獨立作業的時間。

★將作業分成若干小部分，要求學生 15 分鐘內要完成第一部分，若有達到目標，則可休息 5 分鐘，之後再繼續第二部分。

★把工作分成更小的單元，要求學生獨立做完一個小單元，協助他另一單元，然後漸次減少幫助的分量，增加其獨立工作量。

◆ 建立自信

★帶學生做幾次後，讓他自己做，然後鼓勵他說自己也能做得很好。

★和學生討論獨立工作的重要，假如能獨立完成工作，則給予最大的獎勵。

★先給予學生較簡單的工作，讓他產生信心，完成後則要給予適度的獎勵。

★若學生能獨自完成作業，則給予口頭或榮譽卡，但需事先和學生談好標準。

★一直告訴學生，老師相信你自己一個人一定能完成工作的。給學生強大的自信心，讓他敢於嘗試自行完成工作。

◆ 同儕影響

★安排小組的方式，依靠同學間相互幫忙、互相督促。

★稱讚其他可以獨立完成工作的學生，採鄰近增強方式讓學生產生仿效的心理。

★設定一個時間，在這段時間內要求他一定得獨立專心完成工作，然後漸次增加時間。

★工作開始時把他調到不容易分心的座位，等他獨立完成工作之後再讓他回到原座位。

★將要學生完成的工作遊戲化，或是加入一些競爭的氣氛，讓學生在與同儕競爭或是在玩遊戲的情況下完成工作。

◆ 增強制度

★定期更換學習情境以降低學生對單獨一物或是個人的依賴度。

★事先和學生一起訂定獎賞規則，只要學生獨立完成一項工作，即送給他一張優點卡，每星期結算一次，依照張數多寡給予不等值的獎品鼓勵。

★讓學生明白他並不是自己一個人，當他在做事時，世界上同時也有許多人在與他做相同的事，例如：老師或家長就在隔壁房間做事，以增加其獨力完成工作的動機。

★家長或教師必須貫徹訓練獨立的精神，採溫和但堅持的方式，給予清楚指示後，漸次減少陪伴的時間，讓學生習慣一個人也能完成工作的感覺與心情。

10 重述剛聽到的數字、字詞、語句或童謠等時有困難

◆ 生理因素

★檢查學生是否因腦傷而有短期記憶部分的問題。

★檢查學生口語能力是否有問題。

★測驗學生的聽說能力，檢查學生是聽力的問題還是說話方面的問題。

◆ 重點加強

★培養學生記錄重點的習慣，將關鍵字記錄下來，然後再串連起來。

★不厭其煩的多次複誦給學生聽，同時要他也一起誦讀，直到能自行完整的說出為止。

★循序漸進的教學生複述延長話語。例如：今天；今天天氣真好；今天天氣真好，適合出外郊遊。

★以寫作業的方式，讓學生將學到的數字、字詞或童謠一次次的書寫下來，以書寫與視覺重複的方式記憶。

★將重點數字、字詞、語句、地點或角色人物，重複多強調幾遍，並要求學生用筆記下來，讓學生的記憶不只是聽覺記憶，還伴隨視覺和肢體感覺記憶。

◆ 記憶策略

★採用知動法，配合肢體動作以加深學生印象，例如：國中學理化時，以手指的方向來記憶電流的流向。像這類有動作的記憶方式較能幫助學生。

★採用聯想法，教導學生運用關聯事物字詞或特徵來幫助記憶，例如：253 這個數字，用肚子餓、跳舞、爬山等聯想方式記憶。

★採用詩歌韻文法，教導學生把要背的內容串成口訣，例如：8825252 就以「爸爸餓，我餓我餓」來幫助記憶；也可以用自創的順口溜記憶，如：從小到大所學的「星期一猴子穿新衣、星期二猴子肚子餓……」。

★採用複誦法，老師一次念一句，請學生也跟著念。

★採用意像法，例如：使用教具、字卡或圖片等，協助學生學習。

★採用分段記憶法，將一系列的刺激劃分為若干段，例如：七位數的電話號碼可分為兩段或三段以利記憶。

★採用重點摘要法，將教材內容分段，重點摘錄出來，加以串連以利記憶。

★採用諧音法，採用類似音的方法以記憶相關字詞。

★採用分類法，將事情依其特性作歸類以利記憶。

★教導學生各種記憶策略，並在練習中找出其最適合的記憶策略。

◆ 課堂策略

(1) 教師部分

★儘量避免太過複雜的口頭提示語。

★老師在問問題時，最好將問題重複多念幾遍。

★教師將說話速度放慢，並在關鍵字上加強語氣。

★老師在敘述時一次內容不要過於複雜，以簡單、清楚為原則。

★老師將所講的字句，嘗試用記下來的方式給學生看。

★老師在傳達訊息時，儘量用寫的方式來傳達，最好是邊寫邊念或輔以肢體動作。

★在講課的過程中遇到想要學生記憶的部分，應放慢說話的速度，且可以做適度的字詞重複以加深學生的印象。

★老師在給予聽覺刺激時，同時輔助視覺、聽覺、嗅覺、味覺、觸覺等

多感官刺激法以加強概念的形成，並在學生形成概念後，逐漸減少其他感官刺激的輔助。

★採用立即回憶的方法，例如：配合視覺令兒童一面看、一面聽，以加強收訊有利聽覺刺激的再現，配合動作反應一面聽、一面寫，可強化聽覺收訊印象。

(2) 學生部分

★要求學生準備一本記事本，在遇到需要記憶的事情時，隨時記在記事本上。

★請學生將聽到的數字或字詞或童謠寫下來，閉眼在心中默誦多次，再口述一至兩次。

★請學生聽到要記憶的事物或字詞時，馬上在口中反覆念誦，並找機會把它寫下來。

★教導學生學習心智圖像記憶方式來記下事物，如：說到牛奶，腦海中就浮現出牛奶的影像。

(3) 視聽覺輔助教學媒體部分

★用字卡或海報輔助上課以幫助學生記憶。

★以視覺的方式來補強，例如：使用投影片或是幻燈機。

★可以用視覺教學來補救，多利用圖片或實地演練來加深學生的印象。

★教導學生利用心像的策略幫助記憶，童謠可以在腦中轉換成有情境的畫面來記憶。

★配合視覺的輔助，如：念出的數字和數字卡配對出現，念出語詞時和詞卡配對出現。

★除了聽覺方面的刺激以外，同時配合視覺、觸覺等其他感官的刺激以增強學生的印象。

★聽完一小段故事後，依故事內容提出簡單的問題請他回答，由是非題開始，慢慢到簡答題、問答題。

★配合視覺，教導學生一面看、一面聽，可加強收訊以利聽覺刺激再現。如：利用幾幅畫配合童謠故事，讓學生能看圖記憶，進而能重述故事。

★利用錄音帶反覆讓學生聽，重複的練習與提醒對學生也很有幫助。

★教導學生當正要聽一序列的聲音時，一聽到前面的部分就要先默誦這一部分。

★錄製教學錄影帶輔助教學，讓學生在接受聽覺刺激時，同時接受視覺的刺激，不但能提高學習動機，且能加深印象。

★以市面上販售的教學錄音帶，將所要教予的內容以音樂歌曲的方式教導他，例如：指數字或字詞，若無則家長或教師可從學生最喜愛的卡通歌曲中自行編曲。

◆ 遊戲活動

★要求學生聽廣播裡的歌曲排行榜，並且把結果抄錄下來。

★念一串短的數字，分小組競爭，贏的給予獎勵，可漸次加長數字。

★平常多和他玩可以訓練聽覺記憶力的遊戲，例如：文字接龍等遊戲。

★讓學生玩賓果遊戲，或是玩開保險櫃，例如：右一、左八……的遊戲。

★訓練學生的聽覺記憶，先由短的數字、詞開始，再逐漸加長。

★玩傳話的遊戲，請學生排成一排，然後給一段長文字，要求傳下去。

★玩「金庫密碼」遊戲，由簡單、少量、容易聯想的語詞開始，請他聽完之後複誦出來。

★訓練兒童聽覺記憶，例如：準備數字卡或在黑板上寫出數字，老師說出一個數字，兒童找出此數字卡或在黑板圈選出正確的數字。

11 無法辨認圖形符號

◆ 生理因素

★安排眼科醫師檢查學生視力是否有困難，排除因生理上的因素導致無法辨認圖形符號。

◆ 教學策略

★讓學生用具體事物實際操作。

★老師在重要的字旁邊或圖形著上色彩，以加強視覺刺激。

★教學生親自畫出圖形，畫到記起來為止。

★可以歌唱的方式輔助教學，協助學生辨認字詞。

★老師上課時以口頭敘述為主，圖形文字為輔。

★老師設計可以藉由觸覺及操作的教具輔助教學。

★先由簡單、常用的字詞或圖形教起，以培養學生信心。

★在圖形下均附上簡單的文字說明，以利學生分辨與記憶。

★老師在選用教具時，依照具體、半具體及抽象原則，例如：照片會比圖畫好，實物又比照片佳。

★將圖形作簡單的切割，可以變成拼圖遊戲，以利辨識及增加趣味性。

★鼓勵學生在閱讀或書寫的時候，都儘量大聲念出來，從聽覺來彌補其視覺的不足。

★以其他學習方式代替視覺性教材的使用，例如：將課文錄製成錄音帶，讓學生用聽的方式學習。

★將所要學的字以句子方式呈現在黑板上，該字可以不同顏色、放大或畫線方式來加強視覺效果，並再配合單獨於黑板或紙卡上呈現該字，詢問學生關於該字之意義、字形、用法等問題，接著再以簡單造句方式呈現，同時要求學生朗讀，並給予即時回饋。

◆ 練習活動

★讓學生進行眼手訓練，拿筆連點、畫線或在指定格子內移動至少 200 次。

★運用一些簡單的拼圖教具，例如：僅缺一角的拼圖來訓練學生的視覺記憶力。

★訓練學生在看到一個文字或圖形時，發揮自己的想像力，將圖形與生活中的其他事件作連結。如：「山」這個字長得有點像真正的山，以利其辨識與記憶。

★如果是身體形象學習上有障礙，可用圖紙將學生的身體描繪下來，透過對圖像上各部位指認的練習與自己身體的形象產生連結。

★可以透過抄寫的練習，以加強識字與表達字詞或圖形符號的能力，例如：要抄的字先看好，不可寫一筆畫看一筆畫，而是要求學生把整個字完整的寫法都想過後才動筆；接著再試著看完一個詞，才抄一個詞，並可以配合將抄寫的內容念出來，以聽覺強化對於字詞的印象；最後可推展至整個句子的抄寫。

◆ 遊戲活動

★和學生玩「大家來找碴」的遊戲，給他兩張幾乎完全一樣的圖片或照

片，例如：其中一張多了幾處相異處，讓他先花約一分鐘時間看正常的一張，再看另一張經過更動的。例如：此時正常的一張蓋起，要他大聲說出不一樣的地方是什麼，並指出不一樣的地方。

★可用「字卡銀行法」，將常用字或學生常犯的錯誤字製成字卡，置於紙盒或鞋盒中，上面書寫學生座號或姓名，即成為學生專屬的字卡銀行。學生可自製字卡，為字卡製作圖片或句子，藉由學生自我蒐集或教師推薦字，可使學生因擁有滿足感而引發學習動機，進而能達到反覆練習後的辨識目的。

★藉由遊戲的方式增進視覺記憶能力，例如：請一個學生站在最前面，讓大家看清楚之後請他出去，拿掉一些小配件，如：手錶等，回來以後再請學生觀察哪裡不一樣了；或拿出兩幅類似卻不相同的圖，先給學生看一幅，然後藏起來，接著拿出第二幅問大家有哪些地方不一樣；或請學生翻到課本的某一頁看一下後闔上，然後請學生回憶看到的內容；或給學生一張紙，上面有很多組號碼，這些號碼同時也製成卡片，隨便抽取一張卡片給學生看一下，然後請他將相同的號碼圈出來；或玩翻牌遊戲，翻到兩張一樣的撲克牌就可以得分。

★運用電腦上常有的記憶遊戲以增強其視覺記憶力。

12 無法按照指示畫出要他畫的圖形或符號

♦ 生理因素

★就診檢查排除因腦傷或視聽覺部分的問題導致無法按照指示畫出要他畫的圖形或符號。

♦ 教學策略

★採用步驟指示清楚的圖卡、字卡或迷宮卡，以增強其按指示的繪圖能力。

★給予仿畫或仿寫作業，必要時得由教師或同學協助。

★可將字詞以鏤空字方式製成字卡，要學生於鏤空部分依筆劃順序塗上顏色，以增強其按指示仿畫的能力。

13 不易記住學過的東西，雖然學會了，過了一會兒或數日就
忘記

♦ 生理因素

★先確定學生是何種的感官學習的缺失，如果是聽覺或記憶力不足，則
以其代償性的感官，例如：以視覺或是觸覺做補救的學習管道。

♦ 教學策略

★每次上課都複習上一次上課的內容以連接其起點能力，並將學習過的
內容隨時應用在新的學習內容中。

★老師不要一次給予學生過多的教材內容，並時常複習。

★老師出相關的作業，要學生晚上回家後反覆複習功課以加強記憶。

★教師在上課時可給予學生提示以協助學生分辨學習重點。

★每天上課之前先要求學生說出昨天學了些什麼，並給予適當獎勵。

★請學生將自己學會的公式或單字記在本子上，養成三餐和睡覺前都看
一次的習慣。

★讓學生反覆的背誦與練習必要的學習重點。

★用強迫複習的方式，例如：一段時間後就進行一次隨堂測驗，藉由過
度學習的方法以增強記憶。

★下課前，教師可針對該堂課的內容做一重點但簡短的摘要複習，並在
下一回教授新材料之前再做一次複習。

★找出適合學生的記憶方法，並運用其記憶特點融合於日常教學活動中。

★正式講課之前，教師可先簡短說明該堂課程的重點，並寫成綱要記在
黑板的一側，讓學生對自己將要學習的內容有些概念，並可從綱要上
對照老師已講過了哪些內容。

♦ 多感官學習

★教學生利用聯想法連結特定事物，讓他印象深刻。

★請學生將學過的內容大聲複誦，由聽覺幫助記憶。

★在學生學習過程中加上觸覺學習，以協助學生視覺上的記憶力。

★使用表格、圖形、地圖、照片或模型等視覺線索來協助學生記憶學習。

★於課堂上設計記憶活動情境，如：採用分組活動、辯論等方式進行。

★教學生一些記憶的技巧及策略，如：將要記憶的東西編成歌等等。

★老師在教學時輔以實物、圖物或動作等，隨機複習，增強學生印象。

★採用多媒體輔助的教學方式，例如：播放影片或電腦輔助教學，增加學生學習的動機與記憶。

★教學生透過特別的學習策略來記憶，如：編一套有趣的記憶口訣或使用關鍵字記憶法。

★教導學生學習相關的記憶策略，如：「軌跡法」、「字頭法」、「連鎖記憶術」、「關鍵字法」等，可適時利用上課時的具體內容，讓學生練習這些記憶術。

★幫助學生找出適合個人的記憶方式，如：有的學生聽覺記憶較強，便可利用聽課、聽錄音帶等方式學習；有的學生對圖畫較敏感，便可利用圖畫輔助記憶。

◆ 學生行為

★指導學生抄寫筆記與摘錄重點的技巧，以利個人的複習與記憶。

★將教過的東西做成小卡片，以便可以隨時複習。

★請學生隨身攜帶一摘要式的記事本，空閒時就拿起來閱覽。

★製作記憶卡或提示卡，將學過的東西記在記憶卡或提示卡上，請學生隨身攜帶，忘記時再拿出來看。

★將學過的東西，請學生自己繪成圖卡或整理成表格，隨身攜帶，忘記時可拿出來看以幫助記憶。

◆ 學習環境

★把重要的學習內容做成大海報張貼在顯眼的地方，不斷複習。

★可要求學生將每天學過的東西記錄在一張卡片上，並將這張紙貼在床邊，每張卡片需連續複習一個禮拜後才可拿下。

★將學生學習過的教材、內容和工作單，貼在教室或生活環境中任何顯眼的地方，使學生在生活中不知不覺都在重複學習與過度學習。

◆ 增強制度

★獎勵經過一段時日後仍能正確回憶與操作的遷移行為。

★在每次教新教材之前，先確認是否記得舊的，可利用小獎品來鼓勵。

★常常替學生複習所學過之內容，可運用睡前 10 分鐘的時間和學生玩搶答遊戲，答對者給予小小獎勵。

★要求其身邊的大人與同儕，發現該生一忘記學習重點即立刻提醒。

★配合獎勵品的使用和經常性的複習，對學生提出問題，讓學生即使已經忘記課程內容，也至少要能從筆記本中找到答案，使學生重視筆記，並能透過複習加深對課程的印象。

★利用行為心理學的「制約」原理，在教導進行中即以一個特別容易提醒之標物，例如：鈴聲、哨子聲，在記住後以此標物做連結；或者在其學會以後，以食物，例如：學生最喜歡的零食獎勵之。在下次忘記時以標物或食物讓學生做聯想。

★教導者必須具備耐心與堅持，同時讓學生為自己忘記學過的內容負責，經歷提示與責任行為，例如：罰寫後，學生當能更用心於學習上。

★設法找出學生無法記憶的原因，看看是否是因為起點能力差距過大的問題或上課時不夠專心所引起，並針對學生的學習優勢，以彌補其學習上的弱點，例如：增加從做中學的活動，使操作能力強的學生能夠以其學習優勢熟悉課程內容。

14 會忘記攜帶文具、作業或隨身物品，例如：外套、雨傘等

◆ 學生行為

★如果常遺失物品是由於注意力缺乏所造成，則學生每次出門時要他複誦或是寫下其所帶的物品名稱；放學以前，也請他要複誦其所要帶回的東西，並即刻檢查是否有忘記的東西。

★教導學生在出門前和放學前用 10 秒鐘回憶該帶什麼東西。

★養成學生在離開任何地方時能隨時清點隨身物品的習慣。

★協助製作備忘卡掛在書包上，每天確實記錄收拾完才可以回家。

★回家以前再次檢查書包，確定必須溫習的功課及書本都已收放在書包。

★養成學生在睡前整理書包的習慣，確定他把隔天要使用的簿本都帶到

了，第二天出門前可再檢查一遍。

★放學回家前請學生專心整理書包，確定帶齊需帶物品，整理書包的活動勿與其他活動同時進行。

★將每天應該攜帶的東西列成一張表，要求學生睡前一一檢查是否準備齊全了。

★確定學生具備將聯絡簿抄寫完整的能力，必要時可請鄰座的同學檢查或代為抄寫。若學生無法抄寫完整聯絡簿，亦可由同學或老師協助其僅抄關鍵字或以符號圖形替代，只要能達到提示效果即可。

★學生的必要物品上皆貼有名字，若被同班同學拾撿到自己遺失的物品，可罰其代作值日生以增警惕心。

◆ 檢查叮嚀

★請另一個小朋友回家後打電話叮嚀他不要忘了隔天該帶的東西。

★老師在每天放學前，將隔天所需攜帶的物品或需完成的作業一條條詳細記錄在黑板上，並解說或讓學生複述一遍，以增強記憶。

★可由老師及家長在上下學時，特別予以提醒，將會用到的東西，以清單的方式，一項一項要求學生逐一檢查，或由旁邊的同學代為提醒叮嚀。等到學生習慣之後，再由學生自行將清單列出，並逐一檢查、打勾做記錄。

◆ 提示語

★在家裡玄關處貼上是否把東西帶齊的提示語，以確定學生出門前記得檢查所需攜帶的物品。

★學生書桌旁邊用醒目的紙條或貼紙提醒。

★把必要物品逐一條列於隨身記事簿上，離去之前逐一清點。

★父母在家中可在冰箱上、書桌前、電視機上加貼一些提醒的字條或貼紙，並附上鼓勵的話語。

★一旦又發生忘記帶必需品或遺留物品的事件，請學生自己記錄，並貼在醒目處隨時警惕自己。

★在書包打開的顯眼處貼上勾選單及提醒標語，如：「我有沒有忘記帶什麼東西？再檢查一遍吧！」並請學生在檢查後在勾選單上做記號。

♦ 增強制度

★假如能連續五次不忘記攜帶必要物品，就給予獎勵。

★在學校及家中各自放置一套不同的文具，讓學生每天輪流帶回學校或家中，若每次完整帶回則予以增強。

★在學生表現良好的時候給予適當的鼓勵，如：一天沒有遺漏東西就可以有一張貼紙，集滿三張或五張可帶他去遊樂園或麥當勞。

★若屢屢粗心大意，經常忘記攜帶文具、作業或遺失隨身物品，要他自己去承受沒帶東西的後果。父母可與教師商量好懲罰制度，對學生解釋後即可開始實行，例如：忘記攜帶文具就接受懲罰、作業沒帶就要寫兩倍的量、遺失隨身物品不再買新的等。

♦ 家長配合

★老師和家長可以在收拾東西的同時，陪學生數有多少樣東西。

★父母用口頭提示，提醒學生上學或回家前檢查一遍該帶的物品都帶了沒有。

★請兒童把必須攜帶的物品，先前一天就準備起來，不要等到出門時才準備。

★與家長配合，讓學生養成在睡前即整理好書包的習慣，避免上課前才匆忙整理而增加遺漏的機會。一開始可由家長在旁輔助，之後逐漸讓學生自行整理，家長只需做最後核對即可。

★若是遺失文具、隨身物品，就不再輕易添置，讓學生知道少了這些東西在生活中的不便利。等到學生開始抱怨時便施予機會教育，讓他知道因為自己的不小心遺忘，會有許多的不便。

★在家中從小即養成物有定位，自己收拾物品的習慣。

♦ 其他

★若學生將物品遺失，引導其回憶何時、何地、為何會將東西遺失，以養成其自己尋回失物的能力。

★放學前，利用全班團體道別的時間，請同學間互相檢查該帶回家的東西。

★在教室及家中提供一個專屬的置物架，架上放置上學或回家時必帶的

物品。

★在出門前、放學前，要學生對著父母、老師將今日所攜帶物品大聲朗誦數次。

★試著將學生的文具用品等擬人化，例如：橡皮擦是小兔子的模樣，則取名小兔以增學生珍惜的心理。

★每一樣用品都有其固定的位置，並作文字標示，學生可以較容易發現遺漏的用品。

★加強印象法，讓學生將隨身物品或文具當成身體的一部分，若是不見了就像身體缺少了一部分而需立刻找回。

★攜帶的物品最好全部放同一個袋子或書包內，就不容易遺失，像是改用摺傘，便當也可以用報紙包好，放在包包裡。

★使用有很多小袋的書包，一個小袋專門放鉛筆盒、一個專門放便當，學生收書包時如果看到哪一個小袋是空的，就知道還有東西沒放進來。

★現代學生學習才藝的情形普遍，易在一天中待過太多活動場所而將物品遺失在其中的任何一個場所，所以務必養成其離開每一場所均需檢查的習慣。

15　無法遵循較複雜的指令

◆ 步驟流程

★用流程圖示法讓學生了解複雜的指令。

★教學生把複雜的指令分解成數個部分來逐一施行。

★先示範一次給學生看，讓他逐步照著做。

★將複雜指令分段，要求其逐步完成工作。

★把複雜的指令分解成數個簡易步驟，每次專注在一個小步驟實行上。

★請學生依指令流程圖行動，每做完一項就做記號，並繼續下一項。

★請學生將執行的步驟分成幾個小部分，記錄在本子上，然後一步步照著做。

★將複雜的指令列成一條一條的指令，做完一條後即打勾，全部做完時再重新檢查一次。

★由簡單的指令開始，一次一次慢慢的給予較複雜的指令，如：拿杯子→拿杯子裝水→拿杯子裝熱水→拿杯子裝熱水給老師。

◆ 練習活動

★指導學生學習先掌握指令的重點來記憶。

★利用遊戲或有趣的動作名詞來代替實際名稱。

★指導學生能找出指令中的重要部分,並依主要部分去聯想記憶。

★學生做事時最好一次只給一個指示,每次指示他做一件事,直到他能處理兩項以上的指示。

★對學生實施記憶廣度練習,可採遊戲方式讓其順序或逆序背誦數字序列或字詞組以增進其記憶廣度。

★以口語表達的方式,讓學生複述指令或步驟。

◆ 其他

★老師給予指示時儘量使用正向句,並採正向表列表。

★老師不要一次給太多項指令,通常指令以三項為限,以避免學生混淆。

★把指令用文字卡依序簡單說明。

★將指令分別用特殊記號記於身上或明顯可見之處。

★將指令簡化成口語且容易記憶的簡潔文字。

★儘量不給太複雜的指令並訓練學生邊聽邊記錄,以利日後執行流程的順暢。

★將複雜指令用圖形或線條簡單化、規則化,使學生能遵從。

★指示學生時最好先呼叫學生的名字。例如:「小明,請把碗放到水槽裡」,以吸引其聽覺注意力。

★若是口頭指令記不起來,在下指令時給予圖片或其他具體、半具體物的輔助。

★教導學生利用增強記憶力的策略,例如:聯想法、諧音法、意象法等在腦中記住每一流程的重點。

16 無法正確重述重要事件發生的時間或地點

◆ 學習策略

★教學生由時間順序與細節特徵,一件件倒推回去。

★請學生將所有經過想成一部連續劇來記憶。

★可採用引導式問法，指導學生一步一步來拼湊內容。

★教學生學習先抓住重要事件發生的時間或地點的重點來記憶。

★如果學生一時無法想起來，可以請他慢慢回想，想一點寫一點，直到拼湊出完整內容。

★將重要事件的時間、地點以字卡的方式寫出，並以不同的顏色標明以協助提示回憶。

★在講述重要的時間、地點時，要特別強調，並要他複述一遍，以加深印象。

★要學生回想，那個時候之前或之後在做什麼，也許可以藉此得到時間或地點的回想線索。

★提示學生：時間可能是早上、下午或晚上；地點可能是學校、家裡或路上。給他幾個可能的大選項讓他來選，會比直接要他回答容易。

★要求學生將重要事情發生的時間、地點立即記下來，然後每天晚上先回想一次，不記得的話再看筆記，一星期後再將一週內的事件回想一遍以訓練其事件序列記憶。

★在老師明確知道重要事件發生的時、地前提下，利用提示法引導學生重述重要事件。如其重述正確，則給予增強；如無法正確重述，則增加提示以助其回憶。並且告訴學生以後他如能正確重述重要事件發生的時間或地點，老師會感到很高興。

◆ 練習活動

★訓練學生當重要事件發生時，可用筆或各種方式將發生經過記下來。

★平常就訓練學生回想當天發生了哪些事情，例如：要求他寫日記。

★每天抽一小段時間，請學生敘述昨天發生的印象深刻或有趣的事。

★訓練學生看圖說故事，請他說出故事的內容，訓練他回想的能力。

★播放錄影帶，放完之後老師問問題，如果回答不出來，再放一次，並明確提示其應注意的人、事、時、地、物線索。

★叫學生寫日記，請家長在他寫完後檢查，一定要記錄正確的時間、地點。

★安排事件或情境教學，作業單上強調時間／地點／人物，請學生特別注意並記下或畫下。

★讓學生看漫畫，數頁後問他前一事件的時間、地點，若忘了可翻回前頁去查證；如此用趣味式的方式讓學生發展他對事件的時間、地點之記憶。

◆ 其他

★讓學生利用圖畫來表示事件發生的經過。

★教學生學習透過聯想法來記憶事件發生的經過。

★隨身攜帶錄音機將重要事件錄下。

★在月曆上或聯絡簿、記事簿上做記號或簡要記錄以提醒自己。

★給他一本記事本，要求記錄重要事件發生的地點、時間、日期及內容。

★教導學生將地點、時間以圖像流程的方式儲存在腦中，並與諧音法併用。

★提醒學生，當有重要事件發生的時候，將事情的最重要部分記住並複誦三次。

★引導學生聯想相關的人、事、時、地、物，如：那天你和誰一起、站在什麼地方等。

17 無法將完成的作業放在指定的地方

◆ 固定位置

★在作業本上註明或以圖像表示放作業的地點或位置。

★集中作業的放置處，如：將所有作業放在同一抽屜中。

★規定物品擺放的位置，如：作業簿應固定擺放在抽屜的右邊。

★可以在作業本上貼上提醒「物歸原處」的標語，提醒學生寫完作業立即歸位。

★老師固定交作業的地方，如：放在講桌上，學生每次要交作業就是放到講桌上。

◆ 明顯標示

★於作業放置處貼一標示。

★將放作業的地方做個明顯的標誌。

★以標籤、照片、圖畫等方法在收藏作業櫃子處做好標示。

★在作業繳交處貼著「這裡是 XX 作業集散地，要放對地方哦！！」
★可以使用大張貼紙，上面標著「國語作業交到林 OO 座位上」，貼在明顯處，或直接寫在黑板上。

◆ 同儕影響

★指派該學生負責收作業，先予示範流程，或剛開始時可請一位細心的同學協助。
★請一位細心的同學坐在學生旁邊，提醒學生應把作業放到什麼地方。
★請同學們幫忙，如果看到學生把作業亂放時，就提醒學生應該要把作業放到正確的位置。

◆ 習慣養成

★要求學生平日就需養成物歸原處的習慣，從小地方做起，這樣作業也就不會亂放。
★家長要從小培養他「物歸原處」的好習慣，做完作業以後要告訴他立即放回書包中，並同時檢查隔日上學要用到的課本與物品。
★要求學生能夠一次完成一項作業，並立刻歸位之後，才可以去做別的事，讓學生的思緒可以避免被中斷，把完成作業並收好它視為一體的工作。
★要求學生必須在定點做功課，不要一邊看電視一邊做作業，或把作業任意拿到書桌以外的地方去做，以免學生心思不專，作業做一半就丟在一邊，導致後來無法物歸原處。
★與學生的各科老師聯繫，若學生交錯作業時不以責罵的態度來對待學生，儘量以親切鼓勵的態度來幫助學生反覆學習。

第二節 知覺或知動協調能力

18 對有方向性的字易混淆，如：「ㄇ」寫成「ㄈ」，「W」寫成「M」

♦ 字型辨正

★ 舉例說明某些字的涵義並配合記憶口訣，如：「橋」是木頭做的，所以部首是「木」，而不是稻米做的「禾」。

★ 使用一些顯著差異的字進行分別，像是「未了」是尚未完成的意思，若寫成「末了」，那不就成了結束的意思了嗎！這是完全相反的，讓學生加深印象。

★ 有些字可以使用詞句來記憶，譬如：「未來」，以後都是充滿希望的，所以下面那一橫較長；如：「世界末日」是人人懼怕的，所以下面那一橫比較短。

★ 可運用字型相似性的聯想並輔以發音以增強字的辨識，例如：「ㄇ」好像東西蓋起來了，所以發音較「悶」（要求他同時發「ㄇ」的音），「ㄈ」則是翻了一個身有缺口，所以發音較「高」（要求他發「ㄈ」的音），「W」及「M」等字亦同。

♦ 口語加強

★ 要求學生以口語念出來，強調區辨易混淆字彼此間的不同之處。

★ 訓練學生造詞，藉由對詞的記憶與了解，因詞優效果進而加強他對字的辨別。

★ 可運用口訣記憶，幫學生將每個字不同的特徵點出並編成口訣，幫助記憶。

★ 若學生不能藉由字形來認字，就從字音著手，要他一面寫字、一面小聲地朗讀該字的音。

★ 將相似字的學習時間分開，先加強其中一字的記憶，待記憶深刻後再學習另一相似字。

★ 老師宜多使用照樣造句的方式教學，或是請學生一邊念一邊寫，讓字

音與字形慢慢自動產生連結。

◆ 視覺加強

★ 用顏色區分易混淆字不同的地方，以加強學生印象。

★ 用不同的顏色來凸顯該注意的地方，並顯示出詞與詞之間的差異。

★ 將每個字較容易產生混淆的關鍵部分放大，以凸顯每個字的特點，提醒學生注意。

★ 將要學習的字鏤空印刷，然後要學生用不同顏色的筆將鏤空的部分塗滿，藉由手部運作的感覺加深學生對該字的認識。

◆ 其他

★ 整理學生易弄錯的方向性字類型，以幫助他分辨。

★ 講解完生字後，請學生起來練習使用這些字造詞或是造句。

★ 每次字形錯誤都讓學生自行更正，自行尋找正確答案，以累積其學習經驗。

★ 由於中國字都有其演進的過程，可以藉由解釋字的演進由來以加深學生對字型的辨識能力。

★ 對於一些有方向性的字形，每次在課堂上會使用到時，先請一些能清楚分辨的同學起來回答，讓辨識不清的同學加深印象。

★ 將容易混淆的字或詞擺在一起，請學生以比較的方式找出這些字或詞的相同處和相異處，並確定學生真的能分辨其間的不同。

19 知覺形象背景困難，例如：難以尋找圖像中隱藏的圖形

◆ 教材教具

★ 將形象背景單純化。

★ 將圖形放大或背景顏色分明，方便學生判斷。

★ 可以訓練學生在背景加上自己的圖像或文字。

★ 請學生畫出前面的形象，然後再畫出後面的背景。

★ 將背景及形象先分開，陳列請學生分辨，然後再合在一起。

★ 先給學生背景較單純的圖形，再逐漸增加複雜度。

★ 可以用不同背景置於相同形象之後，藉由不停抽換，加強學生的適應

能力。

★分別製作背景及物件的圖卡,相互搭配成為多種圖片的顯示,練習當老師出示圖卡後即可認出該圖形的形象。

◆ 教學策略

★要求學生在看到主題與背景時,先在心中反覆告訴自己「我要看的是主題」,藉此來提醒學生將注意力放在主題上。

★先讓學生以口語方式說出形象與背景的區別,口語的方式讓學生可以隨時修正,較不會有壓力,鼓勵學生用語言來表示物體的位置關係以增加其信心。

◆ 遊戲訓練

★讓學生玩攝影,教導前後景的概念。

★利用重疊的效果,例如:有一個籠子,裡面變換各種動物,協助他辨認其中的各種動物。

★可多訓練學生掃視圖片的能力,使其看圖片時不會只注意一小部分,而應該看整體的部分。

★利用日常生活與學生相處的機會,採隨機教學方式要學生看某地方的物品,如:花園裡花叢中的幾朵小白花。

★利用美術的方式,讓學生自行練習繪畫,選擇一主題或特定環境讓學生實際感受形象與背景的區別。

★給學生一張風景圖與許多動物的貼紙,請他將動物貼紙貼在風景圖上,教導他分辨背景與前景的不同。

★讓學生在不同的情境下,指出指定的物品或事物,如:在一堆排球中找出籃球,或在書架上的書中找出所指定的書。

◆ 顏色線條

★使用「對比色」標出主題與背景。

★可用塗色法使圖形有明顯的對比。

★讓學生畫畫,可加強學生對圖畫前後景概念的理解。

★用不同的線條,例如:實線和虛線標示不同層次的東西。

★善用不同的顏色，將不同層次的東西用不同顏色標示，讓學生能以顏色區辨隱藏的圖樣。

★教他眼光先專注於同色或同樣圖案的地方，先找出這一色圖案的圖形是什麼，找出之後再換花色，然後以剔除法找出隱藏的圖形。

★讓學生學習分辨不同大小、形狀、顏色或其他特質的物品。如：在一堆紙片中，例如：只有紅色和藍色，將紅色紙片和藍色紙片各分成一堆，在往後的練習中逐步增加其他顏色。

★先用簡單的重疊圖樣，例如：只有圓和三角形兩種圖樣，讓學生辨識不同層次的圖樣，等學生熟練一點後再增加難度，例如：同時將圓、三角形、正方形放在一起，讓學生能慢慢習慣這種辨識方式。

◆ 其他

★善用電腦輔助軟體，建立學生形象背景的概念。

★給予學生一些系統性線索暗示，以減少其浪費的時間。

★進行感覺統合訓練，來幫助學生改善視覺與大腦間的不協調。

★先讓學生就他所見到的先說明，然後再將他沒提到的地方加以補充。

★教導他看圖時，應該認清各類形狀的界線，使得重疊的圖形能夠顯現出來。

★每次上課時，一定要將前一堂上課時黑板上的字、圖擦掉，以免造成學生有形象障礙的困擾。

★將圖像中隱藏的圖樣或圖形製成連連看的形式，讓學生能在動手將各點連起來後，能辨識出隱藏的圖樣。

★若形象背景障礙是因為文化刺激不足所引起的，則可善用市面上的輔助教材加強刺激。

20 動作較一般同年齡學生笨拙，行動跌跌撞撞

◆ 生理因素

★首先確定平衡器官，例如：耳朵等的功能是否有缺陷。

★檢查學生大腦前庭系統是否正常，若不正常可進行感覺統合訓練。

★帶學生去醫院檢查，看四肢是否發育不完全或不良。

★處於急速成長期的學生有時亦會顯得行動笨拙，可與家庭醫生共同協

助該生度過。

♦ 叮嚀

★要求學生做動作時，一次只給一項指令，讓學生確實做到之後再加進
第二項動作的指令。

★提醒學生注意周圍的環境，讓他提早注意，心生警覺，如：「教室門
旁邊有花盆，走過的時候要注意別撞到了！」

♦ 活動遊戲

★以遊戲的方式，分組比賽不能碰障礙物的遊戲。

★讓學生和其他同學一起玩一些團體遊戲以增進其行動的靈活性，如：
兩人三腳。

★培養學生對運動或舞蹈的興趣，並養成習慣，訓練他的動作協調。

★障礙遊戲：設計一連串障礙，讓小朋友用爬、鑽、跳、跑等不同方式
穿越障礙，以培養身體空間意識感。

★空間感不夠的學生，讓他練習跟空間有關的遊戲，例如：跳房子或在
地上畫一些路線，讓他照著走或跳。

★玩捉迷藏的遊戲或加強身體形象的訓練，如：火車過山洞、打籃球
等，增進其身體空間概念，並教導學生有系統的認識環境，要其自行
繪製地圖等。

♦ 知動訓練

★進行站、行、跑、跳、翻滾等韻律活動的訓練。

★設計相關活動，使學生的本體覺及前庭覺得以正常發展。

★經常陪伴該生打球或做基本練習，逐漸讓該生動作趨於協調。

★平時常訓練精細動作，如：走平衡木、穿過呼拉圈等障礙物。

★訓練學生時應注重動作經驗，在各種事物間走動以建立距離概念。

★讓學生多從事空間性的活動，如：平衡木、盪鞦韆，並在旁邊指導。

★訓練學生知動平衡的能力，例如：走低平均台、爬三角梯等，訓練他
平衡的能力。

★訓練學生認識事物的空間關係，如：在前、在後、在旁、居上、居下、

居中、遠近等。

★可運用知動訓練「鑽梯子遊戲」訓練本體感，讓學生在鑽橫著的梯子時訓練動作協調度。

★先找一無障礙之空間，讓學生在其中來回走動，待其熟悉後，再放上一些障礙物，使其反覆練習。

★訓練學生認清自身的兩側。令學生閉上眼睛，觸碰其右手或左手，張開眼睛，說明其被觸碰的位置。

★要兒童站或躺在不同物體的上面、下面、前面、後面、裡面或旁邊，要兒童做這些動作時，同時說出這些位置的名稱。

★逐步增強對運動、各肢體控制活動之練習，像是游泳、在草地上打滾、跑步、跳舞、韻律操等均是可進行之練習項目。

★設計障礙路線，請兒童聽老師的口令方向行進；或請兒童手拿杯子，杯中裝三分之二的水，請兒童手拿著杯子走障礙路線。

★藉著視覺為主體的活動，透過眼睛的認識、指揮與矯正來達成身體的平衡狀態。例如：利用平均台為訓練工具，令兒童在平均台上往前走、倒退走、以及向左或向右側走。

◆ 其他

★與專業的體適能訓練老師配合，做專業的訓練。

★進行家庭訪問，以了解學生無空間感的原因。

★注意學生因身體不如其他學生協調、靈活所可能衍生之心理、社會適應。

★輔導者先做示範動作，並請學生試著模仿，試著找出其原因，利用頻繁的練習來糾正。

★老師可鼓勵同學多以同儕力量來帶領這些舉止笨拙的同學。

21 在拼圖或完成未完成的圖形等方面表現困難

◆ 圖形

★可在旁邊擺著一張完整的圖樣讓學生觀察並模仿。

★可先讓學生完成小部分的拼圖，再慢慢增加難度。

★可先拼幾次給學生看，讓他對圖形的組成更有感覺。

★建議學生將圖案明顯不一樣的區塊先分類,簡化選擇。

★採用小組完成工作的方式,減輕學生壓力,增加自信心。

★將圖形分成幾個部分,然後只拆開一小塊讓學生完成拼圖。

★在拼圖初期,可先讓學生多看完成品,慢慢訓練其對未完成圖形的構思能力。

★建議學生先找出邊區,描繪出輪廓;或是先以描繪好底部圖案的簡單拼圖作訓練。

★由一些簡單的色塊開始,如:紅色要和紅色的拼在一起,然後再加入一些別的色塊。

◆ 訓練活動

★要學生以想像畫出圖形未完成的部分。

★訓練學生將顏色相近的拼圖分成一堆。

★先訓練學生拼一些簡單的圖形,再由淺入深。

★將圖分發給學生,讓他自己分割,學習拼湊自己所製作的拼圖。

★給予學生不完整的圖形,提供一些線索,讓學生找出該圖形不完整的地方。

★多讓學生看一些結構簡單的圖形,讓他對各種圖形的基本結構有更深的印象。

★可讓學生拼一些他喜愛的圖案,由於他對喜愛的圖案較有印象,因此也較容易。

★老師在教學上可以多利用圖形解說,讓學生藉由多接觸而能習慣此種思考模式。

★出示一些用點排成輪廓的形象,要學生說明為何物,必要時可以將點連成該形象。

★用自己或同學放大的照片,切割成若干塊,製成拼圖的材料,切割的數目可以由少漸漸變多。

★在訓練中可使用色彩較顯明的構圖,讓學生先經由不同色彩的圖形引導,增強視覺的想像能力。

★平常可故意將既有圖形的一部分遮起來,鼓勵學生去猜猜看被遮住的部分可能是什麼樣子,若其答對了則給予鼓勵,以刺激其想像力。

★利用電腦，將所要學習的字或圖形分成好幾個小部分，然後螢幕上依次只顯示其中一部分，直到學生完成此部分後再顯示出下一部分。

22 難以回憶瞬間出現的字或圖形，例如：看完熟悉的閃示字卡後無法立即說出該字

◆ 教學策略

★請學生將所要記憶的圖形擬物化。

★老師用念出字或圖的方法延長學生的記憶時間。

★用理解來彌補視覺障礙，鼓勵學生先把每一段話都理解過後再下筆。

★輔以聽力的幫助，如：將課文內容錄製成錄音帶，讓學生一邊閱讀時，能一邊聽到課文朗誦，用聽覺輔助加快視覺辨識的速度。

★老師可將教材製作成字卡，在上課時，讓學生看某字卡 3 秒鐘後，將該卡收起來，然後詢問學生看到了什麼。若學生答對了，則給予鼓勵；若學生答錯了，則繼續相同的步驟，直到學生完全答對為止。

◆ 練習活動

★多舉辦活潑的情境式教學活動，帶動學生的學習興趣並幫助記憶。

★出示一些圖片，再由學生畫出剛剛出示的圖案，圖案可以由簡單慢慢變難。

★以遊戲方式加強圖形辨識印象，例如：可編成一首歌、一則故事、或跳房子，例如：地板改為圖形或字，跳到此格即辨認並發音。

23 閱讀時，與書本所保持的距離過近或過遠

◆ 生理因素

★先行做視力檢查，以確定無視力部分的問題。

◆ 矯正距離

★請家長配合，在家也能提醒學生維持正確坐姿。

★閱讀前，提醒學生先把姿勢調整好，再開始閱讀。

★依照學生狀況，觀察是否有必要改變書本字體以利閱讀。

★可使用道具矯正，如：使用書架以保持與學生眼睛的距離。

★隨時在桌子旁邊放一把尺，提醒學生閱讀時保持適當間距。

★準備撐書的架子，將書放在架子上閱讀，限制學生不可自己調位置。

★幫學生檢查桌子和椅子的高度是否適當，若椅子太低則把椅子調高，若椅子太高則把椅子調低。

◆ 教學策略

★當學生姿勢不正確時，時時提醒學生。

★當學生姿勢正確時，不忘給學生鼓勵與讚美。

★鼓勵學生鞭策自己，如：在課桌上的角落貼一小字條「閱讀姿勢要端正」。

★學生姿勢不正確時，可以拍照起來，請他看看以這樣的姿勢閱讀，對眼睛的傷害有多大。

★請他示範正確的姿勢給同學看，並且拍照起來，當作範本，使他有榮譽感，這樣可以時時提醒他要保持正確的閱讀姿勢。

★在課堂上宣導正確的讀書姿勢，例如：眼睛和課本應距離 30 公分，讓學生了解怎樣的讀書姿勢才是正確的。

★安排一位讀書姿勢較正確的同學坐在該生旁邊，如此讀書姿勢較正確的學生得以示範正確的姿勢給該生看。

★在書桌上畫記號幫助學生矯正，例如：閱讀時身體要坐直，書本的位置應放在記號上，不可太近，也不可太遠。

★舉醫學報導上的實例或小故事告知學童，坐姿不良將會對身體產生怎麼樣的傷害及後果，讓學生自己體會正確坐姿的重要。

◆ 其他

★檢查是否因為教材字體太小造成的。

★查看是否因閱讀環境中光線不足導致，並儘速改善。

★不要讓學生一次看太久的書，多增加一些活動的機會。

24 常有揉眼睛的動作

★避免過長時間使用眼睛，應有適度休息。

★告訴學生若眼睛酸疼時可做眼球運動，儘量不要用手去揉眼睛。

★如果是習慣問題，則每當發現有狀況可請同學或老師共同監督提醒。

★告知學生的父母，請父母帶學生去檢查眼睛。若為生理上的問題，則配合醫囑加以治療。

★上課內容儘量活潑、生動化，要能吸引學生的注意力，讓學生能較專注的投入學習中，而忘記要去揉眼睛。

★若學生並無視力方面的問題，只是習慣揉眼睛，則老師應宣導「揉眼睛有害眼睛健康」的概念，讓學生能自發的停止揉眼睛。

25 無法辨認顏色的種類

★告知學生父母，請父母帶學生去做視覺方面的相關檢查。若為生理問題，則配合醫囑加以治療。

★運用歌曲來教導學生顏色與物品做連結。

★在製作教具時，將顏色的變化改為圖形的變化。

★使用軟體主題為色彩教學的電腦軟體進行輔助教學。

★教導學生用實物做記憶，例如：國旗是青天白日滿地紅。

★提供多顏色的色筆，請學生依據既有實物進行著色。

★以日常生活中之物品來輔助教學，例如：喜歡的衣服顏色等等。

★進入同色系區分之後，以濃淡深淺漸次變化，來讓學生感受其中的不同。

★讓學生繪製自己喜愛的圖形，並加以上色，且問他上的是什麼顏色。

★先將相似色分開，以對比強烈的顏色先教他學習區分，再慢慢進入相近色系及同色系。

★將單單是視覺上的認知擴大至與觸覺有關的學習活動，藉由觸覺來幫助學生學習。

★由學生最常見到、或是由一些他喜歡的玩具開始教導他，在這個東西上有哪些顏色。

★在教室各處張貼各種顏色的卡片，並且在卡片上用文字說明顏色名稱及對人的感覺。

★學生可能是對於形容色彩的術語或名詞不能使用，可教導使其熟悉，例如：螢光、墨綠、寶藍等。

★使用畫圖的方式，一次給一種顏色，然後教導他這是什麼顏色，最常在哪些地方看見這些顏色。

★以「三階段教學法」教之：A.認識：這是紅色；B.辨認：紅色在哪裡？C.發音：這是什麼？學生回答紅色。

★若有色盲學生，而老師又一定要以顏色表示不可，則儘量可在各顏色上標示出顏色名稱，如：紅色或黃色，以利學生之辨識。

★若學生有色盲，則老師在上課時可儘量以不同的線條代替不同的顏色，減少顏色的使用，以避免學生有辨識困難。

★以其他替代性的活動使學生能達到預期的目標。如：美勞科的學習，可運用多樣化的教材，如：陶塑、雕刻、素描等等活動來替代。

★若學生為先天生理上的因素，則鼓勵學生多看些高亮度、高彩度的顏色，或者積極性的暖色系顏色，使其灰暗的色彩世界能更為明亮。

26 在他人問題未說完時即搶說答案

◆ 發問策略

★每次問問題前先提醒學生要先舉手，等老師點到再發表。若學生仍搶答，老師可採忽視策略，繼續說完題目並重述答題規則，直到學生遵守答題規則才可點他回答。

★說話者可以在有人搶答時馬上停止，先不要問，等學生較安穩時再實施問答。

★將題目設計成重點在後面的形式，使學童未聽完完整題目前無法答題。

★在述說問題時，口語提示「題目沒說完前不能搶答」；當發生此情形時，告訴他「有禮貌的學生會等聽完題目才舉手回答」。

★故意問幾個前言很長的問題，在學生忍不住搶答時說：「我還沒說完呢？我要問的其實是 XXX。」幾次以後可改善學生搶答行為。

★準備鬧鈴，規定在問題敘述完聽到鈴聲才能回答。

★告訴學生聽完題目之後才能回答，否則算犯規。

★規定必須等聽到「1、2、3」的指令後，才能舉手回答。

★用一個小動物玩偶當班上的麥克風，拿到麥克風的人才有發言權。

★用一個大的唇形標幟當成發言家，老師點到並拿到唇形標幟者才代表有嘴巴可發言。

★告訴學生只有在題目說完，搶答時答對才計分，其餘不計分，反而會扣分。

★事先與學生討論並訂定標準，例如：一節最多只能有兩次沒舉手就發言，若次數低於標準則給予獎勵。

★儘量將問題的字數縮短，並規定學生一定要在問題說完後再舉手搶答；若不遵守規定，則予以忽視。

★在班上規定，要等老師念完題目之後才可以回答，否則會被罰抄題目和答案數遍。

★與學生訂定班規，老師在說完問題時會有固定的手勢，只有在看見手勢之後才可舉手，並且要讓老師點到姓名者才可說出答案。

★規定舉手回答問題者要複誦完整題目，如此可避免學生未聽完題目即搶答。

◆ 教學策略

★養成學生事事尊重別人的觀念。

★對學生解釋搶答或打斷老師問題是一種不禮貌的行為。

★告訴學生這不禮貌，進行角色對調扮演，使其感受。

★可玩角色扮演遊戲讓學生代替老師問其他學生問題，並與其他學生商量，不讓這個學生問完問題即搶答，讓他學會將心比心。

◆ 同儕影響

★安排一個行為優良的同學與他同組，讓學生學習守秩序。

★若學生搶答，老師就停止這題的問答，利用同儕的力量約束他。

★在班上分組遊戲活動中加入一項規定，即未聽完題目即搶說答案者，必須將分數送給對方隊伍，讓同儕共同監督此項行為的發生。

27　無法說出剛才聽到的聲音為何

◆ 生理特徵

★請先檢查學生聽覺部分的問題。

★請先確認學生是否有注意力或短期記憶能力部分的問題。

★可請學生閉上眼睛，只用聽覺與外界接觸，以確定學生的無聽覺記憶

非因視覺的干擾。

◆ 教學策略

★發出聲音時，可以配合圖片或動作使意義更清楚。

★多利用視覺、觸覺等其他感官功能來協助學生的聽覺記憶。

★將聲音配合圖片，或是以視聽器材輔助幫助學生學習。

★老師講話聲音要儘量口齒清晰、速度放慢，強調語句中的重點，並確定學生了解。

◆ 訓練活動

★讓學生多聽故事錄音帶以訓練聽覺理解力。

★訓練學生對大小聲、遠近不同聲音的感覺。

★以遊戲的方式來訓練學生辨識不同的聲音。

★多讓學生做聽力練習，讓他有機會去熟悉各種聲音。

★讓學生將眼睛蒙上，只能依賴聽覺，使其專注於聽覺記憶上。

★安排遊戲、角色扮演、歌唱的活動，讓學生自然而然記憶聲音的組合。

★老師可以在坊間找到合適的教學錄音帶，選擇在課堂上播放或是讓學生帶回家多聽多練習。

★先由學生負責說故事，老師當配音員，負責故事中各種事物的聲音；之後再由老師負責說故事，學生當配音員，讓學生在遊戲中學習。

★利用圖片輔助練習。如：拿出火車圖片，老師可以學火車聲「嗚……嗚」給學生聽，並要求學生跟著模仿；之後再拿出摩托車的圖片，以此類推。反覆練習之後，由老師發出不同的聲音，要求學生根據聲音找出適當的圖片。

28 經常要求別人重述問題或重複說明

◆ 生理特徵

★請先確認學生是否有聽覺部分的問題。

★請先確認學生是否有注意力或短期記憶方面的問題。

◆ 老師提示

★ 老師說話前先行提醒，請他注意聽。

★ 老師講話時將重要的關鍵字句再提示一遍。

★ 請學生將問題重點以紙筆的方式記錄下來，下課後再個別發問。

★ 說完一次後，請學生複誦，再針對他漏掉的部分加以補充。

★ 老師講的時候適當地將問題分段落，可以段落或重點漸進方式陳述整個問題。

★ 儘量在與學生說話時，聲音適度放大，語調清晰，並於重點地方加重聲調。

★ 儘量面對學生說話，輔以表情或肢體動作以加深記憶，並給予學生視覺性的線索。

★ 儘量在問問題或說明之前以手勢或肢體語言先引起學生的注意，讓學生有聽話的準備。

★ 經常反問學生：「老師剛剛說什麼？」或在說重要的話之前加一句：「老師只說這一遍喔！」

★ 老師可在陳述問題時，除強調重點外，並可以換句話說或舉例方式說明，以兼顧聽覺能力不足的學生。

★ 詢問學生對問題的哪一部分聽不懂，老師可從學生對問題的表達，釐清學生對問題的認知與總是產生誤解混淆的原因。

★ 在回答學生問題時，先要求學生說出他是哪個地方沒聽懂。若發現學生是因為不專心而要求老師再說一次的話，則老師可拒絕再說一次，並請學生自行詢問其他同學或由課本或其他地方找答案。若學生真的很用心聽但仍無法理解，可考慮對學生做個別聽覺理解能力輔導。

★ 讓學生依據他人上下文的意義，嘗試解釋中間重點語詞的意思。

★ 提醒學生平時準備隨身筆記本，將自己為能理解的語句記錄下來，以便後續查詢或討論。

★ 引導學生藉由插圖、照片等相關資訊來理解文意。

◆ 遊戲活動

★ 玩「鏡子遊戲」，一個人扮演鏡中人，必須要複製鏡外人的動作與說話。

★若學生是屬於注意力不集中型，則可以透過玩「老師說」遊戲，從簡單的開始，假如有進步的話再加入複雜的動作。

★讓學生練習聽故事，聽完之後，教師可根據故事內容問問題並要求學生回答問題，答對可給予獎勵，例如：故事的長短與複雜程度可隨著練習次數增加而增加。

★讓學生練習指令遊戲，如：請開門、請倒一杯熱開水 ……，要求學生依指令動作，而且指令的複雜度隨著練習次數增加而增加。若學生能一次就正確完成指令的動作，可給予適當的鼓勵。

♦ 其他

★養成學生隨時做摘要的習慣。

★可讓學生以聽故事錄音帶或是廣播節目的方式訓練聽覺記憶。

★可以從日常生活的遊戲訓練中培養學生聽覺注意力，並延伸到日常生活情境的聽覺注意力。

29 聽寫困難，需要將字句或問題重述

♦ 生理特徵

★請家長配合帶去給醫生檢查看是否為聽力方面的問題。

★分析學生是不會寫、聽不懂、還是聽不清楚。

♦ 老師行為

★老師可將說話速度放慢，並給予充足的作答時間。

★每次聽寫的字句不要太長，以兩至四個字左右為原則，可隨學生的進步情形漸次延長。

★老師念問題的速度放慢，每一個語詞重複幾次。

★老師講述問題時，問題用語儘量採用遵循簡單、清楚與正向原則。

♦ 練習活動

★若是聽力問題，則加強學生的聽覺記憶訓練。

★若是字詞熟悉度的問題，則可重複讓學生由易至難練習聽寫他較不熟

悉的字詞。

★若是專注力的問題，可告訴學生「我只說一遍……」，配合他的起點能力，訓練他第一遍就應專心聽懂。

★由基本的記憶訓練練習以逐漸提升聽寫能力。

★利用錄音帶學習，讓家長與老師配合讓學生反覆練習聽寫能力。

★如果是學生無法記住老師剛剛講過的話，可訓練他聽完覆述的能力。

★要求兒童聽指令做動作，例如：要兒童聽指令依序畫出身體部位。

★練習說話時要將字詞完整說給兒童聽，勿任意斷字或詞，例如：「電話」切勿說成「電」與「話」。

★利用分組比賽的方式，兩人一組，老師念完之後，一人負責聽，一人負責寫下來。

★可加強訓練聽寫技巧，例如：從聽錄音帶圈選正確圖案開始訓練，再逐步聽故事或句子寫字。

◆ 教學策略

★教導學生聽講時應掌握問題中的關鍵字。

★將問題以書面方式或視覺替代方式呈現。

★教學生如何抓住別人說話的重點，或將問題簡化後再告訴學生。

★讓學生一個口令一個動作跟著老師做，如：先拿起筆、再寫一個詞等。

★可讓學生以一面聽一面看的方式，學習以利用視覺刺激的方式加強聽覺收訊作用。

★如果學生對「聽」比較不敏感，可以配合手勢讓他明白，之後再減少手勢。

★老師將要聽寫的字或詞在一個句子中特別圈起來，請學生事先看。在聽寫時，老師可提示與這個字或詞相關的句子。

◆ 其他

★若是學生寫字速度太慢，可依其起點能力訓練寫字速度，例如：三行字在5分鐘內寫完即給予獎勵，逐漸將字數增加，但仍維持三行形式，使學生在不知不覺中加快速度。

★運用聽寫互動式的多媒體教材，採用電腦輔助學習方式以增強學生的

學習效率。

30 不會仿畫圖形或符號

♦ 練習活動

★先用最基本的幾何圖形讓學生觀察並練習仿畫圖形。

★將圖形或符號放置在透明紙下，以照描形式讓學生熟悉仿畫形式。

★提供以「虛線」印好的各種圖形或符號，讓學生練習描虛線的方式熟悉仿畫技巧。

★老師握著學生的手，一起描繪圖形或符號，讓學生先學習基本圖形或符號的畫法。

★練習的圖形儘量從最簡單的開始，再逐漸增加難度，如：直線、兩條平行線、三角形、四方形……。

★使用描圖紙，再給予各種不同的圖形或符號，要求學生用描圖紙描出各種圖形或符號。

★利用紙片，請學生試做出你要求他所做的圖形或符號，用實地操作的方式加強學生的圖形或符號概念。

★製作幾何圖形畫卡，畫卡上描畫出圖形順序讓學生學習，等學生有熟悉印象後，再讓他用空白畫紙仿畫。

★在圖形或符號下方，以虛點方式描繪出來，虛點間的距離可隨著練習次數增加而逐漸增加，要求學生沿著虛點畫出與上方圖形相似的圖。

★將要仿畫的幾何圖形置於最上層，中間放複寫紙，最下層放一張白紙，要求學生沿著圖形描線，並將最下層所複寫出的圖形重新描繪清楚，如此可以增加練習次數。在練習一段時間後，抽掉中間的複寫紙並重複上述步驟。

♦ 遊戲活動

★給學生玩黏土遊戲捏製模型，可以要求學生捏塑出要求的圖形。

★要學生練習依照形狀將物體分類，如：珠子、積木、不同形狀的紙板等。

★給學生各類型的形版、積木，並提示範本給學生造型，也可進行比賽，由較簡單的圖形開始，再漸次增加複雜度。

◆ 教學策略

★ 老師將幾何圖形分類以分析看看學生不會仿畫的原因和類別。

★ 運用和數學形狀或符號有關的電腦輔助教學軟體，提升學生學習圖形與符號的興趣和動機。

★ 將圖形組成結構展開來，一步一步的教導，請他照著步驟一步一步做。

★ 善用直尺、量角器、三角板、圓規等工具，教導學生如何用這些工具畫出想要的圖形。

★ 將圖形製作成連連看的形式，要學生依照號碼慢慢將之串連起來。老師也在一旁予以指導，給予學生聽覺上的加強。

★ 將圖形拆解，老師在前面示範，要學生跟著老師一筆一畫的把圖形畫出來。在畫的當中，老師要隨時予以回饋，以確定學生已經畫出正確的線條。

★ 將學生喜歡的動物或是卡通人物簡化成幾何形圖案，以引起學生仿畫的動機。

★ 有些學生不會仿畫幾何形狀，很有可能是該生原本對幾何形狀的認識就不太清楚，因此可使用道具，例如：幾何形積木，讓學生自己摸索感覺各種幾何形的特徵與不同處。

★ 可以利用每次所練習的圖形作成獎勵卡或符號，只要學生一有好表現即發給一張；一段時間後將獎勵卡展示出來，與學生一起分享學習成果，並且每五張可換得一樣獎品。建議此獎品可以是色筆，以讓學生發現線條、圖形加上色彩的美妙。

◆ 其他

★ 提示日常常用用具，並讓學生抽出含有「○形」、「△形」、「□形」的東西。

★ 選擇日常生活中常看見的圖形或符號，詢問學生曾在什麼地方見過，加深印象後依圖形順序描畫給學生看，讓學生模仿。

★ 請家長於日常生活中採隨機教學的方式，時時提示各種圖形或符號的名稱與形狀。

★ 台中自然科學博物館或一般認知書籍中所提示的數與形概念，亦是一良好的教學來源。

31 無法用觸覺辨別熟悉的物體，例如：用手摸熟悉的物體猜出名稱

◆ 生理特徵

★請家長帶往醫療院所檢查，以排除學生感覺神經系統部分的問題或給予適當的治療。

◆ 多感官學習

★以直接教學的方式，密集式的以視覺和聽覺用來記憶並辨別熟悉的物體。

★運用各種感官，如：視、聽、動、觸覺，甚至嗅覺、味覺等，讓訊息的接收更完整。

★進行感覺統合訓練，以運動覺及視覺來幫助學生改善大腦中的不協調。

★藉由多元教學的方式來學習，綜合其他感官，如：實物操作、影片觀賞、語音的教學，例如：聲音的刺激方式以達到學習的目的。

◆ 練習活動

★準備一些基本的圖形、積木、或日常生活用品，請學生閉上眼睛觸摸，練習說出所接觸的形狀。

★先從學生最熟悉、最容易辨識的物品開始訓練，教導他去觸摸物品的特徵部位來建立起觸覺和實體間的聯繫關係。

★老師將不同材質、形狀之積木或日常用品放在一個箱子中，老師取出一個說出名稱後放回，請學生從眾多的物體中將指定物取出。

★使用深色且只有一個袋口，可放置至少三種不同的木板、物品或積木的袋子，讓學生觸摸後說出物品名稱或形狀，並依序由袋中取出再排序。

◆ 教學策略

★先將熟悉的物體以形狀分類，再請學生以形狀記憶區分。

★安排學生自行製作熟悉的物體模型，以實地操作來記憶物體的形狀。

★當學生觸摸熟悉物品時，請他說出心中感覺，並對照真實情境，找出

差異所在。

★ 先讓學生睜開眼睛用手觸摸東西的形狀、紋路，然後請他閉著眼睛再摸一次，體驗看看有什麼不同。

★ 在學生觸摸時指示他注意物品的觸覺特徵，例如：問他摸起來的感覺是粗粗的、還是滑滑的；是平平的，還是有弧度的；是硬的，還是軟的等問題。

★ 觀察學生觸摸物品的方式，找出他無法辨識的原因。例如：有的學生只是將物品隨意捏兩下，當然無法辨別出物品的觸覺特徵，因此我們就該教導他如何觸摸的技巧。

◆ 遊戲活動

★ 讓學生玩瞎子摸象的遊戲，分組比賽看誰猜對的物品較多。

★ 將學生的眼睛蒙上，在其面前放置許多水果，如：蘋果、香蕉等等，讓其使用觸覺辨別是何種水果。

★ 設計遊戲訓練學生的觸覺，例如：將一些容易靠觸覺辨識的物品放置在一個不能透視的箱子中，要他去猜箱子中的物品，猜對就給予獎勵。箱中的物品可由少到多，逐漸增加。

32 運動協調能力或平衡感不足

◆ 生理特徵

★ 尋求專業人員的協助，在診斷之後給予適當的治療。

★ 進行感覺統合訓練，以運動覺及視覺來幫助學生改善大腦中的不協調。

★ 與父母溝通找出真正的原因為何，是否為生理性的因素或是其他的原因所造成的。

◆ 遊戲活動

★ 運用遊樂器材訓練學生肢體的協調，例如：現在遊樂場裡流行的跳舞機、划船、釣魚等遊戲。

★ 利用遊戲的方式，給予學生空間及方向的概念，增強其運動協調能力、方向感、空間定向能力。

★ 準備包括椅子、桌子、輪胎等障礙物，要學生以許多不同姿勢來移動，

可包括爬、走、跑、向前或向上跳。

★用呼拉圈當跳繩，兩手握住圈緣，左右腳先後跳過呼拉圈，在地面練熟後，到平衡台上跳圈走；亦可改爲併腿跳躍。

★透過遊戲的方式訓練學生的空間感等能力，例如：蒙起眼睛，判斷聲音的來源；以單腳玩跳房子的遊戲以訓練平衡感等。

★在富有彈性的床墊上練習肌肉控制與協調作用，例如：令學生在床面上躍起而後以坐姿落墊、跪姿落墊、仰姿落墊，以及其他更複雜的翻滾動作。

★教師先在四面牆上標誌 1、2、3、4 等號碼，然後要求學生聽教師的指示行動，例如：跑到 1 號牆前立正；爬到 2 號牆；跳到 3 號牆……；也可以故意喊跳到 5 號牆，考驗學生的判斷力。

★讓學生站在平衡台上，要求學生兩腳並立、雙手並舉，保持身體平衡至少 1 分鐘。過程中儘量讓學生放輕鬆，站立的時間也隨著練習次數增加而增長，並且慢慢讓學生試著閉上眼睛。

◆ 練習活動

★走路的時候，可以對著路上所畫的交通線走，訓練平衡力。

★平常時讓學生騎坐搖擺木馬，木馬的前後搖動可以刺激學生的平衡感覺與身體兩側的協調。

★先教學生一些簡單的平衡動作，如：原地單腳站立，先從短時間開始訓練，再逐次增長時間。

★老師以身作則做各種穿越物件或空間的動作，讓學生模仿，這樣能使學生認識空間，也能控制身體的運動。

★在地上畫上與腳寬差不多寬，例如：可寬一點的直線，要求學生順著線走，不得超出線外，例如：有點像是改良的平衡木。

★先請學生每次先轉一圈，適應之後再繼續轉。開始時以能夠忍受的極限爲準，但第三次以後則必須在他受不了之後再加一圈，訓練其忍耐的極限。

★建議家長讓學生分擔家事以增加其運動協調能力。

33 空間方向辨識有困難，例如：在找專用教室時會迷路

♦ 生理特徵

★請家長帶往醫療院所檢查，若有感覺統合方面的問題，可進行感覺統合訓練，以運動覺及視覺來幫助學生改善大腦中的不協調。

♦ 輔助方法

★老師給予學生指示或是標誌提醒空間辨識的方法步驟。

★若校方能配合，則在學校顯眼各處製作路標，如：「運動場由此去」、「四年級教室由此去」等等的明顯路標。

★幫學生繪製特殊的地圖，例如：將教室到某專用教室的路線繪製成圖，並在地圖上標出顯著的地標，幫助學生做方向的判別。

♦ 教學策略

★可以教導學生記住建築物特色的方式來認路。

★教導學生利用明顯的地標物來指導方向感的記憶。

★可以先請學生練習畫地圖，請他講解如何走到目的地。

★指導學生能藉由學習辨識大目標，協助辨別方位和建築物之間的空間關係。

★指導學生了解地圖，並可透過校園的地圖，對於學校建築的分布有整體性的了解。

★陪同學生學習編排易記的口訣，以學生自行編排的口訣去記憶如何尋找指定目標。

★教導學生認識景物，或是由父母陪同在一旁將景物解說一次，讓他記得沿路上有些什麼特殊景物與方向。

★在日常生活中就常提醒學生方向，例如：現在鉛筆就是在你的左邊，小明坐的位置就是你的後方。

★教導學生利用自己的身體判別方向，例如：用來寫字、打球的手就是右手，因此右手的方向就是右方。

★告訴學生幾條最直接的路可以到教室、學校或運動場等，儘量選擇直路，使得學生可以更容易記憶起可以走的路。

★要學生去教會其他還分不清楚東西左右的同學，甚至可以要求他帶著
不認識路的同學到教室去。在教人的過程中，不但加強其印象，也讓
學生擁有榮譽感與責任感。

★教他在各個專用教室，例如：其他常出入的建築物附近找一個明顯易
記的標的物，例如：7-11 或籃球場附近等等，下次再忘記時只要找
到這些標的物就不容易迷路了。

◆ 練習活動

★讓學生練習自己繪製常用地圖，加強方位概念。

★於課堂中設置一校園情境，讓學生多次反覆練習以加強記憶。

★教師先在四面牆上標上前、後、左、右等牌子，讓學生站在教室中間，
然後要求學生聽教師的指示行動，如：向右跑四步，靠近右邊的牆。

★讓學生練習畫自己家的地圖，再選擇幾個他最常去的社區，在一大張
紙上，畫出他所知道的路標並標示出來，再請家長配合運用平日隨機
教學的方式，例如：經過某個建築物或地點時，要學生明確說出其名
稱。

★在教室四周設立方向牌，例如：東 1、東 2、西 1、西 2……，讓學生
在教室四周隨意走動，要求學生在教師喊出任一方向牌之後 10 秒內
跑到牌子前。隨著練習次數增加，可增設各式牌子。

★可先從小空間開始訓練，訓練學生正確指出房間、窗戶及門的位置，
再給他一張正確清楚的平面圖，要學生邊讀地圖邊認出所有房間及物
體的位置，然後再慢慢地轉至大空間練習。

★平時就要訓練學生的方向感，教導他左右、東西、南北的觀念，進而
建立學生對於自己活動環境的方向觀，例如：要到操場去是「出教室
以後向右轉，到了教務處再左轉就到了」等等這些觀念。這些活動亦
可配合以作業方式讓學生回去後，在家長陪同下有更多的練習辨識方
向與路標的機會。

◆ 遊戲活動

★透過故事或卡通，設計一個讓學生印象深刻可記住方向的活動或情境。

★在大賣場或百貨公司裡，跟學生約好時間在出口處見面，或派給任務

要求其買到某樣物品。

★利用學生所喜歡的活動，訓練學生分辨方向，如：學生喜歡跳舞，則
教他左踏、右踏……，讓學生在快樂的手舞足蹈中學會分辨方向。

★在遊戲中學習。帶領學生玩「天旋地轉」，讓他實際體會暈頭轉向、
東西不分的感覺，並告訴他若東西不分，在生活中常會給自己帶來許
多的不便利，甚至會傷害自己。

★經常用口述的方法告訴他周圍的空間關係，例如：床的右邊是桌子、
書櫃的左邊是窗戶等，讓他可以將空間關係與口語的訊息產生連結，
還可以設計成遊戲的模式，避免讓學生在學習過程覺得枯燥。

★可以設計類似尋寶的遊戲，地點包括教室、學校、運動場等四周環境，
並發校內地圖給學生參考。遊戲時可兩人為一組，將方向感好的和方
向感較差的同學安排在一起，使他能學習較好的辨識方位策略。

◆ 其他

★帶著學生多走幾遍原本不易辨識的路線，並要求他每次都複誦或筆記
下經過路線上一些引起他注意的東西或特徵。

★善用已開發出來的相關電腦遊戲或教學軟體，由於電腦可以模擬出逼
真的三度空間效果，學習起來不僅有趣，也較有真實感。

★讓學生自己由家裡走到學校，例如：近的話或是選定一小段路程，讓
學生帶著手機，使用手機地圖功能或以手機遙控學生行動，先讓他自
己辨認，辨認不出再予以指導。雖然是在指導下走到目的地，但是至
少在心理上，學生會覺得自己是一個人走完全程，這種自己走到目的
地的成就感，會讓學生較有動機去熟悉認路的過程。

34　吃飯時，殘渣菜餚會掉滿地

◆ 生理特徵

★若是因肢體的協調能力有問題者可改用固定式，例如：下面有吸盤的
餐盤及改良式的湯匙。

◆ 教學策略

★用餐時不斷給予學生正向明確的口頭提醒。

★教導學生吃飯時一口一口慢慢吃。

★教導學生拿碗筷姿勢的正確方法。

★示範正確的夾菜動作與咀嚼動作讓學生模仿。

★加強學生練習控制使用湯匙或筷子舀飯菜的力道。

★教導他以碗就口的進食方式,減少食物在空中運輸過程而掉落的機會。

★教導學生慢慢吃,不要急,將嘴靠近裝食物的器具吃,或是以碗近口。

★運用自我指導語的方式,讓學生在吃飯前自我提醒「我要細嚼慢嚥」、「我要以飯就口」、「我要坐姿端正」及餐桌禮儀。

★利用學生所喜歡的卡通人物或偶像編一篇有關正確用餐的故事,讓學生樂於模仿當中主角的行為。

★在家中,家長可讓他對著鏡子吃飯,讓他看到自己吃飯的動作,知道食物是如何掉到桌上、地上,以修正動作成可以將食物完全送到口中。

♦ 手眼協調

★讓學生玩電流急急棒的遊戲,練習手眼協調。

★玩用筷子夾乒乓球或投球的遊戲,練習手眼協調。

★玩丟圈圈的遊戲,將圈圈套入瓶子內,練習手眼協調。

★促進兒童的手眼協調,如:使用筷子夾東西到規定的地方,增進其精細動作。

★若是因學生拿不穩碗筷匙,可訓練他拿穩筷子的遊戲,如:夾丸子或豆子。

♦ 行為改變

★養成學生收拾善後的好習慣,將吃完的殘渣清理乾淨。

★讓學生與同年齡的同學在一起吃飯,讓同儕互相影響。

★每個學生帶一塊屬於自己的抹布,養成吃飯後自己清理的習慣。

★運用獎勵而非責備的方法,若能保持桌面清潔就可以得到獎勵。

★運用「過度矯正法」,例如:學生將食物殘渣掉滿地,除需自行清理外,還需幫忙大家倒垃圾。

★讓學生在飯後自己收拾桌上及地上的食物殘渣,學生會因麻煩而減少掉落殘渣的現象。

★建議家長使用「消極增強法」告訴學生，假若三天內有兩次菜餚殘渣四散的情況發生，就禁看一天卡通或玩電腦等，以讓學生在一定的壓力下改進。

★養成學生使用桌墊的習慣，規定其吃飯時，碗筷絕對不可離開桌墊範圍及其上方垂直空間範圍。選用他所喜愛圖樣的桌墊，他會因怕弄髒桌墊而小心翼翼地吃飯。

★讓他跟別的同學一起吃飯，並分別在每個同學的座位下鋪上報紙，吃完飯後，讓學生看看自己座位下報紙上的殘渣與同學乾淨的報紙，讓學生自己比較，藉由同儕競爭的方式來改善進食行為。

◆ 其他

★若學生因精細動作不佳而常食物殘渣掉滿地，可改採較不需精細動作的餐具協助進食，例如：湯匙，再視其進步狀況，間或使用筷子。

★調整桌椅的高度並給學生方便使用的餐具。

★選用適當的餐具，如：比較輕、比較短的筷子。

★向學生傳遞非洲飢荒等訊息，希望他能養成珍惜食物資源的習慣。

★替學生選擇順手好用的餐具，如：筷子的重量不要太重、湯匙的握柄不要太細、湯匙面不要太小等。

★將學生的餐具先由較大面積的開始使用起，並教導學生該如何預防飯菜掉下去；等到習慣稍微改變之後，再逐漸改為較小的餐具。

35 缺乏對時間意義的了解，例如：常會遲到或把時間搞混

◆ 觀念養成

★遊戲時玩玩具時鐘，讓學生增加對時間的觀念。

★說一些跟時間或字有關的故事，告訴學生時間的重要性。

★讓學生知道守時的重要性，可運用其感興趣的話題，例如：卡通五點開始，五點半去看可能就看不到了。

★利用事物發生的次序以建立學生的時間觀念，例如：六點鐘起床，六點半吃早飯，七點鐘上學。

★明白告訴學生「遲到」的意義，以及遲到時會讓所有人都因為他而損失了許多時間的觀念。

★利用字卡，請兒童由短而長的順序排列出「秒、分、時、日、月、年」的次序，以了解時間概念。

★指導兒童看時鐘和手錶，並編排有關準時的好處或不準時會產生什麼問題的故事，以木偶或布偶劇演出的方式來灌輸學生準時的觀念。

◆ 習慣養成

★養成規律的生活習慣，起床及睡覺的時間儘量要固定。

★培養學生戴錶及遵守時間的習慣，並養成規律的生活作息。

★老師指定學生在規定時間的前 10 分鐘內到校，使學生養成早到的習慣。

★教導學生時間管理的技巧，超過時間則給予提醒，表現良好給予獎勵，慢慢即可養成時間管理的能力。

★買一個學生喜歡的大時鐘，擺放在顯眼的地方，教導學生當時鐘的鐘點在某一時間時，就必須加快動作，以改善其拖時間的習慣。

★在每段時間之前，提醒他接下來要做什麼事。若學生在時間內遵循該做的事，則在作息表上蓋獎勵章；若不在時間內做完，可禁止其下課出去玩且必須繼續將工作做完。

◆ 教學策略

★利用故事或實例讓兒童了解遲到及不守時的壞處。

★將時間抽象概念具體化地應用在學生感興趣的事物上。

★幫助學生找出守時的方法，如：提前出門以避免塞車的問題。

★設計情境讓學生體會遲到會造成什麼樣的影響及等人是什麼樣的感覺。

★教導學生在做一件事時要專心一致，改善其喜歡摸東摸西、拖時間的毛病。教學生製作一個作息表，明定每個時間都有該做的事，例如：上課、睡覺、吃飯等。

★教導學生學習將自己該做的事都記錄在自己的時間作息表上，並特別標明時間。

★教導學生估算完成每項事情時間的方法，例如：記錄上學所需花費的時間，就可知道必須提前多少時間出門。

★指導學生準備記事本，記錄自己的行程。如果有記事本還是怕忘記，可以每隔一段時間（每天、甚至每小時）拿出來確認一次，找出接下來要進行的工作。

★老師可以教學生幾種時間分配方法，例如：將一天該做的事列出來，按照輕重緩急來分先後次序；或是將一天的時間作規劃，何時是休息時間，何時是念書時間，將時間定好後就要依表行事。

◆ 口頭提醒

★在適當的時候提醒學生運用提示及緩衝並行的方式，讓學生明白接下來的活動並有充裕的時間作準備，如：「還有 10 分鐘我們就要出門了，你準備好了嗎？」

★要求學生用紙筆將約定的時間，例如：教學參觀集合的時間、交作業的時限記錄下來。

★適時問他「現在幾點幾分？」或「等一下四點鐘的時候告訴老師」，養成學生注意時間的習慣。

★每一個活動的開始以時鐘提示進行活動的時間有多長，即將結束前，例如：結束前 5 分鐘再提示一次（可用搖鈴表示）。

◆ 訓練活動

★說一些故事，讓學生複述故事情節的先後順序。

★將時間規劃成若干小段，要求學生在時間內完成某件事。

★利用有「時間」限制的遊戲，採倒數計時的方式，請學生在時間內完成某些活動。

★時常和學生玩需在固定時間內做完某些事情的遊戲，時間的訂定可愈來愈緊湊，訓練學生把握時間的態度。

★訓練學生養成畫「時間作息表」的習慣，先把他需要做的事及想做的事寫進去，在自己有限的時間內，試著做最好的安排。

◆ 獎懲制度

★如果遲到便不能參加遊戲活動。

★如果學生能不拖拖拉拉或準時到達，就給予獎勵。

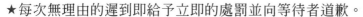

★每次無理由的遲到即給予立即的處罰並向等待者道歉。

★對於能在規定時間內完成工作既多且正確的同學給予獎勵。

★和學生玩競賽遊戲，例如：在一個小時內收拾好房間就有獎勵。

♦ 其他

★跟學生談談遲到的原因，並聽聽他的說法，提出解決之道。

★若學生經常性的遲到或將時間弄混，是因父母或監護人的關係，則需跟父母或監護人溝通以改善這種情形。

★給學生一個手錶，在某數字的錶面上貼上一個小貼紙標示。

★將學生手錶調快 10 分鐘並要求他依照手錶的時間完成工作。

★在黑板一角貼上日課表，每天請值日生換貼今天所要上的科目。

★讓其當班上幹部，如：風紀股長等，增加他時間管理的概念。

★要求學生將每日的生活作息做流水帳式的詳細記錄，並協助其檢討與改進時間的運用情形。

★建立全班學生的聯絡網，而這個學生同時是好幾個學生的聯絡點，在即將出門前，藉著聯絡網的功用，擔任這位學生的聯絡同學們會打電話通知他，讓他及早出門，不致遲到。

★買一個學生喜歡的手錶，需有定時鬧鈴的功能，養成學生把重要事情的時間預先設定在手錶內，到了時間時，依照自己做的日程表，設定下一個重要事情的鬧鈴時間，並立刻著手此時必須開始做的事。

★指導學生做日程表的習慣，盡可能在上課的前一天，將第二天重要事情的時間都記載在一本學生喜歡的筆記本上，同時必須註明做每一件事所需的準備時間，如：路程、整理東西、飲食等所需的時間，以養成其規劃時間的習慣，並讓學生能提早準備，使學生可以留給自己一些彈性時間，而能避免遲到。

36 缺乏時間概念，有浪費時間的傾向

♦ 教學策略

★準備記事本，記錄自己的行程，以免浪費時間。

★課堂活動作結構式的安排，使學生能由規律生活中學會有效率地運用時間。

★教導學生將每日行程以流水帳方式記錄，隔天觀察是否有浪費時間的情形。

★幫學生制定一份時間規劃表，讓他知道在某個時間就該進行某項活動，以免浪費不必要的時間。

★要讓學生知道如果沒有時間觀念，生活會變得毫無規律，而生活沒有規律，人就會變得愈來愈懶散。

★教導學生分配時間的方法，例如：和他一起事先規劃假日的活動、參與全家旅行行程的安排。

★協助學生安排每日的時間表，並教導其如何預測自己需在某項工作花多久時間，並選擇完成事情之先後順序。

★可以訓練學生養成畫時間作息表並依時間作息表進行活動的習慣，先把他需要做的事及想做的事先寫進去，在自己有限的時間內，試著做最好的安排。

★教導學生時間管理的技巧，如：吃飯需多久時間、刷牙洗臉需多久、寫作業需多久，若是能在自己規定時間內完成便給予獎勵。

★給學生準備一本小本子，請學生將一天所做的事情記錄下來，再由老師跟學生一起來檢討有哪些時間是被浪費掉了，一起想解決的辦法。

★可以教導學生將每日應完成之事記錄下來，以自我比賽的方式，記錄最快可以在多長時間內完成，改善喜歡拖時間的習慣，進步時便給予積極鼓勵。

★老師或家長陪同學生一起做時間規劃表，把每一樣事情所需的時間安排出來，讓學生明瞭原本如果沒有拖延或浪費時間，可以完成多少事情，並依照學生改善時間運用的狀況，適時給予獎勵。

◆ 遊戲活動

★可以設計一些需把握時間的遊戲，在預定時間內需完成某些任務，或是一些講求速度的遊戲，如：完成這些任務最快需多久。

◆ 輔助器材

★運用計時器訓練學生對時間的概念。

★給學生一個大大的數字錶，例如：電子錶，教導他時時看手錶注意時

間的習慣。

★利用鬧鐘或手錶的定時裝置提醒學生應在時間內完成某項活動，例如：寫國語作業預計 30 分鐘可以完成，就將鬧鐘定在 30 分鐘。

37 對大小、遠近、輕重等相對關係的判斷困難

♦ 生理特徵

★至醫院進行精密檢查，是否與視神經的缺陷有關，並進一步進行矯正治療。

★與父母溝通，找出無法區分大小、遠近等的原因，是否為生理因素所造成，再針對原因給予較佳的輔導或治療。

♦ 教學媒體

★可將輕重關係的判別，透過實物操作方式學習。

★先用差異性比較大的東西讓學生有基本的概念，再漸次拉近其相似性或增加複雜性。

★使用一些教具或電腦軟體，讓學生能多練習大小、遠近、輕重等的判斷能力。

★儘量不要使用平面式教材教具的教學，而以立體教材教具的教學取代之，例如：在上課時需要讓學生認識各種動物或各種交通工具等等，不要用圖卡介紹，應以電視，例如：錄影帶教學，以真實的影像讓學生認識各種物件之間大小的實際差異。

♦ 教學策略

★可利用戶外教學讓學生實際體驗遠近的概念。

★試著要學生自己畫出大小、遠近等相對關係的物體。

★讓學生解釋其判斷的理由，並試著找出其經常誤判相對關係的癥結點。

★以分組討論進行，讓學生分享彼此的判斷觀點以加強學習。

★藉由各種實際操作的方式，使學生體會具體基本認知後，才漸次進入較抽象的概念。

★可利用學生生活周遭熟悉的人事物來增強其判斷依據，如：爸爸比弟弟重、西瓜比蘋果大等。

★ 利用電動玩具中的射擊遊戲來訓練，可以分段進行，第一階段要他只射「離自己最近的」，第二階段則射「離自己最遠的」等等，以此類推來訓練。

★ 老師在教導學生辨別這些關係時，舉些較貼近學生生活的例子來幫助學生理解相對關係，例如：老師可舉柯南在高中時和變小後的身高差別來教學生辨別高矮。

★ 長度辨識可以直接要求學生以手掌寬度去做初步的度量等，看看長的東西是否需要較多個掌幅才能量完，藉此實際操作，讓學生了解長度、遠近的概念。

★ 先讓學生認清數字的意義，再以測量的方式，將所有的大小、遠近、輕重等關係之抽象概念具體化，讓學生透過實際的測量了解大小、遠近、輕重的不同。

★ 可以利用摺紙的方式，比較兩張不同大小的紙，讓學生將大張的紙對摺再對摺等，看看需要幾次的對摺才可以讓大張的紙和小張的紙疊合在一起，藉此讓學生了解大小的不同。

38 區分方向，例如：左右、東西、南北的能力不佳

◆ 生理特徵

★ 首先確立生理因素影響之比重，如：是否為影像、空間記憶或空間知覺較差，或空間短期記憶不佳，例如：short-term memory for special perception，並且佐以空間、形狀智力測驗，初步測量其空間能力之不足程度，再針對其問題進行治療。

◆ 教學策略

★ 利用學生喜愛的卡通或故事結合教學活動，讓學生學習分辨方向。

★ 請學生於走完某一路線之後，繪製一張路線圖來觀察其方位的理解能力。

★ 用圖示法，讓他藉由圖畫來記住東西南北、左右等方面的相關性或相對性。

★ 利用講故事的方式，讓他對南北極之類的方向定位產生興趣，再進一步學習。

★利用教室傢俱擺設的位置，例如：問他「桌子是在黑板的左邊或右邊」，教他認識方向。熟悉教室環境後，可擴大至校園或其平日生活圈熟悉的地點方位。

★可在教導東西南北的定義後，給學生一指南針並教其使用。左右：玩搶答遊戲，若答「是」則跑到黑板右邊畫○；若答「否」則跑到黑板左邊畫 ╳。

★可藉由口訣「上北、下南、左西、右東」的方式，在學生了解左右前後概念之後，進一步將自身作為方向的指標，面向北方、或右手對著東方、左手對著西方、或背對著南方，四者之中任一條件成立，即可知道其他各個方位。

◆ 記憶策略

★設計口訣配合動作，運用身體運動感覺以幫助學生記牢方向。

★教導學生利用明顯的標的物或特徵輕鬆分辨方向。

★讓他以日常生活習慣幫助記憶，例如：對慣用右手者說：「寫字的手是右手。以自己所站位置為中心，前方相對於自己是北方，右邊則是東方，左邊是西方，後面是南方。」

★採用事物記憶法，例如：教他記得寫字的手就是右（或左）手；教導學生太陽從東邊升起來，西邊落下。

★利用較具體易懂的線索來辨認左右，例如：吃飯時，右手拿筷子，左手拿碗，可作為左右方向之訓練。

★點名時舉右手答「有」，因其音與右邊的右同音，因此當他左右不分的時候，可提醒他點名時手舉起的那邊就是右手。

◆ 練習活動

★在排隊的時候就練習向左轉或向右轉的活動。

★練習分辨左右手、腳，利用遊戲來練習。

★學生需依地板上之左右手腳印，移動身體。

★教學時可以活動來訓練兒童，例如：手腳模印、模仿動作等。

★以「向左轉」、「向北轉」等動作指令來結合遊戲活動，加強訓練學生的方向感。

★教導學生認識閱讀地圖，從地圖的方位判別，訓練學生的方向感。

★可用跳舞唱歌的方式，如：前點點、後點點、前點後點、右腳踢等，訓練學生的左右方向感。

★可將日常請學生協助班級庶務的處理結合方向辨識活動，例如：給予口頭指示或圖示後，可請其至辦公室或其他處室取回或送物品。

★帶學生到郊外，以自己為中心，指出其各方向有哪些東西，再以不同的物體為中心，指出各個方向上有什麼東西。

♦ 遊戲活動

★練習猜拳往左跑或往右跑的遊戲，全班可一起參與。

★設計尋寶或追蹤類型的大地遊戲，依據方向指示來訓練學生培養方向感。

★玩和左右有關的遊戲，如：一人蒙住眼睛，另一人指揮：「前進三步⋯⋯左轉⋯⋯」等。

★設計團體尋寶遊戲，並請學生擔任小組組長，經由遊戲與團體活動的激勵，訓練學生方向感。

★利用 3×3 的拼圖或圖形賓果遊戲，學習在上面依次配對上、右上、左上，中、右、左，中下、右下及左下等九個方向。

★在教室的四周做上東、南、西、北的記號，藉以教導地圖的方向，進行一種要學生們依據地圖的方向來安置自己位置的遊戲，如：小花到小明的北邊，小真站到小亦的西邊。

★可讓學生多玩一些跟辨別方向有關的遊戲，如：喊口令：「把你的左手舉起來、將你的右手放在右膝蓋上」；或是按照指令前行、右轉、左轉、面向南或面向東等，使他能更熟悉辨別方向及方位。

♦ 輔助器材

★教學生使用指南針或學會利用太陽的位置來定東南西北，以了解東南西北的方向是恆在的，而左右的概念則會隨自身位置的不同而有所不同。

★可準備指南針，讓學生隨身攜帶，並教導他如何從指南針知道正確的方位。

★請他在左手與右手分別戴上不同的飾品，例如：右手戴戒指，左手戴手錶，幫助區分方向。

★可輔以電腦化虛擬實境儀器與軟體，例如：學習操作 Doom/Quake 等軟體，以期藉由不斷反覆地練習來增強學生方向感，並使其所學之空間知覺能力內化。

第三節 理解、表達、推理能力

39 學習意願低落

♦ **生理特徵**

★先與父母溝通或至醫院檢查，確定學生生理正常，無任何影響其學習能力的因素。

♦ **教學策略**

★給予學生符合其起點能力的作業，再漸次增加難度，以初始的成功經驗提升其學習動機。

★教導學生學科的學習策略而非僅是學科知識內容，使其能有讀書方法以提升學習動機。

★訂定適合學生個人的學習目標，使他容易獲得成就感。

★探查是否因為其他外在因素，如：家庭因素，並儘量給予幫助及鼓勵。

★引導學生學習時，就閱讀一篇文章而言，可考慮先選擇有趣單一的「對話」著手、進行到「段落」、再慢慢進行到「面」的介紹或閱讀，循序漸進且不施予壓力的幫助孩童學習。

★平日教學應配合解題策略、考試技巧或記憶策略，並配合學生的起點能力與認知結構，在班上進行多層次教學，教學內容、過程及目的的多層次可使不同程度的學生皆能得到學習上的成就感，進而提升學習動機。

★授課流程可儘量活潑有趣，並結合視覺性教學以提升學生學習動機。

★先確認學生對於準時上下課、繳交作業等既定的學習規範可以確實遵守，而後嘗試將學習內容以步驟化、結構化的方式交給學生。

★以檢核表的方式，請學生在固定的時間或時距檢核自己是否有達到特定學習行為。

★以討論的方式，條列出不適當學習行為可能造成的後果，並引導學生規劃正向的學習行為以替代不適當的學習行為。

★以學習的正向影響來引導學生努力學習，如：能看懂感興趣的書籍、正確使用金錢等。

★嘗試採用反覆口語解說、實際操作、結構化具體視覺提示等多感官的方式，協助學生對學習內容的理解與記憶。

◆ 同儕影響

★於課堂上採用分組活動方式進行，藉由同儕的力量提高學習意願。

★安排小老師同儕協助其在班級中進行學習活動。

◆ 引發興趣

★從學生有興趣的部分開始設計單元活動。

★採用分段學習，中間穿插遊戲以引起學習興趣。

★製造輕鬆愉快的學習氣氛，讓學生能有參與課堂的感覺，以達成師生互動融洽。

★先試著找出學習意願低落的原因，看是因為對教材缺乏興趣，抑或缺乏成就感或是生理因素所導致，然後再決定補救方針。

★試著給予學習意願低落的學生有參與班務的機會，並給予其學習負責任的機會，例如：早上至校開門或為老師準備茶水等，以藉由參與班級活動提升學習動機。

★教師或家長的肯定與具體式稱讚，可導引學生明白自己的優勢能力所在，進而藉由在規劃適合自己的學習目標中提升學習動機。

★教導多元智能與智能結構的概念，使學生明白人各有才而不必是全才，進而能洞視自己的優勢能力，提升學習動機。

◆ 教學媒體

★改變教學方式，多一些可供實際動手操作的活動。

★配合電腦輔助教學或電化教學以增進課堂的活潑性與趣味性，並運用

視覺刺激提升學習動機。

★將教材與學生的日常生活相結合,可準備教具或實地參觀,使授課內容融於學生的生活經驗,以提高學習動機。

40 從事學習活動時,例如:寫作業、考試等,有不願意書寫或只求快速交卷的情況

◆ 探究原因

★若學生的原因為過動現象或注意力缺陷,應輔以藥物醫療以改善其學習狀況。

★若是屬於其他生理性因素,例如:視覺、聽覺、肢體感覺上的問題,造成寫作業、考試等活動上的痛苦,以至於只求敷衍了事,則有必要尋求醫療上的診斷與矯治。

★與學生溝通,了解其行為原因,和他共同協定改善的方法。

★陪學生寫作業,以了解其不願書寫的原因,再加以對症下藥。

★如果學生行為是屬於心理因素,例如:沒有學習興趣、引起大人的注意、過於迷戀其他物件、情緒焦慮不愉快⋯⋯,適切心理建設輔導或協助解決問題,則改善的情形會較明顯。

◆ 教學策略

★將學習活動以學習步驟分析或工作分析之方式呈現,以避免一次給得太多或太難。

★採用多元評量或替代評量的方式以提升學生參與評量的動機。

★教師或家長於學習活動中適度增加陪伴時間與個別指導,常能讓學生的學習行為有大幅改善。

★偶爾可用 OpenBook 的方式考試,如此可增加學生信心。

★改變繳交作業或考試的方式,可以藉由遊戲方式來測驗。

★跟學生訂承諾,達成目標則予以獎賞,目標需符合學生起點能力,再逐步提升。

★考試時不一定要強求學生每題都得答完。教他把握基本題的部分。

◆ **獎懲制度**

★適時在學生完成工作時給予鼓勵與讚美。

★一開始可要求學生至少寫幾題，給予正面回饋，再慢慢增加要求的題數。

★鼓勵他如果不知道答案，至少可以寫出自己的想法，老師再視情況給分。

★可要求沒有寫完考卷或作業的學生，必須繼續留在教室內寫完，才可以出去玩。

★將不寫作業或考卷的學生調到前面的座位，由老師隨時叮嚀或休息時間繼續完成之。

★採用同組繳交作業的方式，採連坐法藉由同儕的力量督促。

★可經由家長同意，放學時要求沒寫作業或考卷的學生，由老師陪同留校繼續寫完。

◆ **同儕影響**

★讓學生當收作業簿的負責人，藉由其責任感養成其完成指定作業的習慣。

★座位安排可以設計一位較細心的學生與其同坐，經常性的提醒和正確示範，有助其慢慢養成學習上自律的習慣。

41 閱讀時易皺眉、慌張、咬唇

◆ **生理特徵**

★先至醫療機構檢查，排除學生因視覺或精神官能部分的問題。

◆ **學習環境**

★布置舒適且適合閱讀的環境。

★找到會讓學生閱讀時不安定的原因並加以排解。

◆ **輕鬆學習**

★發現學生慌張、皺眉、咬唇時，先停止閱讀，帶領他深呼吸或起身動

一動。

★在閱讀前先讓學生放鬆心情，試著以說笑話、玩遊戲等策略來降低學生緊張不安的情緒。

★教導學童放鬆心情，使其肌肉放鬆、腦中想著可令心情愉快平靜的場景或音樂，舒緩其情緒的壓力。

★教師或父母在教導的過程中，應盡可能避免責罵、催促、命令，讓學生在輕鬆自在的心情下閱讀，可以讓學生的學習效果較佳。

◆ 教學策略

★適時在閱讀活動時給學生鼓勵與讚美。

★教學生建立從小事開始學會自我鼓勵的方式。

★教學生運用自我指導方式，學會安定自我的情緒。

★教學生用記錄的方式，寫下或畫下令他感到緊張的原因。

★不要給予學生時間的限制，讓他在沒有時間壓力的情況下做完自己的工作。

★與學生分享自己的經驗，要懂得利用適當的緊張推動自己進步，有壓力才會進步。

★教導學生各種閱讀技巧，而非僅是閱讀內容知識。每次的閱讀皆有清楚的目的要求，俾使學生遵循。平常更可設計各種閱讀情境以使學生能類化各種閱讀技巧，進而享受閱讀的樂趣。

◆ 教材閱讀

★可以讓學生分段來讀，減少分量，應視情況逐漸增加。

★先試著讓學生閱讀較簡單的讀物。

★選擇較輕鬆有趣的教材，如：英文可用短篇而簡單的故事代替繁瑣的課文。

★在每次閱讀之前，可由老師做個簡單介紹，降低閱讀的難度及學生的閱讀負擔。

42 閱讀時不知起點位置

◆ 生理特徵

★對學生的舉止特別觀察，注意是否有視力或其他生理問題，若有應送醫診斷並治療。

◆ 教學策略

★讓學生邊看文章邊畫線以輔助閱讀。
★老師在學生閱讀前先簡介文章的閱讀起點位置。
★教學生練習用尺或筆指示所看到的部分並大聲朗讀。
★在閱讀的起點用紅筆或符號標示出來，讓學生輕易就能看到。
★教師先用手指著課文引導學生閱讀，之後請學生自己指著閱讀。
★指導學生用墊板或遮板遮住尚未念到的文章部分，以便於學生辨別每個閱讀的起點。
★要學生讀出聲音，讓學生同時可藉由聽覺矯正視覺上的閱讀錯誤，例如：漏字或跳句。

◆ 教材準備

★採用印刷清晰且字體較大的閱讀本。
★教材準備方面，先選擇文章較短易懂、可一氣呵成念完的小品，讓學生有「起點」和「結尾」的概念。
★老師在學生每閱讀完一段就做個簡短的大意說明，可幫助學生回憶每段的閱讀內容，不至於迷失在龐雜的閱讀字句中。

43 有側頭閱讀或頭部抽搐的現象

◆ 生理特徵

★藉由醫學檢查，了解頭部抽搐是否因生理問題導致。
★當學生有頭部抽搐的狀況時，要他停止閱讀，儘量使學生放鬆心情，或讓學生做深呼吸。

◆ **輔助器材**

★必要時可使用背部及頸部的坐姿矯正器來輔助學生。

★在學生的對面擺上鏡子，使其隨時檢視自己的姿勢。

★做一個固定書架，矯正學生側頭閱讀的問題，同時避免過度長時間的閱讀。

◆ **教學策略**

★藉由同儕的力量，提醒學生保持良好的坐姿。

★當該名學生姿勢坐正寫字或看書時，可加以鼓勵。

★老師可透過時時的口頭或肢體提醒，矯正學生閱讀時的坐姿習慣。

★通知家長，請家長在家時亦隨時糾正錯誤，以維持其良好閱讀習慣。

★指導學生學會自我暗示的指導語，例如：「我現在坐著，背要記得挺直。」

★閱讀一段時間後，應教導或帶領學生起身做些舒展頸部、背部、腰部僵硬的體操。

★舉醫學報導的實例或小故事告知學生，坐姿不良將會對身體產生怎麼樣的傷害及後果，讓學生自己體會正確坐姿的重要。

44 只喜歡閱讀大量圖像配合少數文字的書本，例如：漫畫書或是圖畫故事書

◆ **教學策略**

★藉由問問題的方式來引導學生閱讀文章。

★設定學生必須達到的閱讀目標，當他達成時，給予獎勵。

★選比較有趣的文章或故事給學生讀，增加他的閱讀意願。

★先讓學生試著閱讀少量圖像但內容十分輕鬆的讀物，視學生反應再調整讀物的難度。

★先將書本內容以故事型態說出，引起學生興趣後，再告訴學生更進一步的故事訊息或結局在此書中，並給予書本以引起學生的閱讀動機。

★請學生看沒有圖的書，並鼓勵他在看不到圖的情況下發揮想像力，畫出自己滿意的插圖。

★教學生閱讀文章時，腦海中想像文章呈現出來的影像，這樣即使書上沒有圖畫，他也有腦中的圖畫配合。

★請學生準備一篇自己喜歡的故事講給同學聽，開始時不要限制文字的長短，隔一段時間後再慢慢增加文字的長度。

★利用有趣的文章來教學，教學時先要學生閉上眼睛想像故事中的情境，教師可適時擴充學生的想像空間，經由漫遊想像與簡述大綱後才開始正式閱讀。

★讓學生在閱讀一篇故事後，和他討論故事的主要內容，邀請他將故事轉化為圖畫，試著將內容畫出。

★把圖片與文字分開，老師先快速閃示圖片，再讓他閱讀文字，然後出示圖片，請他根據內容選取正確的一張；或讓他排列圖片順序，以符合閱讀內容。

★可配合平日的作文教學，讓學生運用自己的文章做成圖書的方式並交換閱讀或討論，以提升學生閱讀文字書籍的動機。

◆ 教材準備

★將閱讀內容分段呈現給學生。

★在文章內容中插入圖片替代文字，再逐漸抽離圖片。

★選擇教材時，可漸進地增加難度，例如：圖像部分慢慢減少，文字部分慢慢增加。

★替學生選擇他認識的字較多、也較有興趣的書籍給他看。

★設計專用的書——前幾頁有圖畫，愈到後面書上的圖案慢慢減少，文字則漸漸增加。

★選用有彩色文字的文章，讓學生覺得那也是一種圖畫，較不易產生排斥感。

★從較多圖案的圖書開始培養學生閱讀文字，讓學生漸漸習慣閱讀文字較多的書籍，並可配合閱讀物文字升級與獎勵制度以提升學生閱讀動機。

★找一些有趣短篇附圖的故事給學生看，培養他看故事書的興趣，並在無形中訓練他的閱讀能力。

★使用的文字讀物，內容應儘量有趣、新奇，或是學生有興趣或與生活

相關的題材，才能引起學生閱讀。

★教材儘量符合圖畫書的編排原則，即安排有趣的圖像，文字放大，之後可漸漸將文字縮小，文字內容增加，但仍要有精美的圖片。

★設計專用的書──剛開始字體比較大、留白多，然後字漸漸排得較密，讓學生在不知不覺中，圖畫書已經變成「只有文字，沒有圖畫」的文字書了。

♦ 遊戲活動

★讓學生玩「看圖猜猜看」的遊戲，解答前用文字寫。

★和學生玩「接讀」的遊戲，老師或家長念一句，學生念一句，慢慢加多念的字數，增進閱讀趣味性，亦可提升雙方互動性。

★和學生玩「找找看」的遊戲，念故事書中的一段文字讓學生去找出來，找對了就給予獎勵品，慢慢的即可培養學生看文字的習慣。

♦ 其他

★把國字加以變化，增加字的趣味性，使學生不排斥閱讀文字。

★多教導學生一些字彙幫助其多認識字，使其較不會排斥閱讀較多文字的書。

★利用同儕間的讀書會，促使學生求知的欲望，逐漸養成讀文字書的習慣。

★每天規定一小部分的文字書，告訴其看完後就可以看他感興趣的圖畫書。

★依書中漫畫或插畫的「量」由第一級編到第十級，逐步增強其往上跳級的動機，並可配合跳級制度給予獎勵。

★判別學生是否因不認得的生字太多而不願閱讀，購買有注音標記的學生書籍供學生閱讀，提升文字的閱讀及辨識能力。

★教室或家中可訂閱國語日報、國語週刊或相關兒童報紙，從每日讀報的習慣中培養閱讀文字的能力。

★家中成員喜好閱讀往往是影響學生閱讀的主要成因，全家皆有閱讀習慣比單獨強調學生閱讀效果要好。

45 辨識相似字形困難，例如：「莫名其妙」看成「莫名其『沙』」，「中央」看成「中『共』」

◆ 教學策略

★教學生熟悉字的寫法以及各部首的意義。

★同時呈現相近的字，請學生指出其間的差異所在。

★將字拆開，請學生拼字並讀出字來，如：女、少、妙、沙。

★看到的詞語請學生念出來，提醒學生念錯的再看清楚一點。

★將同音異形字寫成字詞或字句並列，老師詳細解釋意義的不同。

★對於容易分辨不清的字，特別提出來額外加強指導，引導學生區分差異點。

★老師可將易混淆的字形等分開教學，或者帶入詞或句中，從詞或句中學其意義及字形。

★讓學生把他自己所寫和念的字詞加以解釋，如果不順的話就要求學生再改一次，老師在旁指導。

★將容易錯誤的字詞製作成標語，張貼在教室裡顯眼的地方，學生在生活中不知不覺都在過度學習、重複學習。

★拿一段文章請學童念一次，有錯誤的地方老師先圈起來，然後由老師念一次請學生寫下，事後再予以比較和指正，加強學生對口語和書寫關聯的印象。

★運用六書造字原則，配合字詞教學，如：瓜與爪，先解說這兩個象形字的演進，再加強說明不同處——瓜有果子，所以下面要勾起來；爪沒果子，所以不必勾。也可優先教占中文字 80% 的形聲字、形聲字的部首表義、部件表聲原則，通常對學生是較易辨識的。

★教師平日在黑板書寫生字時，要求學生同時對空臨摹，或是在自己手心、大腿、身體等處摹寫，運用觸覺加強學生對字形的辨識能力。

◆ 教材準備

★將那些難以辨識的字，字體予以放大，以提醒學生注意。

★教學時將相似字形或同音異形字放大或指出特徵，讓學生易於辨識。

★教師教學識字時應書寫工整，輪廓筆畫要清晰確實，可把字體略微放

大,筆畫加粗。

★ 將常用的相似字形及同音異字整理出來、放大,並著色不同點來引導
區分其相異處,如:獲與穫,將兩個字的部首著上不同的顏色。

★ 老師出示一張閃示卡,令學生看清楚並對空摹寫,後令其閉上眼睛
想一想所看到的字且再對空摹寫;老師再出示一張閃示卡,同上
法……,最後請學生比較兩個字的不同。

♦ 練習活動

★ 相似字形擺在一起讓學生練習分辨。

★ 訓練學生透過描寫來認識國字的字型。

★ 請學生練習寫容易混淆的字,並大聲念出來。

★ 將常出錯的地方,練習用手再寫一遍,加深印象。

★ 分別將易混淆的字詞用造句來增加學生練習的機會。

★ 訓練學生逐字念出,碰到辨認不清字處用顏色筆畫出。

★ 要求學生練習寫日記或多寫作文,多用字詞之後就會熟練。

★ 教導生字時,讓學生練習找出錯誤,如:玉→玉玉王,圈出不同的,
再設計玉→王王玉,找出相同的字,以了解學生是否能分辨此字。

♦ 記憶策略

★ 把易混淆的字串聯成一句,方便學生記憶。

★ 運用記憶策略教學生記憶相似字的分別,如:「雷」、「電」,「電」有
一隻手伸出來要電你;或「拆」是有釘子就要「拆」,沒釘子就可以
「折」。

★ 將常辨認不清的字製成字卡,讓學生隨時帶在身邊,有空時可常拿出
來朗讀練習。

★ 利用口訣來學習,如:「孩」子是「人」,「孫」子比較「小」;靜態
要用白部的「的」,動態要用彳部的「得」。

♦ 教學媒體

★ 以電腦鍵盤訓練文字符號的配對。

★ 利用其他關於同音異義、相似字、部首分辨的補充教材,藉由圖畫、

成語、故事等趣味化的方式來輔助學習。

★利用多元感官學習，用木料、橡皮、沙紙或硬紙板等製作國字部首，令學生拼成日常用字，作為認字發音的練習。

★運用電腦輔助教學軟體，針對學生這些方面的問題而發展出來的遊戲學習教材，可以改變不同的學習方式及情境，引導出學生學習的興趣。

★使用透明的投影片，寫上易混淆的字和正確的字相互重疊，使學生易比較其中的不同，如：間與閒，將兩張投影片重疊，比較不同處，讓學生加深印象。

★可利用相關網站上發展出來的字形辨識教材作為課堂補充，以提升學生學習字形辨識的動機，如：「有愛無礙」網站，例如：網址：http://www.dale.nhctc.edu.tw 上即有許多相關教材。

♦ 其他

★訓練學生的專注力，可以降低錯誤的機會。

★先將學生常誤用的同音異形字整理出來，再分成若干主題有系統的教學。

★培養兒童語言察覺的能力，使其能意識到自己所犯的錯誤，進而予以改正。

★有可能是學生因為太過緊張而造成的錯誤，這時教導他放鬆心情為首要任務。

★善用獎勵品，藉由成功達成設定要求的目標可以有所回饋，進而增強其努力去達成此項學習要求的動機。

46 無法回答文章中基本事實的問題，例如：課文中的小貓叫什麼

♦ 生理特徵

★觀察學生是否有腦部發展不健全之生理障礙，導致理解力較弱。

♦ 教學策略

★讓學生從閱讀簡單內容的故事開始。

★老師帶領學生畫重點或探故事結構法教學，幫助學生學習。

★要求學生把重要部分圈記起來，幫助記憶。

★請學生和同學一起看，經過討論後，每個人輪流發表，以加深對閱讀內容的印象。

★用手指著請學生念出來，在某些地方可以停下來問學生問題。

★老師事先提醒學生該注意的地方，使學生於閱讀時特別留意記憶。

★可提醒學生將文章中重要的人、地點、物、時間名稱圈出來，最後再重讀一遍。

★以圖片幫助學生對課文中的內容更加深印象，並將問題改為選擇題、配合題或連連看。

★幫助學生藉由呼吸法等放鬆心情，集中注意力後再開始閱讀，增加閱讀的效率和理解力。

★在閱讀之前，先列舉出有關文章內容的一些問題，例如：先提示學生文章裡會有一些動物出現，請他們注意這些動物的名字等等，也可列出問題請學生由閱讀內容找答案。

★教師可以設計和課程相關的遊戲來加深學生對課文內容的認知和印象，以幫助學習與記憶。

★若是因為學生閱讀時不專心所造成的閱讀理解問題，可以透過競賽的方式，答對閱讀測驗題目者給予獎勵，使學生能更集中注意力。

◆ 練習活動

★訓練學生每讀一段，即回想大意的習慣；若無法回想，則可再閱讀一遍。

★請學生試著練習說一個簡單的童話故事，惟需將故事中重要的人、事、物說出。

★老師說故事給學生聽，並重複與強調故事中的人、事、物，以增強學生抓重點記憶的能力。

◆ 其他

★當學生回答正確時給予適當的鼓勵和讚美。

★教師可採同儕互助的方式來達成幫助個人學習的目標。

★如果學生不能答出閱讀測驗題目，可以要求學生多讀幾遍，看看是否理解程度有增加，以了解是否問題是真正出在理解力上。

★若學生的記憶力較差、學習力較低，則強烈要求學生在上課前一定要先預習課文內容，如此一來，上課時較容易進入狀況，才能加強吸收上課時教師所授的內容。

★利用動態式的閱讀理解練習。如：網站 http：//web.cc.ntnu.edu.tw/~t14010/index.html 所提供的閱讀方式，先幫學生把重點抓出來。對重點不懂可隨時回顧，最後再讓他練習做閱讀測驗。

★若學生在閱讀後無法找出文章中的基本事實，表示他對陳述性知識的汲取不足，也就是學生本身個體命題知識的缺乏。教師在幫助這類學童時，不妨從基礎的句型、句意結構方面著手，先讓學生了解某一小段文句所要傳達的主要意義，例如：所謂命題是什麼，再來培養閱讀一整篇文章的能力。

47　無法了解所閱讀文章的主題或重點

◆ 教學策略

★指導學生將他覺得重要的部分畫線做記號。

★以提問題的引導方式，讓學生去思考文章的主題或重點。

★將一篇文章的架構與章法分成人、事、時、地、物加以分析。

★老師可先示範一次，告知學生如何一步步找出主題或重點的技巧。

★先講一次重點給學生聽，再讓他去讀課本，然後再要求學生講一遍重點。

★學習自問自答的方式，找出主要概念或相關細節，以及學習如何做摘要或筆記。

★讓學生寫下讀後感，再由自己對文章的感覺，進而去推想文章所要表達的意思。

★請學生每讀一段即回想文章的大意，採分段學習的方法以逐步增進閱讀能力。

★給予學生提示語以協助其回想閱讀文意的主題重點，如：「獅子與老鼠」的故事是在說什麼？是說從前有一隻老鼠，然後呢？

★可要求學生以朗讀方式念出文章，找出是否有字詞上的不認識或不確

定，再加以指導說明。

★教導學生閱讀的五部曲：瀏覽→閱讀→畫線→筆記→自我檢查，使其有一閱讀規則和目標可遵循。

★給予主題故事，講解過程中不斷重複該主題，由採放聲思考的教學方式，老師帶著學生，讓學生能模仿正確的思考流程。

★老師可事先提示文章中學生應該搜尋的資料，再由學生在文章閱讀過程中，找尋老師的問題答案。

★指導學生文章閱讀的技巧，如：可先閱讀大標題、小標題、章節目標、總結等，了解文章大致架構，再依標題去了解該段的重點所在。

★在閱讀之前，先給予內容大綱的重點提示，或提出一些問題要學生依據文章的內容找出這些問題的答案，引導其整理重點思考的能力培養。

★閱讀一小段文章後便讓他們試著寫出文章大意，慢慢的增加為十五、十六句，再增加至一整篇文章，寫出大意，逐漸地訓練他們在閱讀中歸納重點。

★給予一些選項，當學生說不出重點可能不是他不知道，只是因為他不會表達，如：「這個故事是說 1. 一隻老鼠救了獅子，2. 老鼠和獅子一起去郊遊，3……」

★教導學生各種閱讀策略與技巧，並指出適合學生的類型，加強其熟練度與類化能力。

◆ 獎懲制度

★鼓勵學生多多發表自己對文章的看法，藉由一次次的更正、嘗試與學習，應可獲得改善。

★讓學生學習尋找書中的重點和主題，並學習以有顏色的筆圈出主題，表現良好則給予獎勵。

★要求學生多念幾遍，並適時的給予獎勵，讓他知道想錯了也沒關係，如此才能引發學習的興趣。

◆ 教材媒體

★找一些有趣的故事書當教材，從圖片開始示範給學生看，誘導他快速地說出內容重點。

★檢視所閱讀的文章是否對學生而言過於艱深難懂，導致無法理解，應以較適合其起點能力的濃縮或簡化文章取代，再逐漸增加難度。

★運用有聲圖書學習，教導理解有困難的學障學生利用簡要圖示與摘要等方法掌握閱讀重點。

★將文章的主題或重點以粗黑體或用特別的顏色加以標示，熟練後再呈現無特殊標記的文章。

★選不同型態的文章讓學生閱讀，看看他對何種文章反應最敏銳，再從他最敏銳、最有興趣的文章開始給予訓練。

◆ 練習活動

★請學生複述所閱讀的內容，讓他練習如何組織文章。

★讓學生從簡易的圖畫書開始看起，讓他講所看的，一開始可給予引導提示。

★讓學生由較短的文章開始練習起，若表現好則予以獎勵，並逐漸增加文章長度。

★當學生無法回答時，先詳細說明文章的重點，之後選擇類似的文章，讓他多練習幾次。

★讓學生閱讀一段沒有標題的文章，然後要他在數個標題中選出一個較適當的來。

★教導學生念完一篇文章後，寫出每一段的大綱，讓學生多練習幾次以熟練其中的技巧。

★找一些有趣的故事書當教材，從圖片開始示範給學生看，教導學生如何快速的說出內容重點。

★等學生閱讀完一個故事後，將一些片語或句子寫在黑板上，讓他圈出與故事內容有關的詞句。

★閱讀文章時配合圖卡，當文章閱讀完，只呈現圖卡做提示，讓學生回憶文章的內容，並請學生敘述。

★做閱讀測驗練習時，先讓學生看最後的問題，再開始叫學生閱讀，漸漸地使學生能掌握閱讀時的重點。

★給學生一些不合理的小故事，讓學生找出不合理之處，例如：農夫晚上去耕田，被太陽曬得汗流浹背。

★讓學生先念一次文章，再對照著文章寫一張挖去重點處的同樣文章，訓練學生把重點記下，最後再讓學生念一次原文，重複練習至了解重點為止。

★請學生準備一篇自己喜歡的短篇故事，然後講給同學聽，如果辭不達意時，老師可給予提示及正面的鼓勵，以協助其把故事說完。

★在日常生活中創造閱讀的環境，讓學生自然的養成閱讀習慣，並鼓勵學生練習將摘要或讀後心得寫下，師長再加以指導，幫助學生練習對文章主題與重點掌握的能力。

◆ 同儕影響

★採取分組討論方式，藉由同儕的互動，分享彼此的觀點而幫助學習。

★讓學生在閱讀後進行分組討論，藉由討論的過程，練習一起指出文章重點或主題，最後教師再介入指導，經由小組共同學習，讓學生逐漸學會掌握文章重點。

48　無法了解所閱讀文章內容的前後關係

◆ 教學策略

★用圖表或樹狀圖的關係呈現文章內容的前後關係。

★多以引導問答的方式教學，尤其是因果關係的問答。

★以連環圖畫的方式幫助學生了解文章內容的前後關係。

★以提問題的引導方式，讓學生去練習思考並組織某些概念的前後關聯。

★先採講故事的方式，看可否理解故事內容的關係，再讓他從文章中印證。

★教導學生一邊閱讀一邊製作事件的流程圖，藉以幫助了解文章內容前後關係。

★透過簡單的句子重組，讓學生有基本的前後相對的邏輯概念，再讓學生多加練習。

★教導學生一般故事文章的要素，例如：人、事、時、地、物等，從而教導學生如何組織這些要素與關係。

★提醒關鍵字或是相關的人、事、物聯想點，讓學生可以很快的加以組織，當然也得教會學生學習這種快速思考。

★教導學生畫流程圖，讓學生學習透過手的動作，必須思考前後關係，只創造機會讓學生自己釐清前因後果的關係。

★可由老師提出幾個關鍵性的問題，例如：事件的因果關係、發生順序等，讓學生在文章中找到正確的答案，有助於引導學生了解文章的內容和前後關係。

★以簡單的圖形或線條，跟學生一步步說明文章內容之間的發展關係，由淺入深、由簡至繁，最後並讓學生用自己的話重述一遍，幫助學生組織整個文章。

◆ 教材媒體

★將文章內容有前後關係的部分字體放大，或以不同的顏色呈現以提醒學生注意。

★選用內容比較簡單的故事，等學生能了解之後再給他內容較深的。

★檢視所閱讀的文章是否對學生而言過於艱深難懂，可更換較適合學生程度的文章。

★將具有前後關係的句子以粗黑體表示，待熟悉後再呈現無粗黑字體同樣內容的文章。

★讓學生由較短的文章開始讀起，熟悉並了解文章內容前後關係後，再漸漸地增加文章的長度。

◆ 同儕影響

★教師可採同儕互助的方式來達成幫助個人學習的目標。

★採取分組討論方式，藉由同儕的互動，分享彼此的觀點而幫助學習。

★同學分組討論，讓他從討論中了解如何推知前後關係，進而藉由腦力激盪的方式學習同學不同思維方式的優點。

◆ 練習活動

★教學生練習畫故事的組織圖。

★找出每一段的主題大綱，讓學生練習依序重組故事的能力。

★給予學生故事圖卡，要求排出先後順序來訓練。

★把文章內容的事件或概念做成一張張卡片，讓學生去依序組合。

★請學生複述所閱讀的內容，讓學生練習如何組織文章，以思考前後關係。

★師生共同討論文章內容之後，由老師提出問題，學生輪流回答自己所觀察到的前後關係。

★於課堂上實施「說故事接力比賽」，以訓練學生的判斷能力，以及如何思考故事的前後發展。

★讓學生讀一篇教導人如何做某樣東西的文章，讀完後，要他們依照程序做出來，例如：做風箏、肥皂、烘蛋糕，以訓練其重視前後關係流程的能力。

★將看圖說故事的圖片不按照順序排列，讓學生依照故事內容將圖片排列順序，此時可讓學生再依圖講一次更完整的故事，於此同時，學生亦可自我檢視排列順序是否正確。

★訓練學生閱讀預測能力，以增進學生的閱讀理解能力。

★善用獎勵品，藉由成功達成設定目標可以有所回饋而增加其閱讀動機與注意力。

49 閱讀時會念錯字

♦ 生理特徵

★了解學生是由於視力缺陷或是視知覺失常所致，根據原因再進行補救。

★察看學生是否為腦部受損或是發音結構異常所導致，若是則應儘速送其就醫治療。

★若為語言障礙，應在醫生診斷後，配合語言治療師的定期矯治。

♦ 教學策略

★讓學生一邊寫一邊念出聲音，運用視聽覺配合來矯正其口誤的情形。

★訓練學生看到字或句子要先想一想或看清楚再念出來。

★把近似的字挑出，並教學生分辨異同。

★老師念正確的句子引導學生，並請他複誦。

★要求學生要在課堂上認真聽老師及同學的朗誦。

★將學生容易出錯的字圈記起來，再多次反覆練習之。

★請學生朗讀時放慢速度，老師注意錯誤的地方並及時修正。

★老師先講解閱讀的內容及內容中較難的生字或句子，然後再開始閱讀。

★閱讀前先教導學生呼吸調息法，使其身體放鬆、精神較爲集中，以幫助學習。

★了解學生是否有不懂的生字、詞，老師先解說領讀後，請學生以手指指著所念的部分，以念正確爲優先。

★遇到錯字，老師可以建議學生將這個字的正確寫法和讀法寫在課本的上方空白處，以避免下次再次犯錯。

★若學生問題是建立在對文章的不熟悉，則依「學習步驟分析法」，先熟悉文章中的生字、字詞、句子，再採用「過度學習法」加深學生對句中詞彙的敏感度。

★若學生念錯是因爲受到語言發展的影響，例如：某些特定的音他不會發便找其他較容易的音來取代。若是這種情況，教師不妨就由專業的圖片、錄影帶等，重新教導學童正確的發音部位和方法，並讓他反覆練習，以習慣於使用那些音。

◆ 練習活動

★將念錯的字挑出，加強學生學習與辨認的練習。

★將文章中易認錯的字以其他顏色標明，讓學生加以注意。

★買有聲書給學生使用，讓他一邊聽一邊看，甚至一邊跟著說。

★念錯字的地方圈起來，特別加強，背熟那幾個地方後再念完整篇文章。

★把學生常認錯的字製成字卡，放置於固定紙盒中，方便學生練習及老師複習用。

★學習正確的發聲技巧，並練習類似音的對比，如：爹爹／弟弟／太太及鍋鍋／多多、兔子／褲子等。

★利用謎語來增強學生的辨字能力，如：「由」就是「甲先生倒著走」，「季」就是「李先生戴帽子」。在學生熟練這種活動後，亦可練習自己編字謎或採同學競賽方式，除了增加學生熟練度外，亦可藉此找出適合學生的辨字記憶策略。

★全班一起念，讓學生知道正確的念法及速度。

★將所念之文章錄下來，由老師輔助學生共同找出錯誤。

★閱讀時用手指著每個字並念出，若正確率有進步時，給予增強物以提升學生的自信與興趣。

50 閱讀時有跳行、增加、或遺漏字句的現象

◆ 生理特徵

★查明學生是否因腦部損傷或是視力問題所造成，若是則應儘速配合醫療診治。

◆ 教學策略

★當學生閱讀時要求他把字句念出來。
★指導學生閱讀時可用手指著字或拿筆在旁邊跟著指讀。
★讓學生把容易漏掉的地方加以圈記，以於下次閱讀時給予提醒。
★教學生在每行行首依序標上號碼，每看完一行即作上標記。
★要求學生先緩慢的看及念，等情況良好後再增加其朗讀速度。
★朗讀時，由老師在旁立刻糾正跳行的錯誤，要求其從該段再重新開始念，直到念對為止。
★如果是跳字和漏字的問題，可以句法學的「句子分析法」來補救，例如：句子：<u>我從公園走路回家</u>。要學生能將句子分析成我・從・公園・走路・回家等有意義的詞組。

◆ 教材媒體

★將文章間行與行的間隔加大。
★可挑有錄音帶的教材，讓學生邊聽邊念。
★將未讀的部分用紙或其他可遮蓋的東西遮住，以避免視覺上的混亂情形。
★將每一行按照數字編碼，使得學生可以輕易找到下一行。
★採用印刷清晰、字體較大的閱讀本，避免學生因看不清楚而跳過。

◆ 其他

★利用同學間互相練習的機會來幫助學習。
★訓練學生的專心程度，比較專心就不容易讀漏字。
★陪同學生一起大聲朗讀，朗讀時可使用手指指示逐字念出。
★閱讀前教導兒童放鬆心情，可借「呼吸調適法」慢慢讓學童集中注意

力，幫助學習。

★判別學生是否因不認得的生字太多而跳過。若是，可購買有注音標記的兒童書籍供學生練習朗讀。

★將學生所看的文章減少其一行所包含之字數，從一行 20 字減少至一行 10 字，使得學生漸漸習慣換行之閱讀動作而不再跳行。

51　閱讀速度緩慢

♦ 生理特徵

★若是由於視力缺陷或是視知覺失常所致，則應根據原因進行補救。

★查看是否為腦部受損、視力不佳、或是發音結構異常等生理因素所導致，若是應儘速配合醫療診治。

♦ 教學策略

★先講解文章大意，讓學生對文章重點有所了解後再閱讀。

★先讓學生熟悉閱讀內容，指導較困難的詞彙再開始閱讀。

★加強學生的認字能力，讓他熟悉字義和字形，閱讀就會比較容易。

★若是因為學生對字彙的熟悉度不足，可先做字義教學後再開始閱讀。

★不流暢的地方圈起來，特別加強，請學生背熟那幾個地方後再念完整篇文章。

★採過度學習者，要求學生對於念得緩慢的課文多念幾遍，直到已經熟悉每個詞彙，而能念得有連貫性為止。

★可教學生製作自己的圖畫字典，可以有效地幫助認字及聯想意義，增進字彙辨識及閱讀理解能力。

★了解學生是否有不懂的生字、詞，老師先解說領讀後，請學生以手指指著所念的部分，以念正確為優先，之後再慢慢加快閱讀速度。

★有可能是因為學生對於這篇文章中的許多單字不甚了解、熟悉，故老師可以先導讀一次，先將生字解釋，或要求學生先大略瀏覽一遍，將不懂的生字、詞句圈起來，先去查字典，再來仔細閱讀此篇文章。

★教師講解完每段課文大意後，可要求全班一起朗讀，藉由同學朗讀聲的聽覺提示可增進學生的閱讀速度。

◆ 教材媒體

★讓學生跟著錄音帶念課文。

★可打節拍控制學生朗讀的速度。

★配合音樂念出簡單的閱讀內容並逐漸加快速度。

★買有聲書給學生使用，讓他一邊聽一邊看，甚至一邊跟著說。

★購買市面上的影音教學軟體，讓學生在較娛樂的氣氛中多聽他人朗誦，學會正確的閱讀速度。

◆ 練習活動

★使用「閃示卡遊戲」，讓學生練習念的速度。

★讓學生練習閱讀時看到標點符號才間斷的習慣，不在句中做無意義的停頓。

★讓學生多看一些童書，先使他閱讀速度變快。

★從簡單的句子開始，帶著學生一起念，試著加快速度。

★同樣的句子或文章讓學生反覆練習，熟悉之後就會念得較順。

★可於課堂上定時舉辦朗讀比賽，累積加分以獲得獎勵品。

★加強學生對於課文字詞的了解與辨識能力，例如：透過抄寫、聽寫課文等方式，強化基本能力。

★訓練學生擴大閱讀時視線的範圍，不是只盯著想看的字看，而是一次一個句子、甚至一個段落。

★請學生自己選幾篇最喜歡的文章，教科書或課外讀物都無妨，每天花一小段時間一遍遍的練習朗誦，直到毫無錯誤時再逐漸加快每次朗讀的速度，如此一來，應可增進學生的朗讀能力。

◆ 其他

★請家長配合，回家時要學生多念課文。

★全班一起念，讓學生知道正確的念法及速度。

★可藉由老師或家長督促協助，以發覺學生閱讀緩慢的原因何在。

★每次給予一點分量，視情況再逐次加多，讓學生覺得負荷不會太重。

★閱讀時用手指著每個字並念出，若速度有進步時，給予增強物以提升學生的自信與興趣。

★製造優良的說話環境，不給學生過大的壓力，在心情輕鬆的情況下，閱讀速度可能也可以改善。

★教導學生應用字群的概念，例如：動詞「走路」，副詞「慢慢地」，念的時候不可將各字群分開才不會不流暢。

★師長可陪同在旁協助學生閱讀，並配合其朗讀能力適時、適當地給予提示、更正及鼓勵，增加學生朗讀時的信心，並要求其儘量漸漸加快速度。

52 閱讀時呈現不流暢，需指著文章一字一字閱讀

◆ 生理特徵

★觀察學生是否因腦部功能發展不正常或是發音構造不健全所致，若是則應尋求醫師專家的協助。

◆ 教學策略

★請學生在課堂上跟著同學一起小聲的念。

★查看學生是否在閱讀時，發聲方式不正確，若是則可以教學生正確的發聲方式。

★要求學生第一次閱讀先把整篇文章瀏覽過，第二遍再仔細地由不清楚的地方再讀一次。

★老師帶領大家念課文，同時要求學生們儘量與老師維持同一速度，藉由課堂上的練習慢慢加強學生閱讀的能力。

◆ 練習活動

★增加對文字的熟悉感，如：多練寫新教的詞彙或練習造句。

★先從詞彙做練習，讓學生對詞彙有所了解，使其有信心閱讀。

★在文章中將詞彙部分用粗體字呈現或用顏色筆畫出不流暢部分，讓學生加強複習。

★重複學童不順暢的部分，給予明確的示範，再試著讓學童跟著說一次，就生活中的小細節增加練習的機會。

★讓學生每天練習朗讀一小段文字，一遍遍的朗誦練習，若有進步即加長文字長度並要求加快速度，如此一來，學生的閱讀能力就會逐漸

進步。

◆ 其他

★聽課文朗誦錄音帶，協助他閱讀。

★給予學生適當正增強，當他有一點進步時，給予獎勵並增加信心。

★告訴學生遇到不會的字時先用筆做記號，跳過不管，等到整篇讀完再查字典或尋求老師、同學的協助。

★購買市面上的影音教學軟體，像是敘說有趣故事的錄影帶或錄音帶等，讓學生在娛樂中加強國語文的能力。

★要求學生儘量一句一句念，並配合不斷的鼓勵及給予表現的機會，多讓學生練習，使其更有信心，念得更流暢。

53 閱讀時會在不適當的地方斷詞或斷句

◆ 教學策略

★詢問學生為何在此處斷詞，並糾正其錯誤觀念。

★利用課堂上跟著同學一起念的機會，讓學生慢慢學。

★教學生對標點符號的認識，並說明符號在此處的意義。

★多讓學生聽有聲書，學習別人的斷句，強化句子的概念。

★一句一句帶學生念，幾次之後讓他自己念，再加以矯正其缺點。

★了解學生是否因對於文意無法了解而造成不當斷詞及斷句，再次加強學生對於文意的了解。

★教學過程中強調「詞組」的使用，對於名詞組、動詞組、形容詞組可反覆的教導，增加印象。

★告訴學生所閱讀文章的大意，讓他對整篇文章有所了解後再閱讀，如此他能依上下文，配合自己的知識，決定詞要怎麼斷。

◆ 練習活動

★請學生照文章裡逗點、句點練習念。

★演小短劇，一個人一次只說一句話，讓學生練習說話時應維持流暢。

★訓練學童做呼吸的練習，教導他應在何時換氣、一口氣應維持多長，間接的教導他一個句子應該如何取捨字數的多寡與分段的時間。

★將學生的朗讀練習錄音，並讓學生自行比較每次練習後的進步情形。

♦ 其他

★老師在上課時說話速度應放慢，並儘量示範以完整語句呈現的方式。
★鼓勵學生儘量用完整的句子來回答。將學生反應的許多單字併成一個句子，要學生複誦或全班一起念。
★學生有不當斷句或斷詞時，要求學生再重述一次剛剛自己所說的語句，檢查看看是否有不通順的地方，再重新朗讀一次，讓學生自己發現錯誤並嘗試修正。

54 說話時聲音有過大或過小的情形

♦ 生理特徵

★可能與聽覺器官的接受不良有關，請耳鼻喉科醫師作檢查。
★若是與發聲器官或是腦神經功能相關的問題，亦應配合醫療診治。

♦ 教學策略

★老師應先示範閱讀的聲量大小，以及示範聲音過大或過小的情形讓學生體會所造成的影響。
★當學生在閱讀時錄音下來後再放給他聽，並針對聲音過大過小處進行指導改進。
★徵求學生同意做日常生活交談錄影，藉由錄影帶的反覆觀看，可使學生學習適度音量的控制。
★當學生說話聲音過大或過小時，告訴他別人聽後的反應，使他了解本身的缺失，進而加以改進。
★先教導學生說話聲音的一致性，不要加重或減輕語氣，練習好後再正確引導發聲的訣竅。
★老師可先示範一基準音量，再由學生依循，如：學生在閱讀當中脫離此音量，老師可藉由手勢提醒。

◆ 練習活動

★帶學生到比較安靜的地方反覆練習，在安靜的環境中較能體會音量的適中性。

★若學生聲音過小，請他在上課時負責喊口令，訓練他的音量。

★若學生聲音太大，可玩口耳相傳的遊戲，學習在別人耳邊講話控制音量的感覺。

★發聲練習，有時唱大聲，有時小聲，讓他學會控制音量，把唱歌的音量練習用到說話上。

★教導學童做呼吸的練習，訓練其擴張及縮小呼吸流量的彈性運用，使其控制音量的問題得到改善。

◆ 其他

★當學生一有過大或過小聲的現象即提醒他，讓他隨時注意自己說話的音量。

★教導學生說話時「抑揚頓挫」的正確用法與使用時機，糾正其不當的聲音情形。

★教導學童生活基本禮儀，例如：在公眾場合交談音量不宜過大，在休閒場合則較可隨性等，使其能了解「適度音量」的定義。

55 說話聲音粗啞難以辨認

◆ 生理特徵

★請父母陪同帶學生到醫院檢查聲音粗啞的原因是否為生理因素所造成。

★教學生避免用力發聲，除去喉部的震動緊張心理。

★尋求醫師或語言治療師協助，運用正確方式發聲及平日保護發聲器官的方法。

◆ 教學策略

★可請學生在講話時，將重點字詞寫下來做輔助。

★若無法說清楚，則可以嘗試使用寫下來的方式與人溝通。

★讓學生自己了解哪一些音發不清楚，請他講話時特別注意。

★請學生身上帶著紙和筆，當別人實在無法理解時，用寫的方式給對方看。

★教導學生說話時配合肢體語言一起使用，如此，他人可較容易了解其說話內容。

★教導學生說話前先緩和一下自己的心情，然後再說話，避免因為緊張而造成喉嚨的壓力，更不易表達清楚。

◆ 說話教學

★教導學生放慢說話的速度，一字一句說清楚，以讓對方聽懂為原則。

★多給予學生說話的機會，讓學生練習如何把想說的話正確且清晰地表達出來。

★建議學生儘量簡化句子，說話時不要急，一個字一個字慢慢說，以能達到溝通目的為原則。

◆ 輔助器材

★利用錄音機配合老師的唇形學習發聲，及矯正自己的聲音、音調、音量等。

★把學生的話用錄音機錄下來，讓他反覆的聽，並適時的矯正他正確的發音。

★在學生面前放一面鏡子，老師清楚緩慢的示範發音之後，請學生模仿老師的動作及聲音。

★利用錄音機讓學生傾聽並模仿，同時錄下他模仿的聲音，讓他聽聽其中的差異，進而修正改進。

★提供嘴型位置的圖片作參考，並要求學生閉上眼睛，利用視覺的記憶回憶發音時的嘴型和動作。

◆ 練習活動

★教導學生一般發聲的原理及使用聲帶的正確方法，告知學生不要太大聲或太興奮的叫喊，對聲帶有不好的影響。

★發聲練習時將學生的手放在老師的喉嚨或臉頰旁，讓他感受老師發音

時的肌肉動作，然後將學生的手放回自己的喉嚨上來模仿。

★進行模仿遊戲，每次都由抽籤決定學生所扮演的角色，例如：小狗、鬧鐘、電視機……，適當設計遊戲情境，讓學生所扮演的角色必須發出聲音，從遊戲中要求學生模仿各種不同的聲音。

◆ 獎勵增強

★建立學生的自信心，不要因為聲音不好聽就不願意開口說話。

★善用獎勵制度鼓勵學生，藉由成功達成所設定目標可以有所回饋，而努力增強或維持。

56 有構音問題，例如：「公公」說成「咚咚」，鞋子說成「ㄧㄝˊ」子、或吃飯說成「ㄔㄨ」飯

◆ 生理特徵

★尋求語言治療師的專業協助。

★觀察學生的舌頭位置是否正確，幫助其正確發音。

★檢查是否有腦部功能或發聲器官的障礙問題，給予醫療或專業的協助。

◆ 教學策略

★要求學生逐字逐句慢慢且清晰的發音。

★找相關詞彙製作成卡片，讓學生反覆練習。

★常跟學生說話，隨時提醒他容易發錯的音。

★針對學生容易出錯的子音和語句，教師應做清楚示範。

★針對學生所發錯的音特別強調，使其明白本身的錯誤。

★老師在講述時口齒要清楚，放慢速度，以利學生模仿學習。

★將文章中略音部分用顏色筆畫出，使學生閱讀時可特別注意。

★在文章中將詞彙部分用粗體字呈現出或用顏色筆畫出難發音的部分，讓學生加強練習。

★聽與說同時並行，要學生在說話的過程同時寫下注音符號，讓他自己發掘缺少的部分並從旁協助改正。

◆ 發音練習

★讓學生做相近音的反覆練習。

★讓學生常練習大聲的念出來。

★透過上台表現的機會來激勵學生多練習。

★利用誇大的的嘴型,讓學生容易學會正確的發音。

★圈出添加音的字讓學生寫下注音,再重念一次給予糾正。

★用正確音與不正確音分別造詞,讓其體會兩者音與義的不同。

★對省略音逐一找出並練習,將注音註解於文字旁,再次學習拼音。

★把標點符號分開來念,再慢慢加速,如:鞋就ㄒㄧㄝ分開並重複的念。

★多做各種言語器官運動練習以增加其靈活度,協助其能較易發出正確的音。

★特別加強發被替換或遺漏的音,如:該字特別強調ㄉㄉㄉ或ㄒㄒㄒ後,再練習哆哆或鞋的音。

★基礎的發音訓練「ㄅㄆㄇㄈ……」是很重要的,可以重新教導學生正確的發單音,熟練之後再練合成音。

★教師和學生一起面對大鏡子,讓學生看到教師和自己的臉部,模仿發音的口形等動作。

★讓學生做各種腔調及肌肉動作的練習,如:儘量張嘴、將舌放在齒背上、將唇形成吹口哨狀。

★利用觸覺,例如:讓學生把手放在老師與他的臉頰、喉嚨部位、鼻部上以感覺聲音的震動大小,感受音量的控制。

◆ 輔助器材

★將學生的說話或朗讀錄音,配合老師的正確發音,讓其重聽時能分辨差異所在並進行修正。

★藉由專業圖片、影片等教導學童正確的發音位置及發音方式,避免重複同樣的錯。

★錄下兩種發音,一種是正確的,另一種則是錯誤的音,在上課時教學生來分辨,並說明不同處。

★購買影音教學教材,藉由學生對生動視聽覺感官刺激的興趣,從中慢慢糾正與改進自己不正確的發音。

★購買敘說有趣故事的錄影帶或錄音帶，讓學生藉由對影音感官刺激的興趣，從中學習正確的語音與糾正發音。

◆ 其他

★觀察學生的錯誤發音是否為習慣性的，應多注意。若有發錯音情形立即加以糾正，幫助學生改掉壞習慣。

★若學生是語言文化背景因素，導致某些音無法正確發出，則可以尋求替代字發音的方式改進。

★判別學生是否為國語文的注音符號沒學好所導致，配合國字耐心地重新施予注音符號教學。舉例：「吃」ㄔ與「出」ㄔㄨ是代表不同意義的語音，加深學生的印象，著重於學生發音問題的改善。

★將學生構音問題的狀況記錄下來，讓學生們分組來討論，與正確發音比較「哪種發音比較好聽、正確」等，師長在過程中告訴學生：正確發音才能讓別人了解你要傳達的意思，才不會造成別人聽不懂或言語上的誤解。

★觀察學生的發音是否為模仿生活周遭媒體或人物的不當發音，想藉此吸引大家的注意，應告訴學生學習這種發音是不當的模仿，若發現學生有再犯的情形，應當場立即加以糾正，才不至於使發歪曲音成為學生的習慣。

★針對學生較易有構音問題的部分建立其對語音對比的認識。設計一些含有對比音的圖畫，例如：兔子／褲子，帶子／蓋子，躲起來／裏起來，將這些圖畫畫在一張紙上，但不要配對排列，再準備幾張小的圖畫紙，對學生說：「用這些圖畫紙做成一本小書，先剪下我念到的圖畫──兔子……褲子。再把兔子和褲子貼在這一頁上，因為這兩個音聽起來很像，只不過兔是舌尖的聲音，褲是喉嚨的聲音。」繼續用這樣的解說方式讓學生完成他的配對。每一個配對是一頁，最後加上封面，上面標明是舌尖聲音和喉嚨聲音的冊子。

57 有聲調錯誤的現象，即國語的四聲運用錯誤

◆ 教學策略

★請發音正確的同學常陪該學生講話。

★讓學生多聽有聲錄音帶，使其學習正確聲調。

★常跟學生說話，隨時提醒他注意容易發錯的音。

★要求學生逐字逐句慢慢且清晰的發音，隨時糾正。

★老師示範正確的發音後請學生複誦，記下學生錯誤特點進行改正。

★將閱讀部分錄音下來，給學生自己聽聽，再針對聲調錯誤處進行改進。

★老師在講述時放慢速度，重要字詞應口型清楚，引導學生念正確的發音。

★聽與說同時並行，要學童在說話的過程同時寫下注音符號，讓他自己發掘缺少的部分並從旁協助改正。

★選擇短文或音調多變化的感嘆句或問句讓學生朗讀，並錄下朗讀的聲音，讓學生對照正確的念法與他的念法。

◆ 練習活動

★重複對學生念同一音的四個聲調，讓學生區分四聲的差別。

★找出學生發音錯誤之處，矯正其發音，並製成卡片反覆練習。

★以遊戲的方式訓練學生對四聲的分辨能力，聽到不同聲調時依指示做不同的反應。

★誇張四聲訓練：選擇韻母較多的成語或語詞，運用共鳴技巧，做誇張四聲練習，如：三民主義、吞雲吐霧。

★老師錄下正確的發音及學生的發音，讓學生回家聽，並請他把兩者做比較以達學生能漸進式修正自己發音的目的。

★玩「超級五聲變」的遊戲，即每一聲設計專屬的動作，愈輕聲則動作幅度愈少，一方面藉此遊戲來提升學習動機，一方面也讓學生藉以掌握發音的大小。

◆ 獎勵增強

★當學生經過反覆練習有進步時要予以獎勵。

★對一句話或一小段文章重複練習並給予適時的鼓勵。

◆ 其他

★判別學生是否為國語文的注音符號沒學好所導致，配合國字實例耐心

地重新施予注音符號教學，再給學生一次學習的機會。

★觀察學生的發音是否爲模仿生活周遭媒體或人物的不當發音，想藉此吸引大家的注意，可告訴學生學習這種發音是不當的模仿，若發現學生有再犯的情形，應當場立即加以糾正，才不至於使這種不當發音成爲學生的習慣。

58 有語暢異常的現象，例如：口吃

◆ 生理特徵

★若因生理原因造成語暢異常現象，宜尋求醫師或語言治療師專業上的協助。

◆ 教學策略

★先明瞭學生現象是在說話節率明顯之不自主重複、延長、中斷，首語難發或急促不清之類型，再針對語暢異常類型做治療與輔導。

★若學生在說話時易帶有過多語助詞現象次數或說話之時不斷重複，使人難以明瞭其義，可採讓其聽自己說話錄音帶的情形來改善。

★若學生有首語難發之現象，可要其在說玩具字的第一個字後深呼吸，藉此避免不斷想發第一個音所造成的口吃現象，然後要其將其餘字句放輕鬆慢慢說。

★若學生在說話之時有不由自主延長或中斷的情形，可加強訓練其語言運動器官並增進其發聲時氣的長度。

★若學生說話有急促不清的現象，可要其由朗讀時注意標點符號適時停頓的方法開始做起。

★若學生在說某些字時易有系統性語音不清或口吃之現象，可採換一個字或方式說的方法，例如：星期日的「日」發音不清，可建議學生改說星期「天」，如此即可避免掉發音不清的字卻不妨礙溝通。

★要求學生在講話之前先想清楚再說出來。

★老師先念一句，學生再照著念，降低口吃發生頻率。

★叫學生慢慢念不要急，耐心陪他念出，隨時給予適當的鼓勵。

★讓學生學會不先急著要表達某些事，告訴他慢慢，講別人也有耐心聽完。

★對於口吃的句子，教學者發出正確音給學習者聽，並請學習者重述一遍。

★逐漸增加詞的難度，並且教學生難念聲詞的轉換。避免因受到挫折，而愈來愈緊張加重口吃。

★幫助學生發覺自己說話流暢的部分，不一味的注意到自己的口吃，協助其評量自己的真實狀態並予以鼓勵。

★以最自然的方式跟學生說話，不必刻意跟他說講慢一點，或者要他講清楚。先開啟他敢說話的第一步，防止他愈刻意就愈念不出來的問題。

◆ 練習活動

★每日例行性的言語運動器官練習，加強言語運動器官之能力。

★讓學生練習繞口令。

★讓學生多練習數來寶、相聲或演說等。

★反覆練習，提高學生對文章的熟悉度。

★若常有話語中斷現象，練習深呼吸之後，要學生一口氣講完一小句。

★請他在要說一句話或念課文之前先默念一次。

★多練習快速朗讀或快速解說的能力以增進學生口語功能。

★先從簡單的字詞開始反覆練習，之後逐漸加長句子練習。

★讓學生多練習說出日常生活中常說的話，由一、兩個字或短句開始練習，等學生能說得流暢後，逐漸增加字數至一長句、甚至一段文字，慢慢地將口吃改過來。

★老師問問題要學生回答時，請他先複誦一次老師的問題再回答，如：老師問：「在這裡要用什麼方法來做？」請學生回答：「在這裡要用……來做」，增加他練習的機會。

◆ 其他

★移除學生心中的壓力，增加其安全感，給予支持。

★找出學生恐懼的本質、歷史及強度，藉此作為幫助與對方溝通時放鬆的依據。

★降低學生負面的情緒，減少對其處罰、挫折、焦慮及溝通壓力的可能。

★要求班上其他學生不可以模仿口吃，並要同學耐心聽完他說話，鼓勵

同學多跟他說話及接觸。

★若學生是因過於緊張或羞於談話所致,應多給予正面鼓勵,並利用團體一起表現的機會,讓學生訓練說話的勇氣、壯膽,並給他單獨表現的機會,增加表達時的自信心。

★每個人的個性不同,對環境的反應及互動也不同,身為一位教育者,應注意每位學生不同的進步方式及所需回饋,進而設計不同的替代行為,使治療的效果能穩固的持續下去。

59 詞彙理解力差,無法知道一詞多義或不同詞彙相似詞義的詞句

♦ **教學策略**

★將容易混淆的字詞串聯成一句幫助學生記憶。

★等學生可正確使用某字詞時,再教他相近的字詞,採漸進式延伸及延長的辦法。

★利用一詞多義的字詞來造句以加深學生的印象。

★在教字音的時候,配合圖畫、動作使意義更清楚。

★老師講解過的某些意義,要請學生用自己的話表達一次。

★將較容易混淆的字彙依相似性放在一起,指導學生如何分辨的技巧與策略。

★教學生對於困難處做筆記或記號,重複練習並同時告訴他比喻性的語言。

★利用引導式學習,例如:請說出飲用水還有什麼別稱?讓學生集思廣益加深印象。

★介紹一詞多義或不同詞彙相似詞義時,引用生活實例來解釋或造句以加深學生記憶。

★若一字有多義的情形,利用造句的方式把各種可能講出來,請他複誦一次,並回家也造一個類似的句子。

★字彙配合句子教學,可達較佳效果,例如:教他「誠實」就是不說謊,不如教他「我們應該誠實,不可以說謊話」。熟悉之後,再將相同字彙置於不同句子中練習,以達到語用的類化效果。

★老師在介紹某個詞彙時,順便把同義的詞彙一起講解,例如:難過=

悲傷、不快樂、鬱卒。而若一個詞彙有不同詞性，也可用造句的方式讓學生了解，例如：他的用功（名詞）大家都知道，他用功地（副詞）念書，他是個用功的（形容詞）學生。

◆ 教學活動

★利用填充題，請學生填入多種適當的詞彙。

★每天都要學生做兩個詞語的比較，並作為第二天的考題。

★教學生念一些熟悉的童謠句子，讓他先從簡單的語詞意義開始學起。

★進行角色扮演活動，利用各種不同情境，將一詞多義的語詞代入。

★教生詞時要學生查閱字典，舉出至少兩種同義詞或多義詞的兩種意義。

★以圖卡配字詞的方式說明不同情境下該字詞的應用，以說明其多種意義。

★教新的詞彙時要常常在生活中對他說，並且複習，加強學生對這個詞的概念。

★以故事方式舉例，或是多舉生活中的實例來說明相似詞義於不同場合該如何應用。

★給學生一個具有多重意義的字，並要他利用那些不同的意義寫出一些句子。完成時，可和學生共同討論句子的正確與否。

◆ 教材媒體

★利用字卡把相同意義字詞放在一起。

★把一詞多義的字文輔以不同圖畫的解釋。

★將一詞有多義的字製成字詞卡，各字詞的詞意製成圓形卡，每個詞意的造句做成長形卡。老師將各字詞的詞意解釋後，秀出字詞卡，請學生找出相關的圓形卡。待學生熟悉後，可請學生找出相關的長形卡；或是老師秀出長形卡，讓學生找圓形卡。

◆ 練習活動

★多讓學生嘗試做造句練習。

★讓學生練習對詞彙的不同定義來造句，加深區別。

★以接龍方式玩相同詞彙或相似詞彙來增加類化能力。

★多讓學生閱讀課外讀物，增加生活經驗，以增進字彙的認識。

★讓學生玩詞彙歸類遊戲，請學生將具有相同意義的詞彙放在一起。

★練習運用連連看的方式，老師先解釋詞的意思，再讓學生來選。

★先由簡單的字詞做比較練習，配合圖卡加深印象，要學生練習代換。

★增加學生和同儕、師長及家長說話的機會，從直接的刺激中求得學習。

★請父母每天陪學生閱讀國語日報及成語辭典，了解成語的故事及練習造句。教學生學習建立語意組織圖及語意特徵分析，幫助學生發展與新字彙有關之概念。

★以遊戲方法讓學生必須且有說話的意願，強迫學生練習不同詞彙相似詞意，才給予獎品。

★鼓勵學生多閱讀報章雜誌以增廣見聞，及培養多方興趣以增加社會刺激，藉由累積知識的過程學習字意、詞語等國學常識。

★讓學生玩類推的遊戲，如：男孩對女孩，好比＿＿＿對女人；戒指對＿＿＿，好比手鐲對手腕。讓他用比較兩詞的關係想出正確的字詞。

◆ 其他

★了解學生在日常環境中常用的概念，進而提供概念類化及遷移的刺激訓練，培養其語言應用變化的能力。

★仿作有助於記憶，當學生理解相似詞義如何應用後，要求學生自己造句，記憶會較為深刻長久，否則很快又會模糊不清。

★試著了解學生的生長背景及家庭狀況，判斷其語言理解與表達的困難是否起源於語言成形期間所受刺激不足，再加以幫助。

★述說一段話給學生聽，然後要學生轉述其中大意，對於學生誤解的部分加以詳細解釋、分析，將正確意思與誤解的意思讓學生做一比較，讓學生明瞭其相異處，增進學生語言理解的能力。

60 無法找到適當的字詞以正確的指稱人、事、物

◆ 教學策略

★指導學生正確的詞，再請他複誦三次。

★用遊戲的方式使學生學會名詞、動詞等用法。

★隨時有機會就多問學生，讓他可以反覆練習。

★由其他的學生先示範，讓學生仿作，請他重述。

★讓學生經常閱讀新文章，讓他了解如何適當使用字詞。

★提醒學生一些關鍵字，讓他學會快速組織、連結的思考方式。

★當學生回答問題後，要學生回想是否在日常生活中有他所講的情境發生。當學生開口說出來時，讓學生試著自己解釋一遍，看看是否符合老師要的答案。

♦ 練習活動

★給學生新文章練習判斷，同時在旁隨時給予指導。

★提供學生多樣的經驗：郊遊、玩木偶戲、捏塑，介紹並討論他們不熟知的事物。

★養成學生用口語表達切身經驗或圖畫的能力，例如：看圖說故事或口述教書的活動等。

★提供學生一些郊遊、念故事書及討論的機會、經驗，以刺激他的字彙及用字的能力。

★說出事物的特徵為提示，讓學生從他學過的字彙中去猜，如：裡面是空的東西，可投錢進去的⋯⋯，要學生盡可能地列出他可以想像的事物。

♦ 教材媒體

★在介紹字彙時，提供實物或圖片，如：為動作方面的字彙時，亦可讓學生以表演或演練方式加深印象。

★運用圖畫、實物請他來形容，並給予提示，如：「這是什麼顏色（形狀、味道）？」

★製作教學錄音帶，裡面錄下字詞與人、事、物的配對，讓學習者可藉由錄音帶反覆練習以加深印象。

★製作相關人、事、物以及一些詞彙之卡片，讓他學習詞彙配合人、事、物之配對，同時給予適時的鼓勵。

61 語法有缺陷，即說話的句型、結構有顛倒、混淆或省略等不合語法的現象

♦ 教學策略

★老師說話速度可放慢，一句句講，教他語法，做對話練習。

★老師分析句子的結構，建立其完整句子的概念或正確的句子說法。

★教導學生說話前先將想說的句子在心中念一次，判斷有沒有問題後再說出。

★老師可在學生說完之後，將正確的句子再述說一次，然後請學生再說一次。

★幫助學生建立文法規則，例如：要有主詞、動詞、形容詞、介詞、副詞及其間的關係等。

★跟學生分析句子的結構，列出一些基本的結構，例如：主詞＋動詞＋受詞，請學生造句，再衍生難一點的結構，例如：主詞＋副詞＋動詞＋受詞，請學生練習，最後拿一些不完整的句子請他練習完成。

★可將課本內容編成類似劇本的對話形式，請學生演練。可在生動活潑的氣氛下，藉由表演來熟悉各種語法技巧與對話練習。

♦ 教學活動

★給學生範例，要他依樣造句。

★多跟學生談話，讓他從說話中學會語言的用法。

★可以使用教學生唱歌的方式，來增進語句的通順程度。

★教學生一些常用的句子，用久了自然就會對句法有感覺。

★示範正確的句子和語法，同時將學生不當的用法對照正確的用法，以加深學生的印象。

★利用一些圖片來表示動詞的時態，如：未來、現在、過去式等，要學生描述圖片中的主角將來做什麼、目前正在做什麼、已完成了什麼。

♦ 練習活動

★讓學生多多閱讀各類書籍，加強學生對句子的理解能力。

★常用語法句型的練習，採用寫的方式並反覆朗誦。

★讓學生每天寫日記或者是寫信，以訓練句子和語法。

★讓學生做辭彙的訓練，再做句子與文章的相關練習。

★給學生範例，要他練習依樣造句，進行句型補救教學。

★念一些句子給學生聽，故意漏字，要學生補上正確的字。

★準備一些寫有名詞、形容詞、動詞的小卡片，由學生練習組成句子。

★可以請學生去讀課外書籍，熟練後在課堂上念給大家聽，增加練習機會。

★練習將圖片中部分的文字遮起來，請學生猜猜看是什麼字，並念出整個句子。

★在一篇文章中省略部分文字，請學生在念文章時，將不完整的部分說出來。

★讓學生選用一個自己知道的詞語，反覆使用在一個簡單的句型當中，並配合動作輔助。

★請學生幫老師傳話，如：「請你幫老師去找孟老師，跟孟老師說……」讓他有機會練習。

★先使用「二字構成一詞或一句」的句詞來練習說話，再加上形容詞或副詞等修飾與加長話語。

★平常練習和學生對話要用完整的句子，他才有範例可以模仿，譬如說「你要吃飯嗎？」會比「吃飯？」的完整句子練習效果佳。

★將一句子按主詞、動詞、受詞、形容詞等製成數個字卡，形成造句火車，讓學生排出火車頭、車廂、車尾；或是故意將造句火車顛倒、混淆或省略，請學生排出正確順序。

◆ 教材媒體

★讓學生常聽有聲錄音帶，將句子重念一次加強學習。

★錄下學生說話時的句子，要他聽完後找出錯誤之處並更正。

★多給學生看一些對話性較高的文章，取代敘述性或故事性的，增加學習正確對話的經驗值。

★做語言矯治時，應以錄音機做記錄，事後和學生一起檢視語法是否完整，並給予立即的修正回饋。

◆ 其他

★ 當學生說錯時要有正確語法的示範，當學生用對了句型語法時要予以鼓勵。
★ 請家長每天放學後陪他說今天學校發生的事情，如果有句子不完整則指導他。
★ 可以邀請鄰居或同學到家裡一起玩，讓學生多和別人說話，增加他使用句子的機會。

62 說話不合情境或措辭不當，以致造成溝通方面的誤會

◆ 教學策略

★ 當學生說錯時要有正確用法的示範。
★ 隨時有機會就多問學生，讓他可以反覆練習。
★ 當學生措辭不當時，老師在一旁給予口頭提示。
★ 若學生的表現良好，則予以獎勵以提高學習動機。
★ 多傾聽學生說話，不要打斷他們的思緒，但在事後可講述傾聽者的感想並給予指導。
★ 請學生換一種說法說說看，並鼓勵他完整地表達意見。
★ 當學生說話語意不清時，要有耐心的用不同詞句澄清其表達用意。
★ 教生詞的時候，要配合實物、教具及情境，讓學生清楚其正確用法。
★ 讓學生了解用錯字詞易引起誤解的後果，例如：「他給你打喔？那就是說你打他了？」
★ 將學生容易用錯的詞語整理起來，一一解釋清楚它的涵義給學生分辨。
★ 告訴學生不了解他說的話，並詢問他真正欲表達的意思，要他依正確說法重述一次。
★ 若有重要需正確表達的時機或場合，要學生先將想說的話寫下來，給老師或父母看過無誤後再教他說一次，都沒有錯誤之後再讓他去向別人說。
★ 教導學生掌握關鍵字或是相關的人、事、物聯想點，讓學生可以很快地加以組織，同時也教會學生學習這種快速思考和解答方式。
★ 措詞不當時立刻教他正確的說法，如：他說「我要叫我爸爸幫我」，

就告訴他「你是說，要請爸爸幫忙是嗎？」他就知道應該用「請」這個字。

★提供一些郊遊、念故事書、及討論的機會或經驗，以刺激學生的字彙及用字能力。

★採用自我音控法，要學生先在心中想一遍想要說的話，自我檢核無誤後再說出。

★讓學生學習自省的習慣，教導學生說話之前先考慮如果自己是對方或聽眾，是否會不愉快。

★可利用一些自習課來教導學生說話的禮儀或口語表達技巧，或可讓學生分小組來演戲，可扮演各種不同情境的應對方式，並對其情境演練時的口語溝通技巧加以評分或分析。

◆ 教材媒體

★將對談部分錄音下來給學生聽，再針對措詞不當處進行改進。

★多聽有聲錄音帶，學習錄音帶中的人物對談，並請他藉由文字或口頭表達出來。

◆ 情境模擬

★多帶學生外出，讓學生觀察父母親及周遭朋友是如何正確溝通的。

★製造模擬情境，與學生做模擬試驗的對談，並隨時給予指導。

★增加生活經驗，多見識一些場面，從觀察別人的談吐做起，再多利用機會和人家說話。

★使用情境想像法，請學生想像一情境發生時可能發生的狀況，指導學生可以說的一些措詞。

◆ 遊戲活動

★提供學生簡短的語句，鼓勵用不同的字句來表達相同的語意。

★設計小遊戲，將學生分組，由一組組員開始說話，接著由其他組組員回話，多輪幾回，最後錯誤最少即獲得優勝。

◆ 練習活動

  ★課後多做問題討論，讓學生多練習說話。

  ★常用語法句型的練習，採用寫的方式並反覆朗誦。

  ★訓練他傳達別人的話，或者敘述一個事件，讓他練習表達。

  ★教導學生在說話前將說話的內容先在心中說一遍後再說出。

  ★利用寫日記的方式和他做紙上的對談，先在紙上訓練他的思考模式。

  ★陪同學生說話時，若仍有用錯的詞語則予以糾正，並指導學生多練習
    幾次。

  ★請學生每天回家報告：在學校學到什麼？發生了什麼事？訓練他說話
    的能力。

  ★讓他多和別人說話，最好是年紀稍長或語言能力較好的，讓他有機會
    學習、模仿。

  ★讓學生將常用的詞語記錄下來，反覆的練習，以減少用錯的詞語，提
    高學生的自信心。

  ★設計像是「大家來找碴」遊戲，讓學生分辨哪些應對方法有錯，學習
    正確應對、溝通的技巧。

  ★設計不同的生活情境讓學生去扮演裡面的角色以學習正確的溝通，
    如：情境為甲生考試考壞了，那乙生該如何安慰甲生。

◆ 其他

  ★讓學生去體會到不適切的應對所造成的溝通障礙，有什麼不當之處。

  ★鼓勵學生廣泛涉獵各類興趣及嗜好，增加外在環境的刺激，幫助他學
    習。

  ★針對學生做基本資料的蒐集，例如：其語言學習的發展、智能發展、
    個性、和家庭的溝通互動、及其語言狀況的分析。

  ★針對說話易不合情境或措詞不當的學生，事前的提示與事後的指導固
    然重要，但家長或老師儘量不要有怕他說錯話，所以代替他說的情
    形，以免在無形中剝奪了學生的學習機會。

63 能用口語表達清楚，但用文字或注音符號表達有困難

◆ 教學策略

★ 告訴學生在寫字時可以大聲複誦，跟隨口語寫字，運用聽覺校正方式協助視覺與心像上的學習。

★ 一開始可讓學生將要表達的事用字詞或短句記錄，再依學生程度加長記錄的句子。

★ 將學生已經會用口語表達的話寫下來，教學生照著念，讓學生熟悉這些字句的寫法。

★ 教學生在寫文章前，先在腦中默念一遍，然後馬上把句子寫下來，等寫完一個段落後，再複誦一遍，把不通順的地方修正。

◆ 教學活動

★ 增加機會讓學生用筆將想說的話逐字逐句寫下來。

★ 對字句都能認、能念之後，教學生寫下自己說的話。

★ 練習常用句型的造句，例如：因為……（原因）……，所以……（結果）……。

★ 讓學生念出自己寫的句子或文章，再一起討論不通順或需修改的地方。

★ 在學生無法用文字或注音符號表達出自己的口語時，可要求自己多複誦幾次，再逐字逐句記錄，也可先用圖形記錄，留取思緒的過程，再請教別人轉換成文字。

◆ 教材媒體

★ 利用語言學中句子的樹狀結構圖輔助學習。

★ 用手觸摸字形，邊摸邊讀，進而邊看邊仿寫，直到把字形記起來為止。

★ 請學生將欲表達的思緒內容錄音，再聽著自己的錄音，逐字轉譯，可由先譯重點開始，漸次要求愈來愈詳細的逐字稿。

★ 與學生聊天並錄下談話內容，將錄音內容打成書面資料，教師先將關鍵圈選出來或以螢光筆標註，並將注音符號以不同之墨色列印，再讓學生邊聽錄音帶邊讀書面資料。

◆ 練習活動

★讓學生多練習字詞的書寫。

★請學生上台幫老師寫字，增加練習的機會。

★多給學生讀短篇故事，訓練學生的遣詞用字能力。

★從一個句子或一小段開始訓練，老師念學生寫，並給學生查字典的機會。

★請學生幫老師把每天的值日生名字，還有老師教學的範圍寫在教室日誌上，使其可在榮譽感與責任感的情形下開始練習文字表達。

★由一小段練習起，要求學生純用注音符號，再以長句做練習，或給學生看純注音，再漸次配合文字練習。

◆ 遊戲活動

★製作一些字卡，讓學生們玩「不能說話」的遊戲，使其由遊戲過程中自然練習文字表達。

★跟學生玩一個寫信或便條的遊戲，讓學生用寫字來和自己或他人溝通，藉此加強學生將平常所說的話以文字來表達的能力。

◆ 其他

★以能夠認讀文字為首要目標，並儘量結合日常生活經驗及學生的興趣。

★判斷學生是否在注音符號使用上有困難，如果有，先做注音符號補救教學。

★若學生注音符號能力不好，可先觀察其是否因口語發音不正確致影響注音符號能力，若是該類問題，應先做注音符號發音補救教學。

64 作文或造句時只能使用有限的詞彙和很短的句子

◆ 教學策略

★變化作文的教學方法，如：剪貼作文、聽寫作文、全班接力作文等。

★拿成語、好文章給學生看，圈好句子給學生背，熟練之後便能自然運用。

★加強字彙的增加及應用「鷹架教學法」，以建構的方式引導學生加深

加廣句子。

★訓練學生字句增長的能力，也就是在指定的位置要學生加入適當的詞語，如：我好→我很好→我今天的表現很好等。

◆ 教學活動

★讓學生背誦一些實用的句子或課文。

★分析各種句型給學生聽，並要求學生練習使用。

★讓學生多閱讀一些別人寫的作文或造句，作為參考。

★在黑板上寫一些單字、字彙，要學生重組成有意義的句子。

★由老師歸納出常用詞彙，加以解釋說明，進行詞彙的語意教學。

★老師要學生寫作文前，可先把跟此題目相關的字彙、成語及優美句子教學生，以增強學生在作文時的詞彙及語詞運用能力。

★請學生每週讀一篇故事，並請學生將故事中的佳句寫下來並說給同學聽。並在寫作課時適時提醒學生把腦海中的佳句用出來。

★引導學生將語彙連結起來，如：人－物，人－事，事－物的連結表達，進而增加形容詞等修飾的語詞。

★可在完成作文後，將學生分組，互相傳閱作文，並可自由發問對方作文中的不懂或認為可再增加的地方，被詢問者必須負責回答問題並在原有作文中做補充，藉由同儕教學方式以達增進作文詞彙能力。

★教師可在學生寫完作文後，舉辦配合全班評分活動，採多元標準評量方式，例如：作文內容最長且最好的、作文內容最短且最好的、作文內容使用形容詞或副詞最多的、開頭最具有創意的、結尾語最令人回味再三的、結構最完整的等，以協助學生在評分過程中了解其他同學作文的特點，並了解何謂一篇好作文，藉由觀摩達到自己作文能力進步的目標。

◆ 練習活動

★安排情境式的 contextual，詞彙運用練習。

★可以看圖說故事的方式引導學生造句子。

★讓學生把幾個很短的句子合起來變成一長句的活動。

★準備一些填充題練習活動，要學生填出一些重要的關鍵字。

★練習常用句型的造句,例如:因為 ……(原因)……,所以 ……(結果)……。

★重複練習同一句型,將學過的生字放入句子中,多練習照樣造句。

★當學習生詞時,一起教同義字,以擴充詞彙,並利用生詞做造句練習。

★讓學生練習針對同一主題慢慢加長主詞、動詞、名詞或形容詞等之長句。

★每天剪貼一篇喜愛的文章,在佳句旁畫線,製作成一本剪貼作品集以供參考學習。

★選取學生常用到的、有關生活經驗的詞彙去加深、加廣,並練習用這些詞彙來造句。

★練習在閱讀完的文章中找出「人」、「事」、「時」、「地」、「物」,或多練習看圖說故事。

★可先練習給予學生各式各樣的詞彙讓學生來造句,等到會用或習慣用多種詞彙,自然而然造句就會有變化了。

★讓學生練習用意思相同但表現方式或字詞不同的句子來代替自己寫出的句子,並讓學生多閱覽有趣的文章或書籍,如:有故事性之書籍,藉以學習表達方式。

★訓練學生將「字」加上形容詞成為「詞」,又在形容詞前加上副詞成為「詞組」,在句首或句末加上副詞表示時間和地點,如此便能使學生快速擴充有限的詞彙。

♦ 遊戲活動

★讓學生玩詞句接龍的遊戲。

★全班分組,用上課所教的生詞編成一個故事。

★利用照樣造句反覆練習同一句型,或套進新學的詞語加強練習。

★造句的練習上,可以老師先造一句,然後叫學生玩加字進入句子的遊戲。

★平常多讓學生玩「文字接龍」與「故事接力」的遊戲,教師可藉機從旁輔助。

♦ 其他

★請學生家長幫忙，回家練習念課文以加強語文能力。

★可能是學生日常生活經驗太少，宜多增加生活經驗及刺激。

★以溫習、分段記憶、配合聲音或動作的方式加強字彙的記憶。

★養成學生閱讀習慣，亦可藉由系統性導讀增強其作文能力。

65 作文或造句時會漏字、寫錯字，以致辭不達意

♦ 教學策略

★請學生每寫完一段後即自行以朗讀的方式檢查一遍。

★作文寫完後要求學生小聲的念一遍，藉由視覺輔助的方式發現錯漏字。

★教學生熟悉字的寫法及各部首的意義，避免錯字的發生。

★在作業單旁邊加註提醒語詞，例如：「請再檢查一遍」，或「小心，仔細看！」

★先將學生日常生活中常見的字彙整理出來，再有系統地教導學生，讓學生加強練習。

★老師可以指導學生搜尋漏字或錯別字，可讓學生將錯誤的地方用螢光筆畫出來。

★請學生閱讀短文後複述文中大意，判斷學生漏字、寫錯字的原因是否在於語句理解能力的不足。

★隨時隨地改正學生錯誤的字句，例如：他寫「我要吃飲料時」，給予糾正爲「喝飲料、喝湯或喝開水」。

★在作文的同時要求學生先念出默寫的句子再下筆，寫完一句再回去檢查是否漏字，可達到不錯的效果。

♦ 教學活動

★老師可以日常情境常用字詞結合課程，進行國字辨正的教學。

★讓學生多閱讀書報、雜誌等讀物，增強其對字的認識。

★由老師歸納出常用詞彙並加以解釋說明，進行詞彙的語意教學。

★在造句及作文後要求學生一定要逐字檢查一次，或自己再念一次，培養自我檢查的能力。

★可嘗試以「照樣造句」的方式來增強完整辭意的表達力。採「造句練習」教學方式，請學生先說出句子，由老師記錄下來，根據學生所造的句子，教學生其中的字、詞，學生學會了，老師念出學生先前所造的句子，再請學生將其完整寫下。

◆ 練習活動

★加強學生常錯之錯別字的練習。

★針對學生文章中的錯字和漏字，改成填空題讓學生去做，但是題目要有所變化。例如：學生的文章為「今天氣真好，適合出外郊遊」，則可以改成「今□是星期天，□氣晴朗，適合出外郊□和玩□戲」。

★已經教過的字若寫錯要他訂正十遍，沒有教過的字若寫錯則告訴他正確的寫法，讓他練習學會寫。

★先確定學生是粗心或者對該生字根本不熟悉且不知用法。若是不知用法，要他查閱字典的例句；若是粗心，則請他另外再造五個例句。

★給予精采和適合程度的文章閱讀，以增加其正確字詞運用的能力。

★如果作文時常寫錯字，則將錯字做成學生專屬「字卡銀行」來複習學生的錯字。

★要求學生每當寫完一個句子後，有再念過一次和再檢查一遍文句不順、錯字地方的習慣，錯誤愈少，獎勵愈多。

◆ 遊戲活動

★玩文字接龍遊戲，訓練學生對字的理解力與辨識力。

★讓學生在黑板接寫故事，規定每人要接兩句以上。如果上去寫的同學有寫錯，同組的同學可給予改正。

66 很少用口語表達需求，多以手勢或非語言的方式表示

◆ 了解原因

★關心學生的家庭生活狀況並進行家庭訪問，以了解其少用口語表達的真正原因。

★了解學生是心因性抑或生理性的難以用口語表達，並針對其症狀進行補救。

★排除學生非因自閉症、言語運動器官相關問題、或選擇性緘默症等，以致少用口語表達需求。若有前述相關問題應同時尋求醫療協助。

★觀察學生是否僅針對權威體有少用口語表達需求的現象，而對同儕時則無此現象。若為前述問題，則可善用同儕增加其口語溝通機會。

★了解學生是否因環境適應不良或適應力較差，以致產生少用口語表達的現象。若為適應力之問題，則應從改善其適應力或環境問題著手。

◆ 教學策略

★以實物或需求引發學生開口說話的動機。

★多利用實物或圖片，請學生說出和圖片有關的事物。

★當學生用口語表達時，即提供讚美、點頭等社會性增強。

★運用工作分析，將目標細分。從非口語→非口語 + 口語→口語，逐步塑形。

★利用導問的方式使他比較不擔心不知該說什麼而不開口，慢慢引導學生用口語的方式表達。

★當學生使用非口語表達的時候，儘量表示自己無法了解，希望他用「說」的告訴別人，讓他習慣使用口語。

◆ 練習活動

★教導學生問題回答的技巧。抓出問句的 重點 。例如：你今天穿什麼 顏色 的衣服？

★請他幫老師傳話，如：「請你幫老師去找孟老師，跟孟老師說……」，讓他有機會練習說話。

★教學生說一些日常的句子，如：「我肚子餓」「我想……」「可以去上廁所嗎？」並讓他習慣這些用法。

★讓學生有機會多和別人說話，可以邀請鄰居或同學到家裡一起玩，藉由與同儕友伴增加互動機會練習其說話能力。

◆ 行為改變

★藉由「有意匱乏法」要學生說出完整的句子，例如：不能用手勢等非語言資料才去滿足他的需求。

★當學生用非語言方式要求某物時，要求學生確切說出該物名稱，再將東西給他。

★學生如果具有口語能力但卻不肯以口語方式表達需求，大人需採忽視的態度來看待其非口語方式的需求表達。

◆ 遊戲活動

★設計一定要用口語表達的遊戲，例如：故事接龍。

★玩「配音遊戲」，即一人站在另一人之前只做動作不說話，站在後面的人發出說話聲以練習說話。

★製造必須使用口語才能表達的情境，如：拿玩具給他選，但必須要說出「那是什麼」才可以拿去玩。

★以遊戲方法讓學生必須且有說話的意願，例如：先說出一個動物或水果的名稱，才可以從溜滑梯上滑下來。

★轉以口語練習與遊戲治療的方式，運用系統性方法增加其採用口語溝通的機會。

67 回答問題時答非所問，不能針對問題答覆

◆ 生理特徵

★應針對某種聽力或聽覺理解能力作評估，並針對其問題尋求醫療協助。

◆ 教學策略

★可從學生有興趣的問題開始問起。

★將問題分解成幾個小問題，引導學生將答案帶出來。

★要求學生重複問題，並試著要他解釋問題是要問些什麼。

★教導學生當出現「人、事、時、地」等問句時應回答的特定重點。

★在問題之後，提供學生思考問題的方向或明確告知學生應該如何思考。

★讓學生了解問題不出下列五原則：「how」、「why」、「what」、「who」、「where」，並能以此掌握回答重點。

★將其回答的話錄下來再播給他聽，並請其分析其回答和老師的問題有何出入。

★教導學生問題回答的技巧，抓出問句的 重點 。例如：你今天穿什麼 顏色 的衣服？

★事前的提醒很重要，在學生尚未說出答案前，提醒學生想清楚老師要的答案是什麼。

★引導學生說出針對題目而給的答案，並就題目再說明一次，告訴他答案與題目的因果關係、邏輯。

★如果他答非所問時，要他眼睛注視著說話者，說話者再重述一次問題或簡化問題問他，要他回答看看。

★老師將問題重述一次，學生若無法回答，則給予提示，若還是不能回答，便給予正確答案，請學生重複問題及答案。

★要求學生在回答問題時，按照一定的模式來回答，如：老師的問題是……，而我的答案是……。等到學生改掉答非所問的習慣後，再改回用正常的對話方式回答。

★如不能依照問題回答，則要學生回答問題以前，先告知問句的重點，確立問話者的重點，解釋問題、問題的可能期待答案是如何，並使他了解他的回答與問題無關。

◆ 練習活動

★準備一些問與答的句子，訓練他把它們配成對。

★學生練習說故事，加強其理解、貫穿、敘述能力。

★把一些包含較多事實的句子念給他聽，然後考問他的記憶力。

★玩「老師說」遊戲，請學生當老師，並令他指出做錯的學生；或玩「家家酒」遊戲，請學生扮演父母或學生的角色，互相對話。

★可以用引導的方式讓學生練習，例如：題目 —— 十隻雞、三匹牛，總共有幾隻腳？老師可以先引導學生：「一隻雞有幾隻腳？」之後再進階問：「十隻雞有幾隻腳？」等等諸如此類的方式，讓學生能循序回答問題。

★將一個問題拆成好幾個子問題，加強學生練習力：先問他是非題：「你喜歡當農夫嗎？」再問選擇題：「你喜歡當農夫、工人、商人、還是別的？」再問問答題：「你想要當什麼？」最後才問申論題：「你以後想要做些什麼？為什麼？」

◆ 家庭影響

★請父母多聽他以及和他多講話來加強練習改進。

★做家庭訪問，看學生的家庭環境是否讓他很少有講話的伴。

★直接把題目的意思說明白，讓學生清楚了解題目到底在問什麼。

68 很久才能想出要說的話

◆ 生理特徵

★接受醫院診斷，評估是否爲語言障礙或有腦傷現象。

◆ 教學策略

★多給學生發言的機會。

★給學生時間，慢慢引導他將想說的話寫下來後再說出來。

★當學生講不出來時，給予一些提示，如：「你是不是說……」

★事先將問題給學生，請他想一想，給予學生足夠的思考時間，再請學生回答。

★避免一次問很多問題，一次問一個問題就好，等學生回答後，再問下一個問題。

★製造讓學生說話的機會，在生活和學習過程中，一定要開口說話才可以滿足欲達到的需求。

★幫學生說出想說的話，並請他複述或回答。例如：老師問：「你是不是想要畫圖？」學生答：「我想要畫圖。」

★讓學生模仿，由其他語言能力較佳的學生做示範，再讓他依樣重述一遍，久而久之便會學習、歸納出每個句子或情境應如何反應的原則。

★如果是因爲句法的問題讓學生需要思考很久才能說出所要說的話，可以先叫他把所想的話的內容寫在紙上，然後一邊糾正他的句法，一邊慢慢的跟他談話。

★習慣性的詢問學生對每件事物或情境的感受及感覺等，間接的達到要求學生用言語表達其感受及思想，用言語的方式增加其思考的速度，加快其表達的速度及能力。

◆ **教學活動**

★ 運用角色扮演或戲劇治療，增進社會知覺及人際溝通能力。

★ 訓練學生傳達別人的話，或者敘述一個事件，讓他練習表達。

★ 在輕鬆自然的氣氛中多讓學生做口頭報告，必要時給予提示。

★ 提醒關鍵字或是相關的人、事、物聯想點，讓學生可以很快的加以組織，當然也得教會他學習這種快速思考和解答方式。

★ 老師先定出一個主題，請學生互相討論，將討論的內容寫下，等一下老師叫到學生時，可根據剛剛寫下的內容回答。

◆ **練習活動**

★ 平常多訓練學生發表意見。

★ 多給他讀課外讀物，讓他熟悉句法和遣詞用字。

★ 平日即施以給予關鍵字提示的造句或說故事之訓練。

★ 請班上一個有愛心的同學常常跟他對話，讓學生練習。

★ 多訓練學生口語能力，可辦類似辯論等訓練口語的活動。

★ 可以「自問自答」的方式來加強學生思考與回答的速度。

★ 給一主題訓練學生即席演講，多讓學生參加辯論比賽或演講比賽。

★ 老師可先說出學生可能要表達的內容，確認後，老師說一次，再請學生複述。

★ 從一些簡單而答案確定的問題開始，使學生能夠有較快反應，知道自己該說出什麼話，再逐步增加答案自由空間。

◆ **遊戲活動**

★ 進行圖與語詞或句子的配對遊戲。

★ 常訓練學生進行搶答、快問快答、成語接龍的遊戲。

★ 讓學生玩「換句話說」的遊戲。老師設計一個情境，包含裡面的對話，讓學生依照裡面的對話再去引申出其他適用的對話。（例如：甲生正在哭泣，那乙生可以說：別太難過了／你怎麼了？／有什麼我可以幫忙的嗎？）

♦ 增加自信

★老師要有耐心等待，學生有表達意願時給予立即回饋。

★鼓勵他想到什麼就說什麼，不要考慮太多，即使說錯了也無妨。

★老師、全班同學耐心傾聽，聽完他要說的話，增加其說話時的自信心。

★如果是過去有因表達而造成的不愉快經驗，則今後於學生有表達意願時，無論其達成情況如何，教師都應給予立即的獎勵與適時修正，鼓勵學生作更好的口語溝通。

★允許學生先將想說的話寫成小抄再邊看邊說，只要有勇氣表達出想說的話即給予讚美，逐步建立其說話的信心及能力。

♦ 其他

★進行家庭訪問，了解父母日常與學生口語溝通的情形。若有經常打斷其說話的情形，可請父母改善。

★讓學生多和別人說話，最好是年紀稍長或語言能力較好的，讓他有機會學習與模仿。

★提供學生多樣的生活經驗，例如：去郊遊時，可以聊天的方式，請學生敘述喜好的事物。

★增加某一句音或字音的多感官經驗與印象，使學生聽其聲之同時，一併運用視、嗅、味或觸覺來幫助其加深印象。

69 抄寫課文時需要一看再看地對照，以致速度緩慢

♦ 生理特徵

★檢查學生是否有手眼協調性不足的問題，並針對問題給予醫療協助。

★先確定引起困難的原因為何，若是視力不佳則請醫師矯正。

★若是因腦傷影響學生的視覺複製能力，可針對其問題給予醫療協助。

♦ 教學策略

★訓練學生用聽寫的方式抄寫。

★每抄一句時，先要學生念一、兩次再下筆寫。

★給學生動機，提示他快點寫完就可以看卡通或有其他獎勵。

★教學生先把要寫的東西一個字或一個詞先記好再動筆,不要一畫一畫看著描。
★將要抄寫的那一句,教學生先在心中默念幾次,覺得有短期記憶時再寫下來。
★如果是視覺記憶力的缺陷,則嘗試要求學生依下列的指令行事:注意看這字,閉上眼睛回想一下,寫寫看;如果想不起來,再看一遍,閉上眼睛回想一下,再寫寫看……。

◆ 教學活動

★抄寫之前先把整篇文字默念一遍,熟悉一下內容。
★正確指導學生寫字的筆劃並依正確筆劃重複練習。
★若學生是因為識字困難而引起抄寫的困難,則應先教導學生認識高頻字,藉由識字能力的增加而增強其抄寫能力。

◆ 練習活動

★練習以三個字為一個單位做寫字練習。
★從簡到繁、從短到長,慢慢地練習其視動的協調能力。
★老師念一段,讓學生抄一段,比賽誰最先抄完又無誤。
★要學生朗誦課文,增加對課文的熟悉感後再練習抄寫能力。
★讓學生念短而簡單的童詩,先訓練他的速度與對文字的興趣。
★有可能是學生對文字不夠熟悉,此時應把他不熟悉的字集中起來,多加練習。

◆ 教材媒體

★分段呈現要閱讀及抄寫的文章,且加大、加粗字體。
★將要抄寫的課本放在適當位置標示清楚,才不會分心找不到。
★抄課文時,播放課文朗誦帶,老師視其抄寫速度控制播放速度,以聽覺輔助視覺。

◆ 其他

★察看學生寫字的策略是否得當,例如:學生可能看一字寫一字等。

★安排一個細心、專心與其友好的學生在其旁邊，時常提醒學生趕快把字寫完，才可以一起出去玩遊戲。

★如果嘗試各種方法皆無效的話，可以讓學生練習電腦打字，採電腦輔助學習方式。

★學障的學生常因特殊困難而在某些需手眼協調的學習上比一般學生花上更多的精力，因此教師應該接納學生的困難處，給予酌量減少作業量。

70 抄寫黑板時需要一看再看地對照，以致速度緩慢

◆ 生理特徵

★先確定引起困難的原因爲何，若是視力不佳則請醫師矯正。

★檢查學生是否因腦傷問題影響其視覺複製能力，可針對其問題給予醫療協助。

★若是因爲生理因素造成手眼協調問題或感覺統合失調，則可以用密集式感覺運動的訓練，幫助學生改善。

◆ 教學策略

★用聽寫的方式抄寫。

★練習以三個字爲一個單位做寫字練習。

★要求學生必須抄完一句才可以再看黑板。

★教導學生抄寫板書時，可在心中默念，不用一直抬頭。

★在學生抄寫時，把黑板上的字句逐字擦掉，試著加快他的速度。

★察看學生寫字的策略是否得當，例如：學生可能看一字寫一字等。

★若學生是因爲識字困難而引起抄寫黑板的困難，則應先教導學生認識高頻字，藉由識字能力的增加而增強其抄寫能力。

★教學生先把要寫的東西一個字或一個詞先記好再動筆，不要一畫一畫看著描。

★將要抄寫的那一句，教學生先在心中默念幾次，覺得有短期記憶時再寫下來。

★如果是視覺記憶力的缺陷，則嘗試要求學生依下列的指令行事：注意看這字，閉上眼睛回想一下，寫寫看；如果想不起來，再看一遍，閉

上眼睛回想一下，再寫寫看……。

◆ 練習活動

★ 從簡到繁、從短到長，慢慢地練習其視動的協調。

★ 先訓練閱讀速度與正確率，再訓練抄寫能力。

★ 老師念一段，讓學生抄一段，比賽誰最先抄完又無誤。

★ 讓他念短而簡單的童詩，先訓練他的速度與對文字的興趣。

★ 有可能是學生對文字不夠熟悉，此時應把他不熟悉的字集中起來，多加練習。

◆ 教學媒體

★ 老師儘量將字體寫大。

★ 板書可多用幾種不同而容易區分的色筆。

★ 老師不要用容易反光的顏色，造成學生困擾。

★ 若學生是因為保留視覺意象上有困難，則老師可在板書時將所寫的內容念出來給學生聽，讓學生藉由聽力彌補視力上的缺陷。

◆ 其他

★ 檢查學生座位安排是否合宜。

★ 給學生動機，提示他快點寫完就可以看卡通或有其他獎勵。

★ 學障的學生常因特殊困難而在某些需手眼協調的學習上比一般學生花上更多的精力，因此教師應該接納學生的困難處，並嘗試教導其抄寫黑板時僅抄寫重點或以替代性圖案勾選代替抄寫。

71 抄寫課文時有跳行、增加或遺漏字句現象

◆ 教學策略

★ 教學生一邊用手指，一邊抄寫。

★ 教學生養成寫完後自我檢查的習慣。

★ 請學生將自己所抄的內容念念看是否通順。

★ 用尺或遮板將課文以一行行呈現的方式，寫完一行才露出下一行，以

增視覺上的專注性。

★指導學生抄寫之前先把整篇文字默念一遍，熟悉內容。

★帶著學生一字一字閱讀並抄寫，避免其在抄寫過程中加入其他字。

★下課後讓學生對照著同學的筆記，修正自己抄寫的內容。

★請學生先數一數要抄的內容有幾行，隨時提醒自己不要跳行。

★請學生在課本上做記號，就知道自己抄到哪裡，避免重複抄。

★教學生在抄下一句時，將上一句重複念一次，以確認沒有跳行、漏句。

★要求學生將抄寫及閱讀速度放慢，每一個字看清楚後再抄，勿操之過急。老師同時也要做錯誤型態分析，並加強生字及部首的訓練。

★教導學生自我暗示法，例如：每次上課之際，先請學生閉目養神，等其心情平靜之際，告訴自己說：「我很棒，我會把每一字每一行都看得很清楚並抄得很正確。」

★若因為學生在抄寫時容易心急，造成跳行、增漏字的現象，應給予學生充裕的時間抄寫黑板上的資料，或請同學下課時借學生抄寫其未能及時抄到的部分，避免因擔心沒抄到而心急出錯的情形產生。

◆ 教材輔助

★將關鍵字標記起來或著色以協助其抄寫。

★將尚未寫的部分用紙或木板遮起來。

★需先錄製課文成錄音帶，令學生逐句地播放並複誦，再逐句抄字。

★設計互動式的文章閱讀網頁，讓電腦指引該生一字一字做閱讀與抄寫。

72　抄寫黑板時有跳行、增加或遺漏字句現象

◆ 教學策略

★請學生先數一數要抄的內容有幾行。

★教學生養成寫完後自我檢查的習慣。

★請學生將自己所抄的內容念念看是否通順。

★老師在黑板上寫字時，多以分段且適當長度的句子表示。

★帶著學生一字一字閱讀，避免其在抄寫過程中加入其他字。

★教學生在抄下一句時，將上一句重複念一次，以確認其沒有跳行、漏

句。

★要求學生將抄寫及閱讀速度放慢，每一個字看清楚後再寫，勿操之過急。老師同時也要做錯誤型態分析，並加強生字及部首的訓練。

◆ 教學活動

★下課後讓學生對照著同學的筆記，修正自己抄寫的內容。

★老師上課在寫黑板的時候，寫字儘量整齊不潦草，且如果能夠一行一行的寫，對學生的黑板抄寫行為應有幫助。

★教導學生自我暗示法，例如：每次上課之際，先請學生閉目養神，等其心情平靜之際，告訴自己說：「我很棒，我會把每一字每一行都看得很清楚並抄得很正確。」

◆ 教材媒體

★將黑板上的關鍵字標記起來或著色。

★給學生一張畫有簡單幾何圖形的圖片，請學生看一段時間後，遮起來把印象中的圖形畫下來，不記得則再看一次，一直到全畫完為止，以增進其視覺複製能力。

◆ 其他

★若因為學生在抄寫時容易心急，造成跳行、增漏字的現象，應給予學生充裕的時間抄寫黑板上的資料，或請同學下課時借學生抄寫其未能及時抄到的部分，避免因擔心沒抄到而產生心急出錯的情形。

73 會出現語文方面的技術性錯誤，例如：大小寫、標點符號或拼音等錯誤

◆ 教學策略

★首先確認學生的問題，看是注意力不集中或是學習上的困難，宜針對其問題進行補救教學。

★拼音的問題，可用大聲朗讀、老師隨時糾正的方法來加以改進。

★拼音錯誤，可請學生每次寫的時候就自己的拼法念一遍檢查。

★解釋大小寫及標點符號的規則，並配合記憶策略，協助學生增加正確率。

★分析學生在大小寫、標點符號或拼音部分的錯誤型態，並針對問題予以矯治。

◆ 教學活動

★老師一對一個別指導與示範。

★對大小寫、標點符號或拼音等加強對認知上的了解。

★讓學生養成檢查的習慣，找出錯誤並加以改正。

★讓學生把他自己所寫的文字念出來聽，如果音不對，讓學生再改一次，老師則在旁指導。

★老師示範正確的句子和語法，同時將學生不當的用法對照正確的用法，以加深學生的印象。

★拿一篇沒有大小寫、標點符號或拼音等的文章，請學生以寫出正確的方式作練習並給予指導。

★課文教學時，特別強調什麼時候該用逗點、句點、分號等，並設法編出一些對學生而言有意義連結方法。

★由老師用文字舉例示範，並同時用口語強調、分析。如：一句話開始時要大寫，結束時依語氣有句點、問號、驚嘆號的不同。

★設計一篇有趣的文章，其中包含了學生可能會犯的錯誤，由學生將其中的錯誤找出並修正。若學生將所有的錯誤全部找出且修正正確，則給予獎勵。

◆ 練習活動

★拼音有誤處用顏色筆畫出，並請學生重複練習。

★訓練學生多讀文章可增進自己對語文技術性上的學習能力。

★給學生一篇正確版的文章，請他畫出自己常出差錯之處，使他更清楚自己出差錯的地方，並寫於卡片上時時複習。

74 書寫時有疊字的現象發生，例如：兩個字或數個字重疊寫在同一格子內

◆ **生理特徵**

★檢查學生是否是視差現象造成，需要接受矯正否。

★若是手指的控制力精細度不足，可以放大格子書寫的方式來改進。

◆ **教學策略**

★讓學生養成檢查的習慣，能自行發現疊字現象並予以改正。

★訓練學生手部移動的精細動作，讓學生知道字與字之間應該留多少空隙。

★注意學生出現疊字的頻率。若頻率增加，要給予叮嚀；若頻率降低，則要給予獎勵。

★讓學生比較疊字與非疊字的差異性，讓其選擇使用何者較好，並請其說明原因，針對學生的回答來引導學生。

◆ **練習活動**

★加強學生填寫漏空字練習。

★可將直行書寫的格式改為西式橫寫格式，以減少疊字情形的發生。

◆ **教材媒體**

★用格子簿練習寫字。

★在沒有格子的紙上寫字時，底下可以墊著有隔線的墊板，以減少其疊字出現率。

75 數字會顛倒閱讀或書寫，例如：3寫成ε

◆ **生理特徵**

★先請教醫生是否為腦傷、視覺神經系統或其他生理上問題，並針對其問題給予醫療協助。

◆ 教學策略

★讓學生養成檢查的習慣，當常犯錯的數字出現時，要多加留意。

★將容易顛倒的字整理出來，分析學生不易分辨的數字種類及原因。

★在學生的桌上、鉛筆盒裡放置標語，例如：「注意不要寫顛倒」，提醒他！

★採「加強印象記憶法」，要學生將常寫錯或寫顛倒的字反覆寫數十次，直到能夠正確寫出為止。

★教授口訣：看到數字時，先認左右，再從左念到右。例如：看到 20 這個數字，先認出左邊的數字為 2，右邊的數字為 0，所以從左念到右就是 20。

★考試時，例如：若算出答案為 45，寫至答案欄位置時卻變成 54，建議可提醒學生算至答案時請用力書寫，再謄至答案欄時，可以觸覺校對視覺的概念協助抄寫出正確答案；或是建議學生：「先默念答案，再寫答案」，可以聽覺校對視覺的概念協助抄寫出正確答案。

◆ 教學活動

★示範筆順時可要求學生一邊目視黑板，一邊在空中以手指跟著對空書寫。

★書寫時可在作業本上先描上一些虛線讓他照著寫，然後留一些空格讓他練習，有助區辨字形。

★如果是一對一教學，可先握住學生的手緩慢地書寫過一次；接著教師寫一筆，學生跟著寫一筆；最後再要求學生自行書寫過一遍。

★將正確的字寫在字卡上，讓學生先看 10 秒，再請學生拿剪刀將字的分部，或上下或左右剪開，最後再讓學生按照先前的印象將字重新組合起來，黏貼在另一張全新的白紙上。

◆ 教材媒體

★利用市面上的電腦輔助教學媒體，以寓教於樂的方式，教導學生正確的數字寫法。

★將這類字以電腦漏空字體放大印出，讓學生著色，也有助於經由視覺上刺激幫助學習記憶。

★製作一些有方向性的教具，例如：將容易顛倒書寫的數字製作成拼圖，必須方向正確才能拼合在一起。

★用虛線寫出字，要求學生依虛線描出該字，並在學生描字時，叫他們一邊描，一邊在口中念著該數字的音。

★使用電腦輔助教學軟體，例如：莎士比亞的造字、變形、放大、縮小，使學生能經由手部操作集中注意力以學習每個字。

◆ 遊戲活動

★將左右相反的字和原字擺在一起，讓學生玩挑錯字比賽。

76　寫字時沒有筆劃順序的概念

◆ 教學活動

★老師示範給學生看，讓他一筆一劃的模仿。

★從筆劃少的字開始教他重新學習筆劃的概念。

★在貼字活動時，要求學生按筆劃順序進行黏貼。

★有系統地介紹各種筆劃的變化和寫法，並配合記憶口訣。

★看著學生寫字，若筆劃錯亂則立即糾正，並給予正確的示範。

★指導他一般筆劃的用法並做下筆記，例如：從左到右、從上到下。

★由老師示範，示範時邊將所寫的筆劃念出，並要求其跟著對空書寫，讓學生同時接受視覺、聽覺及動作的刺激。

★易錯的筆劃用明顯的顏色標明，請學生先自行練習，再到黑板書寫，增加其印象。

★老師先在黑板上以正確的筆劃順序帶領學生寫一遍，再要求學生在筆記本上自行寫一遍，以增加印象。

★開始先訓練學生數國字筆劃，學國字時同時要學生記住共有幾筆劃。多寫幾次之後，若學生可以不用數筆劃而寫對字的話，便代表此字已經學會，可以往下個字邁進。

◆ 練習活動

★買有標明筆劃順序的練習簿讓學生練習。

★可讓學生學習書法，因書法中筆劃分明，寫書法時總是要一筆劃一筆

劃的寫，會讓學生較有筆劃概念。

◆ 教材媒體

★ 做生字卡並標上 1、2、3 的筆劃順序。

★ 製作放大的生字筆劃卡，讓學生看清楚所有的筆劃。

★ 將字放大，讓學生按著字一筆劃一筆劃的照描。

★ 將生字以不同顏色呈現來凸顯筆劃順序的視覺效果。

★ 運用多媒體教學，比如：動畫、電腦、卡通教寫生字筆劃的概念，以提高學生學習的興致。

★ 使用有教導筆劃的寫字簿，讓學生多練習，但每次規定的作業量需適中。

★ 將字放大，老師可藉由光筆在學生旁邊帶著學生一筆劃一筆劃的寫，可邊寫邊將所寫的筆劃念出。

★ 利用字體的放大，以及顏色的變化，凸顯出字體的筆劃順序，並且可在字旁加上書寫方向的箭頭，以方便學生模擬。

★ 使用電腦教學軟體，例如：讓每個字依照筆劃順序慢慢的、一筆一劃的顯現在螢幕上，設計寫字的遊戲，學生必須按照正確的筆劃將該字寫出來才能得分等等。

77 寫字時字體忽大忽小或歪歪扭扭

◆ 生理特徵

★ 確認學生寫字忽大忽小或歪歪扭扭的原因，是動作問題、視覺問題或其他因素，再依原因進行矯正。

◆ 教學策略

★ 避免學生在寫字時注意力分散。

★ 利用寫字手部輔助器，讓學生學習正確的寫字精細動作。

★ 練習寫大點的字，比如毛筆字，之後再寫一般國字會比較工整。

★ 要求學生寫字時坐姿端正，本子亦需放正，這樣比較容易把一行字寫得直。

★ 檢查學生是否握筆的姿勢不正確，或鉛筆筆心過短的關係，改善之後

再給予正確的指導。

★請他寫一些重要的東西，如：給爸爸媽媽的卡片、給全班同學看的重要記事，他就會想辦法寫整齊。

★當要在空白紙上寫字時，請學生在下面墊一有格線之墊板。藉由墊板上的格線，讓學生得以控制其字的大小及整齊。

◆ 練習活動

★先用鉛筆來描字練習。

★讓學生從描寫進而臨寫範本到能夠自力書寫。

★利用點字為線索讓學生描寫，並逐漸減少字點的數量。

★從能把字寫在格子中開始練習，格子由大至小慢慢調整。

★讓學生對同一個字重複練習，改善其字體忽大忽小的壞習慣。

★先給學生有虛線的字練習正確的字形多次之後，再開始寫字。

◆ 遊戲活動

★畫直線讓學生練習寫字時能夠對齊。

★設計一些需手部精細動作的遊戲讓學生玩，以訓練其手的靈活度。

◆ 教材準備

★寫字時用尺輔助。

★使用滑鼠筆，直接利用電腦做寫字練習。

★以格子簿讓學生練習寫，不宜太早使用空白或直橫行的簿子。

★利用透明的格子墊板，墊在寫字本的下面，這樣學生可以隱約看到格子，以幫助學生控制所寫的字可以儘量大小一致。

78 寫字時會少掉或多出筆劃

◆ 教學策略

★以習字簿讓學生照著上面的筆劃描寫。

★讓學生養成檢查的習慣，當常犯錯的字出現時，要多加留意。

★老師在教生字時把筆劃念出，例如：「一橫一豎勾」，引起學生注意。

★寫字之前，請學生先想一想該如何寫這個字，以及把該字的原有字形想清楚再下筆。

★針對學生常少掉或多出筆劃的部分設計記憶口訣，以增強其書寫該字時的正確率。

★採「心像記憶策略」：令學生閉上眼睛，扶著他的手指在已經看過的字體上，依序觸寫之。

◆ 教學活動

★讓學生做貼字活動，加強對字體的認識。

★用泥條或泥塊請學生組成一個字，或用貼紙畫、漿糊畫的方式來拼字，如此可增強對字筆劃的概念。

★老師先在黑板上以正確的筆劃順序帶領學生寫一遍，再要求學生在筆記本上自行寫一遍，以增加印象。

★將字放大，老師可藉由光筆在學生旁邊帶著他一筆劃一筆劃的寫，可邊寫邊將所寫的筆劃念出，之後讓學生自行寫一遍；若有誤，則再加以指導。

◆ 練習活動

★讓學生將犯錯的字加以訂正，並用練習簿將正確的字多寫幾遍。

★對學生常寫錯的字，重複練習並請他一筆一劃寫出，老師在旁指導。

★改錯字練習，可以用「大家來找碴」的遊戲方式進行，讓學生對字體的印象更深刻。

◆ 教材媒體

★利用附有虛字的文字練習簿來加深學生的筆劃概念。

★用字體的放大，以及顏色的變化，凸顯出學生常少掉或多出的筆劃，以增強其視覺印象。

★運用多媒體教學，比如：動畫、電腦、卡通等，以提高學生學習的興致。

◆ 其他

★注意學生的寫字環境，隔絕會影響學生注意力的事物。

★注意學生犯錯的頻率。若頻率增加，要給予叮嚀；若頻率降低，則要給予稱讚。

★給學生多一點練習的機會，熟能生巧，並及時給予正向的回饋，加深學生的自信心。

★利用類似「每日一字」的方式來加深學生筆劃的印象，並將教過的字卡留置於一專屬盒子中，隨時拿出來複習。

79 握筆姿勢不當

◆ 教學策略

★規定學生使用三角鉛筆或使用握筆器輔助。

★可教導學生使用輕黏土打造專屬握筆器，利用一般書局即可買到的輕黏土，直接將輕黏土依需要圍在筆上，塑造出各式各樣的握筆器，用來訓練三點式握筆，也可運用在筆上做造型設計，增加學生使用動機。

★可教導學生使用燕尾夾搭配輕黏土打造專屬握筆器，將燕尾夾夾在筆上的握筆處，握筆時將食指置於燕尾夾的兩個蝴蝶夾中間，能夠增加食指指尖接觸筆的面積，也可將食指固定在正確位置上，並防止拇指壓住食指的錯誤握筆方式，搭配輕黏土將燕尾夾鐵夾部分包覆住，可增加握筆的舒適度。

★運用一些精細動作的訓練，幫助學生能夠正確的握筆。

★握筆時，手掌中放置一適當大小形狀的物品，使學生無法握拳頭寫字。

★隨時注意其握筆姿勢，一有不對要馬上糾正，也可以請他的同學幫忙注意。

★運用圖片的教學，請學生觀察正確的握筆姿勢，並說出自己的姿勢和圖片中有何不同。

★由老師做正確握筆示範，讓學生來模仿，或讓學生去模仿其要好同學的正確握筆姿勢。

★寫字前先做手指的伸展操，讓手指放鬆再寫。請學生用正確的握筆姿勢，寫字時把字體放大，讓他習慣這種握筆姿勢。

★糾正錯誤握筆的方式,並指導其正確方法,例如:將食指、中指和大拇指做成圓形,握住筆桿,無名指和小指則支撐中指,再讓他練習。

★若此握筆姿勢所寫出的字跟正常握筆方式所寫出的字並無不同,而且此姿勢並不會造成學生有特別負擔,則不去改變並加以接納也是一種方式。

80 理解數學概念有困難

♦ 教學策略

★教導學生數學概念時,儘量採具體→半具體→抽象的循序漸進方式。

★營造學生成功的學習經驗。

★依學生既有的起點能力,慢慢引入新概念。

★採「對比法」,如:由等式的概念引入不等式概念。

★老師可採「標準化提示法」,增加學生思考的時間並發展自我解題策略。

★配合學生的生活經驗,考慮其環境背景舉出實例,使其容易了解。

★請已經理解的同學指導,採同儕交互教學的方式,會使他較易理解。

★讓學生先以自己的想法說出,讓教師能夠知曉學生的思考邏輯方式,再補充解釋。

★利用實體,讓學生實際的操作,例如:利用投影片的重疊,了解三角形的邊角關係。

★針對數學學障學生提供補救教學,並教導學生有關組織、自我指導、解決問題的技能。

★了解學生的內在能力,評量學生的優缺點,訂定學習基準線,針對他的數學理解能力提供教材。

★請學生將其理解的數學概念敘述出來,藉此了解其不理解的地方,並可馬上糾正其錯誤的數學概念。

★有系統的整理學生的數學錯誤型態,並診斷其數學起點能力,運用生活情境題加強每日練習機會。

★學生若是因其語文能力的問題致使理解數學概念有問題,應由教導其數學關鍵字開始著手。

◆ 練習活動

★讓學生動手去練習，自己發現問題所在。

◆ 輔導策略

★找出學生學習困難可能的心理因素，再對症下藥。例如：害怕數學是
因為每次都考不好等。

◆ 教材媒體

★使用具體的教具，如：銅板、糖果等。
★利用電腦輔助教學來協助學生建立數學概念，有些電腦軟體含有趣味
的數學遊戲。

◆ 獎勵增強

★給予鼓勵增進信心。

81 使用不適當的解題策略運作數學問題，以致得出錯誤答案

◆ 教學策略

★提供學生解題流程圖。
★教導學生監控自己的解題過程。
★營造成功的學習經驗以增強學生的解題自信。
★由老師示範正確的解題策略，而學生模仿之。
★當他懂得該題後，再請他重新演算一次並同時說明解題過程。
★上課時若有多種解題方法，把解題方法寫出，並分析其優缺點。
★看學生解題，並詢問學生為何如此解題，以了解學生的問題出在哪裡。
★告知學生其解題策略不正確的地方，並示範正確做法，再由學生訂正
之。
★教師示範如何估計和檢查答案，並採「放聲思考法」教學，以使學生
明瞭老師的思路過程。
★通常學生會有不當的解題策略，常源自於學生對基本概念不夠熟悉，
此時，我們可以加強學生的基本概念。

★講解題意可用具體事物來輔助講解，接下來用半具體圖片輔助，接著才用抽象圖像輔助講解，最後用抽象文字講解。

★由學習效果比較好的學生來幫助學習效果比較慢的學生，可以產生教學相長的功效。由於同年齡層的學生較易體會自己學習有困難之處，因此可幫助學生思考題目及解題過程。

◆ 練習活動

★善用獎勵、鼓勵學生發展正確的解題策略。

★給予學生練習卷，其上有解題範例及一些相似題型，讓學生有所遵循且可多做練習。

★訓練從題目中找出線索及一些關鍵字，如：「？倍」、「均分給？人」之類的字眼，以增進其解題能力。

82 對基本運算的規則不熟悉

◆ 教學策略

★把題目簡單化，然後逐漸加深難度。

★請他來當小老師，上台複述老師所上的內容。

★教導學生背基本運算口訣，如：先乘除、後加減。

★示範教學，將正確的解題策略呈現出來並請他做筆記。

★以生活中的例子作說明，幫助學生理解正確的運算規則。

★由老師不斷地強調基本運算規則，以加深學生的記憶。

★在試卷上給予文字提示，如：「請注意運算的順序」，來引起注意。

★教學呈現過程中，將數學基本運算規則採取學習步驟分析原則直接教學，讓學生一步一步的學習。

★指出學生錯誤的地方，並告知正確做法，再由學生訂正之。同時整理學生的錯誤型態，以利日後之教學輔導。

◆ 練習活動

★多做基本運算練習，增加學習經驗。

★提供相同解法的數學問題，反覆練習。

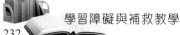
◆ 遊戲活動

★運用「清官升堂」之類的 16 張牌遊戲教導學生數學基本運算規則可提升其學習興趣。16 張牌可自製。

◆ 教材媒體

★適當的電腦輔助教學可以加深學生對運算的規則，可運用外面坊間所賣的優良教學軟體，或是網站上可下載的教材，如「有愛無礙」網站，例如：網址：http://www.dale.nhcue.edu.tw。

83 計算速度很慢

◆ 教學策略

★訓練學生能夠專心計算。

★對於計算的式子以漸進方式要求學生逐步簡化式子。

★分析解題步驟，讓學生明白解題過程以加快計算速度。

★檢視學生是否了解運算符號的意義，再配合實物的演練。

★以競賽的方式刺激學生舉手說出答案，激發學生的潛力。

★如果學生很容易會忘記要進位，可以在要進位的地方作一標記表示要進位。

★先檢查學生算得正不正確，倘若觀念和答案都正確，則多練習類似的題目。

★家長或老師可以解題的方式提示他該怎麼做，然後自己再做類似題型一遍。

★閱讀數學圖表如果用腦去計算的速度很慢的話，可以教他用手指頭去作計算。

★若是因對基本運算的規則與順序不熟悉而導致計算速度慢，則請參考對基本運算的規則與順序不熟悉的處理方式。

★如果是乘除的運算很慢的話，可能是九九乘法不好，那可以把九九乘法製成錄音帶，讓他每天聽並且背誦，加強運算能力。

★使用聽覺口語化或聽覺作用教學，當學生進行操作學習時，可採用口語提示等聽覺刺激，協助學生理解數的大小關係等概念。

★方便練習計算方面的題目，題目呈現採由易到難，循序漸進式，並在其熟能生巧後規定完成時間，漸次縮短指定時間，讓學生與自己比較。

★教他計算的技巧，如說：以 10 爲基本，8+3+7+2 的題目，可以先把 8 和 2 相加，7 和 3 相加，然後合起來再相加：(8+2)+(7+3)=10+10=20 等等類似的小技巧。

◆ 練習活動

★給學生一些只需要一個運算步驟的問題讓其練習，再漸次增加複雜度。

★多提供練習的機會，和自己比賽，期能從五題答對一題，變成五題答對五題。

★在作業單上寫下幾道數學運算的基本題型，每天皆讓學生練習一次，直到熟練爲止。

★給學生一本「勤勞學生數學簿」，請他每天做五題，計算學生運算時間，稱讚他今天做得比昨天快。等他算完整本簿子，再發給他「金頭腦數學簿」。

◆ 遊戲活動

★老師可以設計一些搶答性的數學益智遊戲。

★運動或遊戲競賽時，請他當記分員以學習計數與基礎運算。

★設計遊戲化的計算情境，藉由團體比賽或小小競爭，以加快其計算速度。

★提供有趣而與數字相關的遊戲，使學生不但樂於計算，且勇於搶答，這樣不但考驗學生的反應能力，並且可以使學生立即知道答案且糾正自己的錯誤。告訴學生在寫完計算並訂正無誤後，就可進行下一個有趣的遊戲，如此可使學生加快計算速度，並努力專心於使答案正確。

◆ 輔導策略

★了解學生不專心的情形是否爲導致其運算速度差的原因。

★老師應找出學生的錯誤型態及補救教學策略，協助其改善運算能力。

◆ 教材媒體

★使用具體教具讓學生經由操作使經驗具體化,促進其數量觀念與數量思考能力。

◆ 學習環境

★給予良好環境,使其在不受外在因素影響下專心學習計算。

◆ 親師溝通

★可與家長溝通,由家長陪同學生做練習,多多從旁加以協助。

◆ 獎勵增強

★適時給予獎勵以提升學生學習運算的動機。

★計算的能力是熟能生巧的,所以可以獎勵學生多練習,如:每算完十題就有一些獎勵等等。

★當學生計算速度加快且準確性提升時要給予獎勵,或事前給予誘因,例如:做得快又正確的同學可運用剩餘時間做自己想做的事。

84 運作記憶較差,無法處理如應用題等較複雜的數學問題

◆ 教學策略

★製作應用題的解題步驟,供學生答題時使用。

★教學生將題目按題意或重點分解成幾個小部分。

★可以把重要的數據或關鍵內容用筆畫下來作記錄。

★若是語文問題,則先教導學生理解問題重點或關鍵字。

★對基礎數學解題技巧加以指導,建立歸納、類化的能力。

★讓學生正確的斷句、念句子,有助於應用題閱讀理解。

★多做練習,訓練他不再需要從旁協助,有其他問題再問老師。

★如果是班上一般小考的話,那就直接在班上解釋題目的意思。

★多增強語文閱讀的能力,老師並教導解題技巧及讓學生多作練習。

★句子重整法:將應用題句子一句成一行排列,較有助於問題閱讀理解。

★將應用題的文字儘量簡化,以他看得懂的程度為原則,再漸次增加難

度。

★將問題圖解化，將文字的敘述化作圖形呈現，以圖形協助增進文字閱讀理解。

★學生的試卷大小跟別人一樣，但是他的題目寫得比較淺顯一點，讓他比較容易看懂。

★要求學生仔細閱讀較複雜的題目，提出不了解的地方以便教師能即時給予回饋與講解。

★教學生在解答題目的同時，在紙上畫出問題重點關係圖，並要求學生說一遍其中關係。

★尋找題目中的關鍵字並去除不必要的資訊，並標示出相關數字以便降低過多對文字資訊的干擾。

★教學時，可用較生活化的素材為主要內容，讓學生不需要再額外花精力處理數學以外的問題。

★教師對於數學應用問題的推演應注重實際生活中淺顯而常用的情境，以提升學生的解題動機。

★教他應用題的關鍵字，如：「共有」、「剩下」、「分成」等等，可在題目旁圖示標明題意或允許他考試時帶關鍵字字卡。

★教師採用引導式的說明，並要求學生嘗試解釋題目的目的，因為學生的自我表達說明除了可以讓教師了解學生的了解程度與思路過程之外，更能幫助學生了解自己的起點能力與教師的解題思路過程。

◆ 教學活動

★要學生閱讀數學課本裡的敘述或例題，讓他熟悉並了解數學的敘述語。

★教學生解題目的步驟流程法，拿題目給他寫時，就直接告訴他：作題目時，只要一看到類似的題目，就直接用什麼方法去解題。

★成立一個試題審查小組，請全班同學就指定範圍一人出一題應用題，交給審查小組去篩選，這樣可以讓學生在審查題目時先去思考題目。若真不了解，可以請出題的同學上台說明他出的題目到底想考些什麼，順便可以訓練同學口語表達與掌握出題重點的能力。

◆ 練習活動

　★引導學生自己練習重新設計題目。

◆ 輔導策略

　★可能是學生的基本概念或解題技巧不成熟，此時我們應先彌補學生此
　　項缺點。
　★檢查是否因為學生的語言能力而影響作答，若是如此，則應該先加強
　　學生相關的語言能力。

◆ 親師溝通

　★可與家長溝通，由家長陪同學生做練習，多從旁加以協助。

85　解讀數學圖表有困難

◆ 教學策略

　★可在數學圖表旁列出一些關鍵字提示語。
　★在閱讀圖表之前，老師先詳加說明再開始練習。
　★教導學生看圖表的策略，例如：先看縱軸再對過去看橫軸，相交之處
　　即是答案。
　★漸進式地將圖表程度由簡至繁，並找出學生學習圖表的困難之處，再
　　給予個別指導。
　★多設計不同的圖表讓學生有大量學習機會，將原理原則建構於個人的
　　思維體系中，較不易遺忘和混淆。
　★教學生讀圖表的學習必須個別化教學，許多學生無法正確閱讀圖表，
　　可能不是生理方面的障礙，而是學習方法不對。
　★將學生身邊相關的資訊或日常生活儘量以圖表方式來表示，藉由與日
　　常生活的關聯性增加學生學習數學圖表的效率。
　★可教導學生閱讀圖表的技巧，如：先看縱軸與橫軸代表的涵義，而圖
　　表真正想解讀的內容則是他們之間的關係或交互作用。
　★練習時，不斷以口語提示，正面鼓勵學生，提升學生學習信心與動機，
　　並請其練習自製圖表，協助其了解一張圖表需要有哪些標示，別人才

看得懂。

★利用日常生活事物做比喻，例如：以切披薩來教導學生圓餅圖的概念。為了提升及檢測學生的了解程度，可讓學生用自己的話解釋一下，然後去教別人，並請讓他為了各種目的，製作自己的表格、圖解，並解釋內容，更可加強他的理解能力。

★以反覆練習方式，對於該學童所學習過且可熟悉之數學領域或問題類型均輔以圖形、圖表方式重新理解，使學童在學習新的領域時先以圖表方式進行理解重構，再接著對不熟悉、欲學習之新領域進行圖表式的理解；若教師只會以圖表進行教學，則應嘗試開發其他教學方式的可能性。

♦ 教學活動

★講解一般數學圖表的意義與可能使用方法。

★舉辦全班的圖表辨識比賽，能由圖表中找出最多且正確資訊者獲勝。

★圖形分類：讓學生將混合在一起的各種形狀不同的積木或卡片，依其形狀分類之。

★利用紙上印好的線條符號，要學生依樣摺成某種玩具，培養認識圖解表格的能力。

★可由日常有趣且生活化的圖表開始教起，例如：麥當勞麥香堡在各地的銷售圖表。

★找出常見的數學圖表，長條圖、圓餅圖、曲線圖……，每種分別解釋給學生聽，並且要求學生用自己的話解釋一遍，以確認其學習盲點。

★為養成學生看清圖形之整體的能力，可出示一張圖形及另一張較此圖形更為複雜者，要學生找出兩者之相異處，由認識及比較圖形的細節來增強解讀圖表的能力。

♦ 練習活動

★讓學生自己製作數學圖表，如：班上同學的身高統計，製作之後要能自行解釋其中涵義與資訊，也可相互觀察同學彼此的圖表以增加解讀的練習機會。

◆ 教材媒體

★運用電腦之 EXCEL 軟體，教學生去畫圖表。此舉是讓他有動機去了解如何閱讀圖表。

86　學習數學有焦慮感

◆ 教學策略

★給予學生成功的學習經驗以降低其學習焦慮感。

★藉著同儕力量、小組功能進行討論，增進其參與感並減低焦慮感。

★多善用可以引起學生學習動機的教材來吸引注意力，例如：生活化的情境應用題。

★針對不同的學生興趣與起點能力，配合學生的學習特性設計課程內容以提升學生學習動機。

★利用「學習步驟分析法」，將學生所要學習的部分細分成小步驟，讓學生容易學習、減少挫折。

★指導完後由他自己再做一遍並請他解說其運算過程，讓他有信心自己是有能力算數學的。

★利用多元教學的呈現方式，如：操作、圖形、文字敘述或口頭敘述等多種方式，讓學生理解所要學的部分。

★教師在信念上能相信沒有教不會的學生，只有不會教的老師，在學生學不會時，能嘗試不同的教學方法以尋找適合學生學習的管道。

◆ 輔導策略

★針對學生的數學錯誤類型能給予即時回饋。

★老師要用鼓勵、和顏悅色的態度對待學生，不要給學生逼迫感。

★有焦慮感的原因可能是因為考試的不理想，因此教師可改變傳統考試的方式，如：時間的限制、考試前解釋題目類型的意義、利用較簡單的文字敘述、配合圖示、標準化提示語等，以提升學生參與考試的成就感。

★尋找焦慮的原因，並想辦法協助學生減輕焦慮。例如：過去不好的學習經驗會造成學生對數學的恐懼感，也有可能是對畏懼老師的轉移效

果，抑或數學基礎不佳，或是某特定事件的影響。要先了解學生為何會對學習數學有焦慮感，再對症下藥。

♦ 教材媒體

★適當的電腦輔助教學可以降低學生學習數學的焦慮感。

♦ 輕鬆學習

★建立學生學習數學的成就感，而後方能產生興趣。

★教材生活化、活潑化的設計數學題目以提升其學習興趣。

★教學要從學生易於了解的部分開始，先營造一些成功的學習經驗給學生。

★採取寓教於樂的方式，讓學生在快樂的學習環境中，了解到數學與生活息息相關，進一步在反覆的遊戲活動中熟練數學的方法。

★可在數學錯誤類型分析後，掌握學生的起點能力與錯誤類型，勾選其起點能力難一點的問題，運用「認知結構激發法」，採每天做功課前先練習三至五題基礎數學題的方式，可讓學生自己評分並歸類錯誤型態，日積月累的持續練習可使數學能力漸次增進。

87 缺乏一對一配對的觀念，例如：每個小朋友可以分到2顆糖果，若全班有12位小朋友，老師共要準備幾顆糖果？

♦ 教學策略

★解釋題目時可配合「圖示法」或「具體操作法」以增學生學習時的視覺線索。

★利用一些數學遊戲方法來建立學生在一對一配對觀念上的認識。

★可以運用數手指、畫圓圈、排積木等方式，讓學生以實物學習。

★舉例時，舉和學生切身生活相關、學生很喜歡或有興趣的東西。

★做能增進數字概念的事，如：吃午餐時請學生在餐桌上擺碗筷或分發水果。

★教導學生先用連加法、連減法，再熟練基本乘、除法規則，先培養其運算能力。

★讓老師指導學生觀察現實生活中有哪些人、事、物是跟配對有關，等學生熟悉之後再由簡單數字的題目做起，漸次增加難度。

★多玩數數的遊戲並加強一對一配對概念，並在生活情境中利用實物教學，例如：學生在每一個碗內放入一個湯匙，或椅子與桌子配對的概念。

★讓學生學習管理家中的某一些東西，例如：書櫃或糖果盒，藉由數量的增減，時常詢問學生目前的存放情形，如：有幾本漫畫書、幾台玩具汽車等，藉此建立起學生的配對觀念。

◆ 教學活動

★教他座號就是代表一個學生，就像數學裡的一對一配對關係。

★將大小不同的卡片和信封混合在一起，讓學生將卡片依照大小放入適當的信封內。

★提供兩成對的木板，其中一組作為線索，讓學生依據前者將另一組依照對應關係，以一定數目和次序加以組合。

★在一張紙上畫幾格方格，上面填入數字，請學生依照數字多少，在上面放相同數字的任何物品，例如：5 顆頭，15 根粉筆……。

◆ 練習活動

★用作業單讓學生練習配對的活動，如：總共有 8 顆橘子，2 顆要送給爸爸，2 顆要送給媽媽，2 顆要送給姊姊，2 顆要送給自己，先教導學生如何進行這個活動，再要求學生自行練習。

◆ 教材媒體

★運用適當的教具輔助學習。

★適當的電腦輔助教學，例如：電腦數學教學軟體，可以加深學生對配對的概念。

88　沒有數字概念或不懂得數目字之間的關係

◆ 教學策略

★ 以數字卡和圖卡配合，教學生該數字所代表的意義。

★ 練習時以實物呈現，請他將數字放在適當的實物堆中。

★ 給予學生不同的數學刺激，讓學生了解數字在不同單位下所代表的概念。

★ 製作具體實物，如：紙鈔，說明買賣的規則，要求學生進行買賣的遊戲，藉由買賣遊戲增進學生對數字的概念。

★ 舉一些生活化例子來說明數字間的關係，如：學生甲的身高為 165 公分，你的身高為 168 公分，那誰的身高較高。若學生答不出來，則可採當場比較的方式。

◆ 教學活動

★ 可藉由認識月曆、日期的使用方法及功能，帶出數字的先後順序。

★ 可以用實物的價錢，如：學生常吃的零食，讓學生判斷那包零食需要花比較多錢，老師再帶出錢與數字的關係。

★ 老師利用數字卡閃示的方式，讓學生說出數字，並可做比大小、奇偶數的活動，使學生從中發現數字的大小規則。

★ 先讓學生比較兩物品，再去做測量，如：一長一短的棒子，先讓學生選擇何者較長，再讓學生去做長度測量，比較測量出的兩個數字。

◆ 遊戲活動

★ 教導學生玩撲克牌的遊戲，比如：撿紅點、排七、心臟病等遊戲，教學生比大小、加減或倍數的概念。

★ 分組玩大富翁的遊戲，每人有若干錢，可用來買房地產等，讓他在付錢、找錢中學習數目字關係。

◆ 教材媒體

★ 利用電腦輔助教學，以提高學生學習的興致及加深對數字的印象。

89 會用口語數數，但無法辨讀數字

◆ 教學策略

★請學生讀數並同時學習拿出數字卡，老師隨時給予即時回饋。

★將數字放大，讓學生用手邊描邊念，最後自行將數目字邊寫邊念出來。

★指導學生邊用口語數數，邊將數目字寫出，之後由老師念出數目，讓學生寫出。

★數字若為二位數以上，注意其數字書寫的順序是否有誤，如：12 先寫 1 再寫 2。

★利用圖片，正面用小圖案，背面標明圖案的數目，讓學生由具體的事物學習抽象的數字。

★由老師將數目字寫於黑板上，之後指著數字不斷重複誦讀，使學生得以將形象與音連結起來。

★依數字特殊外型予以口訣化或唱遊式教學，如：鉛筆 1、鴨子 2、耳朵 3、帆船 4、勾勾 5、大肚 6、枴杖 7、眼鏡 8、氣球 9、棒球 10 等，以增進其辨識數字的能力。

◆ 教學活動

★利用錢幣教導學生辨讀數字，讓數字與日常生活連結，以方便記憶。

★列出東西的清單，發東西時請他幫忙核對上面的數目，如：每組 5 枝蠟筆。

★可藉由認識月曆、日期的使用方法及功能，帶出數字的先後順序，以及由練習日期說法的過程中，反覆加深口語與數字形體的關聯。

◆ 遊戲活動

★教學生玩撲克牌的遊戲，比如：撿紅點、排七、心臟病等遊戲，以增進數字辨識能力。

★製作具體實物，如：紙鈔，說明買賣的規則，要求學生進行買賣的遊戲，或是玩大富翁等，以增學生數字辨讀能力。

★設計一些與數字相關的遊戲，如釣魚遊戲：由同學一人畫一隻魚，每人為魚編上編號，編號即為自己座號的個位數字，然後在每隻魚後面

黏上一個磁鐵，每組做一根釣竿，把魚裝進一個紙箱中，分組進行比賽。每釣出一隻魚就要念出上面的數字編號，在規定時間內看哪組釣的魚所加起來的數目字最多。

◆ 教材媒體

★利用電腦輔助教學，以提高學生學習的興致及加深對數字的印象。

90 數感有問題

◆ 教學策略

★針對視覺空間感弱的問題：以下呈現視覺空間感弱的學生通常會出現的學習特徵及建議解決策略：

(1) 從黑板、考卷或作業單上抄寫或從橫式轉抄為直式時，出現錯誤。建議黑板上老師的板書書寫或是呈現的 PPT 要清晰；工作紙的鋪排要清晰，避免版面過密。

(2) 混淆加減乘除的符號：例如：把「×」當成了「＋」。建議可用不同顏色顯示不同的符號，例如：「×」藍色，「＋」紅色。

(3) 寫錯答案和漏寫單位：把第一題的答案填到第二題的答案欄上，或是 20CM 寫少了 CM，只寫 20。建議可把符號及跟隨的數字框起來，以識別要使用的符號、數字或運算方法，如下例：

$5 + \boxed{3} =$

★針對列序能力弱的問題：以下呈現列序能力弱的學生通常會出現的學習特徵及建議解決策略：

(1) 順數及倒數有困難，可利用實物、圖畫把運算具體化。對一些能力較弱的學生，數數粒能給予觸感刺激，幫助學生掌握基礎數數的概念。

(2) 從特定數字開始數或以某一隔數，例如：兩個一數均有困難，可使用數線練習順數及倒數。

(3) 未能掌握運算的次序，如未能應用「先乘除、後加減」的原則來運算。建議可在算式太長時，用數字標示計算次序，提示學生運算的步驟；也可讓學生在大數下面畫線，在細數下面畫記號（tally marks），然後由大數數起。例如：$7 + 3 = 10$。

★針對數值概念弱的問題：以下呈現數值概念弱的學生通常會出現的學習特徵及建議解決策略：

學生通常會出現次序分不清：如無法正確列出 1～5 的數字，無法列出 1，2，3，4，5，而是出現 2，4，3，1，5；前後分不清，例如：混淆數字 2 前後的數是 4、2 或 1；不懂分辨大小：不知道 2>1，1<2。建議可採加強視覺符號運用的方式來進行教學。例如：使用數線圖解或長條圖來教導數值的次序、前後、大小的概念，讓學生透過視覺符號的強化增強理解。

★可多利用生活情境、測量方式或是估計活動來發展數感。

91 數學公式記憶困難

◆ 教學策略

★針對記憶缺陷所致的錯誤問題：以下呈現易因記憶缺陷所致錯誤問題的學生通常會出現的學習特徵及建議解決策略：

(1) 短期記憶困難，在保存數學概念、記憶數學公式、演算步驟、符號的意義有困難。例如：回憶加法及乘法的數字或數學公式能力很差，如：記不住九九乘法表、圓面積的公式、三角形的面積計算時常忘記要除以 2；記憶數字、運算符號或數學符號（＋、－、<、>）意義感到困難。建議可以針對計算過程中常忘記某些步驟提供基本法則的提示卡（先乘除後加減、遇到括號要先算）；強調基本運算口訣背誦（如先乘除後加減）；反覆練習相同解法；要求學生念出聲音幫助記憶，並將解題步驟寫下來，解題流程製成簡表，從多次的練習中逐漸了解解題的正確步驟。

(2) 長期記憶困難，在經過一段時間後會忘記某些概念、數學公式、演算步驟、符號的意義。例如：四則運算時，無法按照一系列的計算步驟解題，常忘記計算順序（先乘除後加減、遇到括號要先算）；反覆教學仍無法記住數字或運算符號的意義。建議策略如下：

A. 提供基本數字事實提示卡或公式表。例如：乘法方法等。

(a) 真、假分數相乘：分母相乘，分子相乘

例：(1) $\dfrac{2}{3} \times \dfrac{4}{5} = \dfrac{2 \times 4}{3 \times 5} = \dfrac{8}{15}$

(2) $\dfrac{3}{4} \times \dfrac{7}{5} = \dfrac{3 \times 7}{4 \times 5} = \dfrac{21}{20}$

(b) 帶分數相乘：帶變假，分母相乘，分子相乘

例：$\dfrac{2}{7} \times 2\dfrac{3}{5} = \dfrac{2}{7} \times \dfrac{13}{5} = \dfrac{2 \times 13}{7 \times 5} = \dfrac{26}{35}$

(c) 整數除以 1（真假分數不變，將帶分數變成假分數，遇到整數除以 1）

例：$3 = \dfrac{3}{1}$

(d) 奇負負，偶負正，負號放前面，正號可省略。

B. 用聯想法、諧音法來記憶基本數字事實或公式，將無意義的教材內容做有意義的連結。例如：最大公因數和最小公倍數容易搞混，或是三倍角公式等。

$$
\begin{array}{r|cc}
3 & 24 & 12 \\
4 & 8 & 4 \\
\hline
 & 2 & 1
\end{array}
$$

最大公因數：大人 — 不貪心 — 乘左邊（較小）

最小公倍數：小孩 — 貪心 — 全部都要（較大）

三倍角公式：$\sin 3\theta = 3 * \sin\theta - 4 *(\sin\theta)\^3$

　　　　　　　　　三 一（次）富士　山（次）

$\cos 3\theta = 4(\cos \theta)\^3 \ - \ 3 \ \cos \theta$

　　　　四 搵　三　　揀三　搵（元的台語）

　　　　(cos)（次）　　(–3) (cos)

也例如在國中數學和高中數學裡有許多複雜難背的公式，在解題的過程中如果能使用這些公式，可以更有效率的完成作答。為了讓有長期記憶困難的學生記住公式，可以搭配一些口訣使學生對公式琅琅上口。以下是以和差化積的公式為例：

$\sin x + \sin y = 2\sin\dfrac{x+y}{2} * \cos\dfrac{x-y}{2}$

口訣：衫（衣服台語）+ 衫 = 兩件衫和褲

$\sin x - \sin y = 2\cos\dfrac{x+y}{2} * \sin\dfrac{x-y}{2}$

口訣：衫 – 衫 = 扣衫涼（脫掉衣服會涼）（涼 = 兩，乘上 2）

$\cos x + \cos y = 2\cos\dfrac{x+y}{2} * \cos\dfrac{x-y}{2}$

口訣：褲 + 褲 = 兩件褲

$$\cos x - \cos y = -2\sin\frac{x+y}{2} * \sin\frac{x-y}{2}$$

口訣：褲 – 褲 = 齁哩（給你）羞羞（脫掉褲子讓你羞羞臉，「齁」音同負的台語）

C. 想像法（視覺化）：呈現視覺化的教材、過去的視覺經驗來協助理解或幫助記憶。若是體積、表面積公式易搞混，如：要算每邊 5cm 的正方體表面積，學生易寫成 5×5×5 = 125。可利用立方體教具來說明四方體的面積、表面積和體積概念，將四方體圖形展開做表面積解釋。

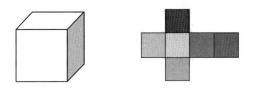

D. 圖片記憶：運用圖片來協助學習。

例如：符號（+ −×÷）的問題：使用實物操作或圖畫協助講解 + −× 符號的意義和轉換過程，幫助學生理解數學符號的涵義。

例如：符號（<、>）的問題，可使用如下圖解：

E. 過度學習法：提供過度學習的機會，讓學生的反應能流暢精熟（練習到完全正確地步時，叫做 100% 的學習。到達 100% 的學習雖可代表已經學會，但極容易遺忘。為了避免遺忘，故在 100% 後再多加練習，這額外的練習即是「過度學習」。過度學習指的是達到精熟後再加 25% 的練習）。

F. 複誦法：例如複誦四則運算規則：「先乘除後加減」、「括號內先做」。

G. 分割法：將教材內容簡化分為數個部分分開學習，教導學生用已掌握的數學規則作起點，從較易記憶的部分學起，例如：先

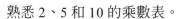
熟悉 2、5 和 10 的乘數表。

H. 圖示法：運用圖示（如下圖）來協助學習九九乘法表等。

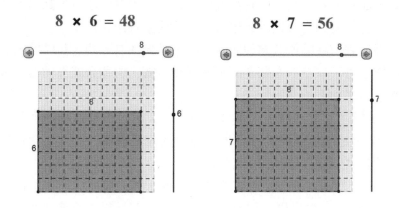

I. 組織法：將學習的內容有系統地採用心智圖的方式組織起來。

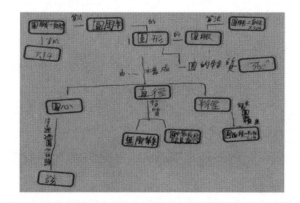

(3) 學習策略錯誤，不會利用複誦、記憶策略等組織技能，以至於不能適當的監控自己的學習歷程，因而導致學習失敗。例如：經過一段時間後就忘記某些概念及演算步驟；剛開始在複習上課內容即有學習困難的現象，建議如下：

A. 確定學生上課時專心聽講。

B. 提供每日的複習與引導式的練習，避免錯誤的學習。

C. 鼓勵學生把要記的東西做成卡片，並要經常去看。

D. 鼓勵學生用多感官學習：以眼看、耳聽、手動、口念互相配合，建立一個有效的記憶模式。如：有些學生無法將個別數字的字

形與字音結合，若每次給學生一個符號，以眼看、口念、耳聽、手寫的步驟反覆練習，則可改進。

★針對注意力缺陷所致的錯誤問題：以下呈現易因注意力缺陷所致錯誤問題的學生通常會出現的學習特徵及建議解決策略：

易因注意力缺陷所致錯誤問題的學生常無法有效的、長時間的集中和保持注意，以至於在聽老師講解計算步驟、數學公式有困難。可行的教學策略如下：

(1) 針對注意力渙散、容易分心的學生，可以調整課程內容刺激的順序或是增加刺激的強度，並縮短完成活動單元所需要的時間。加強注意力可以運用的方法如下：

A. 分段法：針對注意廣度及持續度，將教學內容分成數個部分材料，一次呈現一部分的材料（將學習材料先分為幾個部分，慢慢教授，然後做整體的記憶，就是分段記憶法。例如：教師可先教第一部分，再教第二部。分段記憶法的教學效果良好，但需花費較多時間）。

B. 重點提示法：特別強調某部分的學習重點，強化注意力。

C. 視覺強調法：可以採用放大字體、變換字型、變換顏色、模糊背景凸顯主題等方式強調。

D. 聽覺法：透過鼓掌、拍擊、說話語氣、樂器聲音等來強化注意的重點。

E. 運用問答引導：運用問答方式不斷變換問答對象，提高注意強度。

F. 圖示法：以圖形、圖片或實物輔助說明，可以提高學習興趣，提振注意力。

G. 針對該類注意力渙散、容易分心的學生數學課程有效教學策略，也建議不要一次增加太多新的教材，避免記憶負荷量過大；也避免同一時間內要同時學習概念與運用，以免混淆；新舊概念與技能的關聯性，要按照難易順序教學；確保學生能有成功的學習機會，並能獨立完成作業。

92 數學計算正確性及流暢性的問題

數學計算缺陷的學生常會有一些特徵，例如：缺乏對數字大小或關係的了解；對於個位數加法仍用手指數算，無法像同儕採用回憶算術定理的方式計算；在數學計算過程中出現錯誤，也可能在轉換過程中錯誤。可歸類爲以下四個問題：(1) 對基本運算的規則不熟悉；(2) 計算不流暢；(3) 將數字代入未知數有困難；(4) 會忽略計算過程的運算符號。以「二元一次方程式」爲例，針對每個特徵，介紹其問題及建議的教學策略。

(一) 個案數學計算缺陷問題分析

對象學生爲國中一年級，經評估屬於數學能力障礙中的「數學計算缺陷」亞型，主要問題有：(1) 將數字代入方程式解另一個未知數有困難；(2) 解聯立方程式時會忘記要把第二個未知數解出；(3) 移項法則不熟悉，容易出現沒有變號的情況；(4) 會忽略計算過程的運算符號，如將兩方程式相減時，有其中幾項會沒有做到相減。

(二) 教學策略

1. 策略一：建立將數字代入方程式的先備能力

針對問題一「將數字代入方程式解另一個未知數有困難」，開始主題前先進行簡單練習，在練習題上加入格線並將各項對齊，圈出要代入的未知數，使其能將數字代入到正確的位置，並要求其將計算過程詳細寫出。這樣可以協助學生注意細節，幫助其能穩定計算及作答。

2. 策略二：整理出解題流程並做成表格

針對問題二「解聯立方程式時會忘記要把第二個未知數解出」，整理出一套清晰的解題流程，做成表格供其參考，可避免遺漏某些步驟。不過要注意，待其熟練相關解題流程後應逐步移除輔助，以免產生依賴。

3. 策略三：用等量公理來代替移項

針對問題三「移項法則不熟悉，容易出現沒有變號的情況」，用較直觀的等量公理來代替移項，同時要求學生把等量公理的操作流程寫下，如此可避免學生移項時發生錯誤的情形。

4.策略四：把要做的運算圈起，並列出整個式子

　　針對問題四「會忽略計算過程的運算符號，如將兩方程式相減時，有其中幾項會沒有做到相減」，要求學生把要做的運算圈起並列出整個計算式，以達透過視覺輔助來避免遺漏運算的效果。

㈢ 應用實例

1. 首先根據策略一，先帶例子讓學生練習將數字帶入方程式。此處使用以下例題：「方程式 $2x + y = 0$，已知 $x = 3$，請問 $y = ?$」請學生把式子列出並加上格線區分等號左右兩邊（圖 2-1）；讓同學注意題目要代入的未知數為何（本題中為 x），並在式子中將 x 圈出（圖 2-2）；進行代入的運算，將圈起的未知數代換為題目給的數，要求學生把式子完整列出（圖 2-3）；最後要解出需要移項，根據策略三，用等量公理代替（圖 2-4）。

$2x + y$	$= 0$

圖2-1

$2\textcircled{x} + y$	$= 0$

圖2-2

$2\textcircled{x} + y$	$= 0$
$2 \times 3 + y$	$= 0$
$6 + y$	$= 0$

圖2-3

$2\textcircled{x} + y$	$= 0$
$2 \times 3 + y$	$= 0$
$6 + y$	$= 0$
-6	-6
y	$= -6$

圖2-4

2. 接下來進入二元一次聯立方程式，使用例題

$$\begin{cases} x + 2y = 16 \cdots\cdots① \\ y = 3x + 1 \ \ \cdots\cdots② \end{cases}$$

根據策略二，我們將解二元一次方程式的流程分解如下：對齊各項、變為一樣、求未知數 1、求未知數 2。設計表格（圖 2-5）附於題目上來輔助學生作答。

對齊各項	
變為一樣	
求未知數1	
求未知數2	

圖2-5

3.【STEP1：對齊各項】想讓②式對齊①式，先用等量公理讓②式的未知數都在左邊（圖 2-6），接著將計算結果謄到表格上（圖 2-7）。

y	$= 3x + 1$
$-3x$	$-3x$
$-3x + y$	$= 1$

圖2-6

對齊各項	將②式對齊①式 $\begin{cases} x+2y=16\cdots\cdots① \\ -3x+y=1\ \cdots\cdots③ \end{cases}$
變爲一樣	
求未知數1	
求未知數2	

圖2-7

4.【STEP2：變爲一樣】要使用加減消去法，這一步需將兩式的其中一項未知數係數變爲一樣，這邊我們將③式乘以2來使 y 項變爲一樣。要計算③式乘以2，根據策略四先請學生將要做的運算寫下，並把運算符號「× 2」圈出來（圖 2-8），再要求寫出完整算式，也就是每一項都寫上運算符號「×2」，然後整理出結果（圖 2-9），再把結果寫到表格上（圖 2-10）。

$-3x+y=1\cdots\cdots③$
③式 $\times 2$

圖2-8

$-3x+y=1\cdots\cdots③$
③式 $\times 2$
$-3x\times 2+y\times 2=1\times 2$
$-6x\quad +2y\quad =2$

圖2-9

對齊各項	將②式對齊①式 $\begin{cases} x+2y=16\cdots\cdots① \\ -3x+y=1\ \cdots\cdots③ \end{cases}$
變爲一樣	③式×2，讓y項係數變相同 $\begin{cases} x+2y=16\cdots\cdots① \\ -6x+2y=2\ \cdots\cdots④ \end{cases}$
求未知數1	
求未知數2	

圖2-10

5.【STEP3：求未知數 1】接著進行加減消去法，計算①式減去④式，一樣根據策略四，先將運算「①式－④式」寫下，並把減號圈起（圖2-11），再要求寫出完整算式，也就是每一項的相減運算都寫出來（項已設計為會相消，所以這裡就直接省略，要寫出來也可以），然後整理出結果（圖2-12），再把結果寫到表格上（圖2-13）。

$$\begin{cases} x+2y=16\cdots\cdots① \\ -6x+2y=2 \ \cdots\cdots④ \end{cases}$$

①式－④式

圖2-11

$$\begin{cases} x+2y=16\cdots\cdots① \\ -6x+2y=2 \ \cdots\cdots④ \end{cases}$$

①式－④式

$x-(-6x)=16-2$

$\qquad 7x=14$

$\qquad x=2$

圖2-12

對齊各項	將②式對齊①式 $\begin{cases} x+2y=16\cdots\cdots① \\ -3x+y \ =1 \ \cdots\cdots③ \end{cases}$
變為一樣	③式×2，讓y項係數變相同 $\begin{cases} x+2y=16\cdots\cdots① \\ -6x+2y=2 \ \cdots\cdots④ \end{cases}$
求未知數1	①式－④式 $7x=14$ $\ x=2$
求未知數2	

圖2-13

6.【STEP4：求未知數 2】這步就是將未知數代入方程式，直接參考1. 中建立先備能力的做法就好（圖 2-14～圖 2-16）。

$$已知 x = 2 \cdot y = (3x) + 1$$

圖 2-14

y	$= (3x) + 1$
y	$= 3 \times 2 + 1$
y	$= 7$

圖 2-15

對齊各項	將②式對齊①式 $\begin{cases} x + 2y = 16 \cdots\cdots ① \\ -3x + y = 1 \ \cdots\cdots ③ \end{cases}$
變為一樣	③式×2，讓 y 項係數變相同 $\begin{cases} x + 2y = 16 \cdots\cdots ① \\ -6x + 2y = 2 \ \cdots\cdots ④ \end{cases}$
求未知數1	①式－④式 $7x = 14$ $x = 2$
求未知數2	已知 $x = 2 \cdot y = 3 \times 2 + 1 = 7$ $y = 7$

圖 2-16

93 數學推理正確性問題

★數學學習障礙學生中為數學推理正確性問題的學生，通常會有以下的學習行為特徵：

1.抽象推理能力弱

對於抽象且不生活化的題目及例子無法接受及理解。例如：當學生遇到時 $1 + 2 + 3 + 4 + 5 \cdots\cdots + n = \dfrac{(1+n)n}{2}$，無法將這個公式跟小學時即學過的梯形公式做結合，此時如果可以具象化把生活中常見的棉花糖排成梯形並實際操作數棉花糖的個數，便可以讓學生將抽象的公式結合實際可以看到的東西做結合。

2. 解釋數學概念會有困難

遇到用詞抽象或不相干訊息過多的應用問題時，看得懂題目中的所有字，卻因不明白數學語言而不知道如何下手，對於題目中所需使用的數學概念與解題步驟毫無頭緒。

3. 機械式計算

最常見的情況為當學生因為對於題目的數學概念不了解而愣住時，老師很有可能輕描淡寫的直接講出答案，而學生便會照著老師說的算。答案固然對了，算式固然對了，但是對於題目的數學概念還是一無所知，同時若離開老師後，常無法獨力完成數學題目，更遑論將數學概念類化至生活情境中。

4. 推估能力差

對於時間、金錢、重量和測量的理解能力不足。例如：一公斤的水重多少公斤等轉換問題，因為題目中的文字敘述對學生來說太抽象了，如果可以實際操作讓學生可以跟實際生活情境結合，相信對於這個部分會很有幫助。

◆ 教學策略

針對數學推理困難的學生歸納出以下兩項策略，使學生在讀完題目之後能建立合乎當下題目的數學概念並進行解題步驟。

1. 以提示句協助學生解決應用問題

數學推理困難的學生有一個常見的特徵就是只會機械式運算，也就是算術沒問題，但是不知道為什麼這樣算。要解一個應用問題的關鍵就是需要從題目給的資訊化成數學式子，找出題目要的答案。教師可以提示句的方式讓學生分別釐清題目內含的資訊（已知條件），並以條列式的方式清楚地把關鍵的條件找出來，增進學生對題目的理解程度。常見的提示句可以是「應用題是找出已知數在既定條件下去解未知數」，跟學生做解釋：「已知數就是題目告訴你已經知道的數，未知數是不知道或是要求出解答的數，既定條件是在已知數及未知數後面的字，題目最後有幾個問號就要有幾個解答。」以下會以實際例子說明提示句的用法。

2. 避免過多的數目和資訊在題目上出現

這點跟前述策略是有關聯的，若是題目中出現太多數目或是描述太

多，學生會較難分辨哪些地方存在與解題相關的關鍵資訊，無法歸類已知、未知、以及題目所求，導致無從解題的狀況。

第一、提示句實例一：辨別條件

1. 使用時機：無法分辨題目的已知條件、未知條件及所求時。

2. 自編例題：「我今年 14 歲，我的年紀是弟弟的兩倍，十年後弟弟幾歲？」

3. 提問句：

    (1) 已知數是什麼？　答：_____

    (2) 未知數是什麼？　答：_____

    (3) 有無其他條件？　答：_____

    (4) 所求是什麼？　　答：_____

◆ 教師示範

    (1) 已知數是什麼？　答：<u>我今年 14 歲</u>

    (2) 未知數是什麼？　答：<u>弟弟今年的歲數</u>

    (3) 有無其他條件？　答：<u>今年我的年紀是弟弟的兩倍</u>

    (4) 所求是什麼？　　答：<u>十年後弟弟幾歲</u>

第二、提示句實例二：尋找規則

1. 使用時機：解決數量問題

2. 自編例題：第一個月，農場裡有一對大兔子。大兔子每過一個月會生下一對小兔子。

    小兔子經過一個月會長成大兔子。請問第六個月月底會有幾對兔子（大、小都算）？

    （＊小提醒：題目較長時，可在布題上將每個句子／條件分開呈現，以協助學生閱讀理解及思考解題策略。）

3. 提問句：

    (1) 可否先從簡單的數字帶入？　　答：_____

    (2) 帶入後你有找到什麼規則嗎？　答：_____

    (3) 能否用式子表示規則？　　　答：_____

    (4) 此式子如何對應到所求？　　答：_____

4. 教師示範：

(1) 先從簡單的數字帶入？

答：從第一個月到第四個月的兔子對數是 1、2、3、5

(2) 帶入後你有找到什麼規則嗎？

答：每個月的數量都是前兩個月的相加

(3) 能否用式子表示規則？　　答：$a_n = a_{n-1} + a_{n-2}$

(4) 此式子如何對應到所求？　答：將 n 帶入 7 試試看

5. 思考路徑：

(1) 題目看起來很複雜，而且不易找到規律時，不妨由已知數字後面的文字開始推敲。

(2) 用圖解法畫兔子，並發現第三個月兔子數量等於第一個月和第二個月的總和，第四個月的數量等於第三個月和第二個月的總和，由此猜測第五個月的數量等於第四個月和第三個月的總和，再由圖畫法驗證此猜測。

(3) 利用遞迴關係式寫出規則。

(4) 最後慢慢把數字加到能算出第七個月兔子數。

第三、簡化題目實例：

1. 使用時機：題目資訊對於學生太抽象或題目非必要的敘述過多時。

2. 原始題目：$\frac{29}{7}$ 公升的沙拉油有 4 公斤重，那麼 20 公升的沙拉油有幾公斤重？

3. 問題解析 (1)：分數的除法在此造成學生運算上的障礙，因此將其簡化為整數。

4. 簡化後題目 (1)：2 公升的沙拉油有 4 公斤重，那麼 20 公升的沙拉油有幾公斤重？

5. 問題解析 (2)：公升是體積單位，但是學生不清楚 2 公升到底體積有多大，無法將 1 公升的沙拉油想成實際的物品，因此將其簡化為 2 箱蘋果。

6. 簡化後題目 (2)：2 箱蘋果共 4 公斤重，那 20 箱蘋果會有幾公斤重？

7. 問題解析 (3)：現在所有題目上的資訊都是學生所熟悉的，他們就可以輕易地算出：

4 公斤重 ÷2 箱 ＝ 2 公斤重 / 箱，2 公斤重 / 箱 ×20 箱 ＝ 40 公斤重

再來將箱改成公升，得到下式：

4 公斤重 ÷2 公升 = 2 公斤重 / 公升，2 公斤重 / 公升 ×20 公升 = 40 公斤重

最後將 2 公升換回原本的 $\frac{29}{7}$ 公升，得到下式：

4 公斤重 ÷ $\frac{29}{7}$ 公升 = $\frac{28}{29}$ 公斤重 / 公升

$\frac{28}{29}$ 公斤重 / 公升 ×20 公升 = $\frac{560}{29}$ 公斤重

即可得到原始題目要求的答案：$\frac{560}{29}$ 公斤重。

★ 數學學習障礙類型中通常針對數字處理、數學公式學習、數學計算正確性與流暢性能力均差的個案，有另一個名詞「Dyscalculia」來統稱這種類型個案，他們通常亦會伴隨數學推理困難或是識字障礙。以下針對該類數學學習障礙學生解題錯誤類型分析及可行教學策略建議題型示範：

例一：體積計算，算出下列體積，請先列出一次式，再計算（單位：公分）。

正解：

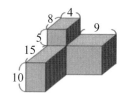

$4 \times 8 \times 5 + 9 \times 8 \times 10 + 15 \times 4 \times 10 + 4 \times 8 \times 10$

$= 160 + 720 + 600 + 320$

$= 1800$　　　　　　　　　　　A：1800 立方公分

◎學生 A：$4 \times 8 \times 5 + 9 \times 8 \times 10 + 15 \times 4 \times 10$

$= 160 + 720 + 600$

$= 1480$　　　　　　　　　　　A：1480 立方公分

→ A 生錯誤類型：數學計算正確性及流暢性 ─ 視覺 ─ 空間知覺認知錯誤

錯誤內容描述：該生只計算出平面視覺中可觀察到之三個長方體之體積，無法理解圖示中未標明之隱藏的長方體，故在計算時少加了 $4 \times 8 \times 10 = 320$ 立方公分的體積。

錯誤類型原因：在計算體積與面積等需視覺 ─ 空間觀念輔助之

類型的題目時,只計算可直接觀察到之面積或體積,無法類推圖片未顯示之部分,故無法理解漏算的體積或面積爲何。

教學策略:教師使用立體方塊教具輔助學生,建立其空間概念。將此題拆解成四個長方體(體積分別爲:$4 \times 8 \times 5$、$9 \times 8 \times 10$、$15 \times 4 \times 10$、$4 \times 8 \times 10$)

將四個長方體按照題目方式擺設,讓學生了解並非看不到就不存在,強化其空間感,幫助學生類推體積拆解協助計算概念。

◎學生 B:$9 + 4 + 8 + 5 + 15 + 10 = 51$　　　　　　A:51 立方公分

→ B 生錯誤類型:記憶數學公式 — 長方體體積公式記憶錯誤

錯誤內容描述:該生無法記憶長方體體積之公式,只好把所得之數字全部相加計算其總和,以亂槍打鳥之計算進行解題。

錯誤類型原因:無法記憶長方體體積公式,故無法應用在計算體積之題型上。

教學策略:以有節奏之口訣設計體積公式,如:長方體的體積長 × 寬 × 高,反覆念,協助該生記憶。並在該生練習體積之題型時,將體積公式標示在題目後當成小提示,練習多了,該生便能熟悉並記憶,等其到達一定程度熟悉後再抽離小提示。

◎學生 C:$4 \times 8 \times 5 + 9 \times 8 \times 10 + 15 \times 4 \times 10 + 4 \times 8 \times 10$

$= 32 \times 14 \times 8 \times 25 \times 4 \times 14 \times 8 \times 80$

$= 32 \times 14 \times 200 \times 56 \times 640 \cdots\cdots$　　　　　A:? 立方公分

→ C 生錯誤類型:涵蓋數感 — 數列能力弱 — 未能掌握運算的次序

錯誤內容描述:該生未能掌握四則運算中先乘除後加減之原則,列式後看到什麼就算什麼,最後數字過大無法計算,導致解題失敗。

錯誤類型原因:無法掌握四則運算「先乘除後加減,括號要先算」之原則。

補救教學:先強化「先乘除後加減,括號要先算」的概念,確定學生記憶後以小量數字做練習,將 $4 \times 8 \times 5 +$

$9 \times 8 \times 10 + 15 \times 4 \times 10 + 4 \times 8 \times 10$，拆解爲 $4 \times 8 \times 5$ $+ 9 \times 8 \times 10$ 與 $15 \times 4 \times 10 + 4 \times 8 \times 10$，分開運算後再合併爲一式。

例二：爺爺有 6 公頃 38 公畝的土地，其中 2 公頃 40 平方公尺種了花生，1 公頃 6 公畝蓋池塘，剩下的土地平分給五個兒子。請問：每個兒子分到幾平方公尺的土地？（請先列出一次式，再做計算）

正解：$(6 \text{ ha } 38 \text{ a} - 2 \text{ ha } 40\text{m}^2 - 1 \text{ ha } 6 \text{ a}) \div 5 = ($ $)$

6 ha 38 a = 6ha 37 a 100m²

4 ha 37 a 60m² – 1 ha 6 a = 3 ha 31 a 60 m² = 33160 m²

33160m² ÷ 5 = 6632 m²   A：6632 平方公尺

◎學生 A：$(6 \text{ ha } 38 \text{ a} - 2 \text{ ha } 40\text{m}^2 - 1 \text{ ha } 6 \text{ a}) \div 5 = ($ $)$

6 ha 38 a – 2 ha 40 m² = 3 ha 98 m²

3 ha 98 m² – 1 ha 6 a = 2 ha 92 m²

2 ha 92 m² ÷ 5 = 292 ÷ 5 = 58.4   A：58.4 平方公尺

→ A 生錯誤類型：涵蓋數感 ─ 同單位才可做四則運算

錯誤內容描述：直接將數字做運算，並未先做單位換算再進行解題，導致解題陷入混亂困境，算到最後不知道所得之數字爲何。

錯誤類型原因：未掌握做計算時要先化爲相同單位才可做四則運算，該生在面積單位換算之部分未能理解 1 公頃 =100 公畝 =10000 平方公尺，故只要拿到數字便急著做運算，有什麼數字算什麼數字，未考量單位之一致性。

教學策略：加強建立該生「單位換算」及「同單位才可做四則運算」兩概念，教師可在此類型題目後方加上單位換算小提示（1 公頃 =100 公畝 =10000 平方公尺），並在解題時提示學生將單位圈起來，提醒自己要確認爲同單位才可以做計算。

◎學生 B：$(6 \text{ ha } 38 \text{ a} + 2 \text{ ha } 40\text{m}^2 + 1 \text{ ha } 6 \text{ a}) \div 5 = ($ $)$

6 ha 38 a + 2 ha 40m² = 8 ha 38 a 40 m²

8 ha 38 a 40 m² + 1 ha 6 a = 9 ha 44 a 40 m²

9 ha 44 a 40 m^2 = 94440 m^2

94440 ÷ 5 = 18888　　　　　　　　　A：18888 平方公尺

→ B 生錯誤類型：**數學概念理解正確性 — 四則運算符號運用**

　錯誤內容描述：正解應為所有的土地減掉用掉的土地再除以 5，
　　　　　　　　該生列式記為所有的土地加上用掉的兩塊土地
　　　　　　　　（蓋池塘與種花生）再除以 5，在應用問題的理
　　　　　　　　解部分分辨不出用掉應為減法。

　錯誤類型原因：在應用題的題目理解上，無法將用掉歸納為減法
　　　　　　　　應用，故本來應該全部土地減去種花生的土地與
　　　　　　　　蓋池塘的土地，該生卻誤用為加法，分給五人應
　　　　　　　　使用除法則無誤。

　　教學策略：教師將應用問題轉以圖式輔助，如下圖，將全部的土
　　　　　　　地與種花生及蓋池塘及平分給五兄弟之部分，分別以
　　　　　　　不同深淺色塊做區隔，讓學生從圖示了解，種花生與
　　　　　　　蓋池塘為用掉，應使用減法，剩下的灰色土地要平分
　　　　　　　給五人，故使用除法。因為種花生與蓋池塘的部分不
　　　　　　　能分給五兄弟，故應該先減掉此兩塊土地之面積，再
　　　　　　　分給五人。

◎學生 C：(6 ha 38 a – 2 ha 40m^2 – 1 ha 6 a) ÷ 5 = (　　)

　　　　　　3 ha 72 a ÷ 5

　　　　　＝ 37200 平方公尺 ÷ 5

　　　　　＝ 7440 平方公尺　　　　　　　　A：7440 平方公尺

→ C 生錯誤類型：**數學計算正確性及流暢性 — 橫式換成直式計算**
　　　　　　　　時，減法未對齊

　錯誤內容描述：該生在計算時，雖有同單位才可做四則運算之概
　　　　　　　　念，但在橫式換成直式時，未注意要同單位數字
　　　　　　　　對齊後再做加減。

錯誤類型原因：直式之轉換，需將同單位之數字對齊才可做計算，故該生雖然在公頃的部分 6 – 2 – 1 = 3 計算正確，卻在公畝與平方公尺部分轉換錯誤，導致計算不正確。

教學策略：教師在該生計算時，以單位板輔助對齊，如下表格，並提醒學生，若該單位無，要填上零，避免空格。填完該表格後再以直式做計算，視覺提示學生單位對齊才可做計算。

	公頃	公畝	平方公尺
總共	6	38	0
種花生	2	0	40
蓋池塘	1	6	0

第四節 情緒與社會適應

94 會以哭泣或表現其他問題行為，以逃避閱讀或做作業

◆ 教學策略

★以和諧、鼓勵的正面語氣來導引學生閱讀與做作業。

★教學生運用自我指導語，學會安定自我的情緒。

★利用引導方式，讓學生說出令其感到不安的事物，並協助其解決問題。

★找一個可以令學生感興趣的事情，教他學會轉移注意力。

★給予學生自信心，如：「老師相信你可以完成這項工作」。若為起點能力不符教學內容，則應作補救教學，使其能提升參與學習的動機。

★在課堂上將閱讀或作業以遊戲化活動方式呈現，以減低其負向行為，並採「過度矯正法」以讓學生對自己的逃避閱讀或作業行為負起責任。

◆ 學習環境

★布置感覺比較舒適自在的學習環境。

★可藉由和緩的背景音樂或自然音樂，穩定學生的情緒，營造閱讀的環境與氣氛。

95 出現做白日夢、緊張或神經質的行為反應

◆ 生理特徵

★求助精神科醫生診斷與治療，以解決情緒困擾方面的問題。

◆ 教學策略

★在事後要學生想想緊張的原因，並問他可以怎樣做得更好，教導其「認知性問題解決法」。

★可以飼養寵物或種植植物，增加學生安全感。

★減少容易增加學生神經質的事物。

★培養學生的特定興趣，讓他的注意力集中在特定事物上。

★安排小組配對的教學方式，藉由同學的協助使其能漸次融入團體活動，減少困擾行為。

★對學生要有合理的要求標準，不必做過度期待以減少無謂的壓力。

★儘量讓學生多進行一些感興趣的活動，讓他專注在活動中，無閒暇做白日夢或想其他事情。

★活動、作業設計和課程安排儘量輕鬆化及活潑化，減少對學生產生壓力，讓他的情緒能保持穩定。

★學生在其緊張的行為趨緩後，立刻稱讚他：「你現在讓人覺得很舒服，我們去拿玩具來玩吧！」鼓勵其放鬆行為而非焦慮行為。

★鼓勵學生主動參與其他同學的活動，讓其他同學的行為反應影響其行為反應，使之不再產生白日夢、緊張與神經質的行為反應。

★教導學生如何去適應環境的方法，幫助學生建立良好的友誼，都有助他在學習環境中放鬆情緒。也因為有同伴，學生較不易沉溺於白日夢的想像中。

★指導學生學習如何作決定，把焦點放在較積極的部分，並學習考慮他人的立場。

★指導學生學習表達自己的情緒：認識自己的情緒之後思考不同的表達方式，然後選擇一個適合自己的表達方式，例如：說出自己的感覺、

做運動、暫時離開或暫緩行動等。

★指導學生學習如何專注任務：想想自己的任務是什麼→思考何時執行任務及需要多少時間準備所需要的器材→決定一個工作地點，減少打擾的事物→決定是否準備好專心工作。學習步驟之後採角色扮演情境方式演練，例如：個案打算研究撰寫一篇報告的程序。

◆ 輔導策略

★將情緒管理或理性思考方式融入課程中，以增進學生的自我控制能力。

★找尋學生神經質的原因，透過諮商輔導管道幫助學生解決。

★藉由規律作息、可信賴權威體或建立友誼等方式，營造其安全感。

★平時多注意學生的舉動，若學生在做白日夢則給予提醒，若是緊張則給予安撫。

★引導學生將白日夢的內容以及讓他緊張的事情寫下來，藉以了解學生的內心世界，並針對問題來解決。

★當學生在緊張、神經質的情境下，應用溫和具同理心方式和學生溝通，讓他冷靜下來。

★了解學生做出這些行為反應的原因，當學生的好聽眾，鼓勵學生表達自己，讓學生的情緒有抒發的管道。

★與父母溝通，了解學生在家的情況是否正常，是否是因為缺乏安全感而沉溺在自己的想像中，抑或是情緒緊張導致神經質的行為，找出使學生有這些反應的原因，配合教師與父母適當的支持與提醒。

★運用遊戲治療方式及圖畫治療方式，減緩其問題行為，並尋求建立安全感的替代方式。

◆ 學習環境

★營造輕鬆有趣的學習環境，避免製造緊張的氣氛。

◆ 練習活動

★教學生利用角色扮演練習傾聽或宣洩情緒的技巧。

★教導學生練習辨識自我情緒及正確表達情緒的方法。

★鼓勵學生多運動或學習瑜伽等，以減少神經質的行為。

96　容易暴怒

◆ 生理特徵

★藉由醫學藥物的協助，以控制學生因生理原因所造成的暴怒行為。

★採應用膳食療養法，避免易造成情緒失控的食物，如：高咖啡因、高鈉、過甜等食物。

★如果學生一天發脾氣的次數經常超過三次，應尋求專業的協助。

★採生理回饋訓練，藉由生理回饋儀器的協助以學會放鬆。

◆ 教學策略

★鼓勵學生參加兒童 EQ 成長營。

★將圖畫治療、遊戲治療及音樂治療概念融入課程中，以協助學生學會控制自己的情緒。

★將學生發怒情況拍下，並在旁一起檢視及指導。

★讓他每當生氣時就去找充氣娃娃或以書寫方式發洩怒氣。

★教導學生凡事要「停、看、聽、想、做」五步驟。

★給他一個作業，要他寫出讓他生氣的人以及解決方法，或是他自己的優點五項以及如何維持的方法五項。

★教導學生控制自己怒氣的方法，例如：教他在生氣的時候默數十下，以平靜自己的怒氣。

★教導學生善用情緒轉移的技巧，如：生氣時，可視情況將怒氣發洩在書寫生氣的情緒、玩自己有興趣的東西或運動等。

★將認知性問題解決法融入課程中，每次暴怒後要學生建議其下次遇到類似情形的處理方式，並寫下實施方法，以加深其印象，並於每次實行後加以反省檢討，以找出夠好的問題解決模式。

★訓練學生在生氣時，直接說出自己在生氣，如：「我在生氣、我真的好氣好氣 …… 」等。有時候說出來後就會覺得不那麼氣了！

★觀察別人生氣時的行為，並寫下觀察心得及自己是否喜歡別人生氣時的感覺，藉此讓學生了解生氣時的不理智表現，對自己、對他人都是困擾。

★在語文教學中，可以用「使我憤怒的事」、或是「我所擔憂的事」為

題目，鼓勵學生做口頭或文字的敘述。教師可根據此種敘述，設法予以解說與協助其思考可行的解決途徑。

★教導學生學習在不妨礙別人的情形下正確表達自己的情緒，在認識自己的情緒之後思考不同的表達方式，然後選擇一個適合自己的表達方式，例如：說出自己的感覺、做運動、暫時離開或暫緩行動。

★讓學生以角色扮演的方式來模擬生氣者與被罵者，演完後再要求學生寫下心得，演生氣的人在罵人時的感覺，被罵者被罵時的感覺，以宣洩其怒氣，並訓練其同理心。

★教學生在每次生氣前問自己「我為什麼生氣？」，並把原因寫下來。等到生完氣、情緒平穩下來之後，再把生氣時做了哪些行為，例如：摔書、罵人……，寫下來，每晚睡前自我反省一番，看看今天自己是否有任何情緒失控的現象。若有失控行為，可以順帶檢討下次應有的正確表達行為。

★平常多鼓勵學生多多公開或個別的發表他的意見，以表達其內在的情緒。藉由雙向溝通的方式，一方面教師可以對學生有更多的了解，一方面也可以讓學生覺得教師是可信任的，以後更願意向教師傾訴，而不至於怒氣一直累積，脾氣不穩定。

◆ 輔導策略

★檢視學生的成長經驗或成長背景，以明瞭其容易暴怒的原因並給予輔導。

★父母與老師的身教也很重要，大人的情緒表達方式會讓學生在不知不覺中模仿，成人應注意平日的身教。

★學生發怒的時候，教師愈應以平靜溫和的態度處理，以示範正確情緒控制技巧。

★在學生發怒時首先給予適度隔離，處理的態度必須堅定而不情緒化，在其能平靜後才取消其隔離情形。

★善用輔導技巧協助學生表達怒氣情緒後隱藏的問題，並多使用 I-message 式的問法，避免 You-message 式的問法以減少其防衛性。

★當他生氣時一定會有先前的徵兆，例如：臉色愈來愈難看、開始不安等等，若教師及家長能觀察出這些徵兆，那麼在他有這些現象出現

時，趕緊轉移他的注意力，不讓他繼續專注在即將令他生氣的事情上，也可指導學生有效避開易令自己生氣的人或事的方法。若仍無法控制自己的情緒而傷害了其他人或物，應採「過度矯正法」，讓其學會對自己行爲負責並更增其控制自我情緒的動機。

♦ 親師溝通

★ 與學生的父母懇談學生在學校的情況，並順便了解學生在家中的狀況，提供父母改善的方法，藉由親情的引導，以穩定學生情緒。

★ 若爲不當教導方式或因缺乏安全感所造成的暴怒行爲，應多加強親師溝通或親職教育以減少其發生頻率。

♦ 學習環境

★ 營造溫和輕鬆的學習環境。

★ 避免過多不必要的刺激，以減少其情緒失控行爲。

♦ 增強制度

★ 教導學生善用自我指導語與自我獎勵，如：「我今天控制情緒，我實在太棒了！」在他成功的控制自我脾氣的時候給予適度稱讚、鼓勵並配合行爲改變技術，以有效養成其自我情緒控制行爲。

★ 不要給予責罵，多運用情感上的感化，讓學生感受到自己的易怒造成別人的傷心或不悅，可因內疚感而學習體諒他人的感受，克制自己的行爲，並在其能即時控制情緒時給予正向鼓勵語，例如：「我了解你的感受，而且我爲你能承受並處理這件事感到驕傲。」

97 自我控制能力差

♦ 生理特徵

★ 自我控制能力不足也可能是精神、心理方面的問題造成的，如：過動兒等，老師可以轉介學生至醫院兒童心智科或精神衛生科看診。

★ 身體上的疾患，如：腦性麻痺，也可能造成自我控制能力不足，老師和家長可藉由醫療上的協助來解決問題。

♦ **教學策略**

★對時間、空間、人際關係的認知缺乏，也可能讓學生的行為不符合社會期待的標準，而被視為自我能力控制不足。此時老師必須耐心的教育學生何謂符合社會常規的行為，並且配合施之以行為改變技術，藉由自我獎勵、自我懲罰、替代反應訓練、刺激控制及自我指導語設定等方式提升其自我控制能力。

★教學生如何去了解別人的感受，藉由同理心的增強以提升其自我控制能力。

★讓學生幫同學做事，提升自我能力。

★一開始可以要求其僅在較短時間內做到自我控制，然後循序漸進延長時間。

★教導他合理發洩過剩體力及不穩情緒的方法，如：運動、聽音樂、畫畫、寫書法。

★常常提醒學生應注意的行為或應做的事，會比學生犯錯後再去責備，效果好得多。

★讓學生養成寫日記的習慣，每天看看自己有哪些表現不錯的地方，以及有哪些地方需要多加注意。

★教導學生分辨事情之輕重緩急及安排應進行之步驟，藉由清楚的實習步驟以增強其自我控制能力。

★在情緒反應之後，教學生回想剛剛的情景及反應，聽他說出如此反應有何感覺並分析利弊，不用給予價值評斷，可促其反省下次再有類似情形時的處理方式。

★讓其他有自我控制能力的同學影響之，營造好的班級風氣，讓學生在環境中潛移默化而變得較有自我控制能力。

★與學生訂定守則，共同設定適當的目標讓學生去達成。當學生達到目標時，要給予獎勵，此時可再訂定下一個目標。

★教學生學習如何面對團體壓力，如：傾聽對方，判斷對方真正的意思為何→決定自己打算怎麼做，如：拖延、協調或拒絕等→想想如何告訴團體自己的打算，並能舉出理由。表明自己的立場→告訴團體自己的決定並執行。可運用角色扮演方式演練，例如：有人邀你一起去打架時該怎麼做。

◆ 輔導策略

★給予口頭開導，平日在學生情緒激動時，給予眼神提醒他注意。

★跟學生一起討論自我控制能力不足的原因及該如何改善，並鼓勵學生去嘗試改善。

★教師及家長應該提供良好的情緒示範，因為大人們的動作舉止、言語態度，往往都是學生模仿的對象。

★當學生處於憤怒的情境下時，不要立刻責備他，可以給學生一段安靜的時間，讓他自行思考為何做出不受歡迎、不該做的事，是因為疲倦、身體不舒服、還是因為自己脾氣不好？這樣可以協助學生客觀的了解自己，而慢慢改善自我控制的能力。

98 容易有挫折感，易於放棄

◆ 教學策略

★教學生告訴自己：「這個情況沒有自己想像中的糟」，只要嘗試便可能有成功的機會。

★說一些有勵志性的故事給他聽，使他知道成功的要件首在實行。

★給予適度的成就期待，避免太鬆或太嚴，減少他自暴自棄的機會。

★配合學生程度設計問題，太難會增強學生的挫折感，太簡單會讓學生覺得自己被看不起。

★協助學生了解「人各有才而不必是全才」的道理，讓他看到自己隱藏在障礙下的能力，協助學生發展自我優勢能力以建立自信心。

★在做活動或上課時，先讓學生做他較擅長的練習，或老師可先親自示範或請別的同學示範給他看，然後請他照著做或模仿，以培養其自信心。

★把工作或作業分成數個較小單位，做完一個小單元，再給予另外的單元並鼓勵其完成，營造學生的成功經驗，並藉由循序漸進的學習以增強其執行力。

★設計學生的自我指導語，當學生做一件事想放棄時，教師和同學可提示指導語，如：「我會努力做好」、「我會堅持到最後一分鐘」、或「只要開始做，永不嫌遲」等。

★演練如何在有挫折感時尋求協助，如：仔細思考是什麼原因導致這個問題→自己是否可獨立解決此問題→考慮一些能幫忙的人或物且選擇適合幫忙的人或物→告訴對方自己的問題並請求幫忙。可運用角色扮演方式演練，例如：如何請父母協助解決生活上的惱人問題。

★學習如何回應抱怨：開放心胸傾聽，請求對方解釋不清楚之處→複述之，認同他的內容和感受→告訴對方自己的想法→提議雙方可針對此事做什麼。角色扮演情境：朋友抱怨不該把運動器材用得如此破舊，主角對此做回應。

★學習如何面對失敗：可能是在人際關係、學業表現或運動能力上→想想失敗的原因，包含人為和環境因素→想想自己可如何做以避免下一次的失敗→決定是否想再做一次嘗試→使用自己的新點子。角色扮演情境：主角處理考試上的失敗。

★把學習內容分成三個關卡，學生則是「勇士」，要一一過關、奪取寶藏。第一關：只要學生錯誤少於 10 題便算過關；第二關：可規定錯誤少於 15 題算過關，以此類推；但若過關而錯誤仍偏多，則可規定學生喪失「武器」，需前往祕密基地，例如：加強演練以領取新武器。

◆ 輔導策略

★鼓勵學生與正向樂觀的學生多接觸。

★找出事情原因，如果是家庭因素，可尋求相關協助以取得家長合作。

★傾聽與了解的態度，以建議替代苛責，協助學生找出問題的盲點，學會因不同角度思考問題，採漸進方式解決問題可能會是學生較易接受的方法。

◆ 增強制度

★適時給予鼓勵，增強學生的自信心。

★鼓勵學生在出現優良表現時以具體行動自我鼓勵。

★通常學生容易有挫折感和易於放棄，可能是他已經擁有太多的挫折經驗，應鼓勵學生選擇自己能力所及之事開始做起，並學會反省錯誤與監控自己執行的能力，逐步施行以獲取成功經驗。

99 會顯現焦慮的情緒

♦ 生理特徵

★若焦慮情緒會明顯影響生活適應能力，應至醫療精神科檢查，尋求醫療方面的協助。

♦ 教學策略

★多舉一些例子，教導學生用不同的角度去看事情。

★當學生的焦慮情緒顯現時，用其他的事物轉移其注意力。

★設計一些團隊活動，讓學生多與活潑、樂觀的同學相處，讓同學的情緒表現去影響他。

★教師可透過各種班級團體的活動，如：參與規劃班遊的行程，使學生經由活動感覺到自己是班級中的一份子。

★教師要做個別教導時要有技巧，不要讓學生覺得好像受到特別待遇、引起別的同學的注意，而引發焦慮的情緒。

★多提供一些正面刺激給學生，如：給學生看一些幽默、有趣的影片，讓學生了解每件事都可能會有好的結局。

★若學生常常焦慮一些無關緊要的事，老師就必須謹言慎行，例如：老師今天糾正我的言行，是不是表示他不喜歡我了，以避免引起無謂的困擾。

★應多鼓勵學生多參與各種活動，培養學生的興趣，讓他做覺得有趣的事情，如：體能競賽、寫作、講故事、與人交談等等，讓學生有宣洩其不愉快情緒的機會。

★教導學生放鬆情緒的一些方法，譬如說要上台演講了，覺得焦慮，可以「深呼吸，告訴自己，台下黑壓壓的人頭，都是一塊塊不會動的石頭，沒有什麼好害怕的！」

★若學生是因為受某個同學行為影響，需私底下問明原因，例如：某個同學常常命令他做事，如有不從馬上打他，才使得他感到焦慮，這時教師最好能夠直接找這個同學談，除去學生焦慮的因素。

★教導學習處理害怕的情緒：決定自己的情緒是否為害怕→想想自己可能在害怕什麼→害怕的事物是否真是一種威脅，可能需要請教他人、

蒐集一些資訊或做一些事轉移注意力，例如：減低害怕感可跟別人說說話、離開現場或慢慢接近此害怕的情況。也可以採角色扮演情境練習，例如：主角害怕獨自在家，計畫邀請朋友來玩的情境。

★讓學生練習爲困難的談話作準備：想想在談話中將會有什麼感覺，例如：緊張、焦慮或沒耐心→想想對方可能會有何感覺→思考幾種正向表達意見的方式→想像對方可能如何回答，談話中可能有什麼情況發生→選擇最好的方式試著做看看。可採角色扮演情境練習，例如：主角打算告訴父母關於考試沒考好的情境。

★學習判斷問題引發的因素：判斷問題原因是什麼→判斷問題是自己本身、別人或外在事件引起的→驗證眞正的原因爲何？可採用請教別人或再次觀察的方法。主要是用來幫助學生評估在問題產生上，自己的因素和無法控制的因素各有多少？可採角色扮演情境練習，例如：主角思考爲何每次遇到某位同學都會特別緊張的情境。

★自我情緒表達的方法：教導學生認識自己的情緒，並共同思考不同的表達方式，然後選擇一個適合自己的，例如：當我焦慮或緊張的時候，我可以說出自己的感覺、我可以摸摸我的幸運物、也可以在老師許可下暫時離開教室一分鐘。

★提供安撫物：請學生找出自己喜歡的事物，例如：顏色或形狀，教導學生在新環境中尋找出，例如：學生如果喜歡黃色與圓形，到科任教室內就找一找有沒有黃色或圓形以轉移一些不安的情緒。

★引導學生調整固有的思維方式，接納自己的不完美，在面對自己的焦慮時，採取順其自然不理、不怕、不對抗的態度。當因爲某些原因而焦慮時，告訴自己不必在意，去做該做的事。

◆ 輔導策略

★指導學生做充分的準備，加強心理建設以及問題解決能力，以求面對問題時能有所應對。

★當學生有焦慮的表情時，可以用溫柔、接納的態度鼓勵他表達出內心的感受。

★與學生一同找出構成焦慮情緒的原因，一起想辦法解決。如果是家庭因素，可尋求相關協助以取得家長合作。

★有些學生明明有能力去完成老師交付的任務，但是卻害怕失敗會對自己或他人無法交待而感到焦慮，此時老師可以強調：「去試試看，結果不代表一切，你去嘗試的過程才是重要的。」

★輔導時可採心理學中常用的：「所有的倒楣事都已經發生過了！」或「情況不可能更糟了，我會愈來愈好！」等自我指導語，以激勵學生正向情緒。

★音樂治療法：遊戲過程中使其自己挑選一首喜歡的音樂，教導他在焦慮的環境中，可以在心裡默默哼唱四句（不宜過長），以減低焦慮。

★遊戲治療法：將身體分為上肢（肩、頸、頭與雙臂、雙手）、軀幹（身體、肚子與屁股）、下肢（大腿、膝蓋、腳盤），練習分部位緊縮，然後放鬆。

◆ 親師溝通

★建議家長在課餘的時候，可為學生多安排一些休閒活動。

★有時候家長期待過高，再加上學生又有完美主義傾向，便易時常感到焦慮。如果是這種情形，老師有必要和家長、學生一起懇談，唯有改變「凡事必求完美」的心態，學生才較有可能擺脫焦慮。

◆ 學習環境

★安排愉快輕鬆的學習環境，營造正向接納的學習氣氛，設定多元學習目標，期使每個人都有不同的成功機會，有助於降低學習時的焦慮感。

★給予適當的讚美，即使學習過程中做錯了，多用些引導、鼓勵的話降低學生的緊張，給予較長的達成目標緩衝時間。

100 顯得害羞或退縮

◆ 教學策略

★教學生講話時儘量注視對方的眼睛。

★給予協助教師或當幹部的機會，藉此磨練其膽識。

★教導學生能有欣賞自我長處、包容短處的能力。

★教導學生對著鏡子自我介紹，表現出自己的特色。

★安排說話課讓大家輪流說故事，鼓勵學生多發言。

★利用戲劇的方法，使其有角色扮演的機會，增進對他人的了解。

★常給予表現的機會，建立實質的成就感，使學生重建自信心及對他人的信任感。

★以角色扮演或互換角色方式，讓學生多參與活動，提升學生的社交技巧並改善人際關係。

★請他去做一些非完成不可的事情，他也許是硬著頭皮去做的，但是做了以後就會知道其實沒什麼好退縮的。

★善用同儕團體的模仿學習，可以安排個性較為開朗活潑的學生，與其共同生活學習，可以互相模仿學習，降低不必要的害羞或退縮行為。

★學生若經常是一個很好的傾聽者，這一點在同學間應很受歡迎，但是要提醒他，要在適當的時機表達自己的意見，例如：微笑或點頭等也是一種表達意見的方式。

★下課時，安排一些同學主動與學生交談或玩遊戲，來逐漸消除學生與同儕相處的害羞與退縮現象，進而建立良好與人互動的關係。

★給予學生有在公開場合表現的機會，而且在事前，教師或家長要給予協助與建議，因為若能在正式登場時有好的表現，也可增加學生的自信心與勇氣。

◆ 輔導策略

★帶領學生重新探索自己的過去與內心的世界，了解其是否有扭曲或陰影的部分。若有此類問題，應結合精神分析學派之方法予以輔導。

★從心理層面著手：首先進行家庭訪問及對於學童與家屬的深度訪談，以診斷出害羞或退縮的心理成因，例如：是否因創傷後壓力症候群（PTSD）引起，或是其他因素，並對學童進行輔導諮商，引發學生自覺與自知欲改善問題的動機。另一方面在學習環境中施以行為改變技巧，如：口頭鼓勵、人際支持等正增強，來進行改善。

◆ 增強制度

★當學生有嘗試新事物或願意接觸外面世界時，就給予增強。

★每當學生有較積極的表現時，請適時給予鼓勵或增強，協助他認識自己的優點。

★用鼓勵、稱讚的方式，讓學生踏出與他人相處的第一步，並讓學生體認有朋友的溫馨感覺，讓其有動力再多與其他人接觸。

★製造兒童發言的機會，並給予正向鼓勵，也可用說話接龍的方式，請他補充老師的話語，例如：老師說「這朵花很——」，請兒童回答「很漂亮」等，以增加兒童練習說話的機會。

101 自我信心低落，覺得自己凡事都做不好

♦ 教學策略

★讓學生培養屬於自己的興趣，並由有興趣的事開始做起，以獲取正向成功經驗。

★教學生對自己的期許是從零往上加，而不是從一百往下減。

★以角色扮演或互換，提升學生的社交技巧，並改善人際關係。

★要他貼精神標語在每天最常看到的地方，例如：XXX 最棒了。

★發現兒童本身專長的領域，營造他成功的機會，增加其自信心。

★不計成敗讓學生自由行動，讓他不要害怕失敗或危險，多去體驗新事物。

★最重要的事仍由學生決定，讓學生自己決定自己的行為與實行，培養積極自信的態度。

★把工作或作業分成數個較小單位，做完一個小單元，再給予另外的單元並鼓勵其完成。

★善用多感官管道學習增加其學習成效，例如：該生表達力不佳，可請他先面對鏡子練習。

★老師協助建立在學校的成就感，如：學業改進、當幹部、義務工作服務同學、參加社團活動等。

★老師可在課餘給予個別指導，注意其困難所在，並指導兒童學習如何檢視自己的錯誤並學習以有效的方法力求學習上的進步，培養其自信心。

★安排某種情境，例如：要自信心低落的學生去指導別的學生做某些事，嘗試讓學生想出指導方式，一旦想出方法，就可增加其自信心。

★給他一個作業，每天要他寫出自己的一個優點或做的一件好事。

★教他對自己說：「我一定可以做得很好！」藉此達到自我應驗，促進

腦部 α 波。

★老師能夠了解學生的內在能力，評量學生的優缺點，不因爲這個學生有障礙而有所歧視。對學生而言，教師的態度往往也會影響他們學習的動機。

★學習如何自我獎勵，例如：完成某事或某些地方有進步，可說些鼓勵自己的話、買些喜歡的東西、去某個喜歡的地方、增加或減少某項活動。（獎勵原則：在好的表現之後馬上給自己一些獎勵，只在成功的表現之後獎勵，表現愈佳，獎勵愈棒。）

★學習判斷問題引發的因素，例如：先判斷問題原因是什麼，其次判斷問題是自己本身、他人或外在事件引起的，最後驗證眞正的原因爲何。（可採用請教別人或再次觀察的方法，這種方法主要是用來幫助學生評估在問題產生上，自己的因素和無法控制的因素各有多少。）

★適當的創造成功的機會，適當篩選學生可以表現的機會，創造學生成功機會。當學生表現有進步時給予讚美與獎勵，藉由鼓勵獲得成就感，進而增加自信心。

◆ 輔導策略

★理情治療，建立理性信念，去除學生由過往挫折經驗中學習到的無助感。

★當學生受到挫折時，應該從正面的角度去安慰他。

★家長及教師可採建議替代責備的方法協助學生，由錯誤經驗中學習，以增其信心獲取下次的成功經驗。

★設法了解其自信心不足的原因，可能與以前的經驗有關。例如：曾被同學因動作緩慢而嘲笑，可與其共同檢視過往的經驗，並運用輔導方式去除其心理障礙。

★協助學生認識自己並不是全面的不如人，讓他看到自己隱藏在障礙下的能力，以建立學生的自信心。

★詢問學生有沒有什麼事情做了之後獲得稱讚的，若學生說沒有，則應就老師所觀察到的情況，一一舉例給學生聽，加強其自信心。

◆ 增強制度

★適時經常的找出具體事項讚美學生，以幫助建立其自信心。

★只要學生完成一件事，就要他採用自我指導語稱讚自己，例如：「我很棒，我做到了。」

★與學生共同設定適當的目標讓學生去達成，當學生達到目標時，要給予獎勵；若未達成，可以就事論事的檢討來替代責罵，以鼓勵他下次能做得更好。

★引導學生學會欣賞自己的優點，並能適時表現。教師或家長可給予適時合宜的回饋與增強。

102 情緒或行為表現會造成班級混亂的現象

◆ 生理特徵

★如果學生喜怒無常是導因於情緒上、精神上的疾病，老師必須轉介學生做適當的醫療。

◆ 教學策略

★找出學生造成班級混亂的原因。若學生有閱讀或理解上的學習障礙、或智力上有問題，則要找出適合他的輔導方式和學習策略。

★對學生的教導必須溫和但堅持，方能達管教一致性。日常指示必須符合簡單、清楚、正向、可行的原則，以利學生理解之後的執行。

★當學生的行為問題是想引起別人注意力時，可採忽視法或隔離法，合宜的阻斷或轉移其焦點，而在其任何時候出現符合目標行為時，才予以注意與稱讚，避免增強負向行為，同時讓學生明白目標行為方能引起師長的注意與關心。

★指導學生運用靜坐的方式控制自己的情緒。

★利用圖畫治療的方法，讓學生表現其情緒，並幫助其解決問題。

★對他有合理的要求標準，不要要求太高，而使他有太大的壓力。

★對國小中年級以上的學生，可採戲劇治療方式設計戲劇，讓其扮演情緒穩定的角色，藉以訓練其控制情緒。

★鼓勵學生多多觀察別人的情緒反應，藉由觀察進而模仿，使其情緒較

穩定。

★教導學生合理發洩過剩體力及轉移不穩情緒的方法，例如：運動、聽音樂、畫畫等。

★設計學生的自我指導語，當他出現不當情緒時，教師和同學可提示指導語，例如：「我是好學生，我能控制自己的情緒。」針對叛逆心較重的學生，也可採反向指導語，例如：「我生氣，我走開」，或「想惹我生氣，沒那麼容易！」

★若學生因忍不住而講話時，要求學生需舉手才能講話，或叫他坐到前排，或是要他把想講的話寫下來，下課再講。

★練習認識自己的情緒，觀察自己身體正在進行的變化以了解自己的感受，而後辨識自己的感受，最後再決定自己的感覺是什麼及正確反應方式。

★學習表達自己的情緒：認識自己的情緒之後思考不同的表達方式，然後選擇一個適合自己且不妨礙他人的方式，例如：說出自己的感覺、做運動、暫時離開或暫緩行動。

★如果可以的話，讓其擔任班上的副風紀股長，讓其因責任心而不再造成班級的混亂，又有正風紀股長可以約束他；或者請他幫同學做事，例如：當幹部，以提升其榮譽心。

★若學生在氣頭上，老師可以讓他自己慢慢冷靜下來，事後再幫助學生分析自己剛剛為何會有這麼大的情緒波動，找出原因，再建議他在情緒波動時，哪些方法可以幫他控制情緒。

★提供若干機會，促進學生的彼此認識，讓情緒不穩的學生藉由與別人交往的過程中，學習控制情緒，因為一個喜怒無常的學生，是不容易有要好的朋友的。教師事先可以先教導學生與別人相處的一些技巧。

★學習如何回應嘲諷：對方是否在開玩笑或嘲諷自己→決定平靜的接受、當作玩笑、忽略它→採取行動，盡可能不用過於挑釁、惡意嘲諷和退縮的方式。角色扮演情境：主角告訴弟弟停止對自己新髮型的嘲笑。

★可與課程結合，進行有系統的情緒管理與社交技巧訓練，增強其人際適應行為。

★採用正向行為鼓勵法，並要學生如同寫日記般，記錄自己每天能做到的情緒控制與友愛同學的行為，潛移默化之中，改變學生對自己的看

法與期許。

◆ 輔導策略

★教他如何去了解別人的感受，並嘗試記錄別人可能的感受，以增強其印象。

★了解其造成班級混亂的原因，儘量避免觸到引爆點，同時可教導其他同學如何採取正向包容的可行解決方式來適度引導他的不良行為。

★在團體生活中，教師可安排適當的工作，啟發學生的責任感與自尊心，形成正向的自我概念，以訓練過正常的兒童生活。

★教師需與學生建立良好的師生關係，以便可以多與學生交談，了解問題癥結之所在，可予以協助學生解決情緒問題，抑或是能請教相關專業人員提供協助。

★常與人衝突、或是常做一些搗蛋行為的學生，常常是為了吸引別人的注意，因此教師應該讓學生知道，雖然這樣可以吸引別人的注意，但搗蛋的行為或不禮貌的行為是很惹人討厭的。只有有禮貌和肯與別人合作的態度，才會受人歡迎。

◆ 親師溝通

★若學生的情緒與行為表現是因家庭因素，應與家長保持密切聯繫，力求家庭方面之協助與配合。

◆ 學習環境

★教師首先需了解學生情緒問題的情況及原因，並安排一種和諧的學習環境，使兒童生活其中感到愉快、舒適。

★提供結構化的學習情境，學習情境如果結構化、規律、無刺激物，可以幫助學生減少分心、衝動想搗蛋的問題。

★若因為學生是「刺激過多型」的過動兒，則在學校上課時，教室的布置勿過於複雜，教師的服飾與裝飾品應力求樸素化，以避免分散學生注意力。

103 難與同儕建立或維持友誼

◆ 生理特徵

★尋求醫療部分的協助，排除其因心智或精神方向問題所引起的人際關係問題。

◆ 教學策略

★暴力型的學生可透過「停——自我指導放鬆訓練」學習控制衝動，以「放聲思考法」自我覺察自己的行為和情緒。

★害羞退縮型的學生可透過「自我肯定訓練」增加其信心，給予足夠的動機打開「我要做」系統，可安排活潑的同學引導。

★觸覺防禦過當型的學生可尋求知覺動作統整部分的訓練，以減少其過度反應情形。

★可與課程結合進行有系統的社交技巧訓練，以改善其人際關係。

★與學生一起玩信任遊戲。

★教導他如何尊重別人意見的方法。

★發掘他的專長及興趣，藉此幫助他找到朋友。

★製造學生有替大家服務的機會，例如：發作業等。

★教他和別人的相處之道，例如：誠實、友善、分享等等。

★若學生是過動兒，則需教導他如何適當宣洩自己的情緒。

★可以玩小主人及小天使遊戲一個月，調查同學們的喜好、興趣，以增進彼此的互動機會。

★利用戲劇的方法，使其有角色扮演的機會，增進對他人的了解。

★讓學生藉由在家庭中與兄弟姊妹的相處，指導學生類化到學校的情境中。

★建立自信心，藉由活潑、開朗同伴的引導、模仿，效果會更明顯、快速。

★不善與人相處的技巧，則可透過指導、遊戲學習等方式，獲得行為上的改善。

★提供一些影片或文章，讓同學們了解友誼的維持是需要雙方的體諒和關心的。

★給予「晨間對話」，讓學生對其他學生表達昨天發生的趣事，並學習傾聽別人的故事或意見。

★常讓學生帶一些糖果或小東西之類的物品分給同儕，養成分享的觀念，建立學生跟同儕之間的互動。

★若是因為害羞而導致其很難與同儕建立或維持友誼，則可請熱心、活潑的同學主動邀請其參與他們的活動。

★分組比賽躲避球或籃球，使學生有合作及禍福與共的心態，或者兩人一組唱雙簧，建立必須同心協力的心態。

★許多課堂活動可採分組方式進行，強迫學生彼此間多接觸。若組內有個性較怪異的同學，可請小組長特別注意把這些學生也帶進這個團體裡。

★如果是因學生易怒而導致其很難與同儕建立或維持友誼，則可設計一些情境，讓學生得以感受到自己的易怒會造成別人的傷心和不悅，讓其產生同理心而克制自己的情緒。

★學習用讚美增進同儕關係：想想自己和友人在活動中的表現→可以如何讚美對方在活動中的表現→想對方會喜悅、生氣或尷尬→選擇適當的讚美並說出。角色扮演情境：新朋友在球賽中表現良好。

★演練如何參與活動：確定自己想參加且不會打擾別人的活動→詢問、徵求同意，和他們談話或介紹自己→在活動終場或重新開始之前加入活動。角色扮演情境：主角想參與同伴們的遊戲娛樂活動或談話。

◆ 輔導策略

★如果是情緒上或性格上的問題，老師可加強輔導帶動學生，使之了解問題，進而改善。

★先了解原因，可以私下問其他同學為什麼不喜歡他，或是暗中觀察其行為，找出問題再對症下藥。

★若學生是因為暴躁易怒，則教導學生發洩怒氣的方法。例如：以後生氣時找一個枕頭用力打，再找老師解決問題，或是往牆壁丟球，打到氣消為止。

★與學生討論很難與同儕建立或維持友誼的原因，並共同找出解決之道。另一方面，教導同學們要多接觸各式各樣的人，找出與他們的相

處之道。並告知同學們，每個人都是有影響力的，每個人的行為都會
影響別人的行為。

♦ **增強制度**

★用鼓勵、稱讚的方式，讓學生踏出與他人相處的第一步，並讓學生體
認有朋友的溫馨感覺，讓其有動力再多與其他人接觸。

104 對同儕有身體或語言的攻擊行為

♦ **生理特徵**

★尋求醫療部分的協助，排除其因心智或精神方面問題所引起的攻擊行
為。

♦ **教學策略**

★教導其轉移情緒的方法，例如：教他轉移目標到紙上，寫下發洩的話，
或事先和學生討論生氣時讓自己高興的方式，例如：要簡易可行的，
讓學生在生氣時可以執行。

★透過「停——自我指導放鬆訓練」學習控制衝動。練習正確的腹式呼
吸法，教學生每次在遇見會讓自己緊張或生氣的事物時，指導確切執
行「停——深呼吸十次再採取行動」，以學習控制衝動。

★有效的行為管理，例如：請該生記錄一週內發生的事，利用軼事訪問
法的方式，並請其分析類似情境再發生時，可行的解決方法。

★事前不良情境的移除，例如：將水火不容的雙方，座位分開。

★觀察攻擊行為過程，例如：哪些話語會刺激他，引發攻擊，下次可予
以避免。

★軼事記錄：請該生記錄一週內發生的事，利用軼事訪問法的方式，分
析類似情境再發生時，可行的解決方法。例如：哪些話語會刺激他，
引發攻擊，下次可予以避免。如果是因為同學言語上對他有歧視或是
挑釁，他是因氣不過才反擊，老師必須要對雙方及全班同學做機會教
育。

★可設計一些情境，讓學生得以感受到被攻擊的滋味，讓其產生同理心
而克制自己的衝動。

★老師本身要以身作則，做正確的模範，不要對他人有身體或語言的攻擊，並避免負向句，例如：「你再給我 …… 試試看！」多使用正向句，例如：「老師喜歡你，希望你可以 …… 」或是「你可以 ……，很好」，讓學生有效法的對象或行為模式。

★舉辦一些分組的團體活動，藉由小組的互動，讓學生先由小團體開始適應與同儕間的相處，減少因誤會而產生暴力的行為。

★找出學生會對同學攻擊的原因。如果是因為同學言語上對他有歧視或是挑釁，他是因氣不過才反擊，老師必須要對雙方以及全班同學做機會教育。

★先隔離發生暴力行為的學生（將他帶開現場，到空教室、老師辦公室或預先設計好的情緒角 …… 等安全且安靜獨立的地方），運用言語來開導與安撫學生不穩定的情緒，然後再告訴學生尊重他人身體與心理的重要性。另外和學生討論與分析其行為或語言不適當的地方，以及對他人所造成的傷害。

★有時候學生會謾罵同學，是因為把對方的意思聽反了，或是誤會他人對自己有敵意。老師可以教學生一些固定的句子來確定對方的意圖，例如：「我不太懂你的意思？你能不能再講一遍」、「你的意思是 …… 嗎？」

★學習了解別人的情緒：注意對方的聲調、姿勢、臉部表情→傾聽對方正在說什麼→猜想對方此刻的感覺→表達自己了解他的感覺，如：告訴他、拍拍他、或讓他獨處。角色扮演情境：主角帶一份禮物拜訪生病的同學。

★老師連同家長一起配合，過濾學生接觸的事物，如：漫畫、小說及電視節目。讓學生少接觸會帶來負面榜樣的事物。如果真的無法禁止其接觸這些會帶來負面榜樣的事物，則不妨與學生一起接觸這些事物，並在過程中與學生一起討論，藉機教導其如何辨別是非。

★運用「角色扮演」的方式，讓學生發問，而我們使用不適當的言詞來回答，讓學生體驗感受，並請學生說出感覺。另外藉由「角色扮演」讓學生來分辨哪些回答的方式與行為是適當的，哪些是不好的，讓學生能在整個過程中學習到正確進退應對與溝通的行為，讓正確與好的行為能夠內化。

★影片情境討論：透過影片情境設計，讓學生共同討論哪些回答的方式

與行為是適當的,哪些是不好的,讓學生能在整個過程中學習到正確進退應對與溝通的行為。

♦ 輔導策略

★如果學生是模仿家長的暴力行為才恃強凌弱,老師必須要告訴他那麼做是不對的,並採溫和而堅持的方法持續引導。

★了解事情的始末,看是否有什麼引爆點,如:同儕的玩笑。可以選擇一些類似情境的影片或故事讓其欣賞,讓其知道有別的更好的處理方式。另一方面,也要教導其他同學多顧慮別人的感受。

♦ 增強制度

★當學生犯錯時,要給予過度矯正方式的懲罰,所有的懲罰需與過失行為產生關聯性;而當其能維持一段時間不再犯過錯時,要給予獎勵。

★適當的創造學生學習的成功經驗,並設定學習的目標。當學生成功達成後,給予獎勵品。學生藉由獎勵的回饋與成就動機的提升,可以減少暴力行為的產生。

105 會表現某些行為以引起別人的注意

♦ 教學策略

★訂定明確的課堂規則,將學生渴望別人注意的心態引導致正向行為上,於其產生負向行為時,輔以忽視法,於教學過程中漸進式結合學習過程,讓學生明白只有正向行為才能引起老師、同學真正的注意與讚美。

★發掘學生的長處並加以誘導,可以分派工作或參與社團方式,使其渴望得到注意的心態變得適當的滿足。

★透過「停——自我指導放鬆訓練」,學習控制衝動思想與行為。

★一開始可以用較短的時間來要求他的自我控制,然後循序漸進。

★安排一些角色扮演的遊戲,讓學生由遊戲中學會如何控制自己的行為。

★培養學生寫日記的習慣,每天觀察自己的行為,看是否有需改進的地方,以及哪些地方需多注意。

★多安排一些團體活動,讓其多與行為良好的同學接觸,而使得其行為

在那樣的環境下漸漸地潛移默化。

★藉由其同儕的力量協助其控制自己的行為，如：請其同儕告知其行為的不當之處，藉由其對同儕的重視而改善行為。

★練習認識自己的情緒：觀察自己身體正在進行的變化以了解自己的感受→把焦點放在外在事件即感覺到此的原因為何→決定自己的感覺是什麼。

★學習表達自己的情緒：認識自己的情緒之後，思考不同的表達方式，然後選擇一個適合自己的。例如：說出自己的感覺、做運動、暫時離開或暫緩行動。

★有時候學生會想引人側目，是因為他長期被同學或是師長忽視，因而故意做一些特立獨行的事情，可以暫時讓別人覺得他很重要。此時老師可幫他找出受忽視的原因，並設法改善之。

★學習了解別人的情緒：注意對方的聲調、姿勢、臉部表情→傾聽對方正在說什麼→猜想對方此刻的感覺→表達自己了解他的感覺，如：告訴他、拍拍他、或讓他獨處。角色扮演情境：主角帶一份禮物拜訪生病的同學。

★學習自我控制：觀察自己身體正在進行的變化，判斷自己是否快要失去控制→想想是外在的事件或內在的想法以致如此→冷靜下來、倒數十下、肯定自己、離開去做其他的事等。角色扮演情境：朋友未經允許拿了主角的東西，主角控制自己不發脾氣。

◆ 輔導策略

★安排學生參加由學校輔導中心或諮商中心所舉辦的相關訓練課程，例如：情緒管理、尊重與溝通、兩性關係等。

★了解學生無法控制自己的行為及引起別人注目眼光的真正原因是什麼，是因為生理的因素或心理的原因，了解後和學生共同討論並找出解決問題的辦法。

◆ 親師溝通

★老師訂立學生必須遵守的明確規則數條，並和家長配合，確定他和家裡及學校都受到合宜的行為規範，藉此矯正之，並在其能造成目標行為後，給予適度鼓勵。

106 粗魯無理，忽略他人的感受

◆ 教學策略

★ 帶學生進行「同理心」訓練。

★ 鼓勵學生用口語表達代替行為。

★ 教導學生如何與他人相處，並要求他養成說好話的習慣。

★ 教導學生以暴力表達自己的憤怒、焦慮、不滿等情緒是不好的方式，並試著找出其他可行的宣洩怒氣方式。

★ 教導學生採取隔離法，想發脾氣時，先遠離現場，自己想看看有沒有其他解決辦法。

★ 請學生將其粗魯無理的行為記錄下來，並寫下其他可取代的行為嘗試實行。

★ 可以採用「I-message」的方式，降低學生防衛性與其溝通，例如：告訴學生：「你這樣的行為，我覺得無法接受，如果老師也對你這樣，你的感受如何？」

★ 運用「角色扮演」的方式，讓學生在互換角色的扮演方式中增進同理心及認知性解決問題的方法，使正確的行為能藉由演練而內化。

★ 演練如何表達謝意。例如：主角謝謝同學的勸告，可藉由言語、禮物、感謝信或做一些事，並告訴對方為何要感謝他。

★ 演練如何讚美別人，使用不會讓自己和對方感到尷尬的詞語或方式，加上和善誠懇的態度。例如：主角讚美母親今天的豐盛晚餐。

★ 幫助學生建立良好的人際關係，要有禮貌的學生和他多接觸，其他的學生也多和他一起玩，當他生氣時同學會提醒他，他有了朋友，發脾氣的機會也會減少。

★ 可在課程中結合遊戲治療與圖畫治療的方式，找出其粗魯無理的原因，以自然的遊戲或圖畫方式結合課程做治療。

◆ 輔導策略

★ 多和學生接觸，並了解其粗魯無理的原因，給予適當的輔導。

★ 安排學生參加由學校輔導中心或諮商中心所舉辦的相關訓練課程，例如：情緒管理、人際關係、兩性相處等。

★運用言語來開導與安撫學生不穩定的情緒，然後再告訴學生其行為或語言不適當的地方，以及對他人所造成的傷害。

◆ 親師溝通

★找出學生粗魯無理、忽略他人感受的原因。若是因為家庭因素的影響，如：常遭受暴力相向的學生會有樣學樣，也以粗魯無理的態度對人。此時老師必須與家長懇談，由學校和家庭教育共同著手，以改善學生的行為。

107 書包、抽屜、房間凌亂不堪

◆ 教學策略

★由生活小節做起，訓練學生物歸原處的習慣。

★讓學生多接觸有關分類、歸類的遊戲。

★在適當的擺放物品地點，貼上該物的名稱以利歸位。

★與他攜手一同整理某個場域，如：客廳、抽屜，示範如何歸類與整理的方法。

★教導學生利用各種尺寸的紙盒放在抽屜中存放小件物品，以避免凌亂。

★由家長協助養成寫完功課、睡前整理及檢查書包的習慣。

★幫學生把要歸位的東西貼上黃色的標籤或都放在一個籃子中，有空時隨時整理或處理。

★把管理空間的方法及原則化為流程圖，讓學生遵照實行。

★定期檢查書包和抽屜並累積其表現紀錄，每週依紀錄頒「清潔寶寶獎」。

★幫助學生把物品放在固定的位置，如：在牆上釘一個釘子，書包就固定掛在那裡。

★向學生示範適當的管理空間方法，例如：什麼東西應該放在何處，並使學生參照。

★利用同儕壓力來改善，讓生活習慣良好的同學坐在他旁邊，耳濡目染，潛移默化。

★如學生年幼，可使其多接觸積木或樂高等玩具，在遊戲中培養對空間建構與分類的能力，並要其養成玩完玩具後立刻歸位的習慣。

★可以讓學生擔任老師的小幫手,例如:幫忙處理一些事情或送東西,這些事都可以學習組織能力。

★製造其與有組織能力、學習或生活態度嚴謹的同學相處的機會,讓其能受其他同學的影響。

★發現學生的房間有一點點亂的時候就要求他收拾好,訓練他維持整潔的習慣,不要等到過度凌亂時才來大掃除,亦可將整理房間列為每週固定執行事項。

★讓其體驗、比較在整齊的環境下和凌亂的環境下的感受差異。讓其感覺整齊的環境較好,而能主動改進。

★玩大掃除遊戲,將雜亂的地方打掃並整理乾淨,並可令其扮演糾查隊之角色,檢查是否有其他地方不整潔。

★平日要讓學生幫忙參與家裡的整理工作,讓學生平日就養成隨手做的習慣,也可以藉此訓練學生的組織能力。

★應訓練學生將空間結構化整理的能力,一開始老師或父母可代為結構化設計或建議,要求學生去做,再漸漸地訓練學生自行將空間結構化整理的能力。

★教學生將一大堆混雜的物品分類,並將類似的物品歸類,可依物品的形狀、顏色、功能來分類。並請家長協助教育,幫學生準備幾個收納櫃,將分類好的物品一一收起來,並養成用完就要放回去的習慣。

♦ 輔導策略

★與學生共同比較分析學習或生活態度精確與不精確的優缺點。了解學生的想法,並強調學習或生活態度精確的優點。

♦ 獎懲制度

★給予整齊或凌亂的空間以適切的賞罰。

★進行家中或教室整潔競賽,贏的人有獎勵。

★當學生有優良表現時,給予實質上的鼓勵。

★要求他物品用後要歸位,第一次口頭警告,第二次可以沒收該物品一天。

★明確的規定事情項目及其做事的順序,如果能順利完成,則予以鼓勵。

★設定學習的目標，當學生成功達成後，給予獎勵品，使學生能藉由獎勵的回饋，增強組織能力。

★約束學生如果發現學習態度馬虎，就必須自行負責，例如：作業隨便寫，就必須在放學後留下來，在老師的辦公室重新寫一次才能回家。

108 面對新環境時會有不當的行為表現

◆ 生理特徵

★尋求醫療的協助，排除其因情緒障礙部分問題所造成的環境適應不良問題。

◆ 教學策略

★針對各種特殊人際場合中使用的言語或行為加以討論，使其能因熟悉而儘速適應環境。

★可運用遊戲治療結合音樂治療方式，使其能藉由遊戲過程熟悉環境並學會表現適當行為。

★教導學生面對新環境時可以應對的方式，與自我情緒的控制和管理。

★教導學生先在新環境中尋找熟悉的事物或自己喜歡的事物，例如：顏色或形狀，轉移一些不安的情緒。

★要學生找其好朋友、老師或家長當聽眾，將其不安的情緒宣洩出來，並共思解決之道。

★適當的創造學生成功的機會，而當表現有進步時，則給予讚美與獎勵，讓學生藉由鼓勵獲得成就感，進而增加自信心。

★在課程開始的那幾週，老師和同學可以共同訂立一些可行的班級常規，讓學生知所依循，以減輕陌生學習環境帶來的焦慮。

★老師可以做一些小組活動，讓同學之間彼此熟悉，形成相親相愛的班級氣氛，以減低學生因環境適應不良而有的激動行為。

★平常多帶學生去一些新的環境，讓學生在平日就習慣新環境的狀況，當自己遇到新環境時，就比較能夠面對新環境所造成的不確定性。

★請學生先將造成其不安的原因或情況寫下，再觀察、分析這些原因或情況是否真如自己所想的這麼可怕，也可預先設想一些可能發生的狀況，並想出適當的解決之道。

◆ 輔導策略

★情境預想，針對各種特殊人際場合中使用的言語或行為事先加以討論，使其能因熟悉而儘速適應環境。

★實地接觸，必須要更換教室，例如：更換年段或科任課時，事先帶到新環境去，告訴他在新環境可能會遇見的狀況，他就比較能夠面對新環境造成的不確定性。

★老師可多花點時間關心他，多與他聊天，如此，老師則有可能了解原因，再予以適當的輔導。

★要學生找其好朋友、老師或家長當聽眾，將其不安的情緒宣洩出來，並共思解決之道。

★了解學生對於新環境容易感到不安的原因是什麼，是因為生理的因素或心理的原因，了解後和學生共同討論。

◆ 學習環境

★安排合群或友善的同學坐在其旁邊，減輕其因陌生帶來的不適應感。

★營造輕鬆友善的學習氣氛，使學生能自然而然地產生學習上的向心力。

★善用愛心大哥哥、大姊姊制度或學伴制度，讓學生能在友人陪伴的情形下度過新環境的適應期。

109 很少參與團體活動

◆ 教學策略

★主動發掘與培養學生的潛能或優勢學習點，並鼓勵其參與相關活動。

★針對各種特殊人際場合中使用的言語或行為加以討論，使其能在團體活動時減少不適應感。

★製造學生有可以替大家服務的機會，例如：發作業等。

★鼓勵學生仔細的觀察別人的行為舉止，分辨對方的訊息為何，以增進其在團體中可能的人際互動行為。

★利用戲劇表演的方法，使其有角色扮演的機會，增進對他人的了解。

★老師可以試著找出學生興趣在哪裡，然後設計一個他有興趣的團體活動並鼓勵其參與。

★可請熱心、活潑的同學主動邀請其參與他們的活動，由其同儕鼓勵、鼓舞之。

★剛開始可以在班上設計一些小型的團體活動讓學生加入，並在小組活動中有明確的分工，藉由人人有貢獻的方式，增進學生間的互動與團體活動的吸引力。

★有些學生的學習型態是偏個人式的學習，如果他不太喜歡和別人一起合作，老師可以指派給他一些兩人或是小組合作才能完成的工作，以提高他參與團體活動的機會。

★適當的創造學生參與團體活動的成功經驗及提高學生的自信心，而當表現有進步時則給予讚美與獎勵，讓學生藉由鼓勵獲得成就感，進而增加自信心，如此將可以增強學生參加團體活動的動機與意願。

◆ 輔導策略

★了解學生不參加團體活動的原因是什麼，是和同學相處上有問題，還是家裡的因素造成無法配合參加團體活動，或是活動本身無法吸引學生參加，並針對問題作改善。

◆ 獎懲制度

★運用獎勵的方式，誘使學生有參與團體活動的動機。

110　即使經過教師輔導，也不能完全完成指定作業

◆ 教學策略

★了解其學習優勢管道，並以潛能開發方式，運用優勢學習管道彌補其弱勢學習管道。

★可採多元化評量方式，運用適合其學習管道與程度的方式設計作業，以提升其完成作業的動機。

★告訴他寫作業的好處及不寫作業的後果，同時對不寫作業有一套明確的處理規則。

★尋找出他在別的領域方面的興趣，並鼓勵及支持他，提升其學習與成就動機後，再漸次進行作業方面的要求。

★把作業分成階段式，先要求他完成部分階段，一次寫一些，這樣分量

較少較容易完成。

★將指定作業有趣化，如：用學生的文化語言來表達題目，或將指定作業融入學生喜愛的遊戲中。

★了解學生不完成指定作業的原因是什麼，是因為作業量太多，不會寫或是根本不想寫，然後再針對問題原因來解決。

★若是學習障礙讓學生沒有能力完成指定作業，老師可以針對他的學習障礙，設計適合他學習的教材、教具和作業形式，以幫助他順利學習。

★要了解原因，若是沒有理由而未曾努力嘗試完成指定作業，則要給予處罰。可事先與學生共同定下規則，若有理由，則請學生表明，共思解決之道。

★若是為了引起老師注意而不寫作業，首先必須了解他是喜歡還是討厭老師。若是喜歡，則可運用師生關係，鼓勵他表現適當的行為以引起老師的正向注意；若是討厭老師，則需要運用教學技巧以適度營造師生關係。

★試著從簡單的作業以及提供較少的作業量讓學生來繳交，當學生有配合完成時，老師可以多給予讚美及獎勵，適當的給予正增強，將可以提高學生完成作業的意願，同時也可以增強學生的自信心。當學生有成功的學習經驗後，日後的表現也可能會有很大的進步。

◆ 輔導策略

★老師必須先了解學生不寫作業的原因再加以輔導，才有適當的成效。

★若學生大部分的課都不交作業，就必須小心處理，因為這可能和家庭或過去上學經驗有關。

★找出學生不寫作業的原因。若學生是因為家庭因素，如：缺乏寫功課的時間、場所或是旁人指導，可善用愛心媽媽或大哥哥大姊姊制度協助其在課業上的學習與完成指定作業。

◆ 獎懲制度

★設定學習的目標，當學生成功達成後，給予獎勵，使學生藉由獎勵的回饋，可以增加學習的注意力及成就感。

★當學生完成一部分作業時鼓勵他，當學生完成大部分作業時再給予獎

勵，當學生完成全部作業後可給予更好的獎勵。

111 出現憂鬱的情緒

◆ **教學策略**

★教導學生尋求（給予）支持，例如：找信賴的人在適當的時間，例如：
對方許可之下抱怨、發牢騷、或哭訴等。

★學習放鬆心情的方法，例如：每天給自己一段固定的時間聽音樂、運
動、散步、睡覺、看電視電影、或做自己喜歡的事等。

★正向思考，例如：給自己 5 分鐘想愉快的事物，或者是規定自己往好
的地方想等。

★自我控制，例如：壓抑情緒、控制情緒、或隱藏情感等。

★問題解決，例如：針對問題來尋求解決的方法。

★培養規律的日常作息與運動：幫助學生安排正常規律的作息，例如：
可訂好時間表或是功課表，讓當事人有作息規律可尋；安排適當的戶
外活動，可以有到戶外曬太陽的機會；培養適度的運動習慣，例如：
可在每天安排固定的運動時間，幫助肌肉與心情放鬆。

◆ **輔導策略**

★藥物治療，建議家長帶學生去看醫生，經由精神科醫師，例如：由具
備「兒童青少年次專長」的精神科醫師看診。符合資格之醫師名單請
見兒童青少年精神醫學會網站診斷，服用抗憂鬱或鬆弛劑等緩和情緒
之藥物，例如：必須有處方箋與診斷證明。

★建立適當的飲食／膳食，經由營養師／專業醫護人員的評估建議，給
予適當的飲食，幫助調整體內血清素濃度。

★利用畫圖方式將不當的情緒繪畫出來，並請當事人分享當下的情緒。

★讓學生練習自己寫故事，並且規定故事的結局必須是喜劇。和學生討
論如果故事要是喜劇，那麼故事過程中主角必須要做什麼決定？說什
麼話？或是有怎樣的改變？

★藉由焦點團體的談話方式，讓個案分享自己的情緒，並進一步與其他
成員互動交流，彼此分享成功經驗。

★尋求專業心理師定期進行個別諮商，學校系統之心理師可藉由學校特

教業務承辦人申請特殊教育專業團隊資源，或逕洽各縣市設於學校之心理諮商中心。

112 偷竊行為

♦ 教學策略

★ 教室無人時需鎖好，並減低學生獨處的機會。

★ 藉由角色扮演或討論的方式，讓學生了解東西被偷的緊張、不安與不方便，藉此體會到東西不見的痛苦。

★ 了解學生偷竊動機，並給予正確的策略指導以滿足學生的需求。

★ 加強法治教育，說明偷竊可能造成的後果。

★ 校方加強輔導或轉介醫療機構進行協同輔導或治療，學生出現偷竊行為時應馬上糾正他。

♦ 輔導策略

★ 了解學生家庭生活情形以及交友狀況。

★ 與家長協商給予學生適宜的零用錢，養成其良好經濟控管以及自己的東西可以自己存錢買的觀念。

★ 提醒周遭同儕錢財不露白，並妥善保管。

113 說謊行為

♦ 教學策略

★ 可採用建議替代責備的方法，由錯誤經驗中學習，增加其信心，並記取下次的成功經驗。

★ 要他貼精神標語在每天最常看到的地方，例如：「我是誠實的好學生。」

★ 給學生一個任務，每天寫出關於自己誠實的一件具體事例。

★ 採用負增強——懲罰的手段來改善，讓他知道說謊並不能掩飾過錯，甚至有可能面臨更大的錯誤。

★ 透過故事，使學生對於誠實有所認同，並讓學生了解說謊行為的缺點，進而抑制此種偏差行為的發生。

★不直接點破學生的謊言，而繼續重複該項事實，使他體會說謊沒有多大意義。

★當學生有了過失或錯誤，尤其他是無意時，應避免不當批評或懲罰，使學生有安全感，比較能夠承認自己的錯誤和過失。

★讓學生看到老師獎勵誠實的同學而見賢思齊。

◆ 輔導策略

★引導學生判斷問題引發的原因是自己本身、他人或外在事件，用來幫助評估在問題中自己的因素和無法控制的因素各有多少。

★理情治療，建立理性信念，去除學生由過往挫折經驗中學習到的無助感。

★當學生受到挫折時，應該從正面的角度去安慰他。

★教學生對自己的期許是從零往上加，而不是從一百往下減。

114 翹課、逃家行為

◆ 教學策略

★透過繪本或漫畫等故事性的媒介，引導學生建立正向的價值觀，且從中嘗試討論己身發生的問題及適切的問題解決方法。

★在學校或是家裡替學生找到一個簡單的任務，例如：照顧花草或是動物等，提升他對家裡或是學校的情感。

★當學生犯錯時，改變對待的方式，先情感同理，不急著責備。

★掌握學生在家中、安親班等情境的作息是否規律結構化。

★培養在家中或是學校的愉快經驗，讓他感受到他是當中的一份子。

◆ 輔導策略

★透過觀察或訪談了解可能造成蹺家或是蹺課的原因，找尋排除的可能。

★了解學生交友情形，確認是否受同儕影響、在校外是否有其他集結地點。

★在學校提供一個學生覺得安全的角落，當心情低落時可以在這裡獨處，避免讓師長、同學盲目尋找。

115 性別焦慮

◆ 教學策略

★請學生嘗試與特定性別的人交談，記錄當時的想法。和學生談論特定性別的人讓自己感到焦慮的原因，檢視事情的發生過程與自己當時的反應，自己在事後評斷當初遇到該件事時是否反應過當。

★和學生一起找出周遭讓自己感到焦慮的性別中，是否有自己熟悉或是感到友好的人，讓學生知道判斷人和人之間友好關係乃是奠基於彼此的互動而非性別。

★培養自我認識和自我接受能力，客觀地評價他人。

★在學生受到驚嚇的時候，要求他練習肌肉放鬆，降低驚嚇的情緒。

★訓練學生學會放鬆自己的情緒，學習環境盡量維持在平靜、愉快的氣氛中。

★教學生每次在遇見自己恐懼、抗拒的事物時，先做個深呼吸舒緩一下，讓身心放鬆，將心情放鬆之後，再來看待及處理該件事。

★轉移學生注意力，訓練他專心於一件事情，忽略外界的驚嚇源。

★以大量的觸覺刺激來改善學生過度警覺或敏感的心態。

★採用系統減敏法，在日常生活中製造類似讓學生警覺的發生源，讓他習慣這些發生源存在日常生活中。

★進行各項活動或溝通時，先明確和善的告知即將進行的工作，讓學生先有心理準備，避免突如其來的變化。

★當學生反應過大時，老師馬上以觸摸學生身體的方式來緩和學生的緊張與不安全感，安撫學生的情緒，告訴他在這個環境下他是安全的。

★叮嚀其他同學不要故意去挑起該生的懼怕源。

★請學生的好朋友陪著該生一起去接觸並完成該生所恐懼的事情。

★將學生害怕的東西與正向的增強物結合，減低其恐懼感。

★藉由規律作息以及運動，營造較安穩的生理狀態。

★培養學生的特定興趣，讓他的注意力集中在特定事物上。

◆ 輔導策略

★尋求心理治療，幫助學生克服焦慮問題

★尋求藥物治療，協助學生克服焦慮問題。

★鼓勵學生或其家人參與相關團體彼此支持。

★若學生缺乏安全感，老師可以先花一段時間陪伴學生，並在言語溝通過程中教導學生建立對自我的安全感，之後逐漸減少陪伴的時間。

第五節 自我刺激行為

116 咬手指行為

◆ 教學策略

★若學生已經開始有咬手指的行為，可以試著鼓勵替代的行為，將該刻板性行為引導到相關的學習事件上，尤其是需要用到手部的活動，如：指讀課文、寫字、操作教具等，適當的轉移學生注意力。

★在學生有咬手指的行為出現時，以鈴聲或約定好的方式進行提醒。

★在學生手指上塗抹對身體無害但有味道，例如：涼涼的、學生不喜歡的味道的護手霜，讓學生主動避免產生咬手指的行為。

★考量將該刺激需求納入知動訓練或是相關課程中，例如：口腔刺激、口腔按摩等。

★若經多次提醒還是無法改善，可以讓學生戴上較厚重或硬的手套，讓學生無法將手指咬入口中。

★趁學生情緒平穩時，逐步改變學生習慣的模式，使其減低咬手指行為。

★讓學生了解咬手指會有哪些健康方面的壞處，可進一步採用圖片使他更具體的了解。

◆ 輔導策略

★諮詢牙醫，進行口腔相關的檢查，排除因為生理因素，例如：長牙、蛀牙等引發學生出現咬手指的可能性。

★嘗試以功能性分析的方式，找出學生咬手指的可能原因。

★若咬手指可能源於情緒上的焦慮，在改變學生目前習慣的模式之前，必須先預告其可能發生的改變，以避免因臨時改變方式所帶來的更多焦慮。

★若咬手指可能源於較大的情緒起伏，可以培養學生固定的運動習慣及適切宣洩情緒的方式，例如：游泳、打球、揉紙團、打枕頭等。

★若咬手指可能源於社會或溝通上的需求沒有被滿足，可以嘗試以社會技巧教學、擴大／替代性溝通等策略，解決其在社會、溝通上的問題。

117 踢腳、抖腳、晃動腳

◆ 教學策略

★若學生已經開始有踢腳、抖腳、晃動腳行為，可以試著鼓勵替代的行為，將該刻板性行為引導到相關的學習事件上，如：可以讓學生在體育課時踢球，以正向方式替代，適當的轉移學生的注意力。

★在學生有踢腳、抖腳、晃動腳的動作出現時，以鈴聲或約定好的方式進行提醒。

★先讓學生把正在做的事情告一個段落，再用他最喜歡的東西，例如：玩具、零食，轉移他的注意力。

★以干擾較少的行為作為替代，如：不同踢腳、抖腳、晃動腳的行為，有可能是因為腳底或腳尖需要刺激，可以採用腳底按摩器、行走在石頭步道上等方式，協助學生獲得刺激。

★將學生需要的刺激納入平常知動訓練或是相關課程，如：音樂或是體育課中。

★趁學生情緒平穩時，逐步改變學生習慣的模式，使其減低踢腳、抖腳、晃動腳的動作。

◆ 輔導策略

★諮詢醫生，進行肢體相關的檢查，排除因為生理因素，例如：受傷、麻癢等，引發學生出現踢腳、抖腳、晃動腳等行為的可能性。

★嘗試以功能性分析的方式，找出學生踢腳、抖腳、晃動腳的可能原因。

★若踢腳、抖腳、晃動腳可能源於情緒上的焦慮，在改變學生目前習慣的模式之前，必須先預告其可能發生的改變，以避免因臨時改變方式所帶來的更多焦慮。

★若踢腳、抖腳、晃動腳可能源於較大的情緒起伏，可以培養學生固定的運動習慣及適切宣洩情緒的方式，例如：跑步、跳繩等。

★若踢腳、抖腳、晃動腳可能源於社會或溝通上的需求沒有被滿足，可以嘗試以社會技巧教學、擴大／替代性溝通等策略，解決其在社會、溝通上的問題。

118 咬嘴唇

◆ 教學策略

★若學生已經開始有咬嘴唇的行為，可以試著鼓勵替代的行為，將該刻板性行為引導到相關的學習事件上，如：可以讓學生在音樂課中練習吹直笛，以替代咬嘴唇這項行為，適當的轉移學生的注意力。

★在學生有咬嘴唇的動作出現時，以鈴聲或約定好的方式進行提醒。

★先讓學生把正在做的事情告一個段落，再用他最喜歡的東西，例如：玩具、零食，轉移他的注意力。

★在學生面前放一面鏡子，藉由自我檢視提升其自我控制能力。

★進行不同部位的口腔按摩，增加刺激。

★安排不同部位的口腔運動遊戲，例如：吹泡泡　吸吸管，以增加刺激；並讓學生練習玩闖關遊戲，不斷轉換情境讓他去適應無固執源的情形。

★當學生出現咬嘴唇的動作時，老師也可以透過邀請學生來玩遊戲、向學生提問、讓學生說話等方式來轉移學生的注意力，不給學生有機會咬嘴唇。

★經費許可的話，可以規劃班級小旅行，或者到其他教室或環境上課試試看，環境改變了，學生的注意力會集中在如何適應新環境上面，也利於學生改掉一些舊的壞習慣。

★將學生需要的刺激納入平常知動訓練或是相關課程，例如：音樂或是體育中。

★趁學生情緒平穩，逐步改變學生習慣的模式，使其減低其咬嘴唇行為。

◆ 輔導策略

★建議家長帶學生至口腔科、牙科進行檢查，排除生理問題，例如：長牙、嘴唇乾澀等，導致學生出現咬嘴唇的行為。

★嘗試以功能性分析的方式，找出學生咬嘴唇的可能原因。

★若咬嘴唇可能源於情緒上的焦慮，在改變學生目前習慣的模式之前，必須先預告其可能發生的改變，以避免因臨時改變方式所帶來的更多焦慮。

★若咬嘴唇可能源於較大的情緒起伏，可以培養學生固定的運動習慣及適切宣洩情緒的方式，例如：喊口號、唱歌等。

★若咬嘴唇可能源於社會或溝通上的需求沒有被滿足，可以嘗試以社會技巧教學、擴大／替代性溝通等策略，解決其在社會、溝通上的問題。

119 揮舞肢體

◆ 教學策略

★若學生已經開始有揮舞肢體的行為，可以試著鼓勵替代的行為，將該刻板性行為引導到相關的學習事件上，如：舉手、操作性的學習步驟等，適當的轉移學生的注意力。

★在學生有揮舞肢體的動作出現時，以鈴聲或約定好的方式進行提醒。

★在不經意的情況下，移開學生注意力固執的來源，如：請學生起身走動等。

★將學生需要的刺激納入平常知動訓練或是相關課程，例如：使用旋盪系統、韻律球、滾筒中。

★趁學生情緒平穩時，逐步改變學生習慣的模式，使其減低其揮舞身體的任一部位行為。

◆ 輔導策略

★建議家長帶學生至醫院兒童心智科、精神衛生科進行檢查，排除生理問題導致學生揮舞肢體的行為。

★嘗試以功能性分析的方式，找出學生揮舞身體的任一部位行為的可能原因。

★若揮舞肢體的動作可能源於情緒上的焦慮，在改變學生目前習慣的模式之前，必須先預告其可能發生的改變，以避免因臨時改變方式所帶來的更多焦慮。

★若揮舞肢體的動作可能源於較大的情緒起伏，可以培養學生固定的運動習慣及適切宣洩情緒的方式，例如：游泳、打球、揉紙團、打枕頭

等。

★若揮舞肢體的動作可能源於社會或溝通上的需求沒有被滿足，可以嘗試以社會技巧教學、擴大／替代性溝通等策略，解決其在社會、溝通上的問題。

120 玩手、拍手

♦ 教學策略

★若學生已經開始有玩手、拍手的行為，可以試著鼓勵替代的行為，將該刻板性行為引導到相關的學習事件上，如：可以讓學生在音樂課中練習拍打鈴鼓或其他拍擊樂器，以正向方式替代，適當的轉移學生的注意力。

★不停的玩手、拍手有可能是學生對於指尖刺激的需求比較大，可以各種觸覺球讓學生上課時使用；或是提供有魔鬼氈的手套，當學生玩手、拍手時手套會沾黏住，改變以往拍手的感覺；亦可安排捏黏土或是投球等活動，讓學生做活動的同時滿足其手部觸覺需求。

★在學生有玩手、拍手行為出現時，以鈴聲或是約定好的模式進行提醒。

★讓學生練習玩闖關遊戲，不斷轉換情境讓他去適應無固執源的情形。

★當學生已開始有固執行為時，可叫他起來幫忙，例如：擦黑板，強迫其轉移注意力。

★先讓學生把正在做的事情告一個段落，再用他最喜歡的東西，例如：玩具、零食，轉移他的注意力。

★嘗試給學生拿一顆軟球，讓學生拿著把玩，可以安撫學生緊張的心情，以及幫助他穩定情緒。

★平時觀察刻板性的動作或行為的類別，例如：玩手、拍手，將學生需要的刺激納入平常知動訓練或是相關課程，例如：音樂或是體育中。

★趁學生情緒平穩時，逐步改變學生習慣的模式，使其減低玩手、拍手行為。

♦ 輔導策略

★建議家長帶學生至醫院針對手部部分進行初步檢查，排除生理問題，如：皮膚病等，導致學生出現玩手、拍手的行為。

★嘗試以功能性分析的方式，找出學生玩手、拍手行為的可能原因。

★若玩手、拍手的動作可能源於情緒上的焦慮，在改變學生目前習慣的模式之前，必須先預告其可能發生的改變，以避免因臨時改變方式所帶來的更多焦慮。

★若玩手、拍手的動作可能源於較大的情緒起伏，可以培養學生固定的運動習慣及適切宣洩情緒的方式，例如：游泳、打球、揉紙團、打枕頭等。

★若玩手、拍手的動作可能源於社會或溝通上的需求沒有被滿足，可以嘗試以社會技巧教學、擴大／替代性溝通等策略，解決其在社會、溝通上的問題。

121 磨牙

◆ 教學策略

★若學生已經開始有磨牙的行為，可以試著鼓勵替代的行為，將該刻板性行為引導到相關的學習事件上，如：念課文、回答問題等，適當的轉移學生的注意力。

★在學生有磨牙的行為出現時，以鈴聲或是約定好的模式進行提醒。

★在不經意的情況下，移開學生注意力固執的來源。

★以干擾較少的行為替代，如：磨牙有可能是學生對於口腔刺激的需求比較大，可以提供如口香糖或是蒟蒻乾等零食讓學生食用。

★運用觸覺刷或是指套為學生進行口腔按摩。

★將學生需要的刺激納入平常知動訓練或是相關課程，例如：生活管理的刷牙或漱口等自理課，或者是平時的口腔按摩活動中。

★趁學生情緒平穩時，逐步改變學生習慣的模式，使其減低磨牙行為。

◆ 輔導策略

★建議家長帶學生至醫院口腔科、牙科進行檢查，排除生理問題，例如：長牙、齲齒，導致學生出現磨牙的行為。

★出現夜間磨牙症狀時，可以先請教牙科醫師，牙科所使用的護牙套能預防牙齒的磨損，也可能會使磨牙的不良情況因而戒除掉。

★嘗試以功能性分析的方式，找出學生磨牙行為的可能原因。

★若磨牙行為可能源於情緒上的焦慮，在改變學生目前習慣的模式之前，必須先預告其可能發生的改變，以避免因臨時改變方式所帶來的更多焦慮。

★若磨牙行為可能源於情緒不穩定及壓力，可以培養學生固定的運動習慣及適切宣洩情緒的方式，例如：唱歌、朗誦等。

★若磨牙行為可能源於社會或溝通上的需求沒有被滿足，可以嘗試以社會技巧教學、擴大／替代性溝通等策略，解決其在社會、溝通上的問題。

122 揉耳朵或眼睛

◆ 教學策略

★若學生已經開始有揉耳朵或眼睛的行為，可以試著鼓勵替代的行為，將該刻板性行為引導到相關的學習事件上，如：可以讓音樂課律動活動中有相關動作律動，以正向方式替代，適當的轉移學生的注意力。

★在學生有揉耳朵或眼睛的行為出現時，以鈴聲或是約定好的模式進行提醒。

★在不經意的情況下，移開學生注意力固執的來源。

★教導他培養發洩過剩體力及不穩情緒的方法，例如：運動、聽音樂、畫畫、寫書法。

★若學生已開始有固執行為時，可叫他起來回答問題或是拿教具，強迫其轉移注意力。

★將學生需要的刺激納入平常知動訓練或是相關課程中。

★趁學生情緒平穩時，逐步改變學生習慣的模式，使其減低揉耳朵或眼睛行為。

◆ 輔導策略

★建議家長帶學生至醫院眼科、耳鼻喉科及皮膚科進行檢查，排除生理問題，例如：過敏、皮膚搔癢、耳道疾病，導致學生出現揉耳朵或眼睛的行為。

★嘗試以功能性分析的方式，找出學生揉耳朵或眼睛行為的可能原因。

★若揉耳朵或眼睛行為可能源於情緒上的焦慮，在改變學生目前習慣的

模式之前，必須先預告其可能發生的改變，以避免因臨時改變方式所帶來的更多焦慮。

★若揉耳朵或眼睛行為可能源於較大的情緒起伏，可以培養學生固定的運動習慣及適切宣洩情緒的方式，例如：游泳、打球、揉紙團、打枕頭等。

★若揉耳朵或眼睛行為可能源於社會或溝通上的需求沒有被滿足，可以嘗試以社會技巧教學、擴大／替代性溝通等策略，解決其在社會、溝通上的問題。

123 吞空氣

◆ 教學策略

★若學生已經開始有吞空氣的行為，可以試著鼓勵替代的行為，將該刻板性行為引導到相關的學習事件上，如：回答問題、念讀課文等，適當的轉移學生的注意力。

★在學生有吞空氣的行為出現時，以鈴聲或是約定好的模式進行提醒。

★在不經意的情況下，以讓學生發聲或是唱歌的方式移開學生注意力固執的來源。

★以干擾較少的行為替代，如吞空氣有可能是學生對於口腔或是咽喉部位的刺激有需求，可以教導其於生活管理等課程安排漱口，透過正向行為提供刺激。

★選擇以手勢、輕按學生的部分身體、甚至全身，以及暫停學生的活動。

★教導學生深呼吸技巧。

★將學生需要的刺激納入平常知動訓練中或是口腔按摩課程中。

★趁學生情緒平穩時，逐步改變學生習慣的模式，使其減低吞空氣的刻板性動作或行為。

◆ 輔導策略

★建議家長帶學生至醫院心智科、精神衛生科進行檢查，排除生理問題導致學生出現吞空氣的行為。

★嘗試以功能性分析的方式，找出學生出現吞空氣行為的可能原因。

★若吞空氣行為可能源於情緒上的焦慮，在改變學生目前習慣的模式之前，必須先預告其可能發生的改變，以避免因臨時改變方式所帶來的更多焦慮。

★若吞空氣行為可能源於較大的情緒起伏，可以培養學生固定的運動習慣及適切宣洩情緒的方式，例如：游泳、打球、揉紙團、打枕頭等。

★若吞空氣行為可能源於社會或溝通上的需求沒有被滿足，可以嘗試以社會技巧教學、擴大／替代性溝通等策略，解決其在社會、溝通上的問題。

124 不停旋轉物體

◆ 教學策略

★若學生已經開始有不停旋轉物體的行為，可以試著鼓勵替代的行為，將該刻板性行為引導到相關的學習事件上，如：可以讓學生在美勞課或是職業訓練中練習旋轉螺絲等工具，以正向方式替代，適當的轉移學生的注意力。

★在學生有不停旋轉物體的行為出現時，以鈴聲或是約定好的模式進行提醒。

★在不經意的情況下，移開學生注意力固執的來源。

★以干擾較少的行為替代，如：不停旋轉物體有可能是學生對於視覺刺激的需求比較大，可以提供一個角落，在特定時間允許他玩陀螺或是其他旋轉的玩具。

★將學生需要的刺激納入平常知動訓練或是相關課程，例如：美勞或體育課中。

★趁學生情緒平穩時，逐步改變學生習慣的模式，使其減低不停旋轉物體行為。

◆ 輔導策略

★建議家長帶學生至醫院心智科、精神衛生科進行檢查，排除生理問題導致學生出現不停旋轉物體的行為。

★嘗試以功能性分析的方式，找出學生出現不停旋轉物體行為的可能原因。

★若不停旋轉物體行為可能源於情緒上的焦慮，在改變學生目前習慣的模式之前，必須先預告其可能發生的改變，以避免因臨時改變方式所帶來的更多焦慮。

★若不停旋轉物體行為可能源於較大的情緒起伏，可以培養學生固定的運動習慣及適切宣洩情緒的方式，例如：游泳、打球、揉紙團、打枕頭等。

★若不停旋轉物體行為可能源於社會或溝通上的需求沒有被滿足，可以嘗試以社會技巧教學、擴大／替代性溝通等策略，解決其在社會、溝通上的問題。

125 尖叫、發出怪聲

◆ 教學策略

★若學生已經開始有尖叫、發出怪聲的行為，可以試著鼓勵替代的行為，將該刻板性行為引導到相關的學習事件上，如：可以讓學生在音樂課中練習以不同的聲調唱歌或是故事人物模仿，以正向方式替代，適當的轉移學生的注意力。

★在學生有尖叫、發出怪聲的行為出現時，以鈴聲或是約定好的模式進行提醒。

★若學生已開始有固執行為時，可叫他起來回答問題或是拿教具，強迫其轉移注意力。

★以干擾較少的行為替代，如：不停的尖叫有可能是學生對於高音聲音的需求比較大，可以提供有耳機的播放機播放類似性質的音樂。

★將學生需要的刺激納入平常知動訓練或是相關課程，例如：音樂或是知動訓練中。

★趁學生情緒平穩時，逐步改變學生習慣的模式，使其減低尖叫或發出怪聲行為。

◆ 輔導策略

★建議家長帶學生至醫院心智科、精神衛生科進行檢查，排除生理問題導致學生出現尖叫、發出怪聲的行為。

★嘗試以功能性分析的方式，找出學生出現尖叫、發出怪聲行為的可能

原因。

★ 若尖叫、發出怪聲行為可能源於情緒上的焦慮，在改變學生目前習慣的模式之前，必須先預告其可能發生的改變，以避免因臨時改變方式所帶來的更多焦慮。

★ 若尖叫、發出怪聲行為可能源於較大的情緒起伏，可以培養學生固定的運動習慣及適切宣洩情緒的方式，例如：游泳、打球、揉紙團、打枕頭等。

★ 若尖叫、發出怪聲行為可能源於社會或溝通上的需求沒有被滿足，可以嘗試以社會技巧教學、擴大／替代性溝通等策略，解決其在社會、溝通上的問題。

126 重複問相同的問題

◆ 教學策略

★ 若學生已經開始有重複問相同問題的行為，可以試著鼓勵替代的行為，將該刻板性行為引導到相關的學習事件上，如：念讀課文、回答問題等，適當的轉移學生的注意力。

★ 在學生有重複問相同問題的行為出現時，以鈴聲或是約定好的模式進行提醒。

★ 若學生已開始有固執行為時，可叫他起來回答問題或是拿教具，強迫其轉移注意力。

★ 若反覆發問的原因在於對答案的不確定，可以透過非開放式問句，例如：「你想說的是 …… 嗎？」

★ 回答時給予單一正向的答案，避免不同發問有不同答案。

★ 要學生發問前先將問題寫下來。

★ 再重複發問時，答覆答案後可以提醒他這已經是第 O 次發問了。

★ 趁學生情緒平穩時，逐步改變學生習慣的模式，使其減低重複問相同問題的行為。

◆ 輔導策略

★ 建議家長帶學生至醫院心智科、精神衛生科進行檢查，排除生理問題導致學生出現重複問相同問題的行為。

★嘗試以功能性分析的方式，找出學生重複問相同問題行為的可能原因。

★若重複問相同問題行為可能源於情緒上的焦慮，在改變學生目前習慣的模式之前，必須先預告其可能發生的改變，以避免因臨時改變方式所帶來的更多焦慮。

★若重複問相同問題的行為可能源於較大的情緒起伏，可以培養學生固定的運動習慣及適切宣洩情緒的方式，例如：游泳、打球、揉紙團、打枕頭等。

★若重複問相同問題的行為可能源於社會或溝通上的需求沒有被滿足，可以嘗試以社會技巧教學、擴大／替代性溝通等策略，解決其在社會、溝通上的問題。

最後，將處理各項情緒行為最常用到的方法整理如下表，供讀者們參考使用：

方式	策略	舉例
隔離	環境與情境暫時隔離	先暫時帶領學生離開引發情緒行為的現場或情境，至安靜單純的環境獨處，例如：情緒角、晤談室等；必要時安排學生信任的人員，例如：教師、教師助理、替代役……陪同。
行為改變技術	增強制度——代幣	1.示範或說明特定情境中，老師期望的正確的行為反應。 2.與學生討論，表現出正確反應的時候可以獲得的獎勵。 3.當學生如預期表現的時候給予獎勵。 4.增強學生表現適當情緒的行為同時，進行機會教育。
建立同理心	戲劇扮演或設計情境討論	利用角色扮演，例如：尤其是需要安排角色互換的方式，讓當事人了解不當的情緒／行為是否造成其他人的困擾。
治療活動	圖畫治療	引導學生利用畫圖方式將不當的情緒繪畫出來，並請當事人分享當下的情緒感受。

方式	策略	舉例
	藥物治療	經由精神科醫師，例如：建議由具備「兒童青少年次專長」的精神科醫師看診，符合資格之醫師名單請見兒童青少年精神醫學會網站診斷，服用抗憂鬱或鬆弛劑等緩和情緒之藥物，例如：必須有處方箋與診斷證明。
	讀書治療	閱讀有相關情境的圖書或繪本，透過故事內容與結局討論，讓當事人了解表現適當的情緒行為是重要的，可以配合閱讀心得書寫。
自我指導	「停──深呼吸放鬆訓練」	當遇到情緒／行為事件時，在引發情緒的當下，教導學生暗示告訴自己深呼吸五次，然後再說要說的話或進行下一步工作。
	注意力轉移	當負向情緒／行為出現時，先請學生暫時忽略不好的感受，例如：可以給自己3分鐘想想快樂的事情，把手邊的工作或事項先完成後，再來處理剛才的情緒。
系統減敏	情境再現	利用引發情緒／行為之因素，由輕微開始到較嚴重的順序，讓學生表現出自我情緒，過程中逐步引導學生如何避免負向情緒行為表現。

參考文獻

（一）中文部分

1. 王國羽（2010）。Nagi 之功能限制概念分析：國際健康、功能與身心障礙分類系統（ICF）評估概念與編碼。**身心障礙研究，8**(1)，1-17。

2. 內政部（2012）。**身心障礙者權益保障法**。內政部。

3. 內政部（2012）。**身心障礙服務入口網 -ICF 專區**。2012 年 6 月 6 日，取自 http://dpws.moi.gov.tw/commonch/home.jsp?menudata=DisbMenu&serno=201101 050001&mserno=200805260011&contlink=ap/icf.jsp

4. 呂秀卿（2016）。以正向領導建構補救教學支持系統之研究。**學校行政雙月刊，103**，14-33。

5. 呂建志（2014）。正向行為支持計畫對改善國小輕度自閉症學生上課分心行為之成效。**障礙者理解半年刊，13**，19-34。

6. 呂秋蓮、陳明終、孟瑛如、田仲閔（2015）。國小普通班教師面對 ADHD 學生教學困擾與因應策略之現況調查與研究。**特教論壇，19**，85-101。

7. 吳東光、孟瑛如（2001）。LDAP-based 學習障礙學生個案管理暨電腦化 IEP 系統之研究與實作，**特殊教育季刊，79**，1-10。

8. 吳東光、孟瑛如、蘇東興、張榮正（1999）。學障學生教學與學習歷程管理暨網路化學習與診斷系統，**明新學報，22**。

9. 吳侑達、孟瑛如譯（2017）。**給過動兒父母的八把金鑰**（**8 Keys to Parenting Children with ADHD**），原著作者／辛蒂・戈德里奇（Cindy Goldrich），2015。心理。

10. 林信男、胡海國編譯（1996）。**精神與行為障礙之分類——臨床描述診斷指引**。中華民國精神醫學會。

11. 孟瑛如（2004）。**國民中小學學生社交技巧篩選表**（小一至國三，含家長版、教師版及同儕版）。心理。

12. 孟瑛如（2004）。**國民中小學學生時間管理概念篩選表**（小一至國三，含家長版、教師版及學生自評版）。心理。

13. 孟瑛如（2004）。**國民中小學學生考試技巧篩選表**（小一至國三，含家長版、

教師版及學生自評版）。心理。

14. 孟瑛如（2004）。**國民中小學學生記憶策略篩選表**（小一至國三，含家長版、教師版及學生自評版）。心理。

15. 孟瑛如（2010）。**不要比較，只要教我／親職教育貼心手冊**。心理。

16. 孟瑛如（2012）。**情緒行為障礙學生之行為問題與處理策略手冊**。教育部。

17. 孟瑛如（2013）。**看見特殊，看見潛能／特殊生教師家長貼心手冊**（二版）。心理。

18. 孟瑛如主編（2014）。**桃園縣情緒行為障礙學生輔導手冊／認識準備篇／教師版**。桃園縣政府。

19. 孟瑛如主編（2018）。**桃園市情緒行為障礙學生輔導手冊／特教輔導策略篇／教師版**。桃園市政府。

20. 孟瑛如、吳東光（1999）。有愛無礙──學障／情礙互動網站簡介。**特教新知通訊，6**(2)，5-7。

21. 孟瑛如、吳東光、陳虹君（2013）。國小資源班及普通班教師針對閱讀困難學生使用多媒體閱讀理解網路教材之現況。**國立臺灣科技大學人文社會學報，9**(2)，127-156。

22. 孟瑛如、吳東光、陳虹君（2016）。依據新修訂特教法規與課綱建置高中職以下教育階段 web-IGP 可行性之探究。**特教論壇，21**，66-82。

23. 孟瑛如、吳東光、陳虹君（2014）。RTI 理念融入多媒體閱讀理解教材以提升一般生及閱讀低成就學生在閱讀及識字成效之教學研究。**臺中教育大學學報：教育類，28**(1)，1-23。

24. 孟瑛如、吳東光、陳虹君、謝瓊慧（2014）。因應新修正特教法施行細則高中職以下教育階段電腦化 IEP 之建置。**國立臺灣科技大學人文社會學報，10**(4)，281-306。

25. 孟瑛如、陳麗如（2000）。魏氏智力量表與學習障礙學生學習特質之研究。**特殊教育季刊，74**，1-11。

26. 孟瑛如、陳麗如（2001）。**國民中小學學習行為特徵檢核表**。心理。

27. 孟瑛如、陳麗如（2002）。臺灣地區國民中小學學習障礙學生學習行為特徵之差異研究。**特殊教育研究學刊，23**，75-93。

28. 孟瑛如、謝瓊慧（2012）。國小 ADHD 出現率、鑑定、藥物治療與教養措施之調查研究。**特殊教育與輔助科技學報，5**，1-36。

29. 孟瑛如、吳侑達、簡吟文譯（2018）。**應用行為分析入門手冊（Understanding**

Applied Behavior Analysis, 2eds.），Albert J. Kearney 原著，2015。心理。

30. 孟瑛如、簡吟文、陳明終、呂秋蓮（2015）。一般教師對注意力缺陷過動症學生在教學困擾與因應策略模式之探討：以北部地區國小為例。**特教論壇，19**，116-130。

31. 孟瑛如、簡吟文（2016）。**孩子可以比你想得更專心／談注意力訓練**（二版）。心理。

32. 孟瑛如、簡吟文（2017）。**孩子可以比你想得更專心／我的注意力遊戲書**（二版）。心理。

33. 孟瑛如、簡吟文（2017）。電腦化注意力測驗（CADA）建置與 ADHD 學生注意力分析之探討。**特教論壇，22**，26-47。

34. 孟瑛如、林欣達、陳玉齡、陳志平、陳秋燕、黃慧禎、張雅媄、劉晴雯、簡吟文（2015）。**學習障礙學生教育實務與輔導案例手冊**。教育部。

35. 孟瑛如、陳志平、彭文松、陳明終、呂秋蓮（2015）。運用次層次分析探討國小普通班教師面對 ADHD 學生運用因應策略與實施成效之研究。**特教論壇，19**，102-115。

36. 孟瑛如、陳志平、張淑蘋、范姜雅菁（2015）。國民小學 4-6 年級學童識字診斷測驗編製與探究，**特教論壇，19**，69-84。

37. 孟瑛如、陳志平、陳虹君、周文聿、謝協君、楊佩蓁、李翠玲、黃國晏、江源泉、簡吟文、田仲閔、黃姿慎、陳國龍、黃澤洋（2016）。**特殊教育概論：現況與趨勢**（三版）。心理。

38. 孟瑛如、陳雅萍、田仲閔、黃姿慎、簡吟文、彭文松、周文聿、郭虹伶（2019）。**學前幼兒發展篩選量表**（Developmental Scales for Preschoolers, DSP）。心理。

39. 孟瑛如、陳雅萍、田仲閔、黃姿慎、簡吟文、彭文松、周文聿、郭虹伶（2019）。**學前幼兒認知發展診斷測驗**（Cognition Development Diagnostic Assessment for Preschoolers, CDDAP）。心理。

40. 孟瑛如、簡吟文、陳虹君（2016）。**學前至九年級注意力缺陷過動症學生行為特徵篩選量表／家長版／教師版**（K-9 students with attention deficit - hyperactivity disorders behavioral characteristic scales / Parent Edition / Teacher Edition）（K-9 ADHD-S）。心理。

41. 孟瑛如、簡吟文、陳虹君（2016）。K-9 注意力缺陷過動症學生行為特徵篩選量表之心理計量特性。**特教論壇，21**，27-45。

42. 孟瑛如、陳志平、盧玉眞（2016）。國民小學 7-9 年級學童識字診斷測驗編製與探究。**測驗學刊，63**(3)，203-226。

43. 孟瑛如、張淑蘋、范姜雅菁、楊佩蓁、周文聿（2015）。**國民小學 1-3 年級中文識字診斷測驗**（Elementary School Chinese Literacy Diagnostic Assessment/ Grades 1-3, CLDA/ Grades 1-3）。心理。

44. 孟瑛如、張淑蘋、范姜雅菁、陳虹君、周文聿（2015）。**國民小學 4-6 年級中文識字診斷測驗**（Elementary School Chinese Literacy Diagnostic Assessment/ Grades 4-6，CLDA/ Grades 4-6）。心理。

45. 孟瑛如、田仲閔、魏銘志、周文聿（2015）。**國民小學 1-3 年級閱讀理解診斷測驗**（Elementary School Reading Comprehension Diagnostic Assessment/ Grades 1-3, RCDA/ Grades 1-3）。心理。

46. 孟瑛如、田仲閔、魏銘志、周文聿（2015）。**國民小學 4-6 年級閱讀理解診斷測驗**（Elementary School Reading Comprehension Diagnostic Assessment/ Grades 4-6, RCDA/ Grades 4-6）。心理。

47. 孟瑛如、黃姿愼、鍾曉芬、楊佩蓁、周文聿（2015）。**國民小學 1-3 年級書寫表達診斷測驗**（Elementary school Written Expression Diagnostic Assessment/ Grades 1-3, WEDA/ Grades 1-3）。心理。

48. 孟瑛如、黃姿愼、鍾曉芬、楊佩蓁、周文聿（2015）。**國民小學 4-6 年級書寫表達診斷測驗**（Elementary school Written Expression Diagnostic Assessment/ Grades 1-3, WEDA/ Grades 1-3）。心理。

49. 孟瑛如、簡吟文、邱佳寧、周文聿、陳虹君（2015）。**國民小學 1-2 年級數學診斷測驗**（Elementary School Mathematics Diagnostic Assessment / Grades 1-2, MDA/ Grades 1-2）。心理。

50. 孟瑛如、簡吟文、邱佳寧、周文聿、陳虹君（2015）。**國民小學 3-4 年級數學診斷測驗**（Elementary School Mathematics Diagnostic Assessment / Grades 3-4, MDA/ Grades 3-4）。心理。

51. 孟瑛如、簡吟文、邱佳寧、周文聿、陳虹君（2015）。**國民小學 5-6 年級數學診斷測驗**（Elementary School Mathematics Diagnostic Assessment / Grades 5-6, MDA/ Grades 5-6）。心理。

52. 孟瑛如、盧玉眞、陳志平、謝瓊慧、周文聿（2015）。**國民中學 7-9 年級中文識字診斷測驗**（Junior High School Chinese Literacy Diagnostic Assessment/ Grades 7-9, CLDA/ Grades 7-9）。心理。

53. 孟瑛如、周嘉慧、江素鳳、周文聿（2015）。**國民中學 7-9 年級閱讀理解診斷測驗**（Junior High School Reading Comprehension Diagnostic Assessment/ Grades 7-9, RCDA/ Grades 7-9）。心理。

54. 孟瑛如、周嘉慧、江素鳳、楊佩蓁、周文聿（2015）。**國民中學 7-9 年級書寫表達診斷測驗**（Junior High School Written Expression Diagnostic Assessment/ Grades 7-9, WEDA/ Grades 7-9）。心理。

55. 孟瑛如、周嘉慧、江素鳳、楊佩蓁、周文聿（2015）。**國民中學 7-9 年級寫作診斷測驗**（Junior High School Chinese literacy Writing Diagnostic Assessment/ Grades 7-9, WDA/ Grades 7-9）。心理。

56. 孟瑛如、簡吟文、陳虹君、周文聿（2015）。**國民中學 7-9 年級數學診斷測驗**（Junior High School Mathematics Diagnostic Assessment/ Grades 7-9, MDA/ Grades 7-9）。心理。

57. 孟瑛如、簡吟文、陳虹君、張品穎、周文聿（2014）。**電腦化注意力診斷測驗**（Computerized Attention Diagnostic Assessment, CADA）。心理。

58. 孟瑛如、朱志清、黃澤洋、謝瓊慧（2014）。**國小語文及非語文學習障礙檢核表**。心理。

59. 孟瑛如、陳志平、陳虹君、周文聿、謝協君、胡瑀、李翠玲、黃國晏、江源泉、簡吟文、田仲閔、黃姿慎、陳國龍、黃澤洋（2024）。**特殊教育概論：現況與趨勢**（三版）。心理。

60. 孟瑛如、梁毅（2023）。國小數學課本數學字詞彙影響閱讀障礙學生數學學習之內容分析。**特教論壇，34**，1-31。

61. 洪儷瑜（2018）。**兒童與青少年情緒行為障礙**。華騰文化。

62. 洪儷瑜、李瑩玓（2000）。被忽略的學習障礙──從一個非語文型的學障個案談起。**學習障礙資訊站，15**，15-27。

63. 柯華葳（1999）。**基礎數學概念評量**。臺北：行政院國家科學委員會特殊教育工作小組。

64. 柯華葳（1999）。**閱讀理解困難篩選測驗**。臺北：行政院國家科學委員會特殊教育工作小組。

65. 桃園縣教育局網站。http://163.25.252.2/

66. 單延愷（2006）。非語文學習障礙篩選量表效度研究。國立臺灣師範大學特殊教育研究所博士論文，未出版，臺北市。

67. 單延愷、洪儷瑜、陳心怡（2008）。非語文學習障礙篩選量表編製研究。**特**

殊教育研究學刊，**33**(3)，95-123。

68. 黃玉瑄（2013）。**國中學習障礙學生數學解方程式教學策略之行動研究**（碩士論文）。取自臺灣博碩士論文系統。

69. 黃秀霜（1999）。**中文年級認字量表**。行政院國家科學委員會特殊教育工作小組。

70. 黃姿慎、孟瑛如（2008）。國民中小學學習障礙學生在魏氏兒童智力量表三版（WISC- III）表現特徵研究。**新竹教育大學學報**，**25**(1)，99-125。

71. 黃莉雯、孟瑛如（2009）。國民小學非語文學習障礙學生之數學能力與數學成就表現之相關──以北部地區為例。**特教論壇**，**6**，10-25。

72. 徐嘉珍（2015）。教師如何實施正向管教，提升班級經營效能。**臺灣教育評論月刊**，**4**，58-62。

73. 孫慶璋（2012，3/3）。身心障礙客製服務／新制鑑定 7 月 1 日實施。**今日新聞網**。2012 年 6 月 6 日，取自 http://www.nownews.com/2012/03/03/11689-2790996.htm

74. 教育部（2011）。**國民教育階段身心障礙資源班實施原則**。教育部。

75. 教育部（2012）。**ICF 與身心障礙學生分類之對照**。臺北：教育部。

76. 教育部（2019a）。**十二年國基本教育特殊教育課程實施規範**。教育部。

77. 教育部（2019b）。**十二年國基本教育特殊教育身心障礙相關之特殊需求領域課程綱要**。教育部。

78. 教育部（2023a）。**特殊教育法**。教育部。

79. 教育部（2023b）。**特殊教育法施行細則**。教育部。

80. 教育部（2023c）。**教育部主管之高級中等以下學校身心障礙學生就讀普通班之教學原則及輔導辦法**。教育部。

81. 教育部（2023d）。**身心障礙學生考試服務辦法**。教育部。

82. 教育部（2023e）。**教育部主管之高級中等以下學校特殊教育推行委員會設置辦法**。教育部。

83. 教育部（2023f）。**特殊教育行政支持網絡聯繫及運作辦法**。教育部。

84. 教育部（2023g）。**高級中等以下學校特殊教育課程教材教法及評量實施辦法**。教育部。

85. 教育部（2023h）。**高級中等以下學校身心障礙學生就讀普通班減少班級人數或提供人力資源與協助辦法**。教育部。

86. 教育部（2023i）。**特殊教育學生調整入學年齡及修業年限實施辦法**。教育部。

87. 教育部（2023j）。**特殊教育支援服務與專業團隊設置及實施辦法**。教育部。

88. 教育部（2023k）。**身心障礙學生及身心障礙人士子女就學費用減免辦法**。教育部。

89. 教育部（2023l）。**特殊教育學生及幼兒申訴服務辦法**。教育部。

90. 教育部（2024a）。**特殊教育學生及幼兒鑑定辦法**。教育部。

91. 教育部（2024b）。**身心障礙學生升學輔導辦法**。教育部。

92. 教育部（2024c）。**特殊教育學生及幼兒支持服務辦法**。教育部。

93. 教育部（2024d）。**高級中等以下學校及幼兒園特殊教育評鑑辦法**。教育部。

94. 教育部（2024e）。**高級中等以下學校及幼兒園特殊教育班班級與專責單位設置及人員進用辦法**。教育部。

95. 許天威、徐享良、張勝成（2009）。**新特殊教育通論**（二版）。五南。

96. 賴淑楨（2011, 8/1）。身障鑑定及需求評估有新制──8 月開始全面啟動。**優活健康網**。2012 年 6 月 6 日，取自 http://www.uho.com.tw/hotnews.asp?aid=11638

97. 楊坤堂（2008）。**學習障礙教材教法**。五南。

99. 楊為舒（2014）。情緒行為障礙學生攻擊行為問題處理方案之探討及分享。**特教園丁，30，**47-57。

99. 衛生福利部（2024）。**身心障礙者鑑定作業辦法**。衛生福利部

100. 衛生福利部（2021）。**身心障礙權益保護法**。衛生福利部。

（二）英文部分

1. American Psychiatric Association (2000). *Diagnostic and Statistical manual of mental disorders-IV-Text revision* (4 th ed).Washington, DC: Book Promotion & Service LTD.

2. American Psychiatric Association (2013). *Diagnostic and Statistical manual of mental disorders-5* (5 th ed).Washington, DC: Book Promotion & Service LTD.

3. Elksnin, L. K., & Elksnin, N. (2004). The social-emotional side of learning disabilities. *Learning Disabilities Quarterly, 27,* 3-8.

4. Hale, J. B., Fiorello, C. A., Miller, J. A., Wenrich, K., Teodori, A., & Henzel, J.N. (2008). WISC-IV interpretation for specific learning disabilities identification and intervention : A cognitive hypothesis testing approach.In A. Prifitera, D. H. Saklofske, & L. G. Weiss (Eds.), *WISC-IV clinical assessment and intervention* (2nd ed.)

(pp. 109-171). New York, NY:Elsevier Science.

5. Johnson, D. J. & Myklebust, H. R. (1967). *Learning disabilities*. New York: Grune & Stratton.

6. Lerner, J. (2006). *Learning disabilities and Related Disorders* (10th ed.). Boston: Houghton Mifflin.

7. Lerner, J. & Johns, Beverley H. (2014). *Learning Disabilities and Related Disabilities: Strategies for Success*. Belmont, CA: Wadsworth Pub Co.

8. Meng, Ying-ru; Chien, Yin-wen; Chen, Hung-chun, (2014, Apr.). Attention is time: Establish a Computerize Attention Diagnostic Assessment. 2014 International Symposium on Education Psychology (ISEP 2014). Nagoya University, Japan.

9. Meng,Ying-Ru, & Yeh, Chia-Chi(2022). Exploring the social interaction of autistic students of Elementary and Junior High School students through the teaching of social skills and learning process in virtual reality. SN Computer Science, 3:55. https://doi.org/10.1007/s42979-021-00914-z

10. Rourke, B. P. (1989). *Nonverbal learning disabilities: The syndrome and the model.* New York, NY: Guilford Press.

11. Rourke, B. P. (1995). *Syndrome of nonverbal learning disabilities: Neuro developmental manifestations.* New York, NY: Guilford Press.

12. Rourke, B. P., Ahmad S. A., Collins D. W., Hayman-Abello B. A., Hayman -Abello S. E., & Warriner, E. M. (2002). Child clinical/pediatric neuropsychology: Some recent advances. *Annual Review of Psychology, 53,* 309-339.

13. Ruey S. Shieh, Ying-ru Meng, Yin-wen Chien (2016). Increasing reading attention and reading interest of students with reading disabilities using a mobile handheld. *Special Education Forum, 20,* 56-75.

14. Semrud-Clikeman, M. & Glass, K. (2008). Comprehension of humor in children with nonverbal learning disabilities, reading disabilities, and without learning disabilities. *Annals of Dyslexia, 58,* 163-180.

15. Thompson, S. (1997). *The source for nonverbal learning disorders*. East Moline, IL: Lingui-Systems.

16. Wu, Tung-Kuang; Huang, Shian-Chang and Meng, Ying-Ru(2006): "Effects of Feature Selection on the Identification of Students with Learning Disabilities using ANN", *Lecture Notes in Computer Science, 4221*, 565-574.

17. Wu, Tung-Kuang; Huang, Shian-Chang and Meng, Ying-Ru 2006): "Identifying and Diagnosing Students with Learning Disabilities using ANN and SVM", Proceedings of the 2006 IEEE International Joint Conference on Neural Networks, 8820-8827.

18. Wu, Tung-Kuang; Huang, Shian-Chang and Meng, Ying-Ru (2008), "Evaluation of ANN and SVM Classifiers as Predictors to the Diagnosis of Students with Learning Disabilities", *Expert Systems with Applications, 34* (3), pp. 1846-1856, April 2008.

19. Wu, Tung-Kuang; Huang, Shian-Chang; Meng, Ying-Ru and Lin, Yu-Chi (July, 2009), "Improving Rules Quality Generated by Rough Set Theory for the Diagnosis of Students with LDs through Mixed Samples Clustering", Proceedings of the 4th International Conference on Rough Sets and Knowledge Technology (RSKT 2009), July 14-16, 2009, Gold Coast, Australia. (Lecture Notes in Artificial Intelligence, Vol. 5589, Springer-Verlag, Berlin / Heidelberg, pp. 94-101, 2009.)

20. Wu, Tung-Kuang; Huang, Shian-Chang; Meng, Ying-Ru; Liang, Wen-Yau; Lin, Yu-Chi (2011), Rough Sets as a Knowledge Discovery and Classification Tool for the Diagnosis of Students with Learning Disabilities. *International Journal of Computational Intelligence Systems, 4* (1), 29-42.

21. Yeh, Chia-Chi & Meng, Ying-Ru (2019). Preliminary Study on the Application of Virtual Reality Social Skills Course to Improve the Abilities of Social Skills for Elementary and Junior High School Students with High Functiona Autism. Communications in Computer and Information Science (CCIS-IC3), *1190*, 892-901.

22. Yeh, Chia-Chi & Meng, Ying-Ru (2023a). The Effect of Situational Task Differences in Virtual Reality on the Social Skills Learning Behavior and Effectiveness of Autistic Students. The Asian Conference on Arts & Humanities (ACAH2023)., Aichi, Japan.

23. Yeh, Chia-Chi & Meng, Ying-Ru (2023b). Social skills learning for students with autism – comparing the differences in outcomes of courses in basic and unexpected situations. The Asian Conference on Education & International Development (ACEID2023), Tokyo, Japan.

24. Yeh, Chia-Chi & Meng, Ying-Ru (2024a). Facilitating the Participation of Students with Autism in the Process of Virtual Reality Courses and Brainwave Activities: A Case Study of Elementary School Students in Taiwan. International Conference on

Special Needs Education, Teaching and Different Approaches (ICSNETDA - 24). Melbourne, Australia.

25. Yeh, Chia-Chi & Meng, Ying-Ru (2024b). Social Skills Learning in Virtual Reality: Comparing Outcomes for Students with Autism and General Students with Social Difficulties. 2024 IEEE 7th Eurasian Conference on Educational Innovation (IEEE ECEI 2024). Bangkok, Thailand.

（三）相關網站參考資料

1. 有愛無礙網站：網址：http://dale.nthu.edu.tw

2. http//www.hkedcity.net/iclub_files/a/1/6/webpage/sen_maths/ebook_web/pdf/book1_z1_03.pdf

3. http//www.hkedcity.net/iclub_files/a/1/6/webpage/sen_maths/ebook_web/pdf/book1_z1_03.pdf

4. http//www.wiki.mbalib.com/zh-tw/

5. https://www.tw.answers.yahoo.com/question/

6. http://163.21.236.74/old/attachments/month_1006/120106815627.pdf

7. http://www.ntcu.edu.tw/spc/aspc/6_ebook/pdf/9101/8.pdf

8. http://web.ntnu.edu.tw/~cjwu/PDF/Wu%20Hung_2003.pdf

9. http://140.117.20.104/ictep/commomX/ctep/sp/math/M21.pdf

10. https://udlguidelines.cast.org/

附　錄

 附錄一

特殊教育法

修正日期：民國 112 年 06 月 21 日

第一章　總則

第 1 條

爲使身心障礙及資賦優異之國民，均有接受適性及融合教育之權利，充分發展身心潛能，培養健全人格，增進服務社會能力，特制定本法。

第 2 條

1　本法所稱主管機關：在中央爲教育部；在直轄市爲直轄市政府；在縣（市）爲縣（市）政府。

2　本法所定事項涉及各目的事業主管機關業務時，各該機關應配合辦理。

第 3 條

本法所稱身心障礙，指因下列生理或心理之障礙，經專業評估及鑑定具學習特殊需求，須特殊教育及相關服務措施協助之情形：

一、智能障礙。

二、視覺障礙。

三、聽覺障礙。

四、語言障礙。

五、肢體障礙。

六、腦性麻痺。

七、身體病弱。

八、情緒行爲障礙。

九、學習障礙。

十、自閉症。

十一、多重障礙。

十二、發展遲緩。

十三、其他障礙。

第 4 條

本法所稱資賦優異，指下列有卓越潛能或傑出表現，經專業評估及鑑定具學習特殊需求，須特殊教育及相關服務措施協助之情形：

一、一般智能資賦優異。

二、學術性向資賦優異。

三、藝術才能資賦優異。

四、創造能力資賦優異。

五、領導能力資賦優異。

六、其他特殊才能資賦優異。

第 5 條

1 各級主管機關為促進特殊教育發展,應設立特殊教育諮詢會(以下簡稱特諮會),參與諮詢、規劃及推動特殊教育相關事宜。

2 特諮會委員由各級主管機關就學者專家、教育行政人員、學校及幼兒園行政人員、身心障礙及資賦優異學生、同級教師及教保服務人員組織代表、特殊教育相關家長團體代表、身心障礙與資賦優異學生及幼兒家長代表、特殊教育相關專業人員(以下簡稱專業人員)、相關機關(構)及團體代表遴聘(派)兼之。

3 前項特諮會委員中,教育行政人員、學校及幼兒園行政人員、相關機關(構)代表人數合計不得超過委員總數二分之一;任一性別委員人數不得少於委員總數三分之一。特諮會每六個月至少應開會一次;特諮會委員名單及會議紀錄等相關資訊,應公開於網際網路。

4 第一項特諮會組成、運作與其他相關事項之辦法及自治法規,由各級主管機關定之。

第 6 條

1 各級主管機關應設特殊教育學生鑑定及就學輔導會(以下簡稱鑑輔會),遴聘學者專家、教育行政人員、學校及幼兒園行政人員、同級教師及教保服務人員組織代表、特殊教育相關家長團體代表、身心障礙與資賦優異學生及幼兒家長代表、專業人員、同級衛生主管機關代表、相關機關(構)及團體代表,辦理特殊教育學生及幼兒鑑定、就學安置(以下簡稱安置)、輔導及支持服務等事宜;其實施方法、程序、期程、相關資源配置、運作方式與其他相關事項之辦法及自治法規,由各級主管機關定之。

2 中央主管機關鑑輔會辦理高級中等以上教育階段學校學生之鑑定、安置、輔導及支持服務事宜,得不予遴聘幼兒園行政人員、教保服務人員組織代表及身心障礙與資賦優異幼兒家長代表。

3 鑑輔會委員中,教育行政人員、學校及幼兒園行政人員、相關機關(構)代表人數合計不得超過委員總數二分之一;任一性別委員人數不得少於委員總數三分之一。鑑輔會委員名單,應予公告;鑑輔會每六個月至少應開會一次。

4 各級主管機關辦理身心障礙學生或幼兒鑑定及安置工作召開會議時,應通知學生本人、學生或幼兒法定代理人、實際照顧者,參與該生或幼兒相關事項討論,該法定代理人或實際照顧者並得邀請相關專業人員列席。

5 各級主管機關及鑑輔會對於學校或幼兒園提出之安置建議及所需相關服務之評估報告內容,不予採納者,應說明理由。

第 7 條

1 各級主管機關為執行特殊教育工作，應設專責單位。

2 各級學校與幼兒園承辦特殊教育業務人員及特殊教育學校之主管人員，應進用具特殊教育相關專業者。

3 前項所稱具特殊教育相關專業，指修習特殊教育學分三學分以上，或參加各級主管機關辦理之特殊教育專業研習五十四小時以上者。

第 8 條

各級主管機關應每年定期舉辦特殊教育學生與幼兒狀況調查及教育安置需求人口通報，並公布特殊教育概況，出版統計年報及相關數據分析，依據實際現況及需求，妥善分配相關資源，並規劃各項特殊教育措施。

第 9 條

1 各級政府應從寬編列特殊教育預算，在中央政府不得低於當年度教育主管預算百分之四點五；在地方政府不得低於當年度教育主管預算百分之五。

2 地方政府編列預算時，應優先辦理身心障礙教育。

3 中央政府為均衡地方身心障礙教育之發展，應補助地方辦理身心障礙教育之人事及業務經費；其補助之項目、核算基準、申請與審查程序、停止撥款、扣減當年度或下年度補助款、執行考核及其他相關事項之辦法，由中央主管機關會商直轄市、縣（市）主管機關後定之。

第 10 條

1 特殊教育學生及幼兒之人格及權益，應受尊重及保障，對其學習相關權益、校內外實習及校內外教學活動參與，不得有歧視之對待。

2 特殊教育與相關服務措施之提供及設施之設置，應符合融合之目標，並納入適性化、個別化、通用設計、合理調整、社區化、無障礙及可及性之精神。

3 特殊教育學生遭學校歧視對待，得依第二十四條之規定提出申訴、再申訴。

4 中央主管機關應針對各教育階段提供之合理調整及申請程序研擬相關指引，其研擬過程，應邀請身心障礙者及其代表性組織參與。

第 11 條

身心障礙學生，就所有影響本人之事項有權自由表達意見，並獲得適合其身心障礙狀況及年齡之協助措施以實現此項權利。

第二章 特殊教育之實施

第一節 總則

第 12 條

1 特殊教育之實施，分下列四階段：

一、學前教育階段：在家庭、醫院、幼兒園、社會福利機構、特殊教育學校幼兒部或其他適當場所辦理。

二、國民教育階段：在國民小學、國民中學、特殊教育學校或其他適當場所辦理。

三、高級中等教育階段:在高級中等學校、特殊教育學校或其他適當場所辦理。

四、高等教育階段及成人終身學習:在專科以上學校或其他終身學習機構辦理。

2 前項第一款學前教育階段及第二款國民教育階段,特殊教育學生及幼兒以就近入學為原則,直轄市及縣(市)主管機關應統整提供學生及幼兒入學資訊,並提供所主管場所所需之人力、資源協助。但國民教育階段學區學校無適當場所提供特殊教育者,得經主管機關安置於其他適當特殊教育場所。

第 13 條

1 高級中等以下學校及幼兒園應積極落實融合教育,加強普通教育教師與特殊教育教師交流與合作。

2 高級中等以下學校及幼兒園,得設特殊教育班,其辦理方式如下:

一、分散式資源班。

二、巡迴輔導班。

三、集中式特殊教育班。

3 前項特殊教育班之設置,應由各級主管機關核定;其班級之設施及人員設置標準,由中央主管機關定之。

4 高級中等以下學校及幼兒園未依第二項規定辦理者,得擬具特殊教育方案向各級主管機關申請;其申請之內容、程序與其他相關事項之辦法及自治法規,由各級主管機關定之。

第 14 條

為因應特殊教育學生之教育需求,其入學年齡、年級安排、教育場所、實施方式及修業年限,應保持彈性;其提早或暫緩入學、縮短或延長修業年限及其他相關事項之辦法,由中央主管機關定之。但法律另有規定者,從其規定。

第 15 條

1 高級中等以下學校為促進特殊教育發展及處理校內特殊教育學生之學習輔導等事宜,應成立特殊教育推行委員會,並應有身心障礙及資賦優異學生與身心障礙及資賦優異學生家長代表;其任務、組成、會議召開程序與其他相關事項之辦法及自治法規,由各級主管機關定之。

2 高等教育階段學校為促進特殊教育發展及處理校內特殊教育學生之學習輔導等事宜,應成立特殊教育推行委員會,並至少應有身心障礙學生一人參與。必要時得增聘身心障礙學生家長代表參與。

3 學校依前二項規定成立特殊教育推行委員會,校內無特殊教育學生者,得不予遴聘特殊教育學生或特殊教育學生家長代表。

第 16 條

1 各教育階段之特殊教育,由各級主管機關辦理為原則,並得獎助民間辦理,對民間辦理身心障礙教育者,應優先獎助。

2 前項獎助對象、條件、方式、違反規定時之處理與其他應遵行事項之辦法及自治法規,由各級主管機關定之。

第 17 條

1 高級中等以下學校爲辦理特殊教育，應設專責單位，依實際需要遴聘及進用特殊教育教師、特殊教育相關專業人員、教師助理員及特教學生助理人員；幼兒園設有特殊教育班班級數三班以上者，亦同。

2 前項專責單位之設置與人員之遴聘、進用及其他相關事項之辦法，由中央主管機關定之。

3 特殊教育專任教師、兼任導師、行政或其他職務者，其每週基本教學節數、減授課時數與其他相關事項之標準及自治法規，由各級主管機關定之。

第 18 條

1 爲提升特殊教育及相關服務措施之服務品質，各級主管機關應加強辦理特殊教育教師及相關人員之培訓及在職進修。

2 爲提升推動融合教育所需之知能，各級主管機關應加強辦理普通班教師、教保服務人員、學校與幼兒園行政人員及相關人員之培訓及在職進修。

3 前項培訓及在職進修，其內涵應考量特殊教育學生及幼兒於普通班學習實況，聘請具有相關專業素養或實務經驗者擔任講師，必要時得採個別化指導。

4 各該主管機關應自行或委由各級學校、幼兒園、特殊教育資源中心或相關專業團體開設諮詢管道，提供特殊教育或融合教育教學輔導相關之諮詢服務。

第 19 條

1 各級主管機關爲實施特殊教育，應依鑑定基準辦理特殊教育學生及幼兒之鑑定。

2 前項學生及幼兒之鑑定基準、程序、期程、教育需求評估、重新評估程序、評估人員之資格及權益、培訓方式及其他應遵行事項之辦法，由中央主管機關定之。

第 20 條

1 幼兒園及各級學校應主動或依申請發掘具特殊教育需求之幼兒及學生，經成年學生、學生或幼兒之法定代理人或實際照顧者同意，並徵詢未成年學生意見後，依前條規定鑑定後予以安置，並提供特殊教育及相關服務措施。

2 各級主管機關應每年重新評估前項安置及特殊教育相關服務措施之適當性。

3 成年學生、學生或幼兒之法定代理人或實際照顧者不同意進行鑑定安置程序時，幼兒園及高級中等以下學校應通報主管機關。

4 主管機關爲保障身心障礙學生及幼兒學習權益，必要時得要求成年學生、學生或幼兒之法定代理人或實際照顧者配合鑑定、安置及特殊教育相關服務。

第 21 條

1 中央主管機關應訂定高級中等以下學校特殊教育相關課程綱要及其實施之有關規定，作爲學校規劃及實施課程之依據；學校規劃課程得結合社會資源充實教學活動。

2 特殊教育相關課程綱要之研究發展及審議，準用高級中等教育法相關規定。

第 22 條

1 特殊教育之課程、教材、教法及評量,應保持彈性,適合特殊教育學生、幼兒身心特性及需求。

2 高級中等以下學校實施特殊教育課程之方式、內容、教材研發、教法、評量及其他相關事項之辦法及幼兒園相關之準則,由中央主管機關定之。

第 23 條

1 為充分發揮特殊教育學生潛能,各級學校對於特殊教育之教學應結合相關資源,並得聘任具特殊專才者協助教學。

2 前項特殊專才者聘任之資格、方式、待遇及其他相關事項之辦法,由中央主管機關定之。

第 24 條

1 對學生與幼兒鑑定、安置、輔導及支持服務如有爭議,得由學生或幼兒之法定代理人、實際照顧者代為或由高級中等以上教育階段特殊教育學生向主管機關提起申訴,主管機關應提供申訴服務。

2 高級中等以下教育階段特殊教育學生對學校之懲處、其他措施或決議,認為違法或不當致損害其權益者,得由其法定代理人、實際照顧者代為或由高級中等教育階段特殊教育學生向學校提出申訴,不服學校申訴決定,得向各該主管機關提出再申訴;其提起訴願者,受理訴願機關應於十日內,將該事件移送應受理之申訴評議委員會或再申訴評議委員會,並通知學生及其法定代理人或實際照顧者。

3 前項原懲處、措施或決議性質屬行政處分者,其再申訴決定視同訴願決定;不服再申訴決定者,得依法提起行政訴訟。

4 高等教育階段特殊教育學生對學校之懲處、其他措施或決議,認為違法或不當致損害其權益者,得向學校提出申訴;不服學校申訴決定者,得依法提起訴願或行政訴訟。

5 第一項申訴、第二項申訴及再申訴、前項申訴之範圍、期限、委員會組成、調查方式、評議方式、評議結果之執行及其他相關事項之辦法,由中央主管機關定之。

第二節　身心障礙教育

第 25 條

1 各級學校、幼兒園及試務單位不得以身心障礙為由,拒絕學生、幼兒入學(園)或應試。

2 各級學校及試務單位應提供考試適當服務及無障礙措施,且應考量身心障礙學生實際需要,提供合理調整,並由各級學校及試務單位公告之;其對象、資格、申請程序、考試服務內容、調整方式、無障礙措施及其他相關事項之辦法,由中央主管機關定之。

第 26 條

1 身心障礙教育之實施,各級主管機關應依專業評估之結果,結合衛政、社政或勞

政資源，提供身心障礙學生及幼兒有關復健、訓練等相關支持服務。

2 為推展身心障礙兒童之早期療育，其特殊教育之實施，應自二歲開始。

3 第一項對身心障礙學生及幼兒提供相關支持服務之內容、形式、提供方式、成效檢核及其他相關事項之辦法，由中央主管機關定之。

第 27 條

1 各級主管機關應提供學校、幼兒園輔導身心障礙學生及幼兒有關評量、教學及行政等支持服務，並適用於經主管機關許可實施非學校型態實驗教育之身心障礙學生。

2 高級中等以下學校、幼兒園對於身心障礙學生及幼兒之評量、教學及輔導工作，應以專業團隊合作進行為原則，並得視需要結合衛生醫療、教育、社會工作、職業重建相關等專業人員，共同提供學習、生活、心理、復健訓練、職業輔導評量及轉銜輔導與服務等協助。

3 高等教育階段學校對於身心障礙學生之輔導工作，依前項規定辦理。

4 第一項及第二項支持服務內容、專業團隊組成、人員資格、任務、運作方式及其他相關事項之辦法，由中央主管機關定之。

第 28 條

1 各級主管機關或私人為辦理高級中等以下學校之身心障礙學生及幼兒教育，得設立特殊教育學校；特殊教育學校之設立，應以小班、小校為原則，並以招收重度及多重障礙學生及幼兒為優先，每校並得設置多個校區。

2 啟聰學校以招收聽覺障礙學生及幼兒為主；啟明學校以招收視覺障礙學生及幼兒為主。

3 特殊教育學校依其設立之主體為中央政府、直轄市政府、縣（市）政府或私人，分為國立、直轄市立、縣（市）立或私立；其設立、變更及停辦，依下列規定辦理：

一、國立：由中央主管機關核定。

二、直轄市立：由直轄市主管機關核定後，報請中央主管機關備查。

三、縣（市）立：由縣（市）主管機關核定後，報請中央主管機關備查。

四、私立：依私立學校法相關規定辦理。

4 特殊教育學校設立所需之校地、校舍、設備、師資、變更、停辦或合併之要件、核准程序、組織之設置及人員編制標準，由中央主管機關定之。

5 特殊教育學校應與普通學校、幼兒園及社區合作，增進學生及幼兒之社會融合；並設立區域特殊教育資源中心，提供社區、學校及幼兒園相關資源與支持服務。

6 前項區域特殊教育資源中心之任務編組、運作與教師資格、遴選、商借、培訓、獎勵、年資採計及其他相關事項之辦法，由中央主管機關定之。

7 為鼓勵特殊教育學校精進區域特殊教育資源中心資源與支持服務，各級主管機關應編列經費補助之。

第 29 條

1 特殊教育學校置校長一人；其聘任資格，依教育人員任用條例之規定，並應具備

特殊教育之專業知能；遴選、聘任程序及其他相關事項，比照其所設最高教育階段之學校法規之規定。

2 特殊教育學校爲辦理教務、學生事務、總務、實習、研究發展、輔導等事務，得視學校規模及業務需要，設處（室）一級單位，並得分組爲二級單位辦事。

3 前項一級單位置主任一人，二級單位置組長一人。

4 一級單位主任由校長就專任教師聘兼之；二級單位組長，除總務單位之組長由職員專任、輔導單位負責保健業務之組長得由專任之特殊教育相關專業人員兼任外，其餘由校長就專任教師聘兼之。

5 特殊教育學校達中央主管機關所定一定規模者，置秘書一人，襄助校長處理校務，由校長就專任教師聘兼之。

6 啟聰學校之校長及教師應優先遴聘具手語知能者。

第 30 條

1 高級中等以下學校及幼兒園，應加強普通班教師、輔導教師與特殊教育教師之合作，對於就讀普通班之身心障礙學生及幼兒，應予適當教學及輔導；其適用範圍、對象、教學原則、輔導方式、人員進修、成效檢核、獎勵辦理與其他相關事項之辦法及自治法規，由各該主管機關定之。

2 爲保障身心障礙學生之受教權，並使普通班教師得以兼顧身心障礙學生及其他學生之教育需求，學校校長應協調校內各單位提供教師所需之人力資源及協助，並得經鑑輔會評估調整身心障礙學生就讀之普通班學生人數；學校提供教師所需之人力資源及協助、調整身心障礙學生就讀之普通班學生人數及其他相關事項之辦法，由中央主管機關定之。

3 幼兒園有招收身心障礙幼兒者，園長應協調提供教保服務人員所需之人力資源及協助，並得經鑑輔會評估調整身心障礙幼兒就讀之班級人數；該班級調整班級人數之條件及核算方式，由直轄市、縣（市）主管機關定之。

第 31 條

1 高級中等以下學校應以團隊合作方式對身心障礙學生訂定個別化教育計畫，訂定時應邀請身心障礙學生本人，以及學生之法定代理人或實際照顧者參與；必要時，法定代理人或實際照顧者得邀請相關人員陪同參與。經學校評估學生有需求時，應邀請特殊教育相關專業人員參與個別化教育計畫討論，提供合作諮詢，協助教師掌握學生特質，發展合宜教學策略，提升教學效能。

2 身心障礙學生個別化教育計畫，應於開學前訂定；轉學生應於入學後一個月內訂定；新生應於開學前訂定初步個別化教育計畫，並於開學後一個月內檢討修正。

3 前項個別化教育計畫，每學期至少應檢討一次。

4 爲使身心障礙學生有效參與個別化教育計畫之訂定，中央主管機關應訂定相關指引，供各級學校參考；指引之研擬過程，應邀請身心障礙者及其代表性組織參與。

5 幼兒園應準用前四項規定，爲身心障礙幼兒訂定個別化教育計畫。

第 32 條

爲增進前條團隊之特殊教育知能，以利訂定個別化教育計畫，各級主管機關應視所屬高級中等以下學校及幼兒園身心障礙學生及幼兒之特殊教育需求，加強辦理普通班教師、教保服務人員、特殊教育教師及相關人員之培訓及在職進修，並提供相關支持服務之協助。

第 33 條

1 高級中等以下學校應考量身心障礙學生之優勢能力、性向及特殊教育需求及生涯規劃，提供適當之升學輔導。
2 前項學校身心障礙學生升學輔導之名額、方式、資格及其他有關考生權利義務等事項之辦法，由中央主管機關定之。

第 34 條

各級主管機關應積極推動身心障礙成人之終身學習，訂定相關工作計畫，鼓勵身心障礙者參與終身學習活動，並定期檢核實施之成效；其辦理機關、方式、內容及其他相關事項之辦法，由中央主管機關定之。

第 35 條

1 高等教育階段學校爲協助身心障礙學生學習及發展，應訂定及實施特殊教育方案，並應設置專責單位、資源教室及專責人員，依實際需要遴聘及進用相關專責人員；其專責單位、資源教室之職責、設置與人員編制、進用及其他相關事項之辦法，由中央主管機關定之。
2 爲促進高等教育階段學校整合校內外資源及提升跨單位協調效能，大專校院之身心障礙學生達一定人數或比率者，中央主管機關應鼓勵設置特殊教育資源中心；其人數或比率由中央主管機關公告之。
3 高等教育階段之身心障礙教育，應符合學生需求，訂定個別化支持計畫，協助學生學習及發展；訂定時應邀請相關教學人員、行政人員、身心障礙學生本人、學生之法定代理人或實際照顧者參與。
4 身心障礙學生個別化支持計畫，至遲應於完成課程加退選後一個月內訂定。
5 前項個別化支持計畫，每學期至少應檢討一次。
6 爲增進第一項相關專責人員之特殊教育知能，以利訂定個別化支持計畫，中央主管機關應辦理大專校院相關專責人員之培訓及進修，並提供相關支持服務之協助。

第 36 條

爲使各教育階段身心障礙學生及幼兒服務需求得以銜接，各級學校及幼兒園應提供整體性與持續性轉銜輔導及服務；其生涯轉銜計畫內容、訂定期程、訂定程序及轉銜會議召開方式、轉銜通報方式、期程及其他相關事項之辦法，由中央主管機關定之。

第 37 條

1 各級主管機關應依身心障礙學生之家庭經濟條件，減免其就學費用；對於就讀學前私立幼兒園或社會福利機構之身心障礙幼兒，得發給教育補助費，並獎助其招

收單位。

2 前項減免、獎補助之對象、條件、金額、名額、次數及其他應遵行事項之辦法，由中央主管機關定之。

3 身心障礙學生品學兼優或有特殊表現者，各級主管機關應給予獎補助；其條件、金額、名額、次數及其他應遵行事項之辦法及自治法規，由各級主管機關定之。

第 38 條

1 學校及幼兒園應依身心障礙學生及幼兒之教育需求，提供下列支持服務：

一、教育及運動輔具服務。

二、適性教材服務。

三、學習及生活人力協助。

四、復健服務。

五、家庭支持服務。

六、適應體育服務。

七、校園無障礙環境。

八、其他支持服務。

2 經主管機關許可實施非學校型態實驗教育之身心障礙學生，適用前項第一款至第六款服務。

3 前二項支持服務內容、形式、提供方式、成效檢核及其他相關事項之辦法，由中央主管機關定之。

4 身心障礙學生經評估無法自行上下學者，由各級主管機關免費提供無障礙交通工具；確有困難提供者，補助其交通費；其補助資格、申請方式、補助基準與其他相關事項之實施辦法及自治法規，由各級主管機關定之。

5 各級主管機關應優先編列預算，推動第一項及前項之服務。

第 39 條

1 各級主管機關得依申請核准或委託社會福利機構或醫療機構，辦理身心障礙教育。

2 各級主管機關應協助少年矯正學校，辦理身心障礙教育。

第三節　資賦優異教育

第 40 條

學前教育階段及高級中等以下各教育階段資賦優異教育之實施，依下列方式辦理：

一、學前教育階段：採特殊教育方案辦理。

二、國民教育階段：採分散式資源班、巡迴輔導班、特殊教育方案辦理。

三、高級中等教育階段：依第十三條第二項及第四項規定方式辦理。

第 41 條

資賦優異學生之入學、升學，應依各該教育階段法規所定入學、升學方式辦理；高級中等以上教育階段學校，並得參採資賦優異學生在學表現及潛在優勢能力，以多元入學方式辦理。

第 42 條

高級中等以下學校應以團隊合作方式，考量資賦優異學生身心特質、性向、優勢能力、學習特質及特殊教育需求，訂定資賦優異學生個別輔導計畫，並應邀請資賦優異學生本人、學生之法定代理人或實際照顧者參與。

第 43 條

1 高級中等以下各教育階段主管機關，應補助學校辦理多元資優教育方案，並對辦理成效優良者予以獎勵。

2 資賦優異學生具特殊表現者，各級主管機關應給予獎助。

3 前二項之獎補助、方案之實施範圍、載明事項、辦理方式與其他相關事項之辦法及自治法規，由各級主管機關定之。

第 44 條

資賦優異學生得提早選修較高一級以上教育階段課程，其選修之課程及格者，得於入學後抵免。

第 45 條

1 各級主管機關應編列預算，積極推動高級中等以下學校辦理資賦優異教育，並運用學術、社教及民間等資源辦理，建立長期追蹤輔導機制。

2 中央主管機關為協助直轄市、縣（市）主管機關推動前項資賦優異教育工作，應予以補助經費。

第 46 條

1 高級中等以下各教育階段主管機關及學校對於身心障礙及處於離島、偏遠地區，或因經濟、文化或族群致需要協助之資賦優異學生，應加強鑑定與輔導，並視需要調整評量項目、工具及程序。

2 前項鑑定基準、程序、期程、評量項目與工具等調整方式及其他相關事項之實施辦法，由中央主管機關定之。

第 47 條

高等教育階段資賦優異教育之實施，應考量資賦優異學生之性向及優勢能力，得以特殊教育方案辦理。

第三章　特殊教育支持系統

第 48 條

1 為促進融合教育及特殊教育發展，中央主管機關得委請具融合教育或特殊教育相關專業之團體、大專校院、學術機構或教師組織，從事整體性、系統性之融合教育或特殊教育相關研究。

2 各級主管機關為改進融合教育與特殊教育課程、教材教法及評量方式，應鼓勵教師進行相關研究，並將研究成果公開及推廣使用。

第 49 條

1 中央及直轄市主管機關應鼓勵師資培育之大學，及經中央主管機關認可培育教保員之專科以上學校，於職前教育階段，開設特殊教育相關課程，促進融合教育之推動。

2 中央主管機關應將特殊教育相關課程納入師資職前教育課程基準。

第 50 條

1 為鼓勵設有特殊教育系、所之大學校院設置特殊教育中心，協助特殊教育學生之鑑定、教學及輔導工作，中央主管機關應編列經費補助之。

2 為辦理特殊教育各項實驗研究並提供教學實習，設有特殊教育系之大學校院，得附設特殊教育學校（班）。

第 51 條

1 高級中等以下學校及幼兒園之主管機關，得商借公立學校或幼兒園教師組成任務編組性質、具專業自主性之特殊教育資源中心及特殊教育輔導團，推動特殊教育。

2 前項任務編組之組織、任務、運作與教師資格、遴選、商借、培訓、獎勵、年資採計及其他相關事項之辦法，由中央主管機關定之。

3 各級主管機關為有效推動特殊教育、整合相關資源、協助各級學校及幼兒園特殊教育之執行及提供諮詢、輔導與服務，應建立特殊教育行政支持網絡；其支持網絡聯繫、運作方式與其他相關事項之辦法及自治法規，由各級主管機關定之。

4 各級主管機關得於公立高級中等以下學校或幼兒園，指定增置由主管機關統籌運用及調派之編制內特殊教育教師員額，用以協助辦理第十九條第一項所定鑑定評估作業，及辦理第一項所定特殊教育資源中心及特殊教育輔導團業務，或前項所定支持網絡業務。

第 52 條

1 各級學校及幼兒園應提供特殊教育學生及幼兒家庭諮詢、輔導、親職教育及轉介等支持服務，其內容、形式、提供方式及其他相關事項之辦法，由中央主管機關定之。

2 前項所定支持服務，其經費及資源由各級主管機關編列預算辦理。

3 高級中等以下學校身心障礙學生家長至少應有一人為該校家長會常務委員或委員，參與學校特殊教育相關事務之推動。

第 53 條

1 高級中等以下學校及幼兒園辦理特殊教育之成效，主管機關每四年至少應辦理一次評鑑，與學校校務評鑑、幼兒園評鑑或校長辦學績效考評併同辦理為原則。

2 直轄市及縣（市）主管機關辦理特殊教育之績效，中央主管機關每四年至少應辦理一次評鑑。

3 第一項及前項之評鑑項目應以法令規定者為限，並落實評鑑方式與指標簡化及行政減量；評鑑項目及結果應予公布，對評鑑成績優良者予以獎勵，未達標準者應予輔導及協助；評鑑之項目、評鑑會組成、評鑑程序及其他相關事項之辦法，由

中央主管機關定之。

4 大專校院特殊教育評鑑，中央主管機關應每四年辦理一次，得以專案評鑑辦理。

第四章　附則

第 54 條

1 公立特殊教育學校之場地、設施與設備提供他人使用、委託經營、獎勵民間參與，與學生重補修、辦理招生、甄選、實習、實施推廣教育等所獲之收入及其相關支出，應設置專帳以代收代付方式執行，其賸餘款並得滾存作為改善學校基本設施或充實教學設備之用，不受預算法第十三條、國有財產法第七條及地方公有財產管理相關規定之限制。

2 前項收支管理作業規定，由中央主管機關定之。

第 55 條

本法授權各級主管機關訂定之法規及自治法規，各級主管機關應邀請同級教師組織、教保服務人員組織、特殊教育相關家長團體代表、家長團體代表及特殊教育學生參與訂定。

第 56 條

本法施行細則，由中央主管機關定之。

第 57 條

本法自公布日施行。

附錄二

特殊教育法施行細則

修正日期：民國 112 年 12 月 20 日

第 1 條

本細則依特殊教育法（以下簡稱本法）第五十六條規定訂定之。

第 2 條

1 特殊教育學生及幼兒之輔導，應以維護兒童及少年最佳利益為原則，其決定涉及不同主體之權利衝突時，應優先考量特殊教育學生及幼兒之保障，並採取符合兒童及少年最佳利益之措施。

2 前項輔導，應特別關注特殊教育學生與幼兒表達意見、身心健康、受教育及其他相關權利，並應關注兒童及少年之身分認同、家庭維繫、受照顧、保護與安全及其他相關需求。

第 3 條

本法第七條第一項所稱專責單位，指各級主管機關所設具有專責人員及預算，負責辦理特殊教育業務之單位。

第 4 條

1 各級主管機關依本法第八條每年定期辦理特殊教育學生與幼兒狀況調查及教育安置需求人口通報後，應建立及運用各階段特殊教育通報系統，與衛政、社政、勞政主管機關所建立之通報系統互相協調妥善結合，並公布特殊教育概況。

2 各級主管機關依本法第八條規定出版之統計年報，應包括特殊教育學生、幼兒與師資人數及比率、安置與經費狀況及其他特殊教育通報之項目；並應分析特殊教育相關數據，包括各類各教育階段融合教育實施、特教學生與幼兒鑑定、安置、輔導及支持服務、特殊教育資源分布、轉銜服務及經費使用，作為政策規劃及資源分配之參考。

3 第一項特殊教育通報系統之建置及運用，得委託或委辦學校或機關（構）辦理。

第 5 條

1 依本法第十三條第二項規定設立之特殊教育班，指專為身心障礙學生及幼兒或資賦優異學生設置之特殊教育班。

2 依本法第二十八條第一項規定設立之特殊教育學校，包括幼兒部、國民小學部、國民中學部、高級中學部及高級職業學校部專為身心障礙學生設置之學校。

第 6 條

1 本法第十三條第二項第一款所定分散式資源班，指學生及幼兒在普通班就讀，部分時間接受特殊教育及相關服務。

2 本法第十三條第二項第二款所定巡迴輔導班，指學生及幼兒在家庭、機構、學校或幼兒園，由巡迴輔導教師提供部分時間之特殊教育及相關服務。

3 本法第十三條第二項第三款所定集中式特殊教育班，指學生及幼兒全部時間於特殊教育班接受特殊教育及相關服務；為促進融合教育，經課程設計，其部分課程得在普通班接受適性課程，或部分學科（領域）得實施跨年級、跨班教學。

4 本法第十三條第四項所定特殊教育方案，必要時，得採跨校方式辦理。

第 7 條

1 本法第十八條所定相關人員，指參與特殊教育、融合教育及相關服務措施之其他有關人員，包括特殊教育相關專業人員、教師助理員、特教學生助理人員及其他人員。

2 本法第十八條第二項所定融合教育所需之知能，其內涵應考量學校與幼兒園全體學生及幼兒所需之生活適應、人際互動與學習參與之重要知能，包括下列內容：
　一、人類多樣性、特殊教育學生及幼兒特質與輔導。
　二、身心障礙學生及幼兒人權與平等措施。
　三、通用設計、合理調整與個別化支持服務。
　四、無障礙、可及性與社會參與。
　五、課程教學調整、轉銜輔導及終身學習之教育。

3 各級主管機關應依前項重要知能，建置融合教育行動方案及示例，並彙整提供簡明、易讀之融合教育宣導課程及教材。

第 8 條

1 本法第二十條第三項所定成年學生、學生或幼兒之法定代理人或實際照顧者不同意進行鑑定安置程序時，幼兒園及高級中等以下學校應通報主管機關。

2 高級中等以下學校辦理前項通報主管機關前，應先提報學校特殊教育推行委員會瞭解原因，經確認屬應鑑定而不鑑定者後，再依各該主管機關所定程序通報。

第 9 條

本法第二十九條所稱特殊教育學校校長應具備特殊教育之專業知能，指應修習本法第七條第三項所定特殊教育學分三學分以上，或參加各級主管機關辦理之特殊教育專業研習五十四小時以上。

第 10 條

1 本法第三十一條所稱個別化教育計畫，指運用團隊合作方式，針對身心障礙學生個別特性所訂定之特殊教育及相關服務計畫；其內容包括下列事項：
　一、學生能力現況、家庭狀況及需求評估。
　二、學生所需特殊教育、相關服務及支持策略。
　三、學年與學期教育目標、達成學期教育目標之評量方式、日期及標準。

四、具情緒與行為問題學生所需之行為功能介入方案及行政支援。

五、學生之轉銜輔導及服務內容。

2 學校應將身心障礙且資賦優異學生之個別輔導計畫內容，併入個別化教育計畫規劃。

3 幼兒園為身心障礙幼兒訂定個別化教育計畫時，應準用第一項規定。

第 11 條

1 本法第三十五條第一項所稱高等教育階段特殊教育方案，指學校應依特殊教育學生特性及學習需求，規劃辦理在校學習、生活輔導及支持服務等；其內容應載明下列事項：

一、依據。

二、目的。

三、實施對象及其特殊教育與支持服務。

四、人力支援及行政支持。

五、空間及環境規劃。

六、辦理期程。

七、經費概算及來源。

八、預期成效。

2 前項第三款特殊教育與支持服務，包括學生教育需求及在校學習生活適應之生活輔導、課業輔導、生涯輔導及諮詢服務等。

第 12 條

前條特殊教育方案，學校應運用團隊合作方式，整合相關資源，針對身心障礙學生個別特性及需求，訂定個別化支持計畫；其內容包括下列事項：

一、學生能力現況、家庭狀況及需求評估。

二、學生所需特殊教育、支持服務及策略。

三、學生之轉銜輔導及服務內容。

第 13 條

1 本法第四十二條所定資賦優異學生個別輔導計畫，學校應以團隊合作方式訂定，訂定之人員應包括學校行政人員、特殊教育與相關教師、學生本人及學生之法定代理人或實際照顧者參與；必要時，得邀請相關專業人員參與。

2 個別輔導計畫內容應包括下列事項：

一、學生能力現況、家庭狀況及教育需求評估。

二、學生所需特殊教育、相關服務與支持策略。

三、教育目標與輔導重點。

3 資賦優異學生個別輔導計畫，應於開學前訂定，新生及轉學生應於入學後一個月內訂定初步個別輔導計畫，且每學期應至少檢討一次。

第 14 條

本法第四十九條所稱特殊教育相關課程，其內容應包括特殊教育學生及幼兒身心

特質與輔導、融合教育、通用設計學習、教導不同學習需求之學生與幼兒之能力及合理調整等知能。

第 15 條

1 本法第五十條第二項所定設有特殊教育學系之大學校院得附設特殊教育學校（班），包括附設或附屬二種情形，其設立應經專案評估後，報主管機關核定。

2 前項附設或附屬特殊教育學校（班），其設立規模及人員編制，準用特殊教育學校設立變更停辦合併及人員編制標準之規定。

第 16 條

本法第五十三條第四項所定大專校院特殊教育評鑑，指中央主管機關應自行組成評鑑委員會或委託學術團體、專業評鑑機構每四年為之；其辦理原則及程序準用大學評鑑辦法之規定。

第 17 條

1 學校依本法第三十一條、第三十五條、第三十六條及第四十二條訂定之個別化教育計畫、個別化支持計畫、生涯轉銜計畫或資賦優異學生個別輔導計畫等特殊教育學生資料，應指定適當場所及人員保管，以書面或電子儲存媒體保存之，並應自學生畢業或離校後，保存十年。

2 幼兒園依本法第三十一條及第三十六條訂定相關計畫時，依前項規定辦理。

3 前二項特殊教育學生及幼兒資料，學校及幼兒園因故未能繼續保管，其資料應交由承接者依規定保存。

4 已逾保存年限之特殊教育學生及幼兒資料，學校及幼兒園應定期銷毀，其銷毀方式應確保特殊教育學生及幼兒資料內容無洩漏之虞，並以每年一次為原則。

第 18 條

社區、部落及職場互助教保服務中心特殊教育之實施，準用第二條、第四條、第七條、第八條、第十條及第十七條所定幼兒園相關規定。

第 19 條

本細則自發布日施行。

附錄三

教育部主管之高級中等以下學校特殊教育推行委員會設置辦法

修正日期：民國 112 年 12 月 20 日

第 1 條

本辦法依特殊教育法第十五條第一項規定訂定之。

第 2 條

本辦法所定高級中等以下學校（以下簡稱學校），其範圍如下：

一、國立特殊教育學校及國立大學附屬特殊教育學校。

二、國立高級中等學校及其附設之國民中學部、國民小學部、進修部。

三、教育部主管之私立高級中等學校及私立大學附屬高級中等學校，及其附設之進修部。

四、國立大專校院之下列學校或部：

（一）附設高級中等學校部、國民中學部、國民小學部。

（二）附屬高級中等學校及其附設之國民中學部、國民小學部、進修部。

（三）附設實驗國民小學。

（四）附設進修學校。

第 3 條

學校為促進特殊教育發展及處理特殊教育學生之學習輔導等事宜，應成立特殊教育推行委員會（以下簡稱本會），其任務如下：

一、審議及推動學校年度特殊教育工作計畫。

二、召開安置及輔導會議，協助特殊教育學生適應教育環境及重新安置服務。

三、研訂疑似特殊教育需求學生之提報及轉介作業流程。

四、審議個別化教育計畫、個別輔導計畫、修業年限調整及升學、就業輔導等相關事項。

五、審議特殊教育學生申請獎勵、獎補助學金、交通費補助、學習輔具、專業服務及相關支持服務等事宜。

六、審議特殊個案之課程、評量調整，並協調各單位提供必要之行政支援。

七、整合特殊教育資源及社區特殊教育支援體系。

八、推動無障礙環境及特殊教育宣導工作。

九、審議教師及家長特殊教育專業知能研習計畫。

十、推動特殊教育自我評鑑、定期追蹤及建立獎懲機制。

十一、審議特殊教育班設班計畫、課程規劃及特殊教育方案。

十二、審議轉學或轉入不同群科身心障礙學生之學分數對照與認定。

十三、處理特殊教育相關業務。

第 4 條

1 本會置委員十三人至二十五人，其中一人為召集人，由校長兼任之，其餘委員，由校長就下列各款人員予以遴聘（派）兼之：

一、處室（科）主任代表。

二、普通班教師代表。

三、特殊教育教師代表。

四、身心障礙學生代表。

五、資賦優異學生代表。

六、身心障礙學生家長代表。

七、資賦優異學生家長代表。

八、學校教師會代表。

九、學校家長會代表。

2 前項委員之組成，任一性別委員人數不得少於委員總數三分之一。

3 委員任期一年，期滿得續聘（派）兼之。委員於任期中因故出缺、無法執行職務或有不適當之行為者，由校長依前二項規定遴聘（派）適當人員補足其任期。

4 本會置執行秘書一人，由校長指派具特殊教育專長之主管兼任。

5 學校無教師會者，免聘教師會代表；無身心障礙學生者，免聘身心障礙學生或身心障礙學生家長代表；無資賦優異學生者，亦同。

6 依中華民國一百十二年十二月二十日修正施行之第一項規定增聘委員，其任期至原聘（派）委員任期屆滿之日止。

第 5 條

1 本會每學期應召開會議一次，必要時，得召開臨時會，均由召集人擔任主席；召集人不能出席會議時，由其指派委員或由委員互推一人擔任主席。

2 本會之決議，以過半數委員出席，出席委員過半數之同意行之。

3 本會必要時，得邀請專家學者出席指導。

第 6 條

本辦法除第四條自中華民國一百十三年二月一日施行外，自發布日施行。

附錄四

身心障礙學生考試服務辦法

修正日期：民國 112 年 10 月 31 日

第 1 條
本辦法依特殊教育法第二十五條第二項規定訂定之。

第 2 條
各級學校及試務單位公開辦理各教育階段入學相關之各種考試，應依本辦法之規定提供身心障礙學生考試服務（以下簡稱考試服務）。

第 3 條
本辦法所稱身心障礙學生，指符合下列規定之一者：
一、經各級主管機關特殊教育學生鑑定及就學輔導會鑑定為身心障礙。
二、領有身心障礙證明。

第 4 條
1 考試服務之提供，應以達成該項考試目的為原則。各級學校及試務單位應依身心障礙考生（以下簡稱考生）障礙情形、程度及需求，提供考試服務。
2 前項考試服務，應由考生向各級學校及試務單位提出申請，經審查後通知考生審查結果及其理由，考生對審查結果不服得提出申訴。
3 各級學校及試務單位，應邀集身心障礙相關領域之學者專家、特殊教育相關專業人員及其他相關人員審查（議）前項申請案及申訴案；審議申訴案時，得視學生障礙情形增邀特殊教育相關家長團體參與，並得增邀考生本人、考生之法定代理人、實際照顧者或學校代表列席。
4 前三項考試服務內容、申請程序及應檢附之相關資料、審查方式及原則、審查結果通知及申訴程序等事項，應於簡章中載明。

第 5 條
考試服務應衡酌考生之考試科目特性、學習優勢管道及個別需求，提供適當之試場服務、輔具服務、試題（卷）調整服務、作答方式調整服務及其他合理調整之服務。

第 6 條
1 前條所定試場服務如下：
一、調整考試時間：包括提早入場或延長作答時間。
二、提供無障礙試場環境：包括無障礙環境、地面樓層或設有昇降設備之試場。

三、提供提醒服務：包括視覺或聽覺提醒、手語翻譯或板書注意事項說明。

四、提供特殊試場：包括單人、少數人或設有空調設備等試場。

2 專為身心障礙學生辦理之考試，於安排試場考生人數時，應考量考生所需之適當空間，一般試場考生人數不得超過三十人。考生對試場空間有特殊需求者，應另依第四條規定提出申請。

第 7 條

1 第五條所定輔具服務，包括提供擴視機、放大鏡、點字機、盲用算盤、盲用電腦及印表機、檯燈、特殊桌椅或其他相關輔具等服務。

2 前項輔具經各級學校及試務單位公布得由考生自備者，考生得申請使用自備輔具；自備輔具需託管者，應送各級學校及試務單位檢查及託管；自備輔具功能簡單無需託管者，於考試開始前經試務人員檢查後，始得使用。

第 8 條

1 第五條所定試題（卷）調整服務，包括調整試題與考生之適配性、題數或比例計分、提供放大試卷、點字試卷、電子試題、有聲試題、觸摸圖形試題、提供試卷並報讀等服務。

2 前項調整試題與考生之適配性，包括試題之信度、效度、鑑別度，及命題後因應試題與身心障礙情形明顯衝突時所需之調整。

第 9 條

第五條所定作答方式調整服務，包括提供電腦輸入法作答、盲用電腦作答、放大答案卡（卷）、電腦打字代謄、口語（錄音）作答及代謄答案卡等服務。

第 10 條

身心障礙學生參加校內學習評量，學校得準用本辦法提供各項考試服務，服務項目應載明於個別化教育計畫或個別化支持計畫，並得作為參與第二條所定入學考試申請考試服務之佐證資料。

第 11 條

本辦法發布施行前，各項考試服務已納入簡章並公告者，依簡章規定辦理。

第 12 條

本辦法自發布日施行。

附錄五

身心障礙學生及身心障礙人士子女就學費用減免辦法

修正日期：民國 112 年 09 月 08 日

第 1 條

本辦法依特殊教育法第三十七條第二項及身心障礙者權益保障法第二十九條規定訂定之。

第 2 條

本辦法用詞，定義如下：

一、身心障礙學生：指領有身心障礙證明或身心障礙手冊之學生。

二、身心障礙人士子女：指其父母或法定監護人領有身心障礙證明或身心障礙手冊之學生。

三、就學費用：指學費、雜費、學分費、學分學雜費或學雜費基數等。就讀高級中等學校者，並包括實習實驗費。

第 3 條

1 身心障礙學生或身心障礙人士子女，就讀國內學校具有學籍，於修業年限內，其最近一年度家庭年所得總額未超過新臺幣二百二十萬元，得減免就學費用。

2 前項家庭年所得總額（包括分離課稅所得），其計算方式如下：

一、學生未婚者：

（一）未成年：與其父母或法定監護人合計。

（二）已成年：與其父母或未成年時之法定監護人合計。

二、學生已婚者：與其配偶合計。

三、學生離婚或配偶死亡者：為其本人之所得總額。

3 前項第一款學生因父母離婚、遺棄或其他特殊因素，與父母或法定監護人合計顯失公平者，得具明理由，並檢具相關文件資料，經學校審查認定後，該父母或法定監護人免予合計。

4 第一項家庭年所得總額，以財政部財政資訊中心提供之最近一年度資料為準，由學校將學生申請之相關資料報中央主管機關，經中央主管機關彙總送該中心查調後，將查調結果轉知各校。

5 學生對前項查調結果有疑義者，得向所在地稅捐稽徵機關申請複查，並將複查結果送學校，由學校審定之。

第 4 條

1 就學費用之減免基準如下：

一、身心障礙程度屬極重度及重度者：免除全部就學費用。

二、身心障礙程度屬中度者：減免十分之七就學費用。

三、身心障礙程度屬輕度者：減免十分之四就學費用。

2 符合高級中等教育法第五十六條第一項、專科學校法第四十四條第一項及其相關法規規定免納學費者，以減免雜費及實習實驗費為限。

3 身心障礙學生及身心障礙人士子女就讀國內大學與外國大學合作並經中央主管機關專案核定之學位專班，比照就讀國內各大學同一學制、班次學生之減免額度，申請就學費用減免。

第 5 條

1 身心障礙學生就學費用減免，包括重修、補修、輔系、雙主修、教育學程及延長修業年限。

2 前項就學費用之減免，同一科目重修、補修者，以一次為限。

3 身心障礙學生及身心障礙人士子女就讀大學及專科學校各類在職專班者，比照各該學校日間部應繳就學費用減免之。

4 身心障礙人士子女就讀研究所在職專班、延長修業年限、重修、補修者，其就學費用不予減免。

5 身心障礙人士子女未成年時之法定監護人領有身心障礙證明或身心障礙手冊者，成年後，繼續就讀同一教育階段或接續就讀其他教育階段，其就學費用減免之年限，得至該就讀教育階段之法定修業年限為止。

第 6 條

1 依本辦法申請減免就學費用之學生，應於就讀學校所定期限內，填具申請表及檢附下列證明文件，向就讀學校提出：

一、身心障礙證明或身心障礙手冊。

二、戶口名簿（包括詳細記事）或三個月內申請之其他戶籍資料證明文件（包括詳細記事）。

2 依本辦法申請減免就學費用之高級中等以上學校學生，得免附前項第一款之證明文件，由就讀學校經衛生福利部電子查驗系統，查驗學生或父母（法定監護人）之身心障礙身分。

3 學生對前項查驗結果如有疑義，得檢附第一項第一款證明文件，向就讀學校申請另行審查其身分資格。

4 依本辦法申請減免就學費用之學生，其身分資格經學校審定後，公立學校由各校於註冊時逕予減免；私立學校由各校於註冊時逕予減免後，備文舉據連同核銷一覽表一式三份，於每年五月三十一日及十一月三十日前函報各主管教育行政機關請撥補助經費。

第 7 條

已依其他規定領取政府提供有關就學費用之補助或減免，及其他與減免就學費用性質相當之給付者，除法令另有規定外，不得重複申請本辦法之減免。

第 8 條

學生於學期中轉學、休學、退學或開除學籍者，當學期已減免之費用，不予追繳。轉學（系）、休學、退學或開除學籍，其後重讀、復學或再行入學所就讀之相當學期、年級已減免者，不得重複減免。

已取得專科以上教育階段之學位再行修讀同級學位，或同時修讀二以上同級學位者，除就讀學士後學系外，不得重複減免。

第 9 條

有下列情事之一者，其就學費用不予減免；已減免者，學校應追繳之。涉及刑責者，移送司法機關辦理：

一、申請資格與本辦法規定不符。

二、重複申領。

三、所繳證件虛偽不實。

四、冒名頂替。

五、以其他不正當方法具領。

第 10 條

就讀私立國民中、小學者，其就學費用減免額度，依公立國民中、小學之就學費用減免額度計算。但直轄市、縣（市）主管教育行政機關所減免額度較優者，不在此限。

第 11 條

依特殊教育法經中央主管機關、直轄市、縣（市）政府鑑定為身心障礙，持有鑑定證明而未領有身心障礙證明或身心障礙手冊之學生，其就學費用減免，準用第四條第一項第三款規定。

第 12 條

本辦法自發布日施行。

附錄六

特殊教育學生及幼兒申訴服務辦法

修正日期：民國 112 年 12 月 21 日

第一章 總則

第1條
本辦法依特殊教育法（以下簡稱本法）第二十四條第五項規定訂定之。

第2條
各級學校對於提起申訴及再申訴案之學生，於評議決定前，應以彈性輔導方式，安排其繼續留校就讀，並以書面載明學籍相關之權利及義務。

第3條
各級主管機關及各級學校處理特殊教育學生申訴及再申訴事宜，應依學生個別或家庭需求提供相關輔具及支持服務，並得指派專人協助。

第二章 特殊教育學生及幼兒對鑑定、安置、輔導及支持服務爭議之申訴

第4條
1 各級主管機關為處理特殊教育學生及幼兒鑑定、安置、輔導及支持服務爭議之申訴案件，應設特殊教育學生鑑定安置輔導申訴評議會（以下簡稱鑑安輔申評會）。
2 鑑安輔申評會置委員十一人至十五人，其中一人為主任委員，由機關首長或指派相關單位主管擔任，其餘委員由機關首長遴聘下列人員擔任之：
一、特殊教育學者專家。
二、教育行政人員。
三、學校或幼兒園行政人員。
四、特殊教育相關專業人員。
五、同級教師或教保服務人員組織代表。
六、特殊教育相關家長團體代表。
七、具法律、心理、輔導、兒少保護或兒少權利等專業素養之學者專家至少二人。
3 前項第七款學者專家，應自高級中等學校學生申訴及再申訴評議委員會校外專家學者人才庫（以下簡稱人才庫）遴聘。
4 第二項鑑安輔申評會委員中，教育行政人員、學校或幼兒園行政人員代表人數合計不得超過半數，任一性別委員人數不得少於委員總數三分之一。
5 鑑安輔申評會委員任期為二年，期滿得續聘，委員任期內因故出缺時，補聘委員之任期至原任期屆滿之日止。但代表組織或團體出任者，應隨本職進退。

第 5 條

特殊教育學生及幼兒之法定代理人、實際照顧者或高級中等以上教育階段特殊教育學生對主管機關鑑定、安置、輔導及支持服務措施有爭議時，應自通知送達之次日起三十日內，以書面向主管機關提起申訴。

特殊教育學生及幼兒之法定代理人、實際照顧者或高級中等以上教育階段特殊教育學生，因主管機關對其依法申請之鑑定、安置、輔導及支持服務，於法定期間內應作為而不作為，認為損害其權益者，亦得提起申訴；法令未規定應作為之期間者，其期間自主管機關受理申請之日起為二個月。

前二項主管機關之鑑定、安置、輔導及支持服務措施性質屬行政處分時，不服鑑安輔申評會之申訴決定者，得依法提起訴願或行政訴訟。

第 6 條

本辦法第三章有關申訴之規定，除本章已有規定外，於特殊教育學生對主管機關鑑定、安置、輔導及支持服務措施之申訴，準用之。

第三章　特殊教育學生申訴

第一節　特殊教育學校

第 7 條

1 特殊教育學校為處理特殊教育學生申訴案件，應設特殊教育學校學生申訴評議委員會（以下簡稱申評會）。

2 申評會置委員十一人至十五人，其中一人為主任委員，由校長擔任，其餘委員由校長就下列人員聘（派）兼之：

一、特殊教育學者專家。

二、學校行政人員。

三、特殊教育相關專業人員。

四、學校或同級之教師組織代表。

五、特殊教育家長團體代表或家長會代表。

六、具法律、心理、輔導、兒少保護或兒少權利等專業素養之學者專家至少一人。

3 前項第六款學者專家，應自人才庫遴聘。

4 第二項申評會委員中，學校行政人員及教師組織代表人數合計不得超過半數，任一性別委員人數不得少於委員總數三分之一。

5 申評會委員任期二年，期滿得續聘；委員任期內因故出缺時，補聘委員之任期至原任期屆滿之日止。但代表組織或團體出任者，應隨本職進退。

6 特殊教育學校學生獎懲委員會委員，不得兼任同校申評會委員。

第 8 條

1 特殊教育學校學生之法定代理人、實際照顧者或高級中等教育階段特殊教育學生對學校之懲處、其他措施或決議，認為違法或不當致損害學生權益者，得向學校提起申訴。

2 特殊教育學校學生之法定代理人、實際照顧者或高級中等教育階段特殊教育學生因學校對其依法申請之案件，於法定期間內應作爲而不作爲，認爲損害學生權益者，亦得提起申訴；法令未規定應作爲之期間者，其期間自學校受理申請之日起爲二個月。

第 9 條

1 特殊教育學校學生之法定代理人、實際照顧者或高級中等教育階段特殊教育學生提起申訴者（以下簡稱申訴人），應於收受或知悉原措施之次日起四十日內，以書面向學校提起申訴。

2 申訴之提起，以特殊教育學校收受申訴書之日期爲準。

3 申訴人誤向應受理之申評會以外學校提起申訴者，以該學校收受之日，視爲提起申訴之日。

第 10 條

1 申訴應具申訴書，載明下列事項，由申訴人或代理人簽名或蓋章：

一、申訴人姓名、出生年月日、身分證明文件號碼、住所或居所、電話。
二、有代理人者，其姓名、出生年月日、身分證明文件號碼、住所或居所、電話。
三、檢附原措施之文書、有關之文件及證據。
四、收受或知悉原措施之年月日、申訴之事實及理由。
五、應具體指陳原措施之違法或不當，並應載明希望獲得之具體補救。
六、提起申訴之年月日。

2 依第八條第二項規定提起申訴者，前項第三款、第四款所列事項，分別爲應作爲之特殊教育學校、向該學校提出申請之年月日及法規依據，並附原申請書之影本及受理申請學校之收受證明。

3 提起申訴不合法定程式，其情形可補正者，申評會應通知申訴人於七日內補正；其補正期間，應自評議期間內扣除。

第 11 條

1 申評會應於收受申訴書後，儘速以書面檢附申訴書影本及相關書件，通知特殊教育學校提出說明。

2 前項書面通知達到後，特殊教育學校應於十日內擬具說明書連同關係文件送申評會及申訴人。但學校認爲申訴爲有理由者，得自行撤銷或變更原措施，並通知申評會及申訴人。

第 12 條

1 申訴人向特殊教育學校提起申訴，同一案件以一次爲限。

2 申訴人提起申訴後，於學生申訴評議決定書（以下簡稱評議決定書）送達前，得撤回申訴。申訴經撤回者，申評會應終結申訴案件之評議，並以書面通知申訴人。

3 申訴經撤回後，不得就同一案件再提起申訴。

第 13 條

1 申評會委員會議,由主任委員召集並擔任主席,主持會議。主席不克出席時,由委員互選一人代理之。

2 申評會委員會議,委員應親自出席,不得委託他人代理出席。但委員以組織或團體代表身分擔任者,得指派代理人出席;受指派之代理人,列入出席人數,並得發言及參與表決。

3 申評會之決議,應有全體委員三分之二以上出席,以出席委員過半數之同意行之。

4 委員於任期中無故缺席達二次或因故無法執行職務者,得由校長解除其委員職務,並依第七條第二項規定補聘之;補聘委員之任期至原任期屆滿之日止。

第 14 條

1 申評會處理申訴案件,應依職權調查證據,並得經決議成立調查小組調查。

2 前項調查小組以三人或五人為原則;必要時,成員得一部或全部外聘。

第 15 條

1 申評會或調查小組進行調查時,應依下列規定辦理:

一、申訴人或特殊教育學校相關人員、受邀協助調查之人或單位,應配合調查並提供相關資料。

二、衡酌申訴人與特殊教育學校相關人員之權力差距;申訴人與學校相關人員有權力不對等之情形者,應避免其對質。

三、就學生之姓名及其他足以辨識身分之資料,應予保密。但有調查之必要或基於公共安全考量者,不在此限。

四、依第一款規定通知申訴人配合調查及提供資料時,應以書面為之,並記載調查目的、時間、地點及不到場所生之效果。

五、申訴人無正當理由拒絕配合調查,經通知屆期仍拒絕配合調查者,申評會得不待申訴人陳述,逕行作成評議決定。

六、調查小組應於組成後十五日內完成調查;必要時,得予延長,延長期間不得逾十日,並應通知申訴人。

七、申評會或調查小組之調查,不受該事件司法程序進行之影響。

2 調查小組調查完成後,應製作調查報告,提申評會審議;審議時,申評會得要求調查小組推派代表列席說明。

第 16 條

申訴人、特殊教育學校校長、教師、職員、工友及其他相關人員,不得偽造、變造、湮滅或隱匿申訴事件相關之證據。

第 17 條

1 申評會委員會議,以不公開為原則。

2 申評會評議時,應秉持客觀、公正、專業之原則,給予申訴人、特殊教育學校相關人員充分陳述意見及答辯之機會,並得通知申訴人及其法定代理人、實際照顧者、關係人到會陳述意見。

3 申訴人請求陳述意見而有正當理由者，應予書面陳述、到會或到達其他指定處所陳述意見之機會。

4 前二項申訴人陳述意見前，得向特殊教育學校申請閱覽、抄寫、複印或攝影調查報告或其他有關資料；涉及個人隱私，有保密之必要者，應以去識別化或其他適當方式，提供無保密必要之部分調查報告或其他有關資料。

5 申評會委員會議之評議決定，以無記名投票表決方式為之。

6 申評會委員會議之與會人員及其他工作人員對於評議、表決及其他委員個別意見，應嚴守秘密；涉及學生隱私之申訴案及申訴人之基本資料，均應予以保密。

第 18 條

申訴案件有下列各款情形之一者，申評會應為不受理之評議決定：

一、申訴書不合法定程式不能補正，或經通知限期補正而屆期未完成補正。

二、申訴人不適格。

三、逾期之申訴案件。但申訴人因不可抗力或不可歸責於己之事由，於其原因消滅後二十日內，以書面申請並提出具體證明者，不在此限。

四、原措施已不存在或申訴已無實益。

五、依第八條第二項提起之申訴，應作為之特殊教育學校已為措施。

六、對已決定或已撤回之申訴案件，就同一案件再提起申訴。

七、其他依法非屬學生申訴救濟範圍內之事項。

第 19 條

1 申訴無理由者，申評會應為駁回之評議決定。

2 原措施所憑之理由雖屬不當，但依其他理由認原措施為正當者，應以申訴為無理由。

第 20 條

1 申訴有理由者，申評會應為有理由之評議決定；其有補救措施者，並應於評議決定書主文中載明。

2 依第八條第二項提起之申訴，申評會認為有理由者，應指定相當期間，命應作為之特殊教育學校速為一定之措施。

第 21 條

1 申訴之評議決定，應於收受申訴書之次日起三十日內為之；必要時，得予延長，並通知申訴人。延長以一次為限，最長不得逾一個月。但涉及退學、開除學籍或類此處分之申訴案，不得延長，並應於評議決定之次日起二十日內，作成評議決定書。

2 前項評議決定書，應載明下列事項：

一、申訴人姓名、出生年月日、身分證明文件號碼及住所或居所。

二、有代理人者，其姓名、出生年月日、身分證明文件號碼及住所或居所。

三、主文、事實及理由；其係不受理決定者，得不記載事實。

四、申評會主席署名。決定作成時主席因故不能執行職務者，由代理主席署名，

並記載其事由。

五、評議決定書作成之年月日。

評議決定書應附記如不服評議決定，得於評議決定書送達之次日起四十日內，以書面向再申訴機關提起再申訴。

第 22 條

原措施性質屬行政處分者，其再申訴決定視同訴願決定。

不服再申訴決定者，得依法提起行政訴訟。

第 23 條

申評會作成評議決定書，應以特殊教育學校名義，送達申訴人；無法送達者，依行政程序法相關規定處理。

第 24 條

申評會委員有下列各款情形之一者，應自行迴避：

一、行政程序法第三十二條各款所定情形之一。

二、參與申訴案件原措施之處置。

申評會委員有下列各款情形之一者，申訴人得向申評會申請迴避：

一、有前項所定之情形而不自行迴避。

二、有具體事實，足認其執行任務有偏頗之虞。

前項申請，應舉其原因及事實，並爲適當之釋明；被申請迴避之委員，對於該申請得提出意見書，由申評會決議之。

申評會委員有第一項所定情形不自行迴避，而未經申訴人申請迴避者，應由申評會依職權命其迴避。

第 25 條

特殊教育學校教師執行申評會委員職務時，學校應核予公假，所遺課務由學校遴聘合格人員代課，並核支代課鐘點費。

第 26 條

特殊教育學校之措施或決議有損及幼兒部幼兒權益者，準用幼兒教育及照顧法第四十條第一項規定辦理。

第二節　特殊教育學校以外學校

第 27 條

特殊教育學校以外之高級中等以下學校特殊教育學生對學校之懲處、其他措施或決議，認爲違法或不當致損害其權益者，得由其法定代理人、實際照顧者代爲或由高級中等教育階段特殊教育學生，依國民教育法或高級中等教育法所定學生申訴規定，向學校提出申訴，不服學校申訴決定，得向各該主管機關提出再申訴；其提起訴願者，受理訴願機關應於十日內，將該事件移送應受理之申訴評議委員會或再申訴評議委員會，並通知學生及其法定代理人或實際照顧者。

前項原懲處、措施或決議性質屬行政處分者，其再申訴決定視同訴願決定；不服

再申訴決定者，得依法提起行政訴訟。

3 高等教育階段特殊教育學生對學校之懲處、其他措施或決議，認為違法或不當致損害其權益者，得依大學法及專科學校法所定學生申訴規定，向學校提出申訴；不服學校申訴決定者，得依法提起訴願或行政訴訟。

第 28 條

1 特殊教育學校以外之各級學校及高級中等以下學校主管機關，為處理特殊教育學生申訴及再申訴案件，應依各該教育階段法規辦理，並由學校就原設立之學生申訴評議委員會或由高級中等以下學校主管機關就原設立之再申訴評議委員會中，增聘至少二人與特殊教育需求情況相關之校外特殊教育學者專家、特殊教育家長團體代表或其他特殊教育專業人員擔任委員，於評議該案件時始具委員資格，不受原設立規定委員任期及人數上限之限制。

2 依前項規定組成之申訴或再申訴評議委員會，為該校或主管機關之特殊教育學生申訴評議委員會或再申訴評議委員會，並應有依前項增聘之委員均出席，始得開會。

3 各級學校應將評議決定書報各該主管機關備查。

第四章　附則

第 29 條

本辦法中華民國一百十三年一月三十一日施行前，尚未終結之申訴、再申訴及訴願案件，其以後之程序，依修正施行後之規定終結之。但已進行之程序，其效力不受影響。

第 30 條

本辦法自中華民國一百十三年一月三十一日施行。

附錄七

特殊教育學生及幼兒鑑定辦法

修正日期：民國 113 年 04 月 29 日
生效狀態：※ 本法規部分或全部條文尚未生效
113 年 4 月 29 日修正名稱及全文 26 條，自 114 年 8 月 1 日施行。

第 1 條

本辦法依特殊教育法（以下簡稱本法）第十九條第二項及第四十六條第二項規定訂定之。

第 2 條

1 身心障礙學生及幼兒之鑑定，應採多元評量，依學生個別狀況採取標準化評量、直接觀察、晤談、醫學檢查等方式，或參考身心障礙證明記載蒐集個案資料，綜合研判之。

2 資賦優異學生及幼兒之鑑定，應採多元及多階段評量，以標準化評量工具、各類鑑定基準規定之方式，綜合研判之。除一般智能及學術性向資賦優異學生之鑑定外，其他各類資賦優異學生之鑑定，均不得施以學科（領域）成就測驗。

第 3 條

1 本法第三條第一款所稱智能障礙，指個人在發展階段，其心智功能、適應行爲及學業學習表現，較同年齡者有顯著困難。

2 前項所定智能障礙，其鑑定基準依下列各款規定：

一、心智功能明顯低下或個別智力測驗結果未達平均數負二個標準差。

二、學生在生活自理、動作與行動能力、語言與溝通、社會人際與情緒行爲等任一向度及學科（領域）學習之表現較同年齡者有顯著困難情形。

第 4 條

1 本法第三條第二款所稱視覺障礙，指由於先天或後天原因，導致視覺器官之構造缺損或視覺機能發生部分或全部之障礙，經矯正後其視覺辨認仍有困難，致影響參與學習活動。

2 前項所定視覺障礙，其鑑定基準依下列各款規定之一：

一、遠距離或近距離視力經最佳矯正後，優眼視力未達○‧四。

二、兩眼視野各爲二十度以內。

三、視力或視野無法以一般標準化工具測定時，以其他醫學專業採認之檢查，綜合研判之。

第 5 條

1　本法第三條第三款所稱聽覺障礙，指由於聽力損失，致使聽覺功能或以聽覺參與活動之能力受到限制，影響參與學習活動。

2　前項所定聽覺障礙，其鑑定基準依下列各款規定之一：

一、純音聽力檢查結果，聽力損失達下列各目規定之一：

（一）優耳五百赫、一千赫、二千赫、四千赫聽閾平均值，未滿七歲達二十一分貝以上；七歲以上達二十五分貝以上。

（二）任一耳五百赫、一千赫、二千赫、四千赫聽閾平均值達五十分貝以上。

二、聽力無法以前款純音聽力測定時，以聽覺電生理檢查方式測定後認定。

第 6 條

1　本法第三條第四款所稱語言障礙，指言語或語言符號處理能力較同年齡者，有顯著偏差或低落現象，造成溝通困難，致影響參與學習活動。

2　前項所定語言障礙，其鑑定基準依下列各款規定之一：

一、語音異常：產出之語音有省略、替代、添加、歪曲、聲調錯誤或含糊不清等現象，致影響說話清晰度。

二、嗓音異常：說話之音質、音調、音量或共鳴與個人之性別、年齡或所處文化環境不相稱，致影響口語溝通效能。

三、語暢異常：說話之流暢度異常，包括聲音或音節重複、拉長、中斷或用力，及語速過快或急促不清、不適當停頓等口吃或迅吃現象，致影響口語溝通效能。

四、發展性語言異常：語言理解、語言表達或二者較同年齡者有顯著偏差或低落，其障礙非因感官、智能、情緒或文化刺激等因素直接造成之結果。

第 7 條

1　本法第三條第五款所稱肢體障礙，指上肢、下肢、軀幹或平衡之機能損傷，致影響參與學習活動。

2　前項所定肢體障礙，其相關疾病應由專科醫師診斷；其鑑定基準依下列各款規定之一：

一、先天性肢體功能障礙。

二、疾病或意外導致長期持續性肢體功能障礙。

第 8 條

1　本法第三條第六款所稱腦性麻痺，指因腦部早期發育中受到非進行性、非暫時性之腦部損傷，造成動作、平衡及姿勢發展障礙，經常伴隨感覺、知覺、認知、溝通及行為等障礙，致影響參與學習活動。

2　前項所定腦性麻痺，應經由該專科醫師診斷。

第 9 條

1　本法第三條第七款所稱身體病弱，指罹患疾病，且體能衰弱，需長期療養，致影響參與學習活動。

2　前項所定身體病弱，其相關疾病應經由該專科醫師診斷。

第 10 條

1　本法第三條第八款所稱情緒行為障礙，指長期情緒或行為表現顯著異常，致嚴重影響學校適應；其障礙非因智能、感官或健康等因素直接造成之結果。

2　前項情緒行為障礙之症狀，包括精神性疾患、情感性疾患、畏懼性疾患、焦慮性疾患、注意力缺陷過動症、或有其他持續性之情緒或行為問題。

3　第一項所定情緒行為障礙，其鑑定基準依下列各款規定：

一、情緒或行為表現顯著異於其同年齡或社會文化之常態者，得參考精神科醫師之診斷認定之。

二、在學校顯現學業、社會、人際、生活或職業學習等適應有顯著困難。

三、除學校外，在家庭、社區、社會或任一情境中顯現適應困難。

四、前二款之困難經評估後確定一般教育及輔導所提供之介入成效有限，仍有特殊教育需求。

第 11 條

1　本法第三條第九款所稱學習障礙，統稱神經心理功能異常而顯現出注意、記憶、理解、知覺、知覺動作、推理等能力有問題，致在聽、說、讀、寫或算等學習上有顯著困難者；其障礙並非因感官、智能、情緒等障礙因素或文化刺激不足、教學不當等環境因素所直接造成之結果。

2　前項所定學習障礙，其鑑定基準依下列各款規定：

一、智力正常或在正常程度以上。

二、個人內在能力有顯著差異。

三、聽覺理解、口語表達、識字、閱讀理解、書寫、數學運算等學習表現有顯著困難，且經確定一般教育所提供之介入，仍難有效改善。

第 12 條

1　本法第三條第十款所稱自閉症，指因神經心理功能異常而顯現出溝通、社會互動、行為及興趣表現上有嚴重問題，致在學習及生活適應上有顯著困難。

2　前項所定自閉症，其鑑定基準依下列各款規定：

一、顯著社會溝通及社會互動困難。

二、表現出固定而有限之行為模式及興趣。

第 13 條

1　本法第三條第十一款所稱多重障礙，指包括二種以上不具連帶關係造成之障礙，致影響學習。

2　前項所定多重障礙，其鑑定應參照本辦法其他各類障礙之鑑定基準。

第 14 條

1　本法第三條第十二款所稱發展遲緩，指未滿六歲之兒童，因生理、心理或社會環境因素，在知覺、動作、認知、語言溝通、社會情緒或生活自理等方面之發展較

同年齡者顯著落後,且其障礙類別無法確定。

2 前項所定發展遲緩,其鑑定依兒童發展及養育環境評估等資料,綜合研判之。

第 15 條

1 本法第三條第十三款所稱其他障礙,指在學習與生活有顯著困難,且其障礙類別無法歸類於第三條至前條類別。

2 前項所定其他障礙,相關疾病應經由該專科醫師診斷;其鑑定除醫師診斷外,應評估其特殊教育需求後綜合研判之。

第 16 條

1 本法第四條第一款所稱一般智能資賦優異,指在記憶、理解、分析、綜合、推理及評鑑等方面,較同年齡者具有卓越潛能或傑出表現。

2 前項所定一般智能資賦優異,其鑑定基準依下列各款規定:

一、個別智力測驗評量結果在平均數正二個標準差或百分等級九十七以上。

二、經專家學者、指導教師或家長觀察推薦,並檢附學習特質與表現卓越或傑出等之具體資料。

第 17 條

1 本法第四條第二款所稱學術性向資賦優異,指在語文、數學、社會科學或自然科學等學術領域,較同年齡者具有卓越潛能或傑出表現。

2 前項所定學術性向資賦優異,其鑑定基準依下列各款規定之一:

一、前項任一領域學術性向或成就測驗得分在平均數正二個標準差或百分等級九十七以上,並經專家學者、指導教師或家長觀察推薦,及檢附專長學科學習特質與表現卓越或傑出等之具體資料。

二、參加政府機關或學術研究機構舉辦之國際性或全國性有關學科競賽或展覽活動表現特別優異,獲前三等獎項。

三、參加學術研究單位長期輔導之有關學科研習活動,成就特別優異,經主辦單位推薦。

四、獨立研究成果優異並刊載於學術性刊物,經專家學者或指導教師推薦,並檢附具體資料。

第 18 條

1 本法第四條第三款所稱藝術才能資賦優異,指在音樂、美術、舞蹈或戲劇等藝術方面,較同年齡者具有卓越潛能或傑出表現。

2 前項所定藝術才能資賦優異,其鑑定基準依下列各款規定之一:

一、任一領域藝術性向測驗得分在平均數正二個標準差或百分等級九十七以上,或專長領域能力評量表現優異,並經專家學者、指導教師或家長觀察推薦,及檢附藝術學習表現卓越或傑出等之具體資料。

二、參加政府機關或學術研究機構舉辦之國際性或全國性各該類科競賽表現特別優異,獲前三等獎項。

第 19 條

1 本法第四條第四款所稱創造能力資賦優異，指運用心智能力，產生創新及建設性之作品、發明或問題解決表現，較同年齡者具有卓越潛能或傑出表現。

2 前項所定創造能力資賦優異，其鑑定基準依下列各款規定之一：

一、創造能力測驗得分在平均數正二個標準差或百分等級九十七以上，或實作評量表現優異，並經專家學者、指導教師或家長觀察推薦，及檢附創造才能特質與表現卓越或傑出等之具體資料。

二、參加政府機關或學術研究機構舉辦之國際性或全國性創造發明競賽表現特別優異，獲前三等獎項。

第 20 條

1 本法第四條第五款所稱領導能力資賦優異，指具有優異之計畫、組織、溝通、協調、決策、評鑑等能力，而在處理團體事務上，較同年齡者有卓越潛能或傑出表現。

2 前項所定領導能力資賦優異，其鑑定基準依下列各款規定：

一、領導才能測驗得分在平均數正二個標準差或百分等級九十七以上。

二、在領導實務具優異表現，經專家學者、指導教師、家長或同儕觀察推薦，並檢附領導才能特質與表現傑出等之具體資料。

第 21 條

1 本法第四條第六款所稱其他特殊才能資賦優異，指在肢體動作、工具運用、資訊、棋藝、牌藝等能力，較同年齡者具有卓越潛能或傑出表現。

2 前項所定其他特殊才能資賦優異，其鑑定基準依下列各款規定：

一、參加政府機關或學術研究機構舉辦之國際性或全國性技藝競賽表現特別優異，獲前三等獎項。

二、經專家學者、指導教師或家長觀察推薦，並檢附專長才能特質與表現卓越或傑出等之具體資料。

第 22 條

身心障礙及處於離島、偏遠地區，或因經濟、文化或族群致需要協助之資賦優異學生之鑑定，其程序、期程、評量項目及工具之調整方式，依下列規定辦理：

一、為加強本條所定學生之鑑定，各級主管機關得因應學生身心特質及其需求、文化差異、族群特性或地區限制，彈性調整鑑定程序。

二、各級主管機關為處理本條所定學生之鑑定，必要時得延長鑑定期程，或召開各級主管機關特殊教育學生鑑定及就學輔導會（以下簡稱鑑輔會）臨時會。

三、學生參與特殊教育學生鑑定無法適用既有評量工具時，應依其個別需求，調整評量工具之內容或分數採計方式，或改以其他評量項目進行評估。

第 23 條

1 特殊教育學生及幼兒之鑑定，應依轉介、申請或推薦，蒐集相關資料，實施初步類別研判、教育需求評估及綜合研判後，完成包括教育安置建議及所需相關服務之評估報告。

2 前項鑑定，各級主管機關鑑輔會應於每學年度上、下學期至少召開一次會議辦理，必要時得召開臨時會議。

3 國民教育階段資賦優異學生之鑑定時程，應採入學後鑑定。但直轄市、縣（市）主管機關因專業考量、資源分配或其他特殊需求而有入學前鑑定之必要者，應經鑑輔會審議通過後，由主管機關核定實施，並報教育部備查。

第 24 條

1 身心障礙學生及幼兒之教育需求評估，應包括健康狀況、感官功能、知覺動作、生活自理、認知、溝通、情緒、社會行為、領域（科目）學習等。

2 資賦優異學生之教育需求評估，應包括認知或情意特質、社會適應、性向、專長領域（科目）學習等。

3 前二項教育需求評估，應依學生或幼兒之需求選擇必要之評估項目，並於評估報告中註明優弱勢能力，所需之教育安置、課程調整、支持服務及轉銜輔導等建議。

第 25 條

1 各級主管機關辦理特殊教育學生及幼兒之重新評估，以跨教育階段為原則。

2 經鑑輔會鑑定安置之特殊教育學生及幼兒，遇障礙情形改變、優弱勢能力改變、適應不良或其他特殊需求時，得由教師、法定代理人、實際照顧者或學生本人向學校、幼兒園或主管機關提出重新評估之申請；其鑑定程序，依第二十三條第一項規定辦理。主管機關並得視需要主動辦理重新評估。

3 前二項重新評估，應註明重新評估之原因；身心障礙學生或幼兒應檢附個別化教育（支持）計畫，資賦優異學生應檢附個別輔導計畫。

第 26 條

本辦法自中華民國一百十四年八月一日施行。

附錄八

身心障礙學生升學輔導辦法

修正日期：民國 113 年 04 月 26 日
生效狀態：※ 本法規部分或全部條文尚未生效
113 年 4 月 26 日修正全文 8 條；除第 6 條第 3 項定自
114 年 8 月 1 日施行施外，自發布日施行。

第 1 條
本辦法依特殊教育法（以下簡稱本法）第三十三條第二項、專科學校法第三十二條第一項及高級中等教育法第四十一條第一項規定訂定之。

第 2 條
本辦法所稱身心障礙學生，指符合下列規定之一之學生：
一、經各級主管機關特殊教育學生鑑定及就學輔導會（以下簡稱鑑輔會）鑑定為身心障礙。
二、領有身心障礙證明。

第 3 條
1 身心障礙學生參加高級中等學校或專科學校五年制新生入學，依下列規定辦理；其入學各校之名額採外加方式辦理，不占各級主管機關原核定各校（系、科）招生名額：
一、參加免試入學者，其超額比序總積分加百分之二十五計算。
二、參加特色招生入學者，依其採計成績，以加總分百分之二十五計算。
2 前項第一款總積分經加分優待後進行比序，第二款經加分優待後分數應達錄取標準。
3 第一項所定外加名額，以原核定招生名額外加百分之二計算，其計算遇小數點時，採無條件進位法，取整數計算。但成績總分或總積分經加分優待後相同，如訂有分項比序或同分參酌時，經比序或同分參酌至最後一項結果均相同者，增額錄取，不受百分之二限制。

第 4 條
1 身心障礙學生年齡在二十一歲以下者，得自願就讀高級中等學校集中式特殊教育班或特殊教育學校高職部，經各級主管機關特殊教育學生鑑輔會鑑定後，由主管機關依社區化就近入學原則適性安置。
2 國民中學應屆畢業生之年齡不受前項年齡規定之限制。

第 5 條

除依前二條之升學方式外，該管主管機關得依身心障礙學生實際需要，自行訂定適性安置高級中等學校之規定。

第 6 條

1 中央主管機關應為完成高級中等學校或專科學校五年制教育之身心障礙學生，每學年辦理一次升學專科以上學校甄試。必要時，得委託學校或有關機關（構）辦理。

2 前項身心障礙學生甄試名額採外加方式辦理，不占主管機關原核定招生名額。

3 專科以上學校除專案輔導學校外，應提列名額參與第一項甄試，並由中央主管機關依其實際招收名額予以獎助。

4 學校依身心障礙學生之特性，辦理單獨招收身心障礙學生考試者，中央主管機關應予以獎助。

5 第三項規定自中華民國一百十四年八月一日施行。

第 7 條

1 身心障礙學生參加前條第一項升學甄試，應由本人、其法定代理人、實際照顧者或原就讀學校提出申請。

2 前項申請程序，由該管主管機關另定之。

第 8 條

本辦法除另定施行日期者外，自發布日施行。

附錄九

特殊教育行政支持網絡聯繫及運作辦法

修正日期：民國 112 年 11 月 01 日

第 1 條
本辦法依特殊教育法第五十一條第三項規定訂定之。

第 2 條
1 本辦法所稱學校之範圍如下：
一、國立大專校院。
二、國立高級中等學校及特殊教育學校。
三、教育部（以下簡稱本部）主管之私立高級中等以上學校。
2 國立附屬（設）幼兒園、國民小學或國民中學，申請提供特殊教育行政支持網絡
（以下簡稱支持網絡）之諮詢、輔導及服務，另依直轄市、縣（市）主管機關所
定自治法規辦理。

第 3 條
1 本部建立之支持網絡，包括下列各單位：
一、本部特殊教育諮詢會（以下簡稱特諮會）。
二、本部特殊教育學生鑑定及就學輔導會（以下簡稱鑑輔會）。
三、本部特殊教育資源中心（以下簡稱資源中心）。
四、本部區域特殊教育資源中心（以下簡稱區域資源中心）。
五、本部特殊教育輔導團（以下簡稱輔導團）。
六、本部身心障礙學生輔具中心（以下簡稱輔具中心）。
七、本部特殊教育通報網（以下簡稱通報網）。
八、本部特殊教育網路中心（以下簡稱網路中心）。
九、大學校院特殊教育中心（以下簡稱大學特教中心）。
2 前項支持網絡，涉及中央社政、衛生福利、勞政及其他目的事業主管機關職掌者，
本部應協調各該機關協助辦理。

第 4 條
支持網絡各單位之任務如下：
一、特諮會：提供支持網絡發展之諮詢及成效評估。
二、鑑輔會：辦理特殊教育學生鑑定、就學安置、輔導及支持服務。
三、資源中心：
（一）整合支持網絡相關資源，並規劃及分配提供特殊教育學生所需服務。
（二）協助各校學生轉介鑑定、通報與建立人力及社區資源庫。

（三）提供教學資源與輔助器材、特殊教育教師巡迴服務、專業人員服務、支持
服務、諮詢及輔導。

（四）彙集支持網絡運作成效之檢核及建議。

四、區域資源中心：提供社區、學校及幼兒園相關資源與支持服務。

五、輔導團：協助特殊教育政策之推展，提升高級中等以下學校及特殊教育學校
特殊教育相關人員教學、輔導效能，並協助直轄市、縣（市）主管機關特殊
教育輔導團運作行政協調、合作及諮詢服務。

六、輔具中心：辦理學生輔具需求申請、評估、借用、操作訓練、諮詢及維修。

七、通報網：建置特殊教育學生通報、轉銜及大專校院申請支持網絡各單位之作
業平台，並提供教育訓練及網路操作諮詢。

八、網路中心：建置國立高級中等學校、國立特殊教育學校及本部主管之私立高
級中等學校申請支持網絡各單位之作業平台，並提供特殊教育學生就學安置、
轉銜通報等諮詢服務。

九、大學特教中心：協助有關特殊教育學生之鑑定、教學、諮詢及輔導工作。

第 5 條

1 學校得依據特殊教育學生個別化教育計畫或特殊教育方案所需，向支持網絡各單
位申請提供特殊教育教師巡迴輔導、專業人員服務、教育及運動輔具、諮詢及其
他相關支持服務；支持網絡各單位應於學校申請後二星期內，評估個案需求，並
提供必要之諮詢、輔導及服務。

2 通報網或網路中心所建置支持網絡各單位之作業平台，得提供學校向支持網絡各
單位申請前項必要之諮詢、輔導及服務，並公告支持網絡各單位最新訊息及動態。

第 6 條

1 支持網絡各單位應依其任務定期召開會議，研訂、執行及檢討各工作計畫，並編
列相關經費。

2 本部每年至少應召開一次支持網絡聯繫會議，強化支持網絡各單位之聯繫及合作，
並規劃、檢討特殊教育實施現況及未來發展；必要時，得召開臨時會議。

第 7 條

本部應定期檢核支持網絡各單位之運作績效，作為訂定特殊教育政策及編列年度
預算與經費（資源）分配依據，並彙整學校對支持網絡提供之服務品質建議，檢
討改進服務措施。

第 8 條

支持網絡各單位及學校辦理相關業務時，應依個人資料保護法規及其他相關規定，
保護個人資料，並加強資訊安全維護。

第 9 條

本辦法自發布日施行。

附錄十

身心障礙者權益保障法

修正日期：民國 110 年 01 月 20 日

第一章　總則

第 1 條

為維護身心障礙者之權益，保障其平等參與社會、政治、經濟、文化等之機會，促進其自立及發展，特制定本法。

第 2 條

1　本法所稱主管機關：在中央為衛生福利部；在直轄市為直轄市政府；在縣（市）為縣（市）政府。

2　本法所定事項，涉及各目的事業主管機關職掌者，由各目的事業主管機關辦理。

3　前二項主管機關及各目的事業主管機關權責劃分如下：

一、主管機關：身心障礙者人格維護、經濟安全、照顧支持與獨立生活機會等相關權益之規劃、推動及監督等事項。

二、衛生主管機關：身心障礙者之鑑定、保健醫療、醫療復健與輔具研發等相關權益之規劃、推動及監督等事項。

三、教育主管機關：身心障礙者教育權益維護、教育資源與設施均衡配置、專業服務人才之培育等相關權益之規劃、推動及監督等事項。

四、勞工主管機關：身心障礙者之職業重建、就業促進與保障、勞動權益與職場安全衛生等相關權益之規劃、推動及監督等事項。

五、建設、工務、住宅主管機關：身心障礙者住宅、公共建築物、公共設施之總體規劃與無障礙生活環境等相關權益之規劃、推動及監督等事項。

六、交通主管機關：身心障礙者生活通信、大眾運輸工具、交通設施與公共停車場等相關權益之規劃、推動及監督等事項。

七、財政主管機關：身心障礙者、身心障礙福利機構及庇護工場稅捐之減免等相關權益之規劃、推動及監督等事項。

八、金融主管機關：金融機構對身心障礙者提供金融、商業保險、財產信託等服務之規劃、推動及監督等事項。

九、法務主管機關：身心障礙者犯罪被害人保護、受刑人更生保護與收容環境改善等相關權益之規劃、推動及監督等事項。

十、警政主管機關：身心障礙者人身安全保護與失蹤身心障礙者協尋之規劃、推動及監督等事項。

十一、體育主管機關：身心障礙者體育活動、運動場地及設施設備與運動專用輔

具之規劃、推動及監督等事項。

十二、文化主管機關：身心障礙者精神生活之充實與藝文活動參與之規劃、推動
及監督等事項。

十三、採購法規主管機關：政府採購法有關採購身心障礙者之非營利產品與勞務
之規劃、推動及監督等事項。

十四、通訊傳播主管機關：主管身心障礙者無障礙資訊和通訊技術及系統、網路
平台、通訊傳播傳輸內容無歧視等相關事宜之規劃、推動及監督等事項。

十五、科技研究事務主管機關：主管身心障礙者輔助科技研發、技術研究、移轉、
應用與推動等事項。

十六、經濟主管機關：主管身心障礙輔具國家標準訂定、產業推動、商品化開發
之規劃及推動等事項。

十七、其他身心障礙權益保障措施：由各相關目的事業主管機關依職權規劃辦理。

第 3 條

中央主管機關掌理下列事項：

一、全國性身心障礙福利服務權益保障政策、法規與方案之規劃、訂定及宣導事項。

二、對直轄市、縣（市）政府執行身心障礙福利服務權益保障之監督及協調事項。

三、中央身心障礙福利經費之分配及補助事項。

四、對直轄市、縣（市）身心障礙福利服務之獎助及評鑑之規劃事項。

五、身心障礙福利服務相關專業人員訓練之規劃事項。

六、國際身心障礙福利服務權益保障業務之聯繫、交流及合作事項。

七、身心障礙者保護業務之規劃事項。

八、全國身心障礙者資料統整及福利服務整合事項。

九、全國性身心障礙福利機構之輔導、監督及全國評鑑事項。

十、輔導及補助民間參與身心障礙福利服務之推動事項。

十一、其他全國性身心障礙福利服務權益保障之策劃及督導事項。

第 4 條

直轄市、縣（市）主管機關掌理下列事項：

一、中央身心障礙福利服務權益保障政策、法規及方案之執行事項。

二、直轄市、縣（市）身心障礙福利服務權益保障政策、自治法規與方案之規劃、
訂定、宣導及執行事項。

三、直轄市、縣（市）身心障礙福利經費之分配及補助事項。

四、直轄市、縣（市）身心障礙福利服務之獎助與評鑑之規劃及執行事項。

五、直轄市、縣（市）身心障礙福利服務相關專業人員訓練之規劃及執行事項。

六、身心障礙者保護業務之執行事項。

七、直轄市、縣（市）轄區身心障礙者資料統整及福利服務整合執行事項。

八、直轄市、縣（市）身心障礙福利機構之輔導設立、監督及評鑑事項。

九、民間參與身心障礙福利服務之推動及協助事項。

十、其他直轄市、縣（市）身心障礙福利服務權益保障之策劃及督導事項。

第 5 條

本法所稱身心障礙者，指下列各款身體系統構造或功能，有損傷或不全導致顯著偏離或喪失，影響其活動與參與社會生活，經醫事、社會工作、特殊教育與職業輔導評量等相關專業人員組成之專業團隊鑑定及評估，領有身心障礙證明者：

一、神經系統構造及精神、心智功能。
二、眼、耳及相關構造與感官功能及疼痛。
三、涉及聲音與言語構造及其功能。
四、循環、造血、免疫與呼吸系統構造及其功能。
五、消化、新陳代謝與內分泌系統相關構造及其功能。
六、泌尿與生殖系統相關構造及其功能。
七、神經、肌肉、骨骼之移動相關構造及其功能。
八、皮膚與相關構造及其功能。

第 6 條

1 直轄市、縣（市）主管機關受理身心障礙者申請鑑定時，應交衛生主管機關指定相關機構或專業人員組成專業團隊，進行鑑定並完成身心障礙鑑定報告。
2 前項鑑定報告，至遲應於完成後十日內送達申請人戶籍所在地之衛生主管機關。衛生主管機關除核發鑑定費用外，至遲應將該鑑定報告於十日內核轉直轄市、縣（市）主管機關辦理。
3 第一項身心障礙鑑定機構或專業人員之指定、鑑定人員之資格條件、身心障礙類別之程度分級、鑑定向度與基準、鑑定方法、工具、作業方式及其他應遵行事項之辦法，由中央衛生主管機關定之。
4 辦理有關身心障礙鑑定服務必要之診察、診斷或檢查等項目之費用，應由直轄市、縣（市）衛生主管機關編列預算支應，並由中央衛生主管機關協調直轄市、縣（市）衛生主管機關公告規範之。
5 前項身心障礙鑑定之項目符合全民健康保險法之規定給付者，應以該保險支應，不得重複申領前項費用。

第 7 條

1 直轄市、縣（市）主管機關應於取得衛生主管機關所核轉之身心障礙鑑定報告後，籌組專業團隊進行需求評估。
2 前項需求評估，應依身心障礙者障礙類別、程度、家庭經濟情況、照顧服務需求、家庭生活需求、社會參與需求等因素為之。
3 直轄市、縣（市）主管機關對於設籍於轄區內依前項評估合於規定者，應核發身心障礙證明，據以提供所需之福利及服務。
4 第一項評估作業得併同前條鑑定作業辦理，有關評估作業與鑑定作業併同辦理事宜、評估專業團隊人員資格條件、評估工具、作業方式及其他應遵行事項之辦法，由中央主管機關會同中央衛生主管機關定之。

第 8 條

各級政府相關目的事業主管機關，應本預防原則，針對遺傳、疾病、災害、環境污染及其他導致身心障礙因素，有計畫推動生育保健、衛生教育等工作，並進行相關社會教育及宣導。

第 9 條

1 主管機關及各目的事業主管機關應置專責人員辦理本法規定相關事宜；其人數應依業務增減而調整之。

2 身心障礙者福利相關業務應遴用專業人員辦理。

第 10 條

1 主管機關應遴聘（派）身心障礙者或其監護人代表、身心障礙福利學者或專家、民意代表與民間相關機構、團體代表及各目的事業主管機關代表辦理身心障礙者權益保障事項；其中遴聘身心障礙者或其監護人代表及民間相關機構、團體代表之比例，不得少於三分之一。

2 前項之代表，單一性別不得少於三分之一。

3 第一項權益保障事項包括：

一、整合規劃、研究、諮詢、協調推動促進身心障礙者權益保障相關事宜。

二、受理身心障礙者權益受損協調事宜。

三、其他促進身心障礙者權益及福利保障相關事宜。

4 第一項權益保障事項與運作、前項第二款身心障礙權益受損協調之處理及其他應遵行事項之辦法，由各級主管機關定之。

第 11 條

1 各級政府應至少每五年舉辦身心障礙者之生活狀況、保健醫療、特殊教育、就業與訓練、交通及福利等需求評估及服務調查研究，並應出版、公布調查研究結果。

2 行政院每十年辦理全國人口普查時，應將身心障礙者人口調查納入普查項目。

第 12 條

1 身心障礙福利經費來源如下：

一、各級政府按年編列之身心障礙福利預算。

二、社會福利基金。

三、身心障礙者就業基金。

四、私人或團體捐款。

五、其他收入。

2 前項第一款身心障礙福利預算，應以前條之調查報告為依據，按年從寬編列。

3 第一項第一款身心障礙福利預算，直轄市、縣（市）主管機關財政確有困難者，應由中央政府補助，並應專款專用。

第 13 條

1 身心障礙者對障礙鑑定及需求評估有異議者，應於收到通知書之次日起三十日內，以書面向直轄市、縣（市）主管機關提出申請重新鑑定及需求評估，並以一次為限。

2 依前項申請重新鑑定及需求評估，應負擔百分之四十之相關作業費用；其異議成立者，應退還之。

3 逾期申請第一項重新鑑定及需求評估者，其相關作業費用，應自行負擔。

第 14 條

1 身心障礙證明有效期間最長爲五年。但身心障礙情況符合第六條第三項所定辦法有關身心障礙無法減輕或恢復之基準，免重新鑑定者，直轄市、縣（市）主管機關應核發無註記有效期間之身心障礙證明，並每五年就該個案進行第七條之需求評估。

2 領有記載有效期間之身心障礙證明者，應於效期屆滿前九十日內向戶籍所在地之直轄市、縣（市）主管機關申請辦理重新鑑定及需求評估。

3 身心障礙者於其證明效期屆滿六十日前尚未申請辦理重新鑑定及需求評估者，直轄市、縣（市）主管機關應以書面通知其辦理。

4 身心障礙者有正當理由，無法於效期屆滿前申請重新鑑定及需求評估者，應於效期屆滿前附具理由提出申請，經直轄市、縣（市）主管機關核可者，得於效期屆滿後六十日內辦理。

5 身心障礙者障礙情況改變時，應自行向直轄市、縣（市）主管機關申請重新鑑定及需求評估。

6 直轄市、縣（市）主管機關發現身心障礙者障礙情況改變時，得以書面通知其於六十日內辦理重新鑑定與需求評估。

7 經依第二項至前項規定申請重新鑑定及需求評估，其身心障礙情況符合第六條第三項所定辦法有關身心障礙無法減輕或恢復之基準，免重新鑑定者，直轄市、縣（市）主管機關應依第一項但書規定辦理。

8 中華民國一百零一年七月十一日前執永久效期身心障礙手冊者，直轄市、縣（市）主管機關得逕予換發無註記有效期間之身心障礙證明。

第 15 條

1 依前條第一項至第三項規定辦理重新鑑定及需求評估者，於原證明效期屆滿至新證明生效期間，得經直轄市、縣（市）主管機關註記後，暫以原證明繼續享有本法所定相關權益。

2 經重新鑑定結果，其障礙程度有變更者，其已依前項規定以原證明領取之補助，應由直轄市、縣（市）主管機關於新證明生效後，依新證明之補助標準予以追回或補發。

3 身心障礙者於障礙事實消失或死亡時，其本人、家屬或利害關係人，應將其身心障礙證明繳還直轄市、縣（市）主管機關辦理註銷；未繳還者，由直轄市、縣（市）主管機關逕行註銷，並取消本法所定相關權益或追回所溢領之補助。

第 16 條

1 身心障礙者之人格及合法權益，應受尊重及保障，對其接受教育、應考、進用、就業、居住、遷徙、醫療等權益，不得有歧視之對待。

2 公共設施場所營運者，不得使身心障礙者無法公平使用設施、設備或享有權利。

3 公、私立機關（構）、團體、學校與企業公開辦理各類考試，應依身心障礙應考人個別障礙需求，在考試公平原則下，提供多元化適性協助，以保障身心障礙者公平應考機會。

第 17 條

1 身心障礙者依法請領各項現金給付或補助，得檢具直轄市、縣（市）主管機關出具之證明文件，於金融機構開立專戶，並載明金融機構名稱、地址、帳號及戶名，報直轄市、縣（市）主管機關核可後，專供存入各項現金給付或補助之用。

2 前項專戶內之存款，不得作為抵銷、扣押、供擔保或強制執行之標的。

第 18 條

1 直轄市、縣（市）主管機關應建立通報系統，並由下列各級相關目的事業主管機關負責彙送資訊，以掌握身心障礙者之情況，適時提供服務或轉介：

一、衛生主管機關：疑似身心障礙者、發展遲緩或異常兒童資訊。

二、教育主管機關：疑似身心障礙學生資訊。

三、勞工主管機關：職業傷害資訊。

四、警政主管機關：交通事故資訊。

五、戶政主管機關：身心障礙者人口異動資訊。

2 直轄市、縣（市）主管機關受理通報後，應即進行初步需求評估，並於三十日內主動提供協助服務或轉介相關目的事業主管機關。

第 19 條

各級主管機關及目的事業主管機關應依服務需求之評估結果，提供個別化、多元化之服務。

第 20 條

1 為促進身心障礙輔具資源整合、研究發展及服務，中央主管機關應整合各目的事業主管機關推動辦理身心障礙輔具資源整合、研究發展及服務等相關事宜。

2 前項輔具資源整合、研究發展及服務辦法，由中央主管機關會同中央教育、勞工、科技研究事務、經濟主管機關定之。

第二章　保健醫療權益

第 21 條

1 中央衛生主管機關應規劃整合醫療資源，提供身心障礙者健康維護及生育保健。

2 直轄市、縣（市）主管機關應定期舉辦身心障礙者健康檢查及保健服務，並依健康檢查結果及身心障礙者意願，提供追蹤服務。

3 前項保健服務、追蹤服務、健康檢查項目及方式之準則，由中央衛生主管機關會同中央主管機關定之。

第 22 條

各級衛生主管機關應整合醫療資源，依身心障礙者個別需求提供保健醫療服務，

並協助身心障礙福利機構提供所需之保健醫療服務。

第 23 條

1　醫院應為身心障礙者設置服務窗口，提供溝通服務或其他有助於就醫之相關服務。

2　醫院應為住院之身心障礙者提供出院準備計畫；出院準備計畫應包括下列事項：

一、居家照護建議。

二、復健治療建議。

三、社區醫療資源轉介服務。

四、居家環境改善建議。

五、輔具評估及使用建議。

六、轉銜服務。

七、生活重建服務建議。

八、心理諮商服務建議。

九、其他出院準備相關事宜。

3　前項出院準備計畫之執行，應由中央衛生主管機關列入醫院評鑑。

第 24 條

1　直轄市、縣（市）衛生主管機關應依據身心障礙者人口數及就醫需求，指定醫院設立身心障礙者特別門診。

2　前項設立身心障礙者特別門診之醫院資格條件、診療科別、人員配置、醫療服務設施與督導考核及獎勵辦法，由中央衛生主管機關定之。

第 25 條

1　為加強身心障礙者之保健醫療服務，直轄市、縣（市）衛生主管機關應依據各類身心障礙者之人口數及需要，設立或獎助設立醫療復健機構及護理之家，提供醫療復健、輔具服務、日間照護及居家照護等服務。

2　前項所定機構及服務之獎助辦法，由中央衛生主管機關定之。

第 26 條

1　身心障礙者醫療復健所需之醫療費用及醫療輔具，尚未納入全民健康保險給付範圍者，直轄市、縣（市）主管機關應依需求評估結果補助之。

2　前項補助辦法，由中央衛生主管機關會同中央主管機關定之。

第三章　教育權益

第 27 條

1　各級教育主管機關應根據身心障礙者人口調查之資料，規劃特殊教育學校、特殊教育班或以其他方式教育不能就讀於普通學校或普通班級之身心障礙者，以維護其受教育之權益。

2　各級學校對於經直轄市、縣（市）政府鑑定安置入學或依各級學校入學方式入學之身心障礙者，不得以身心障礙、尚未設置適當設施或其他理由拒絕其入學。

3　各級特殊教育學校、特殊教育班之教師，應具特殊教育教師資格。

4 第一項身心障礙學生無法自行上下學者，應由政府免費提供交通工具；確有困難，無法提供者，應補助其交通費；直轄市、縣（市）教育主管機關經費不足者，由中央教育主管機關補助之。

第 28 條

各級教育主管機關應主動協助身心障礙者就學；並應主動協助正在接受醫療、社政等相關單位服務之身心障礙學齡者，解決其教育相關問題。

第 29 條

各級教育主管機關應依身心障礙者之家庭經濟條件，優惠其本人及其子女受教育所需相關經費；其辦法，由中央教育主管機關定之。

第 30 條

各級教育主管機關辦理身心障礙者教育及入學考試時，應依其障礙類別、程度、學習及生活需要，提供各項必需之專業人員、特殊教材與各種教育輔助器材、無障礙校園環境、點字讀物及相關教育資源，以符公平合理接受教育之機會與應考條件。

第 30-1 條

1 中央教育主管機關應依視覺功能障礙者、學習障礙者、聽覺障礙者或其他感知著作有困難之特定身心障礙者之需求，考量資源共享及廣泛利用現代化數位科技，由其指定之圖書館專責規劃、整合及典藏，以可接觸之數位格式提供圖書資源，以利視覺功能障礙者及其他特定身心障礙者之運用。

2 前項受指定之圖書館，對於視覺功能障礙者及前項其他特定身心障礙者提出需求之圖書資源，應優先提供。

3 第一項規劃、整合與典藏之內容、利用方式及所需費用補助等辦法，由中央教育主管機關定之。

第 30-2 條

1 經中央教育主管機關審定之教科用書，其出版者應於該教科用書出版時，向中央教育主管機關指定之機關（構）或學校提供所出版教科用書之數位格式，以利製作專供視覺功能障礙者及前條第一項其他特定身心障礙者接觸之無障礙格式。各級政府機關（構）出版品亦同。

2 前項所稱數位格式由中央教育主管機關指定之。

第 31 條

1 各級教育主管機關應依身心障礙者教育需求，規劃辦理學前教育，並獎勵民間設立學前機構，提供課後照顧服務，研發教具教材等服務。

2 公立幼兒園、課後照顧服務，應優先收托身心障礙兒童，辦理身心障礙幼童學前教育、托育服務及相關專業服務；並獎助民間幼兒園、課後照顧服務收托身心障礙兒童。

第 32 條

1 身心障礙者繼續接受高級中等以上學校之教育,各級教育主管機關應予獎助;其獎助辦法,由中央教育主管機關定之。
2 中央教育主管機關應積極鼓勵輔導大專校院開辦按摩、理療按摩或醫療按摩相關科系,並應保障視覺功能障礙者入學及就學機會。
3 前二項學校提供身心障礙者無障礙設施,得向中央教育主管機關申請補助。

第四章　就業權益

第 33 條

1 各級勞工主管機關應參考身心障礙者之就業意願,由職業重建個案管理員評估其能力與需求,訂定適切之個別化職業重建服務計畫,並結合相關資源,提供職業重建服務,必要時得委託民間團體辦理。
2 前項所定職業重建服務,包括職業重建個案管理服務、職業輔導評量、職業訓練、就業服務、職務再設計、創業輔導及其他職業重建服務。
3 前項所定各項職業重建服務,得由身心障礙者本人或其監護人向各級勞工主管機關提出申請。

第 34 條

1 各級勞工主管機關對於具有就業意願及就業能力,而不足以獨立在競爭性就業市場工作之身心障礙者,應依其工作能力,提供個別化就業安置、訓練及其他工作協助等支持性就業服務。
2 各級勞工主管機關對於具有就業意願,而就業能力不足,無法進入競爭性就業市場,需長期就業支持之身心障礙者,應依其職業輔導評量結果,提供庇護性就業服務。

第 35 條

1 直轄市、縣(市)勞工主管機關為提供第三十三條第二項之職業訓練、就業服務及前條之庇護性就業服務,應推動設立下列機構:
　一、職業訓練機構。
　二、就業服務機構。
　三、庇護工場。
2 前項各款機構得單獨或綜合設立。機構設立因業務必要使用所需基地為公有,得經該公有基地管理機關同意後,無償使用。
3 第一項之私立職業訓練機構、就業服務機構、庇護工場,應向當地直轄市、縣(市)勞工主管機關申請設立許可,經發給許可證後,始得提供服務。
4 未經許可,不得提供第一項之服務。但依法設立之機構、團體或學校接受政府委託辦理者,不在此限。
5 第一項機構之設立許可、設施與專業人員配置、資格、遴用、培訓及經費補助之相關準則,由中央勞工主管機關定之。

第 36 條

各級勞工主管機關應協調各目的事業主管機關及結合相關資源，提供庇護工場下列輔導項目：

一、經營及財務管理。

二、市場資訊、產品推廣及生產技術之改善與諮詢。

三、員工在職訓練。

四、其他必要之協助。

第 37 條

1 各級勞工主管機關應分別訂定計畫，自行或結合民間資源辦理第三十三條第二項職業輔導評量、職務再設計及創業輔導。

2 前項服務之實施方式、專業人員資格及經費補助之相關準則，由中央勞工主管機關定之。

第 38 條

1 各級政府機關、公立學校及公營事業機構員工總人數在三十四人以上者，進用具有就業能力之身心障礙者人數，不得低於員工總人數百分之三。

2 私立學校、團體及民營事業機構員工總人數在六十七人以上者，進用具有就業能力之身心障礙者人數，不得低於員工總人數百分之一，且不得少於一人。

3 前二項各級政府機關、公、私立學校、團體及公、民營事業機構為進用身心障礙者義務機關（構）；其員工總人數及進用身心障礙者人數之計算方式，以各義務機關（構）每月一日參加勞保、公保人數為準；第一項義務機關（構）員工員額經核定為員額凍結或列為出缺不補者，不計入員工總人數。

4 前項身心障礙員工之月領薪資未達勞動基準法按月計酬之基本工資數額者，不計入進用身心障礙者人數及員工總人數。但從事部分工時工作，其月領薪資達勞動基準法按月計酬之基本工資數額二分之一以上者，進用二人得以一人計入身心障礙者人數及員工總人數。

5 辦理庇護性就業服務之單位進用庇護性就業之身心障礙者，不計入進用身心障礙者人數及員工總人數。

6 依第一項、第二項規定進用重度以上身心障礙者，每進用一人以二人核計。

7 警政、消防、關務、國防、海巡、法務及航空站等單位定額進用總人數之計算範圍，得於本法施行細則另定之。

8 依前項規定不列入定額進用總人數計算範圍之單位，其職務應經職務分析，並於三年內完成。

9 前項職務分析之標準及程序，由中央勞工主管機關另定之。

第 38-1 條

1 事業機構依公司法成立關係企業之進用身心障礙者人數達員工總人數百分之二十以上者，得與該事業機構合併計算前條之定額進用人數。

2 事業機構依前項規定投資關係企業達一定金額或僱用一定人數之身心障礙者應予

獎勵與輔導。

前項投資額、僱用身心障礙者人數、獎勵與輔導及第一項合併計算適用條件等辦法，由中央各目的事業主管機關會同中央勞工主管機關定之。

第 39 條

各級政府機關、公立學校及公營事業機構為進用身心障礙者，應洽請考試院依法舉行身心障礙人員特種考試，並取消各項公務人員考試對身心障礙人員體位之不合理限制。

第 40 條

進用身心障礙者之機關（構），對其所進用之身心障礙者，應本同工同酬之原則，不得為任何歧視待遇，其所核發之正常工作時間薪資，不得低於基本工資。

庇護性就業之身心障礙者，得依其產能核薪；其薪資，由進用單位與庇護性就業者議定，並報直轄市、縣（市）勞工主管機關核備。

第 41 條

經職業輔導評量符合庇護性就業之身心障礙者，由辦理庇護性就業服務之單位提供工作，並由雙方簽訂書面契約。

接受庇護性就業之身心障礙者，經第三十四條之職業輔導評量單位評量確認不適於庇護性就業時，庇護性就業服務單位應依其實際需求提供轉銜服務，並得不發給資遣費。

第 42 條

身心障礙者於支持性就業、庇護性就業時，雇主應依法為其辦理參加勞工保險、全民健康保險及其他社會保險，並依相關勞動法規確保其權益。

庇護性就業者之職業災害補償所採薪資計算之標準，不得低於基本工資。

庇護工場給付庇護性就業者之職業災害補償後，得向直轄市、縣（市）勞工主管機關申請補助；其補助之資格條件、期間、金額、比率及方式之辦法，由中央勞工主管機關定之。

第 43 條

1 為促進身心障礙者就業，直轄市、縣（市）勞工主管機關應設身心障礙者就業基金；其收支、保管及運用辦法，由直轄市、縣（市）勞工主管機關定之。

2 進用身心障礙者人數未達第三十八條第一項、第二項標準之機關（構），應定期向所在地直轄市、縣（市）勞工主管機關之身心障礙者就業基金繳納差額補助費；其金額，依差額人數乘以每月基本工資計算。

3 直轄市、縣（市）勞工主管機關之身心障礙者就業基金，每年應就收取前一年度差額補助費百分之三十撥交中央勞工主管機關之就業安定基金統籌分配；其提撥及分配方式，由中央勞工主管機關定之。

第 44 條

1 前條身心障礙者就業基金之用途如下：

一、補助進用身心障礙者達一定標準以上之機關（構），因進用身心障礙者必須購置、改裝、修繕器材、設備及其他為協助進用必要之費用。

二、核發超額進用身心障礙者之私立機構獎勵金。

三、其他為辦理促進身心障礙者就業權益相關事項。

2 前項第二款核發之獎勵金，其金額最高按超額進用人數乘以每月基本工資二分之一計算。

第 45 條

1 各級勞工主管機關對於進用身心障礙者工作績優之機關（構），應予獎勵。

2 前項獎勵辦法，由中央勞工主管機關定之。

第 46 條

1 非視覺功能障礙者，不得從事按摩業。

2 各級勞工主管機關為協助視覺功能障礙者從事按摩及理療按摩工作，應自行或結合民間資源，輔導提升其專業技能、經營管理能力，並補助其營運所需相關費用。

3 前項輔導及補助對象、方式及其他應遵行事項之辦法，由中央勞工主管機關定之。

4 醫療機構得僱用視覺功能障礙者於特定場所從事非醫療按摩工作。

5 醫療機構、車站、民用航空站、公園營運者及政府機關（構），不得提供場所供非視覺功能障礙者從事按摩或理療按摩工作。其提供場地供視覺功能障礙者從事按摩或理療按摩工作者應予優惠。

6 第一項規定於中華民國一百年十月三十一日失其效力。

第 46-1 條

1 政府機關（構）及公營事業自行或委託辦理諮詢性電話服務工作，電話值機人數在十人以上者，除其他法規另有規定外，應進用視覺功能障礙者達電話值機人數十分之一以上。但因工作性質特殊或進用確有困難，報經電話值機所在地直轄市、縣（市）勞工主管機關同意者，不在此限。

2 於前項但書所定情形，電話值機所在地直轄市、縣（市）勞工主管機關與自行或委託辦理諮詢性電話服務工作之機關相同者，應報經中央勞工主管機關同意。

第 47 條

為因應身心障礙者提前老化，中央勞工主管機關應建立身心障礙勞工提早退休之機制，以保障其退出職場後之生活品質。

第五章　支持服務

第 48 條

1 為使身心障礙者不同之生涯福利需求得以銜接，直轄市、縣（市）主管機關相關部門，應積極溝通、協調，制定生涯轉銜計畫，以提供身心障礙者整體性及持續性服務。

2 前項生涯轉銜計畫服務流程、模式、資料格式及其他應遵行事項之辦法，由中央主管機關會同中央目的事業主管機關定之。

第 49 條

1　身心障礙者支持服務，應依多元連續服務原則規劃辦理。

2　直轄市、縣（市）主管機關應自行或結合民間資源提供支持服務，並不得有設籍時間之限制。

第 50 條

直轄市、縣（市）主管機關應依需求評估結果辦理下列服務，提供身心障礙者獲得所需之個人支持及照顧，促進其生活品質、社會參與及自立生活：

一、居家照顧。

二、生活重建。

三、心理重建。

四、社區居住。

五、婚姻及生育輔導。

六、日間及住宿式照顧。

七、家庭托顧。

八、課後照顧。

九、自立生活支持服務。

十、其他有關身心障礙者個人照顧之服務。

第 51 條

1　直轄市、縣（市）主管機關應依需求評估結果辦理下列服務，以提高身心障礙者家庭生活品質：

一、臨時及短期照顧。

二、照顧者支持。

三、照顧者訓練及研習。

四、家庭關懷訪視及服務。

五、其他有助於提昇家庭照顧者能力及其生活品質之服務。

2　前條及前項之服務措施，中央主管機關及中央各目的事業主管機關於必要時，應就其內容、實施方式、服務人員之資格、訓練及管理規範等事項，訂定辦法管理之。

第 52 條

1　各級及各目的事業主管機關應辦理下列服務，以協助身心障礙者參與社會：

一、休閒及文化活動。

二、體育活動。

三、公共資訊無障礙。

四、公平之政治參與。

五、法律諮詢及協助。

六、無障礙環境。

七、輔助科技設備及服務。

八、社會宣導及社會教育。

九、其他有關身心障礙者社會參與之服務。

2 前項服務措施屬付費使用者，應予以減免費用。

3 第一項第三款所稱公共資訊無障礙，係指應對利用網路、電信、廣播、電視等設施者，提供視、聽、語等功能障礙國民無障礙閱讀、觀看、轉接或傳送等輔助、補助措施。

4 前項輔助及補助措施之內容、實施方式及管理規範等事項，由各中央目的事業主管機關定之。

5 第一項除第三款之服務措施，中央主管機關及中央各目的事業主管機關，應就其內容及實施方式制定實施計畫。

第 52-1 條

1 中央目的事業主管機關，每年應主動蒐集各國軟、硬體產品無障礙設計規範（標準），訂定各類產品設計或服務提供之國家無障礙規範（標準），並藉由獎勵與認證措施，鼓勵產品製造商或服務提供者於產品開發、生產或服務提供時，符合前項規範（標準）。

2 中央目的事業主管機關應就前項獎勵內容、資格、對象及產品或服務的認證標準，訂定辦法管理之。

第 52-2 條

1 各級政府及其附屬機關（構）、學校所建置之網站，應通過第一優先等級以上之無障礙檢測，並取得認證標章。

2 前項檢測標準、方式、頻率與認證標章核發辦法，由目的事業主管機關定之。

第 53 條

1 運輸營運者應於所服務之路線、航線或區域內，規劃適當路線、航線、班次、客車（機船）廂（艙），提供無障礙運輸服務。

2 前項路線、航線或區域確實無法提供無障礙運輸服務者，各級交通主管機關應依實際需求，邀集相關身心障礙者團體代表、當地運輸營運者及該管社政主管機關研商同意後，不適用前項規定。

3 大眾運輸工具應規劃設置便於各類身心障礙者行動與使用之無障礙設施及設備。未提供對號座之大眾運輸工具應設置供身心障礙者及老弱婦孺優先乘坐之博愛座，其比率不低於總座位數百分之十五，座位應設於鄰近車門、艙門或出入口處，至車門、艙門或出入口間之地板應平坦無障礙，並視需要標示或播放提醒禮讓座位之警語。

4 國內航空運輸業者除民航主管機關所定之安全因素外，不得要求身心障礙者接受特殊限制或拒絕提供運輸服務。

5 第三項大眾運輸工具無障礙設施項目、設置方式及其他應遵行事項之辦法，應包括鐵路、公路、捷運、空運、水運等，由中央交通主管機關分章節定之。

6 大眾運輸工具之無障礙設備及設施不符合前項規定者，各級交通主管機關應令運輸營運者於一定期限內提具改善計畫。但因大眾運輸工具構造或設備限制等特殊

情形，依當時科技或專業水準設置無障礙設備及設施確有困難者，得由運輸營運者提具替代改善計畫，並訂定改善期限。

前項改善計畫應報請交通主管機關核定；變更時亦同。

第 54 條

市區道路、人行道及市區道路兩旁建築物之騎樓，應符合中央目的事業主管機關所規定之無障礙相關法規。

第 55 條

有關道路無障礙之標誌、標線、號誌及識別頻率等，由中央目的事業主管機關定之。

2 直轄市、縣（市）政府應依前項規定之識別頻率，推動視覺功能障礙語音號誌及語音定位。

第 56 條

公共停車場應保留百分之二停車位，作為行動不便之身心障礙者專用停車位，車位未滿五十個之公共停車場，至少應保留一個身心障礙者專用停車位。非領有專用停車位識別證明者，不得違規占用。

2 前項專用停車位識別證明，應依需求評估結果核發。

3 第一項專用停車位之設置地點、空間規劃、使用方式、識別證明之核發及違規占用之處理，由中央主管機關會同交通、營建等相關單位定之。

4 提供公眾服務之各級政府機關、公、私立學校、團體及公、民營事業機構設有停車場者，應依前三項辦理。

第 57 條

1 新建公共建築物及活動場所，應規劃設置便於各類身心障礙者行動與使用之設施及設備。未符合規定者，不得核發建築執照或對外開放使用。

2 公共建築物及活動場所應至少於其室外通路、避難層坡道及扶手、避難層出入口、室內出入口、室內通路走廊、樓梯、升降設備、哺（集）乳室、廁所盥洗室（含移動式）、浴室、輪椅觀眾席位周邊、停車場等其他必要處設置無障礙設備及設施。其項目與規格，由中央目的事業主管機關於其相關法令或依本法定之。

3 公共建築物及活動場所之無障礙設備及設施不符合前項規定者，各級目的事業主管機關應令其所有權人或管理機關負責人改善。但因軍事管制、古蹟維護、自然環境因素、建築物構造或設備限制等特殊情形，設置無障礙設備及設施確有困難者，得由所有權人或管理機關負責人提具替代改善計畫，申報各級目的事業主管機關核定，並核定改善期限。

第 58 條

1 身心障礙者搭乘國內大眾運輸工具，憑身心障礙證明，應予半價優待。

2 身心障礙者經需求評估結果，認需人陪伴者，其必要陪伴者以一人為限，得享有前項之優待措施。

3 第一項之大眾運輸工具，身心障礙者得優先乘坐，其優待措施並不得有設籍之限制。

4 國內航空業者除民航主管機關所訂之安全因素外，不認同身心障礙者可單獨旅行，而特別要求應有陪伴人共同飛行者，不得向陪伴人收費。

5 前四項實施方式及內容之辦法，由中央目的事業主管機關定之。

第 58-1 條

直轄市、縣（市）主管機關辦理復康巴士服務，自中華民國一百零一年一月一日起不得有設籍之限制。

第 59 條

1 身心障礙者進入收費之公營或公設民營風景區、康樂場所或文教設施，憑身心障礙證明應予免費；其為民營者，應予半價優待。

2 身心障礙者經需求評估結果，認需人陪伴者，其必要陪伴者以一人為限，得享有前項之優待措施。

第 60 條

1 視覺、聽覺、肢體功能障礙者由合格導盲犬、導聾犬、肢體輔助犬陪同或導盲犬、導聾犬、肢體輔助犬專業訓練人員於執行訓練時帶同幼犬，得自由出入公共場所、公共建築物、營業場所、大眾運輸工具及其他公共設施。

2 前項公共場所、公共建築物、營業場所、大眾運輸工具及其他公共設施之所有人、管理人或使用人，不得對導盲幼犬、導聾幼犬、肢體輔助幼犬及合格導盲犬、導聾犬、肢體輔助犬收取額外費用，且不得拒絕其自由出入或附加其他出入條件。

3 導盲犬、導聾犬、肢體輔助犬引領視覺、聽覺、肢體功能障礙者時，他人不得任意觸摸、餵食或以各種聲響、手勢等方式干擾該導盲犬、導聾犬及肢體輔助犬。

4 有關合格導盲犬、導聾犬、肢體輔助犬及其幼犬之資格認定、使用管理、訓練單位之認可、認可之撤銷或廢止及其他應遵行事項之辦法，由中央主管機關定之。

第 60-1 條

1 中央主管機關應會同中央勞工主管機關協助及輔導直轄市、縣（市）政府辦理視覺功能障礙者生活及職業重建服務。

2 前項服務應含生活技能及定向行動訓練，其服務內容及專業人員培訓等相關規定，由中央主管機關會同中央勞工主管機關定之。

3 第二項於本條文修正公布後二年施行。

第 61 條

1 直轄市、縣（市）政府應設置申請手語翻譯服務窗口，依聽覺功能或言語功能障礙者實際需求，提供其參與公共事務所需之服務；並得依身心障礙者之實際需求，提供同步聽打服務。

2 前項受理手語翻譯或同步聽打之服務範圍及作業程序等相關規定，由直轄市、縣（市）主管機關定之。

3 依第一項規定提供手語翻譯服務，應於本法公布施行滿五年之日起，由手語翻譯技術士技能檢定合格者擔任之。

第 62 條

1 直轄市、縣（市）主管機關應按轄區內身心障礙者人口特性及需求，推動或結合民間資源設立身心障礙福利機構，提供生活照顧、生活重建、福利諮詢等服務。

2 前項機構所提供之服務，應以提高家庭照顧身心障礙者能力及協助身心障礙者參與社會為原則，並得支援第五十條至第五十二條各項服務之提供。

3 第一項機構類型、規模、業務範圍、設施及人員配置之標準，由中央主管機關定之。

4 第一項機構得就其所提供之設施或服務，酌收必要費用；其收費規定，應報由直轄市、縣（市）主管機關核定。

5 第一項機構，其業務跨及其他目的事業者，得綜合設立，並應依各目的事業主管機關相關法規之規定辦理。

第 63 條

1 私人或團體設立身心障礙福利機構，應向直轄市、縣（市）主管機關申請設立許可。

2 依前項規定許可設立者，應自許可設立之日起三個月內，依有關法規辦理財團法人登記，於登記完成後，始得接受補助，或經主管機關核准後對外募捐並專款專用。但有下列情形之一者，得免辦理財團法人登記：

一、依其他法律申請設立之財團法人或公益社團法人申請附設者。

二、小型設立且不對外募捐、不接受補助及不享受租稅減免者。

3 第一項機構未於前項規定期間辦理財團法人登記，而有正當理由者，得申請直轄市、縣（市）主管機關核准延長一次，期間不得超過三個月；屆期不辦理者，原許可失其效力。

4 第一項機構申請設立之許可要件、申請程序、審核期限、撤銷與廢止許可、停辦、擴充與遷移、督導管理及其他相關事項之辦法，由中央主管機關定之。

第 63-1 條

1 有下列情事之一者，不得擔任身心障礙福利機構之業務負責人：

一、有施打毒品、暴力犯罪、性騷擾、性侵害行為，經有罪判決確定。

二、行為不檢損害身心障礙者權益，其情節重大，經有關機關查證屬實。

2 主管機關對前項負責人應主動進行查證。

3 現職工作人員於身心障礙福利機構服務期間有第一項各款情事之一者，身心障礙福利機構應即停止其職務，並依相關規定予以調職、資遣、令其退休或終止勞動契約。

第 64 條

1 各級主管機關應定期輔導、查核及評鑑身心障礙福利機構，其輔導、查核及改善情形應納入評鑑指標項目，其評鑑結果應分為以下等第：

一、優等。

二、甲等。

三、乙等。

四、丙等。

五、丁等。

2 前項機構經評鑑成績優等及甲等者，應予獎勵；經評鑑成績為丙等及丁等者，主管機關應輔導其改善。

3 第一項機構之定期輔導、查核及評鑑之項目、方式、獎勵及輔導、改善等事項之辦法，由中央主管機關定之。

第 65 條

1 身心障礙福利機構應與接受服務者或其家屬訂定書面契約，明定其權利義務關係。

2 直轄市、縣（市）主管機關應與接受委託安置之身心障礙福利機構訂定轉介安置書面契約，明定其權利義務關係。

3 前二項書面契約之格式、內容，中央主管機關應訂定定型化契約範本及其應記載及不得記載事項。

4 身心障礙福利機構應將中央主管機關訂定之定型化契約書範本公開並印製於收據憑證交付立約者，除另有約定外，視為已依第一項規定訂約。

第 66 條

1 身心障礙福利機構應投保公共意外責任保險及具有履行營運之擔保能力，以保障身心障礙者權益。

2 前項應投保之保險範圍及金額，由中央主管機關會商中央目的事業主管機關定之。

3 第一項履行營運之擔保能力，其認定標準，由所在地直轄市、縣（市）主管機關定之。

第 67 條

1 身心障礙者申請在公有公共場所開設零售商店或攤販，申請購買或承租國民住宅、停車位，政府應保留一定比率優先核准；其保留比率，由直轄市、縣（市）政府定之。

2 前項受核准者之經營條件、出租轉讓限制，依各目的事業主管機關相關規定辦理；其出租、轉讓對象應以其他身心障礙者為優先。

3 身心障礙者購買或承租第一項之商店或攤販，政府應提供低利貸款或租金補貼；其辦法由中央主管機關定之。

第 68 條

1 身心障礙福利機構、團體及符合設立庇護工場資格者，申請在公共場所設立庇護工場，或申請在國民住宅提供居住服務，直轄市、縣（市）政府應保留名額，優先核准。

2 前項保留名額，直轄市、縣（市）目的事業主管機關於規劃興建時，應洽商直轄市、縣（市）主管機關後納入興建計畫辦理。

3 第一項受核准者之經營條件、出租轉讓限制，依各目的事業主管機關相關規定辦理；其出租、轉讓對象應以身心障礙福利相關機構或團體為限。

第 69 條

1 身心障礙福利機構或團體、庇護工場，所生產之物品及其提供之服務，於合理價格及一定金額以下者，各級政府機關、公立學校、公營事業機構及接受政府補助之機構、團體、私立學校應優先採購。

2 各級主管機關應定期公告或發函各義務採購單位，告知前項物品及服務，各義務採購單位應依相關法令規定，採購該物品及服務至一定比率。

3 前二項物品及服務項目、比率、一定金額、合理價格、優先採購之方式及其他應遵行事項之辦法，由中央主管機關定之。

第 69-1 條

1 各級主管機關應輔導視覺功能障礙者設立以從事按摩為業務之勞動合作社。

2 前項勞動合作社之社員全數為視覺功能障礙，並依法經營者，其營業稅稅率應依加值型及非加值型營業稅法第十三條第一項規定課徵。

第六章　經濟安全

第 70 條

1 身心障礙者經濟安全保障，採生活補助、日間照顧及住宿式照顧補助、照顧者津貼、年金保險等方式，逐步規劃實施。

2 前項年金保險之實施，依相關社會保險法律規定辦理。

第 71 條

1 直轄市、縣（市）主管機關對轄區內之身心障礙者，應依需求評估結果，提供下列經費補助，並不得有設籍時間之限制：
一、生活補助費。
二、日間照顧及住宿式照顧費用補助。
三、醫療費用補助。
四、居家照顧費用補助。
五、輔具費用補助。
六、房屋租金及購屋貸款利息補貼。
七、購買停車位貸款利息補貼或承租停車位補助。
八、其他必要之費用補助。

2 前項經費申請資格、條件、程序、補助金額及其他相關事項之辦法，除本法及其他法規另有規定外，由中央主管機關及中央目的事業主管機關分別定之。

3 直轄市、縣（市）主管機關為辦理第一項第一款、第二款、第六款、第七款業務，應於會計年度終了前，主動將已核定補助案件相關資料，併同有關機關提供之資料重新審核。但直轄市、縣（市）主管機關於申領人申領資格變更或審核認有必要時，得請申領人提供相關證明文件。

4 不符合請領資格而領取補助者，由直轄市、縣（市）主管機關以書面命本人自事實發生之日起六十日內繳還；屆期未繳還者，依法移送行政執行。

第 71-1 條

1 為辦理前條補助業務所需之必要資料，主管機關得洽請相關機關（構）、團體、法
人或個人提供之，受請求者有配合提供資訊之義務。

2 主管機關依前項規定所取得之資料，應盡善良管理人之注意義務，確實辦理資訊
安全稽核作業，其保有、處理及利用，並應遵循個人資料保護法之規定。

第 72 條

1 對於身心障礙者或其扶養者應繳納之稅捐，依法給予適當之減免。

2 納稅義務人或與其合併申報納稅之配偶或扶養親屬為身心障礙者，應准予列報身
心障礙特別扣除額，其金額於所得稅法定之。

3 身心障礙者或其扶養者依本法規定所得之各項補助，應免納所得稅。

第 73 條

1 身心障礙者加入社會保險，政府機關應依其家庭經濟條件，補助保險費。

2 前項保險費補助辦法，由中央主管機關定之。

第七章　保護服務

第 74 條

1 傳播媒體報導身心障礙者或疑似身心障礙者，不得使用歧視性之稱呼或描述，並
不得有與事實不符或誤導閱聽人對身心障礙者產生歧視或偏見之報導。

2 身心障礙者涉及相關法律事件，未經法院判決確定其發生原因可歸咎於當事人之
疾病或其身心障礙狀況，傳播媒體不得將事件發生原因歸咎於當事人之疾病或其
身心障礙狀況。

第 75 條

對身心障礙者不得有下列行為：

一、遺棄。

二、身心虐待。

三、限制其自由。

四、留置無生活自理能力之身心障礙者於易發生危險或傷害之環境。

五、利用身心障礙者行乞或供人參觀。

六、強迫或誘騙身心障礙者結婚。

七、其他對身心障礙者或利用身心障礙者為犯罪或不正當之行為。

第 76 條

1 醫事人員、社會工作人員、教育人員、警察人員、村（里）幹事及其他執行身心
障礙服務業務人員，知悉身心障礙者有前條各款情形之一者，應立即向直轄市、
縣（市）主管機關通報，至遲不得超過二十四小時。

2 村（里）長及其他任何人知悉身心障礙者有前條情形者，得通報直轄市、縣（市）
主管機關。

3 前二項通報人之身分資料，應予保密。

直轄市、縣（市）主管機關知悉或接獲第一項及第二項通報後，應自行或委託其他機關、團體進行訪視、調查，至遲不得超過二十四小時，並應於受理案件後四日內提出調查報告。調查時得請求警政、醫院及其他相關單位協助。

5 第一項、第二項及前項通報流程及後續處理辦法，由中央主管機關定之。

第 77 條

依法令或契約對身心障礙者有扶養義務之人，有喪失扶養能力或有違反第七十五條各款情形之一，致使身心障礙者有生命、身體之危難或生活陷於困境之虞者，直轄市、縣（市）主管機關得依本人、扶養義務人之申請或依職權，經調查評估後，予以適當安置。

2 前項之必要費用，除直轄市、縣（市）主管機關依第七十一條第一項第二款給予補助者外，由身心障礙者或扶養義務人負擔。

第 78 條

1 身心障礙者遭受第七十五條各款情形之一者，情況危急非立即給予保護、安置或其他處置，其生命、身體或自由有立即之危險或有危險之虞者，直轄市、縣（市）主管機關應予緊急保護、安置或為其他必要之處置。

2 直轄市、縣（市）主管機關為前項緊急保護、安置或為其他必要之處置時，得請求檢察官或當地警察機關協助。

第 79 條

1 前條之緊急安置服務，得委託相關身心障礙福利機構辦理。安置期間所必要之費用，由前條第一項之行為人支付。

2 前項費用，必要時由直轄市、縣（市）主管機關先行支付，並檢具支出憑證影本及計算書，請求前條第一項之行為人償還。

3 前項費用，經直轄市、縣（市）主管機關以書面定十日以上三十日以下期間催告償還，而屆期未償還者，得移送法院強制執行。

第 80 條

1 第七十八條身心障礙者之緊急保護安置，不得超過七十二小時；非七十二小時以上之安置，不足以保護身心障礙者時，得聲請法院裁定繼續保護安置。繼續保護安置以三個月為限；必要時，得聲請法院裁定延長之。

2 繼續保護安置期間，直轄市、縣（市）主管機關應視需要，協助身心障礙者向法院提出監護或輔助宣告之聲請。

3 繼續保護安置期滿前，直轄市、縣（市）主管機關應經評估協助轉介適當之服務單位。

第 81 條

1 身心障礙者有受監護或輔助宣告之必要時，直轄市、縣（市）主管機關得協助其向法院聲請。受監護或輔助宣告之原因消滅時，直轄市、縣（市）主管機關得協助進行撤銷宣告之聲請。

2 有改定監護人或輔助人之必要時，直轄市、縣（市）主管機關應協助身心障礙者
為相關之聲請。

3 法院為身心障礙者選定之監護人或輔助人為社會福利機構、法人者，直轄市、縣
（市）主管機關應對其執行監護或輔助職務進行監督；相關監督事宜之管理辦法，
由中央主管機關定之。

第 82 條

直轄市、縣（市）主管機關、相關身心障礙福利機構，於社區中提供身心障礙者
居住安排服務，遭受居民以任何形式反對者，直轄市、縣（市）政府應協助其排
除障礙。

第 83 條

為使無能力管理財產之身心障礙者財產權受到保障，中央主管機關應會同相關目
的事業主管機關，鼓勵信託業者辦理身心障礙者財產信託。

第 84 條

1 法院或檢察機關於訴訟程序實施過程，身心障礙者涉訟或須作證時，應就其障礙
類別之特別需要，提供必要之協助。

2 刑事被告或犯罪嫌疑人因精神障礙或其他心智缺陷無法為完全之陳述時，直轄市、
縣（市）主管機關得依刑事訴訟法第三十五條規定，聲請法院同意指派社會工作
人員擔任輔佐人。

3 依刑事訴訟法第三十五條第一項規定得為輔佐人之人，未能擔任輔佐人時，社會
福利機構、團體得依前項規定向直轄市、縣（市）主管機關提出指派申請。

第 85 條

身心障礙者依法收容於矯正機關時，法務主管機關應考量矯正機關收容特性、現
有設施狀況及身心障礙者特殊需求，作必要之改善。

第八章 罰則

第 86 條

1 違反第十六條第一項規定，處新臺幣十萬元以上五十萬元以下罰鍰。

2 違反第七十四條規定，由目的事業主管機關處新臺幣十萬元以上五十萬元以下罰
鍰。

第 87 條

違反第四十條第一項規定者，由直轄市、縣（市）勞工主管機關處新臺幣十萬元
以上五十萬元以下罰鍰。

第 88 條

1 違反第五十七條第三項規定未改善或未提具替代改善計畫或未依核定改善計畫之
期限改善完成者，各級目的事業主管機關除得勒令停止其使用外，處其所有權人
或管理機關負責人新臺幣六萬元以上三十萬元以下罰鍰，並限期改善；屆期未改
善者，得按次處罰至其改善完成為止；必要時，得停止供水、供電或封閉、強制

拆除。

2 前項罰鍰收入應成立基金，供作改善及推動無障礙設備與設施經費使用；基金之收支、保管及運用辦法，由中央目的事業主管機關定之。

第 89 條

1 設立身心障礙福利機構未依第六十三條第一項規定申請許可設立，或應辦理財團法人登記而未依第六十三條第二項或第三項規定期限辦理者，處其負責人新臺幣六萬元以上三十萬元以下罰鍰及公告其姓名，並令限期改善。

2 於前項限期改善期間，不得增加收容身心障礙者，違者另處其負責人新臺幣六萬元以上三十萬元以下罰鍰，並得按次處罰。

3 經依第一項規定限期令其改善，屆期未改善者，再處其負責人新臺幣十萬元以上五十萬元以下罰鍰，得按次處罰，並公告其名稱，且得令其停辦。

4 經依前項規定令其停辦而拒不遵守者，處新臺幣二十萬元以上一百萬元以下罰鍰，並得按次處罰。

第 90 條

身心障礙福利機構有下列情形之一，經主管機關查明屬實者，處新臺幣六萬元以上三十萬元以下罰鍰，並令限期改善；屆期未改善者，得按次處罰：

一、有第七十五條各款規定情形之一。

二、提供不安全之設施設備或供給不衛生之餐飲。

三、有其他重大情事，足以影響身心障礙者身心健康。

第 91 條

1 身心障礙福利機構停辦或決議解散時，主管機關對於該機構服務之身心障礙者，應即予適當之安置，身心障礙福利機構應予配合。不予配合者，強制實施之，並處新臺幣六萬元以上三十萬元以下罰鍰；必要時，得予接管。

2 前項接管之實施程序、期限與受接管機構經營權及財產管理權之限制等事項之辦法，由中央主管機關定之。

3 第一項停辦之機構完成改善時，得檢附相關資料及文件，向主管機關申請復業；經主管機關審核後，應將復業申請計畫書報經中央主管機關備查。

第 92 條

1 身心障礙福利機構於主管機關依第九十條、第九十三條、第九十四條規定限期改善期間，不得增加收容身心障礙者，違者另處新臺幣六萬元以上三十萬元以下罰鍰，並得按次處罰。

2 經主管機關依第九十條、第九十三條第一款至第三款規定令其限期改善；屆期仍未改善者，得令其停辦一個月以上一年以下，並公告其名稱。

3 經主管機關依第九十三條第四款規定令其限期改善屆期仍未改善者，應令其停辦一個月以上一年以下，並公告其名稱。

4 停辦期限屆滿仍未改善或違反法令情節重大者，應廢止其許可；其屬法人者，得予解散。

5 依第二項、第三項規定令其停辦而拒不遵守者，再處新臺幣二十萬元以上一百萬元以下罰鍰，並得按次處罰。

第 93 條
主管機關依第六十四條第一項規定對身心障礙福利機構輔導或評鑑，發現有下列情形之一者，應令限期改善；屆期未改善者，處新臺幣五萬元以上二十五萬元以下罰鍰，並按次處罰：
一、業務經營方針與設立目的或捐助章程不符。
二、違反原許可設立之標準。
三、財產總額已無法達成目的事業或對於業務財務為不實之陳報。
四、經主管機關評鑑為丙等或丁等。

第 94 條
身心障礙福利機構有下列情形之一者，應令其一個月內改善；屆期未改善者，處新臺幣三萬元以上十五萬元以下罰鍰，並按次處罰：
一、收費規定未依第六十二條第四項規定報主管機關核定，或違反規定超收費用。
二、停辦、擴充或遷移未依中央主管機關依第六十三條第四項規定所定辦法辦理。
三、違反第六十五條第一項規定，未與接受服務者或其家屬訂定書面契約或將不得記載事項納入契約。
四、違反第六十六條第一項規定，未投保公共意外責任險或未具履行營運擔保能力，而辦理身心障礙福利機構。

第 95 條
1 違反第七十五條各款規定情形之一者，處新臺幣三萬元以上十五萬元以下罰鍰，並得公告其姓名。
2 身心障礙者之家庭照顧者或家庭成員違反第七十五條各款規定情形之一者，直轄市、縣（市）主管機關應令其接受八小時以上五十小時以下之家庭教育及輔導，並收取必要之費用；其收費規定，由直轄市、縣（市）主管機關定之。
3 拒不接受前項家庭教育及輔導或時數不足者，處新臺幣三千元以上一萬五千元以下罰鍰，經再通知仍不接受者，得按次處罰至其參加為止。

第 96 條
有下列情形之一者，由直轄市、縣（市）勞工主管機關處新臺幣二萬元以上十萬元以下罰鍰：
一、職業訓練機構、就業服務機構、庇護工場，違反第三十五條第三項規定，經直轄市、縣（市）政府勞工主管機關令其停止提供服務，並限期改善，未停止服務或屆期未改善。
二、私立學校、團體及民營事業機構無正當理由違反第三十八條第二項規定。

第 97 條
接受政府補助之機構、團體、私立學校無正當理由違反第六十九條第二項規定者，

由各目的事業主管機關處新臺幣二萬元以上十萬元以下罰鍰。

第 98 條

1. 違反第四十六條第一項者，由直轄市、縣（市）勞工主管機關處新臺幣一萬元以上五萬元以下罰鍰；其於營業場所內發生者，另處罰場所之負責人或所有權人新臺幣二萬元以上十萬元以下罰鍰，並令限期改善；屆期未改善者，按次處罰。
2. 違反第四十六條第五項規定，直轄市、縣（市）勞工主管機關得令限期改善；屆期未改善者，處新臺幣一萬元以上五萬元以下罰鍰，並得按次處罰。
3. 前二項罰鍰之收入，應納入直轄市、縣（市）政府身心障礙者就業基金，專供作促進視覺功能障礙者就業之用。

第 99 條

1. 國內航空運輸業者違反第五十三條第四項規定限制或拒絕提供身心障礙者運輸服務及違反第五十八條第四項規定而向陪伴者收費，或運輸營運者違反第五十三條第六項規定未改善或未提具替代改善計畫或未依核定改善計畫之期限改善完成者，該管交通主管機關得處新臺幣一萬元以上五萬元以下罰鍰，並限期改善；屆期未改善者，得按次處罰至其改善完成為止。
2. 公共停車場未依第五十六條第一項規定保留一定比率停車位者，目的事業主管機關應令限期改善；屆期未改善者，處其所有人或管理人新臺幣一萬元以上五萬元以下罰鍰。

第 100 條

違反第十六條第二項或第六十條第二項規定者，應令限期改善；屆期未改善者，處新臺幣一萬元以上五萬元以下罰鍰，並命其接受四小時之講習。

第 101 條

提供庇護性就業服務之單位違反第四十一條第一項規定者，直轄市、縣（市）勞工主管機關應令限期改善；屆期未改善者，處新臺幣六千元以上三萬元以下罰鍰，並得按次處罰。

第 102 條

公務員執行職務有下列行為之一者，應受懲處：
一、違反第十六條第一項規定。
二、無正當理由違反第三十八條第一項、第六十七條第一項、第六十八條第一項或第六十九條第二項規定。

第 103 條

1. 各級政府勞工主管機關對於違反第三十八條第一項或第二項之規定者，得公告之。
2. 未依第四十三條第二項規定定期繳納差額補助費者，自期限屆滿之翌日起至完納前一日止，每逾一日加徵其未繳差額補助費百分之零點二滯納金。但以其未繳納之差額補助費一倍為限。
3. 前項滯納金之收入，應繳入直轄市、縣（市）政府身心障礙者就業基金專款專用。

第 104 條

本法所定罰則，除另有規定者外，由直轄市、縣（市）主管機關處罰之。

第 104-1 條

違反第五十九條規定者，經主管機關令限期改善，仍不改善者，予以警告；經警告仍不改善者，處新臺幣一萬元以上五萬元以下罰鍰；其情節重大者，並得公告其事業單位及負責人姓名。

第九章　附則

第 105 條

各級政府每年應向其民意機關報告本法之執行情形。

第 106 條

1 中華民國九十六年七月十一日修正公布之條文全面施行前已領有身心障礙手冊者，應依直轄市、縣（市）主管機關指定期日及方式，辦理重新鑑定及需求評估或換發身心障礙證明；屆期未辦理者，直轄市、縣（市）主管機關應主動協助其辦理相關申請程序；無正當理由拒絕辦理者，直轄市、縣（市）主管機關得逕予廢止身心障礙手冊。

2 依前項規定辦理重新鑑定及需求評估或換發身心障礙證明之身心障礙者，於直轄市、縣（市）主管機關發給身心障礙證明前，得依中華民國九十六年七月十一日修正公布前之規定，繼續享有原有身心障礙福利服務。

3 無法於直轄市、縣（市）主管機關指定期日辦理重新鑑定及需求評估者，應於指定期日前，附具理由向直轄市、縣（市）主管機關申請展延，經認有正當理由者，得予展延，最長以六十日為限。

4 直轄市、縣（市）主管機關應於中華民國九十六年七月十一日修正公布之條文全面施行後七年內，完成第一項執永久效期手冊者之相關作業。

第 107 條

1 中華民國九十六年六月五日修正之第三十八條自公布後二年施行；第五條至第七條、第十三條至第十五條、第十八條、第二十六條、第五十條、第五十一條、第五十六條及第七十一條，自公布後五年施行；九十八年六月十二日修正之條文，自九十八年十一月二十三日施行。

2 中華民國一百零四年十二月一日修正之條文，除第六十一條自公布後二年施行外，自公布日施行。

第 108 條

本法施行細則，由中央主管機關定之。

第 109 條

本法除另定施行日期者外，自公布日施行。

附錄十一

身心障礙者權利公約施行法

公布日期：民國 103 年 08 月 20 日

第 1 條

為實施聯合國二〇〇六年身心障礙者權利公約（The Convention on the Rights of Persons with Disabilities）（以下簡稱公約），維護身心障礙者權益，保障其平等參與社會、政治、經濟、文化等之機會，促進其自立及發展，特制定本法。

第 2 條

公約所揭示保障身心障礙者人權之規定，具有國內法律之效力。

第 3 條

適用公約規定之法規及行政措施，應參照公約意旨及聯合國身心障礙者權利委員會對公約之解釋。

第 4 條

各級政府機關行使職權，應符合公約有關身心障礙者權利保障之規定，避免侵害身心障礙者權利，保護身心障礙者不受他人侵害，並應積極促進各項身心障礙者權利之實現。

第 5 條

1 各級政府機關應確實依現行法規規定之業務職掌，負責籌劃、推動及執行公約規定事項；其涉及不同機關業務職掌者，相互間應協調連繫辦理。

2 政府應與各國政府、國內外非政府組織及人權機構共同合作，以保護及促進公約所保障各項身心障礙者人權之實現。

3 政府應徵詢身心障礙團體之意見，建立評估公約落實與影響之人權指標、基準及政策、法案之影響評估及監測機制。

第 6 條

1 行政院為推動本公約相關工作，應邀集學者專家、身心障礙團體（機構）及各政府機關代表，成立身心障礙者權益推動小組，定期召開會議，協調、研究、審議、諮詢並辦理下列事項：

一、公約之宣導及教育訓練。

二、各級政府機關落實公約之督導。

三、國內身心障礙者權益現況之研究及調查。

四、國家報告之提出。

五、接受涉及違反公約之申訴。

六、其他與公約相關之事項。

2 前項學者專家、身心障礙團體（機構）之人數不得少於總數二分之一；任一性別不得少於三分之一。

第 7 條

1 政府應依公約規定建立身心障礙者權利報告制度，於本法施行後二年提出初次國家報告；之後每四年提出國家報告，並邀請相關專家學者及民間團體代表審閱。

2 前項之專家學者，應包含熟悉聯合國身心障礙者權利事務經驗者。

3 政府應依審閱意見檢討及研擬後續施政方針，並定期追蹤管考實施成效。

第 8 條

1 身心障礙者受公約及其有關法規保障之權益遭受侵害、無法或難以實施者，得依法提起訴願、訴訟或其他救濟管道主張權利；侵害之權益係屬其他我國已批准或加入之國際公約及其有關法規保障者，亦同。

2 身心障礙者委任律師依前項規定行使權利者，政府應依法提供法律扶助；其扶助業務，得委託財團法人法律扶助基金會或其他民間團體辦理。

3 為維護身心障礙者人權，政府應對司法人員辦理相關訓練。

第 9 條

各級政府機關執行公約保障各項身心障礙者人權規定所需之經費，應優先編列，逐步實施。

第 10 條

1 各級政府機關應依公約規定之內容，就其所主管之法規及行政措施於本法施行後二年內提出優先檢視清單，有不符公約規定者，應於本法施行後三年內完成法規之增修、廢止及行政措施之改進，並應於本法施行後五年內，完成其餘法規之制（訂）定、修正或廢止及行政措施之改進。

2 未依前項規定完成法規之制（訂）定、修正或廢止及行政措施之改進前，應優先適用公約之規定。

3 第一項法規增修、廢止及行政措施之改進，應徵詢身心障礙團體意見。

第 11 條

本法未規定之事項，政府得視其性質，參照公約、聯合國身心障礙者權利委員會之解釋辦理。

第 12 條

本法自中華民國一百零三年十二月三日起施行。

附錄十二

學生輔導法

公布日期：民國 103 年 11 月 12 日

第 1 條

1　爲促進與維護學生身心健康及全人發展，並健全學生輔導工作，特制定本法。

2　學生輔導，依本法之規定。但特殊教育法另有規定者，從其規定。

第 2 條

1　本法所稱主管機關：在中央爲教育部；在直轄市爲直轄市政府；在縣（市）爲縣（市）政府。

2　軍事及警察校院，其主管機關分別爲國防部及內政部。

3　本法所定事項涉及各目的事業主管機關業務時，各該機關應配合辦理。

第 3 條

1　本法用詞，定義如下：

一、學校：指公私立各級學校。但不包括矯正學校。

二、輔導教師：指符合高級中等以下學校輔導教師資格，依法令任用於高級中等以下學校從事學生輔導工作者。

三、專業輔導人員：指具有臨床心理師、諮商心理師或社會工作師證書，由主管機關或學校依法進用，從事學生輔導工作者。

2　前項第二款輔導教師資格，由中央主管機關定之。

第 4 條

1　各級主管機關爲執行學生輔導行政工作，應指定學生輔導專責單位或專責人員，辦理各項學生輔導工作之規劃及執行事項。

2　高級中等以下學校主管機關應設學生輔導諮商中心，其任務如下：

一、提供學生心理評估、輔導諮商及資源轉介服務。

二、支援學校輔導嚴重適應困難及行爲偏差之學生。

三、支援學校嚴重個案之轉介及轉銜服務。

四、支援學校教師及學生家長專業諮詢服務。

五、支援學校辦理個案研討會議。

六、支援學校處理危機事件之心理諮商工作。

七、進行成果評估及嚴重個案追蹤管理。

八、協調與整合社區諮商及輔導資源。

九、協助辦理專業輔導人員與輔導教師之研習與督導工作。

十、統整並督導學校適性輔導工作之推動。

十一、其他與學生輔導相關事宜。

3 學生輔導諮商中心之建置規劃、設施設備、推動運作及與學校之協調聯繫等事項之規定，由高級中等以下學校主管機關定之。

第 5 條

1 各級主管機關為促進學生輔導工作發展，應召開學生輔導諮詢會，其任務如下：

一、提供有關學生輔導政策及法規興革之意見。

二、協調所主管學校、有關機關（構）推展學生輔導相關工作之事項。

三、研議實施學生輔導措施之發展方向。

四、提供學生輔導相關工作推展策略、方案、計畫等事項之意見。

五、提供學生輔導課程、教材、活動之規劃、研發等事項之意見。

六、協調各目的事業主管機關，並結合民間資源，共同推動學生輔導工作。

七、其他有關推展學生輔導相關工作之諮詢事項。

2 前項諮詢會置召集人一人，由各級主管機關首長擔任，其餘委員由各級主管機關首長就學者專家（應包括精神科醫師）、教育行政人員、學校行政人員（應包括輔導主任）、教師代表（應包括輔導教師）、家長代表、相關專業輔導人員、相關機關（構）或專業團體代表聘兼之；教育行政人員及學校行政人員代表人數合計不得超過委員總額之二分之一，任一性別委員人數不得少於委員總額三分之一。

3 第一項學生輔導諮詢會之委員遴選、組織及運作方式之規定，由各級主管機關定之。

第 6 條

1 學校應視學生身心狀況及需求，提供發展性輔導、介入性輔導或處遇性輔導之三級輔導。

2 前項所定三級輔導之內容如下：

一、發展性輔導：為促進學生心理健康、社會適應及適性發展，針對全校學生，訂定學校輔導工作計畫，實施生活輔導、學習輔導及生涯輔導相關措施。

二、介入性輔導：針對經前款發展性輔導仍無法有效滿足其需求，或適應欠佳、重複發生問題行為，或遭受重大創傷經驗等學生，依其個別化需求訂定輔導方案或計畫，提供諮詢、個別諮商及小團體輔導等措施，並提供評估轉介機制，進行個案管理及輔導。

三、處遇性輔導：針對經前款介入性輔導仍無法有效協助，或嚴重適應困難、行為偏差，或重大違規行為等學生，配合其特殊需求，結合心理治療、社會工作、家庭輔導、職能治療、法律服務、精神醫療等各類專業服務。

第 7 條

1 學校校長、教師及專業輔導人員，均負學生輔導之責任。

2 學校各行政單位應共同推動及執行前條三級輔導相關措施，協助前項人員落實其輔導職責，並安排輔導相關課程或活動之實施。

3 高級中等以下學校之專責單位或專責人員遇有中途輟學、長期缺課、中途離校、身心障礙、特殊境遇、文化或經濟弱勢及其他明顯有輔導需求之學生，應主動提供輔導資源。

4 學校執行學生輔導工作，必要時，得結合學生輔導諮商中心、特殊教育資源中心、家庭教育中心等資源，並得請求其他相關機關（構）協助，被請求之機關（構）應予配合。

第 8 條

1 高級中等以下學校應設學生輔導工作委員會，其任務如下：
　一、統整學校各單位相關資源，訂定學生輔導工作計畫，落實並檢視其實施成果。
　二、規劃或辦理學生、教職員工及家長學生輔導工作相關活動。
　三、結合學生家長及民間資源，推動學生輔導工作。
　四、其他有關學生輔導工作推展事項。

2 前項學生輔導工作委員會置主任委員一人，由校長兼任之，其餘委員由校長就學校行政主管、輔導教師或專業輔導人員、教師代表、職員工代表、學生代表及家長代表聘兼之；任一性別委員人數不得少於委員總額三分之一。但國民中、小學得視實際情況免聘學生代表。

3 第一項學生輔導工作委員會之組織、會議及其他相關事項之規定，由學校定之。

4 專科以上學校為統整校內各單位相關資源以推展學生輔導工作，得準用前三項規定設學生輔導工作委員會。

第 9 條

1 學校應由專責單位或專責人員推動學生輔導工作，掌理學生資料蒐集、處理及利用，學生智力、性向、人格等測驗之實施，學生興趣成就及志願之調查、輔導及諮商之進行等事項。

2 前項學生輔導資料，學校應指定場所妥善保存，其保存方式、保存時限及銷毀，由中央主管機關定之。

第 10 條

1 高級中等以下學校專任輔導教師員額編制如下：
　一、國民小學二十四班以下者，置一人，二十五班以上者，每二十四班增置一人。
　二、國民中學十五班以下者，置一人，十六班以上者，每十五班增置一人。
　三、高級中等學校十二班以下者，置一人，十三班以上者，每十二班增置一人。

2 學校屬跨學制者，其專任輔導教師之員額編制，應依各學制規定分別設置。

第 11 條

1 高級中等以下學校得視實際需要置專任專業輔導人員及義務輔導人員若干人，其班級數達五十五班以上者，應至少置專任專業輔導人員一人。

2 高級中等以下學校主管機關應置專任專業輔導人員，其所轄高級中等以下學校數合計二十校以下者，置一人，二十一校至四十校者，置二人，四十一校以上者以此類推。

3 依前二項規定所置專任專業輔導人員，應由高級中等以下學校主管機關視實際需要統籌調派之。

4 高級中等以下學校、直轄市、縣（市）主管機關置專任專業輔導人員所需經費，由中央主管機關視實際需要酌予補助之；其人員之資格、設置、實施方式、期程及其他相關事項之辦法，由中央主管機關會商直轄市、縣（市）主管機關後定之。

5 專科以上學校學生一千二百人以下者，應置專業輔導人員至少一人；超過一千二百人者，以每滿一千二百人置專業輔導人員一人為原則，未滿一千二百人而餘數達六百人以上者，得視業務需求，增置一人。但空中大學及宗教研修學院，不在此限。

6 學校分設不同校區者，應依校區學生總數分別置專業輔導人員。

第 12 條

1 學校教師，負責執行發展性輔導措施，並協助介入性及處遇性輔導措施；高級中等以下學校之輔導教師，並應負責執行介入性輔導措施。

2 學校及主管機關所置專業輔導人員，負責執行處遇性輔導措施，並協助發展性及介入性輔導措施；專科以上學校之專業輔導人員，並應負責執行介入性輔導措施。

3 學生對學校或輔導相關人員有關其個人之輔導措施，認為違法或不當致損害其權益者，學生或其監護人、法定代理人，得向學校提出申訴，學校應提供申訴服務；其申訴案件之處理程序、方式及相關服務事項，依相關規定辦理。

第 13 條

1 高級中等以下學校應依課程綱要安排輔導相關課程或班級輔導活動，並由各該學科專任教師或輔導教師擔任授課。

2 專任輔導教師不得排課。但因課務需要教授輔導相關課程者，其教學時數規定，由各該主管機關定之。

第 14 條

1 各級主管機關應妥善規劃專業培訓管道，並加強推動教師與專業輔導人員之輔導知能職前教育及在職進修。

2 高級中等以下學校主管機關應定期辦理初任輔導主任或組長、輔導教師及初聘專業輔導人員至少四十小時之職前基礎培訓課程。

3 學校應定期辦理校長、教師及專業輔導人員輔導知能研習，並納入年度輔導工作計畫實施。

4 高級中等以下學校之教師，每年應接受輔導知能在職進修課程至少三小時；輔導主任或組長、輔導教師及專業輔導人員，每年應接受在職進修課程至少十八小時；聘用機關或學校應核給公（差）假。但初任輔導主任或組長、輔導教師及初聘專業輔導人員依第二項規定於當年度已完成四十小時以上之職前基礎培訓課程者，得抵免之。

第 15 條

輔導教師及專業輔導人員接受在職進修課程情形及學生輔導工作成效，納入其成

績考核，成績優良者，應予獎勵。

第 16 條
學校應設置執行學生輔導工作所需之場地及設備，執行及推動學生輔導工作；其設置基準，由中央主管機關定之。

第 17 條
1 學生輔導工作相關人員，對於因業務而知悉或持有他人之秘密，負保密義務，不得洩漏。但法律另有規定或為避免緊急危難之處置，不在此限。
2 前項人員並應謹守專業倫理，維護學生接受輔導專業服務之權益。

第 18 條
1 學校應定期辦理輔導工作自我評鑑，落實對學生輔導工作之績效責任。
2 各級主管機關應就學校執行學生輔導工作之成效，定期辦理評鑑，其結果應納入學校校務評鑑相關評鑑項目參據；評鑑結果績優者，應予獎勵，成效不佳者，應輔導改進。

第 19 條
1 為使各教育階段學生輔導需求得以銜接，學校應提供整體性與持續性轉銜輔導及服務；其轉銜輔導及服務之辦法，由中央主管機關定之。
2 中央主管機關得建置學生通報系統，供學校辦理前項通報及轉銜輔導工作。

第 20 條
各級主管機關及學校為推動學生輔導工作，應優先編列所需經費，並專款專用。

第 21 條
1 高級中等學校以下學生家長、監護人或法定代理人應發揮親職之教育功能，相對承擔輔導責任，配合學校參與學生輔導相關活動，提供學校必要之協助。
2 為促進家長參與學生輔導工作，各級學校應主動通知輔導資源或輔導活動相關訊息。

第 22 條
第十條及第十一條有關專任輔導教師及專任專業輔導人員之配置規定，於中華民國一百零六年八月一日起逐年增加，並自一百零六年起由中央主管機關每五年進行檢討。

第 23 條
本法施行細則，由中央主管機關定之。

第 24 條
本法自公布日施行。

附錄十三

心理師法

修正日期：民國 109 年 01 月 15 日

第一章　總則

第 1 條

1　中華民國國民經臨床心理師考試及格並依本法領有臨床心理師證書者，得充臨床心理師。

2　中華民國國民經諮商心理師考試及格並依本法領有諮商心理師證書者，得充諮商心理師。

3　本法所稱之心理師，指前二項之臨床心理師及諮商心理師。

第 2 條

1　公立或立案之私立大學、獨立學院或符合教育部採認規定之國外大學、獨立學院臨床心理所、系、組或相關心理研究所主修臨床心理，並經實習至少一年成績及格，得有碩士以上學位者，得應臨床心理師考試。

2　公立或立案之私立大學、獨立學院或符合教育部採認規定之國外大學、獨立學院諮商心理所、系、組或相關心理研究所主修諮商心理，並經實習至少一年成績及格，得有碩士以上學位者，得應諮商心理師考試。

第 3 條

本法所稱主管機關：在中央為衛生福利部；在直轄市為直轄市政府；在縣（市）為縣（市）政府。

第 4 條

請領臨床心理師或諮商心理師證書，應檢具申請書及資格證明文件，送請中央主管機關核發之。

第 5 條

非領有臨床心理師或諮商心理師證書者，不得使用臨床心理師或諮商心理師之名稱。

第 6 條

有下列各款情事之一者，不得充臨床心理師或諮商心理師；其已充任者，撤銷或廢止其臨床心理師或諮商心理師證書：

一、曾受本法所定撤銷或廢止臨床心理師或諮商心理師證書處分者。

二、因業務上有關之故意犯罪行為，經有罪判決確定者。

第二章　執業

第 7 條

1 心理師應向執業所在地直轄市、縣（市）主管機關申請執業登記，領有執業執照，始得執業。

2 心理師應先於中央主管機關指定之機構執業，接受二年以上臨床實務訓練。

3 第一項申請執業登記之資格、條件、應檢附文件、執業執照發給、補發、換發及其他應遵行事項之辦法，由中央主管機關定之。

第 8 條

1 心理師執業，應接受繼續教育，並每六年提出完成繼續教育證明文件，辦理執業執照更新。

2 前項心理師接受繼續教育之課程內容、積分、實施方式、完成繼續教育證明文件、執業執照更新及其他應遵行事項之辦法，由中央主管機關定之。

第 9 條

1 有下列情形之一者，不得發給執業執照；已領者，撤銷或廢止之：

一、經撤銷或廢止臨床心理師或諮商心理師證書。

二、經廢止臨床心理師或諮商心理師執業執照未滿一年。

三、有客觀事實認不能執行業務，經直轄市、縣（市）主管機關邀請相關專科醫師、心理師及學者專家組成小組認定。

2 前項第三款原因消失後，仍得依本法規定申請執業執照。

第 10 條

心理師執業以一處為限，並應在所在地直轄市、縣（市）主管機關核准登記之醫療機構、心理治療所、心理諮商所或其他經主管機關認可之機構為之。但機構間之支援或經事先報准者，不在此限。

第 11 條

1 心理師歇業或停業時，應自事實發生之日起三十日內，報請原發執業執照機關備查。

2 心理師變更執業處所或復業者，準用第七條關於執業之規定。

3 心理師死亡者，由原發執業執照機關註銷其執業執照。

第 12 條

1 心理師執業，應加入所在地臨床心理師或諮商心理師公會。

2 臨床心理師或諮商心理師公會，不得拒絕具有會員資格者入會。

第 13 條

1 臨床心理師之業務範圍如下：

一、一般心理狀態與功能之心理衡鑑。

二、精神病或腦部心智功能之心理衡鑑。

三、心理發展偏差與障礙之心理諮商與心理治療。

四、認知、情緒或行為偏差與障礙之心理諮商與心理治療。

五、社會適應偏差與障礙之心理諮商與心理治療。

六、精神官能症之心理諮商與心理治療。

七、精神病或腦部心智功能之心理治療。

八、其他經中央主管機關認可之臨床心理業務。

2 前項第六款與第七款之業務，應依醫師開具之診斷及照會或醫囑為之。

第 14 條

1 諮商心理師之業務範圍如下：

一、一般心理狀態與功能之心理衡鑑。

二、心理發展偏差與障礙之心理諮商與心理治療。

三、認知、情緒或行為偏差與障礙之心理諮商與心理治療。

四、社會適應偏差與障礙之心理諮商與心理治療。

五、精神官能症之心理諮商與心理治療。

六、其他經中央主管機關認可之諮商心理業務。

2 前項第五款之業務，應依醫師開具之診斷及照會或醫囑為之。

第 15 條

心理師執行業務時，應製作紀錄，並載明下列事項：

一、個案當事人之姓名、性別、出生年月日、國民身分證統一編號及地址。

二、執行臨床心理或諮商心理業務之情形及日期。

三、其他依規定應載明之事項。

第 16 條

心理師執行業務發現個案當事人疑似罹患精神官能症、精神病或腦部心智功能不全疾病時，應予轉診。

第 17 條

心理師或其執業機構之人員，對於因業務而知悉或持有個案當事人之秘密，不得無故洩漏。

第 18 條

心理師執行業務時，不得施行手術、電療、使用藥品或其他醫療行為。

第 19 條

1 心理師應謹守專業倫理，維護個案當事人福祉。

2 心理師執行業務時，應尊重個案當事人之文化背景，不得因其性別、族群、社經地位、職業、年齡、語言、宗教或出生地不同而有差別待遇；並應取得個案當事人或其法定代理人之同意，及告知其應有之權益。

第三章　開業

第 20 條

1 臨床心理師得設立心理治療所，執行臨床心理業務。

2 諮商心理師得設立心理諮商所，執行諮商心理業務。

3 申請設立心理治療所或心理諮商所之臨床心理師或諮商心理師，應依第七條規定，經臨床實務訓練，並取得證明文件，始得為之。

4 臨床心理師或諮商心理師設立心理治療所或心理諮商所，應向所在地直轄市、縣（市）主管機關申請核准登記，發給開業執照。

5 心理治療所及心理諮商所之設置標準，由中央主管機關定之。

第 21 條

1 心理治療所或心理諮商所應以其申請人為負責心理師，並對該所業務負督導責任。

2 心理治療所或心理諮商所負責心理師因故不能執行業務時，應指定合於負責心理師資格者代理之。代理期間超過一個月者，應報請原發開業執照機關備查。

3 前項代理期間，最長不得逾一年。

第 22 條

1 心理治療所或心理諮商所名稱之使用或變更，應經原發給開業執照之所在地直轄市、縣（市）主管機關核准。

2 非心理治療所或心理諮商所，不得使用心理治療所、心理諮商所或類似之名稱。

第 23 條

1 心理治療所或心理諮商所歇業、停業時，應自事實發生之日起三十日內，報請原發開業執照機關備查。

2 心理治療所或心理諮商所之登記事項有變更時，應報請原發開業執照機關核准變更登記。

3 心理治療所或心理諮商所遷移或復業者，準用第二十條第四項關於設立之規定。

第 24 條

心理治療所或心理諮商所應將其開業執照、收費標準及所屬臨床心理師、諮商心理師之臨床心理師證書、諮商心理師證書，揭示於明顯處。

第 25 條

心理治療所或心理諮商所對於執行業務之紀錄及醫師開具之診斷、照會或醫囑，應妥為保管，並至少保存十年。

第 26 條

1 心理治療所或心理諮商所收取費用，應開給收費明細表及收據。

2 心理治療所或心理諮商所不得違反收費標準，超額或自立名目收費。

3 前項收費標準，由直轄市、縣（市）主管機關定之。

第 27 條

1 心理治療所或心理諮商所之廣告內容，以下列事項為限：

　一、心理治療所或心理諮商所之名稱、開業執照字號、地址、電話及交通路線。

　二、臨床心理師、諮商心理師之姓名及其證書字號。

　三、業務項目。

　四、其他經中央主管機關公告容許登載或宣播之事項。

2 非心理治療所或心理諮商所，不得為心理治療或心理諮商廣告。

第 28 條

1 心理治療所或心理諮商所不得以不正當方法，招攬業務。

2 心理師及其執業機構之人員，不得利用業務上之機會，獲取不正當利益。

第 29 條

心理治療所或心理諮商所應依法令規定或依主管機關之通知，提出報告；並接受主管機關對其人員、設備、衛生、安全、收費情形、作業等之檢查及資料蒐集。

第 30 條

經主管機關依第十條規定認可之機構，設有臨床心理或諮商心理單位或部門者，準用本章之規定。

第四章　罰則

第 31 條

1 違反第七條第一項、第八條第一項、第十條、第十一條第一項、第二項、第十二條第一項或第十五條規定者，處新臺幣一萬元以上五萬元以下罰鍰。

2 違反第七條第一項、第八條第一項、第十一條第一項、第二項或第十二條第一項規定者，除依前項規定處罰外，並令其限期改善；屆期未改善者，處一個月以上一年以下停業處分。

3 臨床心理師公會或諮商心理師公會違反第十二條第二項規定者，由人民團體主管機關處新臺幣一萬元以上五萬元以下罰鍰，並令其限期改善；屆期未改善者，按日連續處罰。

第 32 條

心理師受停業處分仍執行業務者，廢止其執業執照；受廢止執業執照處分仍執行業務者，廢止其臨床心理師證書或諮商心理師證書。

第 33 條

心理治療所或心理諮商所有下列各款情形之一者，廢止其開業執照：

　一、容留未具臨床心理師或諮商心理師資格人員擅自執行臨床心理師業務或諮商心理師業務。

　二、受停業處分而不停業。

第 34 條

1 違反第二十二條第一項、第二十三條第一項、第二項、第二十四條、第二十五條、第二十九條規定或未符合依第二十條第五項所定之標準者，處新臺幣一萬元以上五萬元以下罰鍰。

2 違反第二十二條第一項、第二十三條第一項、第二項、第二十四條規定或未符合依第二十條第五項所定之標準者，除依前項規定處罰外，並令其限期改善；屆期未改善者，處一個月以上一年以下停業處分。

第 35 條

1 違反第二十條第四項、第二十三條第三項、第二十六條第一項、第二項、第二十七條第一項或第二十八條規定者，處新臺幣二萬元以上十萬元以下罰鍰。

2 違反第二十六條第一項、第二項或第二十八條第一項規定者，除依前項規定處罰外，並令其限期改善或將超收部分退還個案當事人；屆期未改善或退還者，處一個月以上一年以下停業處分或廢止其開業執照。

第 36 條

違反第五條、第十七條、第二十二條第二項或第二十七條第二項規定者，處新臺幣三萬元以上十五萬元以下罰鍰。

第 37 條

心理師違反第七條第一項、第十條、第十一條第一項、第二項、第十五條、第十七條或第二十七條第二項規定之一，經依第三十一條或前條規定處罰者，對其執業機構亦處以各該條之罰鍰。但其他法律另有處罰規定者，從其規定。

第 38 條

1 心理治療所或心理諮商所受停業處分或廢止開業執照者，應同時對其負責心理師予以停業處分或廢止其執業執照。

2 心理治療所或心理諮商所之負責心理師受停業處分或廢止其執業執照時，應同時對該心理治療所或心理諮商所予以停業處分或廢止其開業執照。

第 39 條

心理治療所或心理諮商所受廢止開業執照處分，仍繼續開業者，廢止其負責心理師之臨床心理師證書或諮商心理師證書。

第 40 條

心理師將其證照租借他人使用者，廢止其臨床心理師證書或諮商心理師證書。

第 41 條

心理師於業務上有違法或不正當行為者，除本法另有規定外，處新臺幣二萬元以上十萬元以下罰鍰；其情節重大者，並處一個月以上一年以下停業處分或廢止其執業執照。

第 42 條

1 未取得臨床心理師或諮商心理師資格，擅自執行臨床心理師或諮商心理師業務者，處二年以下有期徒刑，得併科新臺幣三萬元以上十五萬元以下罰金。但醫師或在中央主管機關認可之醫院、機構於醫師、臨床心理師、諮商心理師指導下實習之下列人員，不在此限：

一、大學以上醫事或心理相關系、科之學生。

二、大學或獨立學院臨床心理、諮商心理所、系、組或相關心理研究所主修臨床心理或諮商心理之學生或自取得碩士以上學位日起三年內之畢業生。

2 護理人員、職能治療師、職能治療生、社會工作師或其他專門職業及技術人員等依其專門職業法律規定執行業務，涉及執行本法所定業務時，不視為違反前項規定。

3 從事心理輔導工作者，涉及執行第十四條第一項第二款至第四款所定業務，不視為違反第一項規定。

第 43 條

1 臨床心理師違反第十三條第二項或諮商心理師違反第十四條第二項規定者，處一年以下有期徒刑，得併科新臺幣三萬元以上十五萬元以下罰金。

2 心理師違反第十八條規定者，處一年以上三年以下有期徒刑，得併科新臺幣三萬元以上十五萬元以下罰金。

第 44 條

本法所定之罰鍰，於心理治療所或心理諮商所，處罰其負責心理師。

第 45 條

本法所定之罰鍰、停業、廢止執業執照或開業執照，除本法另有規定外，由直轄市、縣（市）主管機關為之；撤銷或廢止臨床心理師證書或諮商心理師證書，由中央主管機關為之。

第 46 條

依本法所處之罰鍰，經限期繳納，屆期未繳納者，依法移送強制執行。

第五章 公會

第 47 條

臨床心理師公會或諮商心理師公會之主管機關為人民團體主管機關。但其目的事業，應受主管機關之指導、監督。

第 48 條

1 臨床心理師公會或諮商心理師公會分直轄市及縣（市）公會，並得設全國聯合會。

2 臨床心理師公會或諮商心理師公會會址應設於各該公會主管機關所在地區。但經各該主管機關核准者，不在此限。

第 49 條

臨床心理師公會或諮商心理師公會之區域，依現有之行政區域；在同一區域內，同級之公會以一個為限。

第 50 條

直轄市、縣（市）臨床心理師公會或諮商心理師公會，由該轄區域內臨床心理師、諮商心理師各九人以上發起組織之；其未滿九人者，得加入鄰近區域之公會。

第 51 條

臨床心理師公會或諮商心理師公會全國聯合會之設立，應由各三分之一以上之直轄市、縣（市）臨床心理師公會、諮商心理師公會完成組織後，始得發起組織。

第 52 條

1 臨床心理師公會或諮商心理師公會置理事、監事，均於召開會員（會員代表）大會時，由會員（會員代表）選舉之，並分別成立理事會、監事會，其名額如下：

一、縣（市）臨床心理師公會或諮商心理師公會之理事不得超過十五人。

二、直轄市臨床心理師公會或諮商心理師公會之理事不得超過二十五人。

三、臨床心理師公會或諮商心理師公會全國聯合會之理事不得超過三十五人。

四、各級臨床心理師公會或諮商心理師公會之理事名額不得超過全體會員（會員代表）人數二分之一。

五、各級臨床心理師公會或諮商心理師公會之監事名額不得超過各該公會理事名額三分之一。

2 各級臨床心理師公會或諮商心理師公會得置候補理事、候補監事，其名額不得超過各該公會理事、監事名額三分之一。

3 理事、監事名額在三人以上時，得分別互選常務理事及常務監事；其名額不得超過理事或監事總額三分之一，並應由理事就常務理事中選舉一人為理事長；其不置常務理事者，就理事中互選之。常務監事在三人以上時，應互推一人為監事會召集人。

第 53 條

理事、監事任期均為三年，其連選連任者不得超過二分之一；理事長之連任，以一次為限。

第 54 條

1 臨床心理師公會或諮商心理師公會全國聯合會理事、監事之當選，不以直轄市、縣（市）臨床心理師公會或諮商心理師公會選派參加之會員代表為限。

2 直轄市、縣（市）臨床心理師公會或諮商心理師公會選派參加其全國聯合會之會員代表，不以其理事、監事為限。

第 55 條

1 臨床心理師公會或諮商心理師公會每年召開會員（會員代表）大會一次，必要時，得召集臨時大會。

2 臨床心理師公會或諮商心理師公會會員人數超過三百人以上時，得依章程之規定就會員分布狀況劃定區域，按其會員人數比例選出代表，召開會員代表大會，行使會員大會之職權。

第 56 條

臨床心理師公會或諮商心理師公會應訂立章程，造具會員名冊及選任職員簡歷冊，送請所在地人民團體主管機關立案，並分送中央及直轄市、縣（市）主管機關備查。

第 57 條

各級臨床心理師公會及諮商心理師公會之章程應載明下列事項：

一、名稱、區域及會所所在地。
二、宗旨、組織及任務。
三、會員之入會及出會。
四、會員代表之產生及其任期。
五、理事、監事名額、權限、任期及其選任、解任。
六、會員（會員代表）大會及理事會、監事會會議之規定。
七、會員應遵守之專業倫理規範與公約。
八、經費及會計。
九、章程之修改。
十、其他依法令規定應載明或處理會務之必要事項。

第 58 條

1 直轄市、縣（市）臨床心理師公會或諮商心理師公會對臨床心理師公會或諮商心理師公會全國聯合會之章程、專業倫理規範及決議，有遵守義務。
2 臨床心理師公會或諮商心理師公會有違反法令、章程、專業倫理規範或其全國聯合會章程、決議者，人民團體主管機關得為下列處分：

一、警告。
二、撤銷其決議。
三、撤免其理事、監事。
四、限期整理。

3 前項第一款、第二款處分，亦得由主管機關為之。

第 59 條

臨床心理師公會或諮商心理師公會會員有違反法令、章程或專業倫理規範之行為者，公會得依章程、理事會、監事會或會員（會員代表）大會決議予以處分。

第六章　附則

第 60 條

1 外國人得依中華民國法律，應臨床心理師或諮商心理師考試。
2 前項考試及格，領有臨床心理師或諮商心理師證書之外國人，在中華民國執行業務，應經中央主管機關許可，並應遵守中華民國關於臨床心理及諮商心理之相關

法令、專業倫理規範及臨床心理師公會或諮商心理師公會章程；其執業之許可及管理辦法，由中央主管機關定之。

違反前項規定者，除依法處罰外，中央主管機關並得廢止其許可。

第 61 條

具有下列資格之一，經中央主管機關審查合格者，得應臨床心理師特種考試：

一、本法公布施行前，曾在醫療機構從事臨床心理業務滿二年，並具專科以上學校畢業資格。

二、本法公布施行前，曾在醫療機構從事臨床心理業務滿一年，並具大學、獨立學院相關心理所、系、組碩士以上學位。

具有下列資格之一，經中央主管機關審查合格者，得應諮商心理師特種考試：

一、本法公布施行前，曾在醫療機構、大專院校之輔導或諮商中心、社區性心理衛生中心從事諮商心理業務滿二年，並具大學、獨立學院以上學校畢業資格。

二、本法公布施行前，曾在醫療機構、大專院校之輔導或諮商中心、社區性心理衛生中心從事諮商心理業務滿一年，並具大學、獨立學院相關心理、諮商、輔導所、系、組碩士以上學位。

三、本法公布施行前，曾在政府立案有心理諮商或心理輔導業務之機構，從事諮商心理業務滿三年，並具大學、獨立學院以上學校畢業資格。

前二項特種考試，於本法公布施行後五年內舉辦三次。

大學或獨立學院臨床心理、諮商心理所、系、組或相關心理研究所主修臨床心理或諮商心理之畢業生及符合第一項、第二項規定資格者，於本法公布施行之日起五年內，免依第四十二條第一項規定處罰。

本法公布施行前，經公務人員高等考試三級考試公職臨床心理師考試及格者，得申請專門職業及技術人員高等考試臨床心理師考試全部科目免試。

第 62 條

中央或直轄市、縣（市）主管機關依本法核發證書或執照時，得收取證書費或執照費；其費額，由中央主管機關定之。

第 63 條

本法施行細則，由中央主管機關定之。

第 64 條

本法自公布日施行。

附錄十四

身心障礙者鑑定作業辦法

修正日期：民國 113 年 05 月 06 日

第 1 條

本辦法依身心障礙者權益保障法（以下簡稱本法）第六條第三項規定訂定之。

第 2 條

本辦法所稱衛生主管機關：在中央為衛生福利部；在直轄市為直轄市政府；在縣（市）為縣（市）政府。

第 3 條

1 直轄市、縣（市）衛生主管機關得設身心障礙者鑑定審議諮詢小組，辦理下列事項：

一、身心障礙鑑定機構（以下稱鑑定機構）或專業人員之指定。

二、身心障礙需重新鑑定之指定。

三、鑑定結果爭議及複檢之處理。

四、其他相關身心障礙鑑定之審議或諮詢。

2 前項小組之委員，由下列人員組成：

一、衛生局或衛生福利局代表。

二、社會局或社會處代表。

三、教育局或教育處代表。

四、醫事人員。

五、身心障礙者團體代表。

六、地方人士。

第 4 條

1 受指定之鑑定機構，應具備適當之鑑定設備及空間，並具有本辦法所定之身心障礙鑑定人員，且設有身心障礙單一服務窗口，提供鑑定相關諮詢。

2 身心障礙鑑定人員，依其任務及職責，分類如下：

一、身體功能及構造之鑑定人員。

二、活動參與及環境因素之鑑定人員。

3 前項第一款鑑定人員資格條件及鑑定方法與鑑定工具，規定如附表一甲；第二款鑑定人員資格條件及鑑定方法與鑑定工具，規定如附表一乙。

4 前項中華民國一百十一年九月二十日修正發布之附表一甲，自一百十二年一月一日施行。

第 5 條

申請身心障礙鑑定，應填具申請書，並檢附下列文件、資料，向戶籍所在地直轄市、縣（市）之任一鄉（鎮、市、區）公所提出：

一、近三個月內之一吋半身照片三張。

二、國民身分證正背面影本；未滿十四歲者，得檢附戶口名簿影本。

第 6 條

直轄市、縣（市）之鄉（鎮、市、區）公所受理前條申請後，應確認申請人之基本資料，發給身心障礙者鑑定表（以下簡稱鑑定表）及提供鑑定機構之相關資訊。

第 7 條

申請人應持鑑定表，至鑑定機構辦理鑑定，其鑑定內容包括診察、診斷或檢查。

申請人具有最近三個月內之就診紀錄或診斷證明，足以供鑑定機構判定其身體功能及構造之障礙程度時，該鑑定機構得免重複前項之診察、診斷或檢查。

第 8 條

鑑定機構應依本法第六條第一項規定，組成專業團隊，進行鑑定；其鑑定，應依附表二甲、附表二乙及附表三判定。

鑑定機構完成鑑定後，於鑑定資料輸入中央主管機關建置之資訊系統次日起十日內，將鑑定表及身心障礙鑑定報告（以下簡稱鑑定報告），送達申請人戶籍所在地直轄市、縣（市）衛生主管機關。

直轄市、縣（市）衛生主管機關接獲鑑定表及鑑定報告後，應將鑑定費核發予該鑑定機構；並至遲於十日內，將該鑑定表及鑑定報告核轉直轄市、縣（市）社會福利主管機關。

第一項中華民國一百零九年十二月十五日修正發布之附表二甲及附表三，自一百十年四月一日施行；附表二乙及一百十年十二月一日修正發布之附表二甲，自一百十一年一月一日施行；一百十一年九月二十日修正發布之附表二甲，自一百十二年一月一日施行；一百十二年八月十日修正發布之附表二甲及附表三，自一百十三年一月一日施行。

第 9 條

鑑定機構就下列未滿六歲兒童之身心障礙鑑定，無法以附表二甲判定其身心障礙類別及程度分級者，依下列規定為之：

一、身體系統構造或功能永久性缺陷者，得暫判定為重度等級。

二、經中央衛生主管機關認定因罕見疾病致身體系統構造或功能障礙者，得暫判定為重度等級。

三、經早期療育發展評估，具二項以上發展遲緩並取得報告者，得暫判定為輕度等級。

未滿六歲兒童經依前項規定暫判定者，其身心障礙證明有效期日最長為其滿六歲後第九十日。

第 10 條

因障礙情況改變，申請變更身心障礙類別、鑑定向度或障礙程度者，除依第五條規定辦理外，應另檢附最近三個月內身心障礙相關診斷證明。

第 11 條

有下列情形之一者，申請人得向直轄市、縣（市）衛生主管機關申請指定鑑定機構指派合格鑑定人員至申請人居住處所鑑定之：

一、全癱無法自行下床。

二、需二十四小時使用呼吸器或維生設備。

三、長期重度昏迷。

四、其他特殊困難，經所在地直轄市、縣（市）衛生主管機關認定。

第 12 條

有下列情形之一者，鑑定機構得向直轄市、縣（市）衛生主管機關提出未完成鑑定之報告，並予結案：

一、申請人死亡。

二、申請人終止鑑定。

三、申請人因個人因素超過六個月仍未完成鑑定。

四、因其他不可預知情事，經所在地直轄市、縣（市）衛生主管機關核准終止鑑定。

第 13 條

申請人、鑑定機構人員、鑑定人員及其他專業團隊人員，對於身心障礙鑑定，不得有虛偽不實之情事。

第 14 條

本辦法除另定施行日期者外，自發布日施行。

第四條附表一甲修正規定

附表一甲　身體系統構造或功能之鑑定人員資格條件及鑑定方法與鑑定工具

類別	鑑定向度	鑑定人員資格條件	鑑定方法			鑑定工具
			身體診察	基本檢查	特殊檢查	
一、神經系統構造及精神、心智功能	b110意識功能	下列專科醫師： 1. 精神科 2. 神經科 3. 曾參加神經相關專業訓練之兒科專科醫師，並取得前述專業訓練機構之證明書字號。 4. 神經外科 5. 復健科	1. 病史 2. 臨床評估	綜合理學檢查、神經學檢查、精神狀態檢查或合宜之意識功能評量工具或項目等評估結果研判	無	合宜之意識功能評量工具（如：Glasgow昏迷量表）
	b117智力功能	下列專科醫師： 1. 精神科 2. 神經科 3. 曾參加神經相關專業訓練之兒科專科醫師，並取得前述專業訓練機構之證明書字號。 4. 神經外科 5. 復健科	1. 病史 2. 臨床評估	1. 理學 2. 神經學 3. 精神狀態檢查 4. 標準化智力量表評估 5. 標準化發展量表評估 6. 臨床失智評估量表評估	無	1. 標準化智力量表（如：幼兒、兒童及成人魏氏智力量表、斯比智力量表等） 2. 發展評估工具（如：嬰幼兒發展測驗、貝莉氏嬰兒發展量表等）中相關智力功能之項目 3. 臨床失智評估量表
	b122整體心理社會功能	下列專科醫師： 1. 精神科 2. 神經科 3. 曾參加神經	1. 病史 2. 臨床評估	1. 理學 2. 神經學 3. 精神狀態檢查 4. 社會互	無	1. 社會互動（social-reciprocity）功能相關評量工具，如：發展量表中有關人際社會之

類別	鑑定向度	鑑定人員資格條件	鑑定方法			鑑定工具
			身體診察	基本檢查	特殊檢查	
一、神經系統構造及精神、心智功能	b122整體心理社會功能	相關專業訓練之兒科專科醫師，並取得前述專業訓練機構之證明書字號。4.神經外科5.復健科		動功能評估5.整體功能評估		分項、心理衡鑑中有關協同注意力（joint attention）、社會認知或判斷、或心智理論（theory o mind）檢測之工具、各種社交技巧量表或社會適應量表、自閉症相關之評估量表。2.整體功能評估量表
	b140注意力功能	下列專科醫師：1.精神科2.神經科3.曾參加神經相關專業訓練之兒科專科醫師，並取得前述專業訓練機構之證明書字號。4.神經外科5.復健科	1.病史2.臨床評估	1.理學2.神經學3.精神狀態檢查4.注意力功能之神經心理衡鑑5.標準化之注意力功能量表評估	無	1.神經心理相關注意力功能之測驗，如：廣泛性非語文注意力測驗、持續操作測驗（Continuance Performance-Test）、郭爾登診斷系統（Gordon Diagnostic System; GDS）等。2.各種注意力功能相關之評量表，如：SNAP-IV量表、柯能氏量表（Conner's Rating Scale）、兒童活動量表、問題行為篩檢量表、成人ADHD自填量表等。

類別	鑑定向度	鑑定人員資格條件	鑑定方法			鑑定工具
			身體診察	基本檢查	特殊檢查	
一、神經系統構造及精神、心智功能	b144 記憶功能	下列專科醫師： 1.精神科 2.神經科 3.曾參加神經相關專業訓練之兒科專科醫師，並取得前述專業訓練機構之證明書字號。 4.神經外科 5.復健科	1.病史 2.臨床評估	1.神經學 2.精神狀態檢查（如：MMSE、CASI） 3.記憶功能之神經心理衡鑑 4.標準化之記憶功能量表評估	無	1.記憶功能相關測驗：智力測驗中涉及工作記憶或語意記憶之分測驗，如：常識、數字廣度等；記憶功能之神經心理測驗，如：魏氏記憶量表（Wechsler Memory Scale-III）、連續視覺記憶量表（Continuous Visual Memory Test）、兒童認知功能綜合測驗之工作記憶測驗、Rey複雜圖測驗（Rey Complex Figure Test）之回憶表現、自傳記憶（autobiographical memory）等。 2.各種記憶功能相關之評量表
	b147 心理動作功能	下列專科醫師： 1.精神科 2.神經科 3.曾參加神經相關專業訓練之兒科專科醫師，並取得前述專	1.病史 2.臨床評估	1.理學 2.神經學 3.精神狀態檢查 4.心理動作功能評估 5.整體功能評估	無	1.心理動作相關評量工具，如：班達測驗等有關心理動作之神經心理測驗；簡短精神症狀量表、正性及負性精神症狀量表、或其他適用於憂鬱症、

類別	鑑定向度	鑑定人員資格條件	鑑定方法			鑑定工具
			身體診察	基本檢查	特殊檢查	
一、神經系統構造及精神、心智功能	b147 心理動作功能	業訓練機構之證明書字號。4.神經外科 5.復健科				躁症、強迫症、自閉症、注意力不足、過動症等評估量表中，有關心理動作功能評量之部分；職能作業評估中，有關心理動作功能評量之部分。2.整體功能評估量表
	b152 情緒功能	精神科專科醫師	1.病史 2.臨床評估	1.理學 2.神經學 3.精神狀態檢查 4.情緒功能評估 5.整體功能評估	無	1.情緒功能相關評量工具（如：漢氏憂鬱量表、貝克憂鬱量表、楊氏躁症量表等，或其他適用於憂鬱症、躁症之量表）2.整體功能評估量表
	b160 思想功能	下列專科醫師：1.精神科 2.神經科	1.病史 2.臨床評估	1.理學 2.神經學 3.精神狀態檢查 4.思想功能評估 5.整體功能評估	無	1.思考功能相關評量工具（如：簡短精神症狀量表、正性及負性精神症狀量表，或其他適用於精神分裂症與妄想症、強迫症或飲食障礙症之量表）2.整體功能評估量表

類別	鑑定向度	鑑定人員資格條件	鑑定方法			鑑定工具
			身體診察	基本檢查	特殊檢查	
一、神經系統構造及精神、心智功能	b164 高階認知功能	下列專科醫師： 1.精神科 2.神經科 3.曾參加神經相關專業訓練之兒科專科醫師，並取得前述專業訓練機構之證明書字號。 4.神經外科 5.復健科	1.病史 2.臨床評估	1.理學 2.神經學 3.精神狀態檢查 4.標準化之執行功能量表評估 5.整體功能評估 6.臨床失智評估量表評估	無	1.執行功能相關評量工具：神經心理衡鑑中有關概念形成、歸類能力、認知靈活度、抽象和組織能力、思考轉換能力之檢測工具，如：Wisconsin Card Sorting Test、Cate-gory Test、Tower Tests、Maze tests、Flu-ency Tests、Stroop Test、Color Trail Test等。 2.各種執行功能相關行為評量表 3.臨床失智評估量表
	b16700 口語理解功能	下列專科醫師： 1.精神科 2.神經科 3.曾參加神經相關專業訓練之兒科專科醫師，並取得前述專業訓練機構之證明書字號。 4.神經外科 5.復健科	1.病史 2.臨床評估	1.理學 2.神經學 3.精神狀態檢查 4.口語理解評估	無	1.口語理解評估工具 2.運動言語障礙評量工具（Assessment of Intelligi-bility of Dysarthric Speech） 3.語言功能工具（Assessment of Language Related Functional Activi-ties; ALFA） 4.失語症評量工具（Boston Diagnos

類別	鑑定向度	鑑定人員資格條件	鑑定方法			鑑定工具
			身體診察	基本檢查	特殊檢查	
一、神經系統構造及精神、心智功能	b16700 口語理解功能					tic Aphasia Examination; BDAE-3) 5.表達性詞彙評量工具（Expressive One-Word Picture Vocabulary Test; EOWPVT） 6.成人溝通能力評估（Functional Assessment of Communication Skills for Adults; FACS及PorchIndex of Communicative Ability; PICA） 7.簡明失語症測驗（Concise Chinese Aphasia Test; CCAT）
	b16710 口語表達功能	下列專科醫師： 1.精神科 2.神經科 3.曾參加神經相關專業訓練之兒科專科醫師，並取得前述專業訓練機構之證明書字號。 4.神經外科 5.復健科	1.病史 2.臨床評估	1.理學 2.神經學 3.精神狀態檢查 4.口語表達評估	無	1.口語表達評估工具 2.運動言語障礙評量工具（Assessment of Intelligibility of Dysarthric Speech） 3.語言功能工具（Assessment of Language Related Functional Activities; ALFA） 4.失語症評量工具（Boston Diagnostic Aphasia Examination; BDAE-3）

類別	鑑定向度	鑑定人員資格條件	鑑定方法			鑑定工具
			身體診察	基本檢查	特殊檢查	
一、神經系統構造及精神、心智功能	b16710 口語表達功能					5. 表達性詞彙評量工具（Expressive One Word Picture Vocabulary Test; EOWPVT）
						6. 成人溝通能力評估（Functional Assessment of Communication Skills for Adults; FACS及 PorchIndex of Communicative Ability; PICA）
						7. 簡明失語症測驗（Concise Chinese Aphasia Test; CCAT）
	b16701 閱讀功能	下列專科醫師： 1. 精神科 2. 神經科 3. 曾參加神經相關專業訓練之兒科專科醫師，並取得前述專業訓練機構之證明書字號。 4. 神經外科 5. 復健科	1. 病史 2. 臨床評估	1. 智能評量 2. 特殊教育觀察與評量 3. 閱讀功能評量	無	1. 智能評量工具 2. 特殊教育觀察與評量工具 3. 識字能力的評量工具，如基本讀寫字綜合測驗、常見字流暢性測驗。 4. 閱讀理解的評量工具，如中文閱讀理解測驗等。

類別	鑑定向度	鑑定人員資格條件	鑑定方法			鑑定工具
			身體診察	基本檢查	特殊檢查	
一、神經系統構造及精神、心智功能	b16711 書寫功能	下列專科醫師： 1. 精神科 2. 神經科 3. 曾參加神經相關專業訓練之兒科專科醫師，並取得前述專業訓練機構之證明書字號。 4. 神經外科 5. 復健科	1. 病史 2. 臨床評估	1. 智能評量 2. 特殊教育觀察與評量 3. 書寫功能評量	無	1. 智能評量工具 2. 特殊教育觀察與評量工具 3. 書寫能力的評量工具，如基本讀寫字綜合測驗、國小學童書寫語言測驗等。
二、眼、耳及相關構造與感官功能及疼痛	b210 視覺功能	眼科專科醫師	1. 病史 2. 臨床評估	1. 一般檢眼法 2. 視力檢查 3. 眼壓測定 4. 細隙燈檢查 5. 眼底鏡檢查 6. 屈光檢查	1. 光覺測定 2. 超音波A掃描 3. 超音波B掃描 4. 螢光眼底攝影 5. 視野檢查 6. 網膜電壓ERG 7. 眼電壓EOG 8. 視覺誘發電位檢查VEP 9. 詐盲檢查	1. 遠距離視力表 2. 近距離視力表 3. 眼底鏡 4. 網膜鏡 5. 眼壓計 6. 細隙燈顯微鏡 7. 電腦驗光機 8. 電腦視野計 9. ERG、EOG、VEP等電生理儀
	b230 聽覺功能	耳鼻喉科專科醫師	1. 病史 2. 臨床評估	1. 純音聽力檢查（主觀） 2. 語音聽力檢查（SRT）	1. 語音聽力檢查〔含語音接收閾值	1. 基本耳部理學檢查 2. 聽力計 3. 聽性腦幹反應檢

類別	鑑定向度	鑑定人員資格條件	鑑定方法			鑑定工具
			身體診察	基本檢查	特殊檢查	
二、眼、耳及相關構造與感官功能及疼痛	b230 聽覺功能			3. 鼓室圖（Tympanometry）	（SRT）〕 2. 聽阻聽力檢查 3. 聽性腦幹反應檢查（ABR） 4. 穩定誘發聽力檢查（ASSR）	查儀或穩定誘發聽力檢查儀
	b235 平衡功能	下列專科醫師： 1.神經科 2.神經外科 3.外科 4.復健科 5.耳鼻喉科	1.病史 2.臨床評估	1.前庭功能檢查 2.平衡功能檢查 3.神經學檢查	無	1. 聽性腦幹反應（Auditory Brainstem Response, ABR） 2. Electronystagmography（眼振電圖） 3. Bithermalcalorictest 4. Rotary chairtest 5. Vestibular Evoked Myogenic Potentialtest 6. 核磁造影 7. 電腦斷層攝影 8. 動態平衡圖檢查
	s220 眼球構造	眼科專科醫師	1. 病史 2. 臨床評估	1. 一般檢眼法 2. 視力檢查 3. 眼壓測定 4. 細隙燈檢查 5. 斜視檢查 6. 屈光檢查 7. 眼底鏡檢查	1. 超音波掃描 2. 螢光眼底攝影 3. 視野檢查 4. 網膜電位檢查 5. 視覺誘發電位檢查（VEP）	1. 遠距離視力表 2. 近距離視力表 3. 眼壓計 4. 細隙燈顯微鏡 5. 鋑鏡組 6. 超音波掃描儀 7. 螢光眼底攝影機 8. 電腦視野計 9. 網膜電位檢查儀 10. 視覺誘發電位檢

類別	鑑定向度	鑑定人員資格條件	鑑定方法			鑑定工具
			身體診察	基本檢查	特殊檢查	
	s220 眼球構造				6. 詐盲檢查 7. 視網膜光學斷層掃描	查儀 11. 視網膜光學斷層掃描儀（Optical Coherence Tomography; OCT）
	s260 內耳構造	耳鼻喉科專科醫師	1. 病史 2. 臨床評估	無	無	1. 高解析度顳骨斷層掃描（HR-CT） 2. 磁振造影（MRI）
三、涉及聲音與言語構造及其功能	b310 嗓音功能	下列專科醫師： 1. 神經科 2. 曾參加神經相關專業訓練之兒科專科醫師，並取得前述專業訓練機構之證明書字號。 3. 神經外科 4. 復健科 5. 耳鼻喉科	1. 病史 2. 臨床評估	1. 喉部發聲機能檢查 2. 語言之接受及表達能力評估	1. 聽力檢查 2. 口腔咽喉鏡檢查 3. 腦部電腦斷層 4. 特殊語言評估	語言評估
	b320 構音功能	下列專科醫師： 1. 神經科 2. 曾參加神經相關專業訓練之兒科專科醫師，並取得前述專業訓練機構之證明書字號。	1. 病史 2. 臨床評估	1. 喉部發聲機能檢查 2. 語言之接受及表達能力評估	1. 聽力檢查 2. 口腔咽喉鏡檢查 3. 腦部電腦斷層 4. 特殊語言評估	語言評估

類別	鑑定向度	鑑定人員資格條件	鑑定方法			鑑定工具
			身體診察	基本檢查	特殊檢查	
三、涉及聲音與言語構造及其功能	b320 構音功能	3. 神經外科 4. 復健科 5. 耳鼻喉科				
	b330 言語功能的流暢與節律	下列專科醫師： 1. 神經科 2. 曾參加神經相關專業訓練之兒科專科醫師，並取得前述專業訓練機構之證明書字號。 3. 神經外科 4. 復健科 5. 耳鼻喉科	1. 病史 2. 臨床評估	1. 喉部發聲機能檢查 2. 語言之接受及表達能力評估	1. 聽力檢查 2. 口腔咽喉鏡檢查 3. 腦部電腦斷層 4. 特殊語言評估	語言評估
	s320 口構造	下列專科醫師： 1. 耳鼻喉科 2. 牙科 3. 整形外科	1. 病史 2. 臨床評估	1. 喉部發聲機能檢查 2. 語言之接受及表達能力評估	1. 聽力檢查 2. 口腔咽喉鏡檢查 3. 腦部電腦斷層 4. 特殊語言評估	語言評估
	s330 咽構造	下列專科醫師： 1. 耳鼻喉科 2. 牙科 3. 整形外科	1. 病史 2. 臨床評估	1. 喉部發聲機能檢查 2. 語言之接受及表達能力評估	1. 聽力檢查 2. 口腔咽喉鏡檢查 3. 腦部電腦斷層 4. 特殊語言評估	語言評估
	s340 喉構造	下列專科醫師： 1. 耳鼻喉科	1. 病史 2. 臨床評估	1. 喉部發聲機能檢查 2. 語言之接受	1. 聽力檢查 2. 口腔咽喉鏡檢查	語言評估

類別	鑑定向度	鑑定人員資格條件	鑑定方法			鑑定工具
			身體診察	基本檢查	特殊檢查	
	s340 喉構造	2. 牙科 3. 整形外科		及表達能力評估	3. 腦部電腦斷層 4. 特殊語言評估	
四、循環、造血、免疫與呼吸系統構造及其功能	b410 心臟功能	下列專科醫師： 曾參加心臟相關專業訓練之內科、外科或兒科專科醫師，並取得前述專業訓練機構之證明書字號。	1. 病史 2. 臨床評估	1. X光 2. 超音波檢查 3. 生化檢查 4. 心電圖檢查	1. 心導管及心血管攝影檢查 2. 核子醫學檢查 3. MRI檢查 4. 運動心電圖檢查	1. X光 2. 心電圖 3. 超音波 4. 心導管及心血管攝影 5. 核子醫學檢查 6. X光斷層掃描 7. MRI
	b415 血管功能	下列專科醫師： 曾參加心臟相關專業訓練之內科、外科或兒科專科醫師，並取得前述專業訓練機構之證明書字號。	1. 病史 2. 臨床評估	1. X光 2. 超音波檢查 3. 生化檢查 4. 心電圖檢查	1. 心導管及心血管攝影檢查 2. 核子醫學檢查 3. MRI檢查 4. 運動心電圖檢查	1. X光 2. 心電圖 3. 超音波 4. 心導管及心血管攝影 5. 核子醫學檢查 6. X光斷層掃描 7. MRI
	b430 血液系統功能	下列專科醫師： 曾參加血液相關專業訓練之內科或兒科專科醫師，並取得前述專業訓練機構之證明書字號。	1. 病史 2. 臨床評估	1. 全套血球計數 2. 白血球分類 3. 鐵定量 4. 肝臟 5. 心臟功能	1. 骨髓檢查 2. 輸血記錄	1. 骨髓檢查 2. 血液檢查

類別	鑑定向度	鑑定人員資格條件	鑑定方法			鑑定工具
			身體診察	基本檢查	特殊檢查	
四、循環、造血、免疫與呼吸系統構造及其功能	b440 呼吸功能	下列專科醫師： 1. 神經科 2. 耳鼻喉科 3. 精神科 4. 復健科 5. 曾參加胸腔相關專業訓練之內科、外科或兒科專科醫師，並取得前述專業訓練機構之證明書字號。 6. 曾參加重症相關專業訓練之兒科專科醫師，並取得前述專業訓練機構之證明書字號。 7. 曾參加神經相關專業訓練之兒科專科醫師，並取得前述專業訓練機構之證明書字號。	1. 病史 2. 臨床評估	1. 胸腔放射線檢查 2. 肺功能檢查 3. 綜合分析判斷		1. 胸部放射線學檢查 2. 肺功能檢查：肺容積檢查、流速容積圖形、動脈血液氣體分析、肺瀰散量檢查。 3. 整夜睡眠多項生理檢查
	s430 呼吸系統構造	下列專科醫師： 1. 神經科 2. 耳鼻喉科 3. 精神科				

類別	鑑定向度	鑑定人員資格條件	鑑定方法			鑑定工具
			身體診察	基本檢查	特殊檢查	
四、循環、造血、免疫與呼吸系統構造及其功能	s430 呼吸系統構造	4.復健科 5.曾參加胸腔相關專業訓練之內科、外科或兒科專科醫師，並取得前述專業訓練機構之證明書字號。 6.曾參加重症相關專業訓練之兒科專科醫師，並取得前述專業訓練機構之證明書字號。 7.曾參加神經相關專業訓練之兒科專科醫師，並取得前述專業訓練機構之證明書字號。	1.病史 2.臨床評估	1.胸腔放射線檢查 2.肺功能檢查 3.綜合分析判斷		1.胸部放射線學檢查 2.肺功能檢查：肺容積檢查、流速容積圖形、動脈血液氣體分析、肺瀰散量檢查。 3.整夜睡眠多項生理檢查
五、消化、新陳代謝與內分泌	b510 攝食功能	下列專科醫師： 1.神經科 2.復健科 3.耳鼻喉科 4.曾參加胸腔相關專業訓練之外科專科醫師，並	1.病史 2.臨床評估	吞嚥評估	1.吞嚥攝影 2.食道攝影	食道鏡

類別	鑑定向度	鑑定人員資格條件	鑑定方法			鑑定工具
			身體診察	基本檢查	特殊檢查	
系統相關構造及其功能	b510 攝食功能	取得前述專業訓練機構之證明書字號。 5. 曾參加消化相關專業訓練之外科、內科或兒科專科醫師，並取得前述專業訓練機構之證明書字號。				
	b540 胰臟功能	下列專科醫師： 1. 曾參加內分泌、遺傳或新陳代謝相關專業訓練之兒科專科醫師，並取得前述專業訓練機構之證明書字號。 2. 曾參加內分泌新陳代謝相關專業訓練之內科專科醫師，並取得前述專業訓練機構之證明書字號。	1. 病史 2. 臨床評估	生化檢查	1. 升糖素刺激試驗 2. 胰島自體抗體檢測 3. 口服75公克葡萄糖耐受試驗	1. 血漿葡萄糖檢查 2. 糖化血色素檢查

類別	鑑定向度	鑑定人員資格條件	鑑定方法			鑑定工具
			身體診察	基本檢查	特殊檢查	
五、消化、新陳代謝與內分泌系統相關構造及其功能	s530 胃構造	下列專科醫師：曾參加消化相關專業訓練之外科、內科或兒科專科醫師，並取得前述專業訓練機構之證明書字號。	1.病史 2.臨床評估	1.病情回顧手術紀錄之確認 2.客觀營養評估	1.上消化道攝影 2.胃鏡檢查	1.醫師營養評估 2.手術紀錄病理診斷
	s540 腸道構造	下列專科醫師：1.曾參加消化相關專業訓練之內科、外科或兒科專科醫師，並取得前述專業訓練機構之證明書字號。2.曾參加直腸相關專業訓練之外科專科醫師，並取得前述專業訓練機構之證明書字號。	1.病史 2.臨床評估	1.病情回顧手術紀錄之確認 2.客觀營養評估	1.大腸鋇劑造影 2.大腸鏡檢查 3.肛門直腸動力學檢查 4.小腸攝影	1.醫師營養評估 2.手術紀錄病理診斷
	s560 肝臟構造	下列專科醫師：曾參加消化相關專業訓練之外科、	1.病史 2.臨床評估	1.生化檢查 2.腹部超音波檢查 3.上消化腸道X光檢查	1.病理活體切片 2.電腦斷層攝影 3.肝動脈血	1.肝功能血液生化檢查 2.腹部超音波檢查 3.上消化腸道X光檢查

類別	鑑定向度	鑑定人員資格條件	鑑定方法			鑑定工具
			身體診察	基本檢查	特殊檢查	
	s560 肝臟構造	內科或兒科專科醫師，並取得前述專業訓練機構之證明書字號。		4.內視鏡檢查	管攝影 4.腹腔鏡	4.凝血酶原時間測定 5.泛內視鏡檢查或經內視鏡逆行性膽胰管攝影
六、泌尿與生殖系統相關構造及其功能	b610 腎臟功能	下列專科醫師： 1.曾參加腎臟相關專業訓練之內科、兒科或外科專科醫師，並取得前述專業訓練機構之證明書字號。 2.泌尿科 3.外科且具有腎臟移植資格	1.病史 2.臨床評估	1.血液腎功能檢查（生化）、血色素、血比容 2.尿液檢查	1.腎臟超音波檢查 2.靜脈腎盂攝影檢查 3.其他特殊檢查	1.血液腎功能檢查（生化）、血色素、血比容 2.尿液檢查 3.腎臟超音波
	b620 排尿功能	下列專科醫師： 1.復健科 2.神經科 3.神經外科 4.泌尿科 5.曾參加腎臟相關專業訓練之內科、兒科或外科專科醫師，並取得前述專業訓練機	1.病史 2.臨床評估	尿液檢查	1.尿流速檢查 2.填充膀胱容壓圖檢查 3.解尿膀胱容壓圖檢查	1.膀胱功能檢查 2.尿動力學檢查

類別	鑑定向度	鑑定人員資格條件	鑑定方法			鑑定工具
			身體診察	基本檢查	特殊檢查	
六、泌尿與生殖系統相關構造及其功能	b620排尿功能	構之證明書字號。 6. 婦產科				
	s610泌尿系統構造	下列專科醫師： 1. 復健科 2. 神經科 3. 神經外科 4. 泌尿科 5. 曾參加腎臟相關專業訓練之內科、兒科或外科專科醫師，並取得前述專業訓練機構之證明書字號。	1. 病史 2. 臨床評估	尿液檢查	1. 尿流速檢查 2. 填充膀胱容壓圖檢查 3. 解尿膀胱容壓圖檢查 4. 腎臟超音波、靜脈腎盂攝影、陰囊超音波、其他特殊檢查	1. 膀胱功能檢查 2. 尿動力學檢查 3. 腎臟超音波
七、神經、肌肉、骨骼之移動相關構造及其功能	b710a關節移動的功能（上肢）	下列專科醫師： 1. 骨科 2. 神經科 3. 復健科 4. 神經外科 5. 整形外科 6. 曾參加風濕相關專業訓練之內科專科醫師，並取得前述專業訓練機構之證明書字號。 7. 曾參加神經相關專業訓	1. 病史 2. 臨床評估	1. 肢體基本結構檢查 2. 關節活動度測量 3. 徒手肌力檢查 4. 肢體活動功能檢查 5. 目視步態檢查	1. 放射線檢查 2. 肌電圖檢查 3. 肌肉切片檢查 4. 等速肌力檢查	無

類別	鑑定向度	鑑定人員資格條件	鑑定方法			鑑定工具
			身體診察	基本檢查	特殊檢查	
七、神經、肌肉、骨骼之移動相關構造及其功能	b710a 關節移動的功能（上肢）	練之兒科專科醫師，並取得前述專業訓練機構之證明書字號。				
	b710b 關節移動的功能（下肢）	下列專科醫師：1.骨科 2.神經科 3.復健科 4.神經外科 5.整形外科 6.曾參加風濕相關專業訓練之內科專科醫師，並取得前述專業訓練機構之證明書字號。 7.曾參加神經相關專業訓練之兒科專科醫師，並取得前述專業訓練機構之證明書字號。	1.病史 2.臨床評估	1.肢體基本結構檢查 2.關節活動度測量 3.徒手肌力檢查 4.肢體活動功能檢查 5.目視步態檢查	1.放射線檢查 2.肌電圖檢查 3.肌肉切片檢查 4.等速肌力檢查	無
	b730a 肌肉力量功能（上肢）	下列專科醫師：1.骨科 2.神經科 3.復健科 4.神經外科	1.病史 2.臨床評估	1.肢體基本結構檢查 2.關節活動度測量 3.徒手肌力檢查	1.放射線檢查 2.肌電圖檢查 3.肌肉切片檢查	無

類別	鑑定向度	鑑定人員資格條件	鑑定方法			鑑定工具
			身體診察	基本檢查	特殊檢查	
七、神經、肌肉、骨骼之移動相關構造及其功能	b730a 肌肉力量功能（上肢）	5. 整形外科 6. 曾參加風濕相關專業訓練之內科專科醫師，並取得前述專業訓練機構之證明書字號。 7. 曾參加神經相關專業訓練之兒科專科醫師，並取得前述專業訓練機構之證明書字號。		4. 肢體活動功能檢查 5. 目視步態檢查	4. 等速肌力檢查	
	b730b 肌肉力量功能（下肢）	下列專科醫師： 1. 骨科 2. 神經科 3. 復健科 4. 神經外科 5. 整形外科 6. 曾參加風濕相關專業訓練之內科專科醫師，並取得前述專業訓練機構之證明書字號。 7. 曾參加神經相關專業訓練之兒科專	1. 病史 2. 臨床評估	1. 肢體基本結構檢查 2. 關節活動度測量 3. 徒手肌力檢查 4. 肢體活動功能檢查 5. 目視步態檢查	1. 放射線檢查 2. 肌電圖檢查 3. 肌肉切片檢查 4. 等速肌力檢查	無

類別	鑑定向度	鑑定人員資格條件	鑑定方法			鑑定工具
			身體診察	基本檢查	特殊檢查	
七、神經、肌肉、骨骼之移動相關構造及其功能		科醫師，並取得前述專業訓練機構之證明書字號。				
	b735肌肉張力功能	下列專科醫師： 1.骨科 2.神經科 3.復健科 4.神經外科 5.整形外科 6.曾參加風濕相關專業訓練之內科專科醫師，並取得前述專業訓練機構之證明書字號。 7.曾參加神經相關專業訓練之兒科專科醫師，並取得前述專業訓練機構之證明書字號。	1.病史 2.臨床評估	1.肢體基本結構檢查 2.關節活動度測量 3.徒手肌力檢查 4.肢體活動功能檢查 5.目視步態檢查	1.放射線檢查 2.肌電圖檢查 3.肌肉切片檢查 4.等速肌力檢查	無
	b765不隨意動作功能	下列專科醫師： 1.骨科 2.神經科 3.復健科 4.神經外科	1.病史 2.臨床評估	1.肢體基本結構檢查 2.關節活動度測量 3.徒手肌力檢查	1.放射線檢查 2.肌電圖檢查 3.肌肉切片檢查	無

類別	鑑定向度	鑑定人員資格條件	鑑定方法			鑑定工具
			身體診察	基本檢查	特殊檢查	
七、神經、肌肉、骨骼之移動相關構造及其功能	b765 不隨意動作功能	5.整形外科 6.曾參加風濕相關專業訓練之內科專科醫師，並取得前述專業訓練機構之證明書字號。 7.曾參加神經相關專業訓練之兒科專科醫師，並取得前述專業訓練機構之證明書字號。		4.肢體活動功能檢查 5.目視步態檢查	4.等速肌力檢查	
	s730 上肢構造	下列專科醫師： 1.骨科 2.神經科 3.復健科 4.神經外科 5.整形外科 6.曾參加風濕相關專業訓練之內科專科醫師，並取得前述專業訓練機構之證明書字號。 7.曾參加神經相關專業訓練之兒科專	1.病史 2.臨床評估	1.肢體基本結構檢查 2.關節活動度測量 3.徒手肌力檢查 4.肢體活動功能檢查 5.目視步態檢查	1.放射線檢查 2.肌電圖檢查 3.肌肉切片檢查 4.等速肌力檢查	無

類別	鑑定向度	鑑定人員資格條件	鑑定方法			鑑定工具
			身體診察	基本檢查	特殊檢查	
七、神經、肌肉、骨骼之移動相關構造及其功能	s730 上肢構造	科醫師，並取得前述專業訓練機構之證明書字號。				
	s750 下肢構造	下列專科醫師： 1.骨科 2.神經科 3.復健科 4.神經外科 5.整形外科 6.曾參加風濕相關專業訓練之內科專科醫師，並取得前述專業訓練機構之證明書字號。 7.曾參加神經相關專業訓練之兒科專科醫師，並取得前述專業訓練機構之證明書字號。	1.病史 2.臨床評估	1.肢體基本結構檢查 2.關節活動度測量 3.徒手肌力檢查 4.肢體活動功能檢查 5.目視步態檢查	1.放射線檢查 2.肌電圖檢查 3.肌肉切片檢查 4.等速肌力檢查	無
	s760 軀幹	下列專科醫師： 1.骨科 2.神經科 3.復健科 4.神經外科	1.病史 2.臨床評估	1.肢體基本結構檢查 2.關節活動度測量 3.徒手肌力檢查	1.放射線檢查 2.肌電圖檢查 3.肌肉切片檢查	無

類別	鑑定向度	鑑定人員資格條件	鑑定方法			鑑定工具
			身體診察	基本檢查	特殊檢查	
七、神經、肌肉、骨骼之移動相關構造及其功能	s760軀幹	5.整形外科 6.曾參加風濕相關專業訓練之內科專科醫師，並取得前述專業訓練機構之證明書字號。 7.曾參加神經相關專業訓練之兒科專科醫師，並取得前述專業訓練機構之證明書字號。		4.肢體活動功能檢查 5.目視步態檢查	4.等速肌力檢查	
八、皮膚與相關構造及其功能	b810皮膚保護功能	下列專科醫師： 1.皮膚科 2.臨床病理科 3.整形外科 4.耳鼻喉科 5.口腔顎面外科 6.復健科	1.病史 2.臨床評估	無	1.正、仰、側面照片 2.頭顏部X光攝影	1.X光 2.一般照片
	s810皮膚區域構造	下列專科醫師： 1.皮膚科 2.臨床病理科 3.整形外科 4.耳鼻喉科 5.口腔顎面外科 6.復健科	1.病史 2.臨床評估	無	1.正、仰、側面照片 2.頭顏部X光攝影	1.X光 2.一般照片

類別	鑑定向度	鑑定人員資格條件	鑑定方法			鑑定工具
			身體診察	基本檢查	特殊檢查	

備註：

一、經中央衛生主管機關認定之罕見疾病，得由罕見疾病相關專科醫師進行鑑定，其鑑定醫師得不受各類別之鑑定人員資格條件限制。

二、未滿六歲發展遲緩，得由下列專科醫師進行鑑定：

（一）精神科

（二）神經科

（三）曾參加神經相關專業訓練之兒科專科醫師，並取得前述專業訓練機構之證明書字號。

（四）神經外科

（五）復健科

附表一乙　活動參與及環境因素之鑑定人員資格條件及鑑定方法與鑑定工具

類別	鑑定工具	鑑定方法	鑑定人員資格條件
十八歲以上或十五歲以上未滿十八歲有工作無學籍者	身心障礙鑑定功能量表A版	1.晤談版為溝通與智能無障礙者適用。 2.聽覺障礙者與語言障礙者若有陪同家屬或手語翻譯測試項目，可用晤談版。	1.下列專業人員： (1)物理治療師 　具有物理治療師之本國合格證照且具有一年以上臨床經驗者（具有身心障礙者相關臨床服務經驗者優先）。 (2)職能治療師 　具有職能治療師之本國合格證照且具有一年以上臨床經驗者（具有身心障礙者相關臨床服務經驗者優先）。
六歲以上未滿十五歲或十五歲以上未滿十八歲有學籍者	身心障礙鑑定功能量表B版	3.視覺障礙者需要用點字方式翻譯測試項目之提示卡。 4.代理人晤談版為溝通與智能嚴重障礙者以致無法了解題目並適當回答者適用如訊息接收處理有困難者，如：聽覺障礙、視覺障礙者、語言障礙、	(3)語言治療師 　具有語言治療師之本國合格證照且具有一年以上臨床經驗者（具有身心障礙者相關臨床服務經驗者優先）。 (4)社會工作師 　具有社會工作師之本國合格證照且具有一年以上臨床經驗者（具有身心障礙者相關臨床服務經驗者優先）。

類別	鑑定工具	鑑定方法	鑑定人員資格條件
		情緒障礙及智能障礙，以訪談個案或重要他人之方式進行，並輔以觀察來釐清個案之困難（可用代理人晤談版）。 5.在直接施測部份，可以字卡、圖卡以及點字板等替代溝通方式，請個案模擬試作（如：示範如何站起來、綁帶子等）或詢問陪同家屬。	(5) 臨床心理師 　　具有臨床心理師之本國合格證照且具有一年以上臨床經驗者（具有身心障礙者相關臨床服務經驗者優先）。 (6) 諮商心理師 　　具有諮商心理師之本國合格證照且具有一年以上臨床經驗者（具有身心障礙者相關臨床服務經驗者優先）。 (7) 護理師 　　具有護理師之本國合格證照且具有一年以上臨床經驗者（具有身心障礙者相關臨床服務經驗者優先）。 (8) 聽力師 　　具有聽力師之本國合格證照且具有一年以上臨床經驗者（具有身心障礙者相關臨床服務經驗者優先）。 (9) 特殊教育教師 　　具有特殊教育教師之本國合格證照且從事特殊教育教學服務，服務三年以上資歷者。 (10) 職業輔導評量員具備職業輔導評量員資格，且從事就業服務或職業重建個案管理相關工作三年以上者。 (11) 呼吸治療師 　　具有呼吸治療師之本國合格證照且具有一年以上臨床經驗者（具有身心障礙者相關臨床服務經驗者優先）。

類別	鑑定工具	鑑定方法	鑑定人員資格條件
			2. 曾於中華民國一百零二年一月一日後參加活動參與及環境因素相關訓練之鑑定人員，並取得前述訓練之一般培訓課程及格證明書字號或補充課程結業證明書字號；前述訓練，中央衛生主管機關得委託相關專業團體或機構辦理。

第八條附表二甲修正規定

附表二甲　身體系統構造或功能之類別、鑑定向度、程度分級與基準

一、等級判定原則：身心障礙綜合等級計算，係以身體系統構造或功能綜合等級1級以上列等，並以活動參與及環境因素分數轉換之等級（以下簡稱活動參與及環境因素等級）計算之。但中華民國一百十三年六月三十日以前完成身心障礙鑑定者，其身心障礙綜合等級係以身體系統構造或功能綜合等級1級以上列等。

（一）身體系統構造或功能綜合等級，係以各類身心障礙類別之等級整合判定之；各類身心障礙類別之等級，則由類別內各鑑定向度之障礙程度整合判定之。

　　1. 障礙程度1亦即輕度；障礙程度2亦即中度；障礙程度3亦即重度；障礙程度4亦即極重度。

　　2. 如舊制身心障礙鑑定結果可明確判定其所對應之現制身心障礙類別，應納入身心障礙類別之等級整合判定；如無法明確判定其所對應之現制身心障礙類別者，則不應納入身心障礙類別之等級整合判定。

　　3. 同時具有二類或二類以上不同等級之身心障礙類別時，身體系統構造或功能綜合等級以較重等級為準；同時具有二類或二類以上相同等級之身心障礙類別時，身體系統構造或功能綜合等級應增加1級，其增加幅度以1級為限。

　　4. 在同一身心障礙類別中同時具有二項或二項以上不同程度之鑑定向度時，以較重程度為準；而同時具有二項或二項以上相同程度之鑑定向度時，除第二類及第七類鑑定向度同時具有上肢及下肢之最高障礙程度相等之外，其餘身心障礙類別以此障礙程度為準。

　　5. 第二類身心障礙類別中，若評定鑑定向度係因不同感官功能或構造所致且最高障礙程度相同時，等級應增加1級；其增加幅度以1級為限。

　　6. 第七類身心障礙類別中，若評定鑑定向度同時具有上肢及下肢之最高障礙程度相等，等級應增加1級；其增加幅度以1級為限。

（二）經中央衛生主管機關認定因罕見疾病致身體系統構造或功能障礙者，若八大身心障礙類別無適當之鑑定向度但經評估其獨立自理生活、從事半技術性或簡單技

術性工作，受到該疾病之影響者，其身體系統構造或功能，至少應以程度1級列等。

（三）活動參與及環境因素等級，係以各領域整合分數轉換之。

（四）中華民國一百十三年七月一日以後身心障礙綜合等級計算，應符合下列規定之一：

1. 一百十三年十二月三十一日以前曾領有身心障礙證明，後續申請身心障礙鑑定者：其活動參與及環境因素等級高於身體系統構造或功能綜合等級2級以上，則身心障礙綜合等級為身體系統構造或功能綜合等級增加1級，增加幅度以1級為限。

2. 初次申請身心障礙鑑定，且於一百十三年十二月三十一日以前申請者：其活動參與及環境因素等級高於身體系統構造或功能綜合等級2級以上，則身心障礙綜合等級為身體系統構造或功能綜合等級增加1級，增加幅度以1級為限。

3. 一百十四年一月一日以後申請身心障礙鑑定者：

(1) 其活動參與及環境因素等級，高於身體系統構造或功能綜合等級2級以上，則身心障礙綜合等級為身體系統構造或功能綜合等級增加1級，增加幅度以1級為限。

(2) 其活動參與及環境因素等級，低於身體系統構造或功能綜合等級2級以上，則身心障礙綜合等級為身體系統構造或功能綜合等級減少1級，減少幅度以1級為限。但一百十三年十二月三十一日以前申請身心障礙證明之鑑定結果為障礙程度1以上身心障礙者，不適用。

二、身心障礙鑑定基準：身體系統構造或功能

（一）下列身心障礙類別及鑑定向度說明：鑑定醫師應依其專業判定，決定適當之身心障礙類別及其鑑定向度，另經器官移植或裝置替代器材後，應依矯治後實際狀況進行重新鑑定。

（二）因創傷或罹患慢性精神、神經系統或內外科疾病，以致身體系統構造或功能損傷，且經積極治療，仍無法矯治使其脫離顯著失能狀態，或有足夠醫學證據推斷將造成長期（一年以上）顯著失能者，方適合接受身心障礙鑑定。惟鑑定向度另有規定者，從其所定。

（三）經中央衛生主管機關認定因罕見疾病致身體系統構造或功能障礙者或未滿六歲由早期療育醫院或中心之醫師評估後，具有認知發展、語言發展、動作發展及社會情緒發展等四項中二項（含）以上或具有全面性發展之發展遲緩並取得報告時，應於鑑定表欄位內勾選身心障礙類別；若與八大身心障礙類別同時具有相同類別之障礙時，該類障礙程度以八大身心障礙類別之程度為準；其餘判定基準同等級判定原則（一）第1點。

（四）鑑定向度b110意識功能，若每日持續有意識障礙導致無法進行生活自理、學習及工作（即障礙程度為4），限診斷編碼ICD-10-CM：R40.2或R40.3者填寫，初次鑑定者重新鑑定效期至多為一年。

（五）癲癇患者，應經二種（含）以上抗癲癇藥物治療無效，始可進行鑑定向度b110意

識功能鑑定。

（六）鑑定向度b16701閱讀功能及b16711書寫功能限評年滿八歲，且被診斷爲發展性或
　　　腦傷導致者；應排除因視力、聽力、智能、動作、教育或社會文化等不利因素所
　　　導致者。

（七）鑑定向度b440呼吸功能，限評經積極治療六個月後，仍無法改善者。

（八）鑑定向度s810皮膚區域構造之損傷定義：包含排汗功能喪失、肥厚性疤痕或經中
　　　央衛生主管機關認定因罕見疾病之皮膚病變。因燒燙傷，以致身體系統構造或
　　　功能損傷，有足夠醫學證據推斷將造成半年以上失能者，方適合接受身心障礙鑑
　　　定。

類別	鑑定向度	障礙程度	基準
一、神經系統構造及精神、心智功能	b110 意識功能	0	未達下列基準。
		1	一年內平均每個月有兩次或持續一日以上（含）明顯的意識喪失，或意識功能改變，導致明顯妨礙工作、學習或影響與外界溝通之嚴重間歇性發作者。
		4	每日持續有意識障礙導致無法進行生活自理、學習及工作者。
	b117 智力功能	0	未達下列基準。
		1	智商介於69至55或心智商數（mental quotient）介於69至55，或於成年後心智年齡介於九歲至未滿十二歲之間或臨床失智評估等於1。
		2	智商介於54至40或心智商數（mental quotient）介於54至40，或於成年後心智年齡介於六歲至未滿九歲之間或臨床失智評估等於2。
		3	智商介於39至25或心智商數（mental quotient）介於39至25，或於成年後心智年齡介於三歲至未滿六歲之間或臨床失智評估等於3。
		4	智商小於或等於24或心智商數（mental quotient）小於或等於24，或於成年後心智年齡未滿三歲或臨床失智評估等於3且溝通能力完全喪失。
	b122 整體心理社會功能	0	未達下列基準。
		1	整體功能評估介於41至50。
		2	整體功能評估介於31至40。
		3	整體功能評估介於21至30。
		4	整體功能評估小於20（含）。

類別	鑑定向度	障礙程度	基準
一、神經系統構造及精神、心智功能	b140 注意力功能	0	未達下列基準。
		1	持續有重度症狀困擾（如：易分心、注意力無法持續或轉移等），對社會、職業或學校功能方面有負面影響，產生中度持續顯著失能（如：無朋友；無法保有工作；學業或工作時，經常需他人提醒，經常粗心犯錯，以導致成就明顯低於一般基本水平下限；生活自理經常需要他人提醒，才能勉強在最寬鬆之時限內完成）。
		2	持續有嚴重程度症狀困擾（如：易分心、注意力無法持續或轉移等），難以對環境之目標依據需求警覺或專注，在社會、職業、學校或生活等多方面都難以獨立維持功能（如：在學校嚴重適應困難，需在他人協助下才能進行學習；無獨立工作能力；經常需要他人提醒或協助，才能完成生活自理，且常無法在最寬鬆之時限內完成）。
		4	持續有極嚴重程度症狀困擾（如：易分心、注意力無法持續或轉移等），幾乎完全無法有目的注意任何目標，對環境之明顯刺激也難以警覺，幾乎在所有的領域都無法獨立維持功能（如：在他人個別協助之下，仍難以進行學習或工作；需他人持續提醒或協助，才能完成生活自理）。
	b144 記憶功能	0	未達下列基準。
		1	有顯著登錄、儲存及提取資訊的記憶困難，以致一般日常生活及學業、工作等方面之活動有明顯持續適應困難。
		2	有嚴重程度登錄、儲存及提取資訊的記憶困難，以致一般日常生活及學業、工作等方面之活動有嚴重適應困難。
		3	因登錄、儲存及提取資訊的記憶困難，幾乎在所有的領域都無法獨立維持功能。
	b147 心理動作功能	0	未達下列基準。
		1	整體功能評估介於41至50。
		2	整體功能評估介於31至40。
		3	整體功能評估介於21至30。
		4	整體功能評估小於20（含）。
	b152 情緒功能	0	未達下列基準。
		1	整體功能評估介於41至50。
		2	整體功能評估介於31至40。

類別	鑑定向度	障礙程度	基準
一、神經系統構造及精神、心智功能	b152 情緒功能	3	整體功能評估介於21至30。
		4	整體功能評估小於20（含）。
	b160 思想功能	0	未達下列基準。
		1	整體功能評估介於41至50。
		2	整體功能評估介於31至40。
		3	整體功能評估介於21至30。
		4	整體功能評估小於20（含）。
	b164 高階認知功能	0	未達下列基準。
		1	目標導向相關的執行功能有顯著困難，造成一般日常生活及學業、工作等功能方面有明顯持續適應困難或負二個標準差（不含）至負三個標準差（含）或臨床失智評估等於1。
		2	目標導向相關的執行功能有嚴重程度困難，在一般日常生活及學業、工作等多方面之活動有嚴重適應困難或低於負三個標準差或臨床失智評估等於2。
		3	因目標導向相關的執行功能困難，幾乎在所有的領域都無法獨立維持功能或臨床失智評估大於或等於3。
	b16700 口語理解功能	0	未達下列基準。
		1	可以聽懂簡單是非問題與指令，亦可理解部分簡單生活對話；對較複雜的語句則無法完全理解。
		2	經常需要協助，才能聽懂日常生活中的簡單對話、指令或與自身相關的簡單詞彙。
		3	完全無法理解口語訊息。
	b16710 口語表達功能	0	未達下列基準。
		1	說話時經常因語句簡短不完整、詞不達意等問題，以致只有熟悉者才能瞭解其意思，對日常溝通造成明顯限制。
		2	口語表達有顯著困難，以致熟悉者也僅能了解其部分意思，常需大量協助才能達成簡單生活溝通。
		3	幾乎完全無法口語表達或所說的別人完全聽不懂。

類別	鑑定向度	障礙程度	基準
一、神經系統構造及精神、心智功能	b16701 閱讀功能	0	未達下列基準。
		1	1.閱讀能力測驗得分低於就讀年級負二個標準差〈不含〉。 2.年滿十二歲,且就讀國民中學以上之學校或未就學者,閱讀能力測驗得分低於國小六年級常模負二個標準差。
	b16711 書寫功能	0	未達下列基準。
		1	1.書寫語言能力測驗得分低於就讀年級負二個標準差〈不含〉。 2.年滿十二歲,且就讀國民中學以上之學校或未就學者,書寫語言能力測驗得分低於國小六年級常模負二個標準差。
二、眼、耳及相關構造與感官功能及疼痛	b210 視覺功能	0	未達下列基準。
		1	1.矯正後兩眼視力均看不到0.3,或矯正後優眼視力為0.3,另眼視力小於0.1(不含)時,或矯正後優眼視力0.4,另眼視力小於0.05(不含)者。 2.兩眼視野各為20度以內者。 3.優眼自動視野計中心30度程式檢查,平均缺損大於10dB(不含)者。
		2	1.矯正後兩眼視力均看不到0.1時,或矯正後優眼視力為0.1,另眼視力小於0.05(不含)者。 2.優眼自動視野計中心30度程式檢查,平均缺損大於15dB(不含)者。
		3	1.矯正後兩眼視力均看不到0.01(或矯正後小於50公分辨指數)者。 2.優眼自動視野計中心30度程式檢查,平均缺損大於20dB(不含)者。
	b230 聽覺功能	0	未達下列基準。
		1	1.六歲以上:雙耳整體障礙比率介於45.0%至70.0%,或一耳聽力閾值超過90分貝(含)以上,且另一耳聽力閾值超過48分貝(含)以上者。如無法取得純音聽力閾值者,以ABR聽力閾值作為純音聽力閾值計算。 2.未滿六歲:雙耳整體障礙比率介於22.5%至70.0% 如無法取得純音聽力閾值者,以ABR聽力閾值作為純音聽力閾值計算。六歲以上不適用本項基準。

類別	鑑定向度	障礙程度	基準
二、眼、耳及相關構造與感官功能及疼痛	b230 聽覺功能	2	雙耳整體障礙比率介於70.1%至90.0% 如無法取得純音聽力閾值者，以ABR聽力閾值作為純音聽力閾值計算。
		3	雙耳整體障礙比率大於等於90.1% 如無法取得純音聽力閾值者，以ABR聽力閾值作為純音聽力閾值計算。
	b235 平衡功能	0	未達下列基準。
		1	平衡機能障礙致步行困難者。
		2	平衡機能障礙而無法站立者。
		3	平衡機能障礙而無法坐立者。
	s220 眼球構造	0	未達下列基準。
		3	雙眼結構完全喪失或組織結構，包含無眼球、眼球癆及不可逆之眼球萎縮。
	s260 內耳構造	0	未達下列基準。
		3	雙耳耳蝸完全喪失。
三、涉及聲音與言語構造及其功能	b310 嗓音功能	0	未達下列基準。
		1	發出的嗓音音質不佳，包括沙啞、鼻音過重、氣息聲、音調過低或過高，大部份時間影響溝通對象的辨識。
		3	無法發出嗓音。
	b320 構音功能	0	未達下列基準。
		1	構音明顯偏差，大部份時間影響溝通對象的理解。
		3	構音嚴重偏差，使溝通對象完全無法理解。
	b330 言語功能的流暢與節律	0	未達下列基準。
		1	說話的流暢度或韻律明顯異常，大部份時間造成溝通困擾。
		3	說話的流暢度或韻律明顯異常，幾乎完全無法與人口語溝通。
	s320 口構造	0	未達下列基準。
		1	口腔嚴重疾病導致張口或咀嚼機能受損，經手術修復後張口度仍小於25mm或口腔內剩餘牙齒數目少於14顆，經手術或復治療仍無法或難以修復者。

類別	鑑定向度	障礙程度	基準
三、涉及聲音與言語構造及其功能	s320 口構造	2	口腔嚴重疾病導致張口或咀嚼機能受損，經手術修復後張口度仍小於15 mm或口腔內剩餘牙齒數目少於6顆，經手術或 復治療仍無法或難以修復者。
		3	口腔嚴重疾病導致張口度小於5 mm，經手術處理仍無法或難以修復者，或口腔嚴重疾病導致牙齒完全缺損，僅能進食流質者，經手術或 復治療仍無法或難以修復者。
	s330 咽構造	0	未達下列基準。
		1	損傷25%至49%。
		2	損傷50%至95%。
		3	損傷96%至100%。
	s340 喉構造	0	未達下列基準。
		1	喉頭部份切除25%至49%。
		2	喉頭部份切除50%至96%。
		3	全喉切除。
四、循環、造血、免疫與呼吸系統構造及其功能	b410 心臟功能	0	未達下列基準。
		1	1. 有鬱血性心衰竭病史及證據，藥物治療六個月，且介入性治療或手術預期無法改善症狀，但可用藥物控制症狀者。 2. 發紺性先天性心臟病經矯治後，血氧飽和度介於85%至90%。 3. 永久性心律調節器置放者。
		2	1. 有鬱血性心衰竭病史及證據，藥物治療六個月，尚難完全控制症狀且介入性治療或手術預期無法改善症狀者。 2. 發紺性先天性心臟病經矯治後，血氧飽和度介於80%至84%。 3. 先天性心臟病手術後六個月，殘存心臟結構異常，心臟機能損害第二度。
		3	1. 有鬱血性心衰竭病史及證據，心臟機能損害第三度，藥物治療六個月無改善且介入性治療或手術預期無法改善症狀者。 2. 發紺性先天性心臟病經矯治後，血氧飽和度介於70%至79%。 3. 先天性心臟病手術後六個月，殘存心臟結構異常，心臟機能損害第三度。

類別	鑑定向度	障礙程度	基準
四、循環、造血、免疫與呼吸系統構造及其功能	b410 心臟功能	4	1. 第三度房室傳導阻滯。 2. 心室性心律不整合併有心臟功能障礙者。 3. 心室跳動過速或心室顫動經證實者。 4. 複雜性或多發性心室早期收縮（屬多形性二連脈或couplets以上）。 5. 確認診斷病實症候群合併心室心博速率小於每分鐘40下且心臟射出率小於或等於50%者，並尚未裝置永久性心律調節器前。 6. 心電圖校正後，QT間期超過480毫秒且有QT間期過長之昏厥家族史。 7. 射血分率35%以下。 8. 左主冠狀動脈狹窄達70%以上。 9. 難以控制之鬱血性心衰竭，心臟機能損害第四度，經治療三個月仍無法改善且介入性治療或手術預期無法改善症狀者。 10. 發紺性先天性心臟病經矯治後，血氧飽和度小於70%。 11. 先天性心臟病手術後六個月，殘存心臟結構異常，心臟機能損害第四度。 12. 符合心臟移植之條件，但未獲心臟移植前。
	b415 血管功能	0	未達下列基準。
		1	患有下肢深部靜脈疾病具有顯著下肢水腫，導致血管機能遺存障礙，室內生活可自理，但室外活動仍受限制，或有危險性者。
		2	患有夾層性主動脈瘤或動脈瘤無法手術完全切除，導致血管機能遺存障礙，室內生活可自理，但需賴藥物治療，無法從事輕度勞動（第三度）或勞動可能導致生命危險者。
		3	患有肢體周邊動脈阻塞性疾病（經超音波或血管攝影證實），無法手術，但經藥物治療三個月以上仍有缺血性潰瘍，導致血管機能遺存顯著障礙，生活自理能力欠缺，需賴醫藥及家人周密照顧者。
	b430 血液系統功能	0	未達下列基準。
		1	1. 血色素值小於8g/dL，或白血球小於2000/uL，或中性球小於500/uL，或血小板小於50,000/uL，連續兩次且間隔三個月以上的檢驗報告。

類別	鑑定向度	障礙程度	基準
四、循環、造血、免疫與呼吸系統構造及其功能	b430 血液系統功能	1	2. 第八、九凝血因子介於5%至30%之間。 3. 血小板數目介於五萬至十萬之間持續超過十二個月的時間。 4. 第八、第九凝血因子以外的凝血因子缺乏者（患有罕見出血性疾病者）。 5. 抗磷脂質抗體症候群或抗血栓因子（Protein C、Protein S、Antithrombin）缺乏引起的血栓症。
		2	1. 經治療三個月後，血色素值小於8g/dL，白血球小於2000/uL，中性球小於500/uL，血小板小於50,000/uL，控制穩定。 2. 第八、九凝血因子介於1%至5%。 3. 血小板數目兩萬至五萬之間持續超過十二個月的時間。 4. 類血友病第二型，及類血友病第一型vWF活性低於25%者。 5. 抗磷脂質抗體症候群或抗血栓因子（Protein C、Protein S、Antithrombin）缺乏引起的血栓症經治療或停藥後首次血栓復發。 6. 罕見出血性疾病出血症狀含一項嚴重出血症狀者（腦出血、胃腸出血、關節出血或肌肉內出血）。
		3	1. 經治療後控制不良者，須持續輸血治療者持續超過三個月的時間。 2. 第八、九凝血因子小於1%以下且無抗體存在。 3. 血小板數目五千至兩萬之間持續超過三個月的時間。 4. 類血友病第三型（vWF活性小於5%者）。 5. 抗磷脂質抗體症候群或抗血栓因子（Protein C、Protein S、Antithrombin）缺乏引起的血栓症，經治療或停藥後兩次以上復發者。 6. 罕見出血性疾病出血症狀含兩項以上嚴重出血症狀者（腦出血、胃腸出血、關節出血或肌肉內出血）。
		4	1. 經治療後持續惡化，且發生經治療後持續惡化，且發生與貧血相關休克，敗血症，內臟器官出血。 2. 第八、九凝血因子小於1%以下，合併抗體存在。 3. 血小板數目小於五千持續超過三個月的時間。

類別	鑑定向度	障礙程度	基準
四、循環、造血、免疫與呼吸系統構造及其功能	b430 血液系統功能	4	4.抗磷脂質抗體症候群或抗血栓因子（Protein C、Protein S、Antithrombin）缺乏引起的血栓症合併有體內器官嚴重傷害或衰竭者（含腦中風後遺症、心、肺、腎等功能明顯傷害或衰竭或腸子切除明顯影響營養攝取者）。 5.罕見出血性疾病合併體內器官嚴重傷害者（含腦出血後遺症、關節肌肉系統功能明顯傷害等）。
	b440 呼吸功能	0	未達下列基準。
		1	1.PaO$_2$介於60至65 mmHg或SpO$_2$介於93%至96%（呼吸常壓空氣時或經氣切術後未長期使用呼吸器病患）。 2.FEV1介於30%至35%。 3.FEV1/FVC介於40%至45%。 4.DLco介於30%至35%。 5.十九歲以下於未用呼吸器時 PaCO$_2$介於 50至55mmHg。
		2	1.PaO$_2$介於55至59.9 mmHg或SpO$_2$介於89%至92%（呼吸常壓空氣時或經氣切術後未長期使用呼吸器病患）。 2.FEV1介於25%至29.9%。 3.FEV1/FVC介於35%至39.9%。 4.DLco介於25%至29.9%。 5.十九歲以下於未用呼吸器時 PaCO$_2$介於56至60mmHg。
		3	1.PaO$_2$介於50至54.9 mmHg或 SpO$_2$介於85%至88%（呼吸常壓空氣時或經氣切術後未長期使用呼吸器病患）。 2.FEV1小於25%。 3.FEV1/FVC小於35%。 4.DLco小於25%。 5.因呼吸常壓空氣時或經氣切術後，血液動脈分析PaCO$_2$介於50至55mmHg或PaO$_2$介於 60至65mmHg，且每日使用非侵襲性呼吸器超過6小時。 6.十九歲以下於未用呼吸器時 PaCO$_2$介於61至65mmHg。
		4	1.PaO$_2$小於50 mmHg或SpO$_2$小於85%（呼吸常壓空氣時或經氣切術後未長期使用呼吸器病患）。 2.侵襲性呼吸器依賴（Invasive Ventilator-dependent）。 3.十九歲以下於未用呼吸器時 PaCO$_2$大於65mmHg。

類別	鑑定向度	障礙程度	基準
五、消化、新陳代謝與內分泌系統相關構造及其功能	s430 呼吸系統構造	0	未達下列基準。
		1	肺臟切除一葉或以上未達兩葉者。
		2	1.肺臟切除兩葉或以上未達一側肺者。 2.氣管腔內徑狹窄大於70%以上。
		3	肺臟切除或先天缺失一側（含）以上者。
	b510 攝食功能	0	未達下列基準。
		1	食道嚴重狹窄經擴張術後或口腔嚴重疾病僅能進食流質者。
		2	因吞嚥機能缺損而需長期以管食方式或造廔灌食維持生命者。
	b540 胰臟功能	0	未達下列基準。
		1	因胰臟胰島細胞被自體免疫或其他原因破壞而無法分泌胰島素，經治療後仍需經常監測血糖、皮下注射胰島素並配合飲食控制者。十二歲以上不適用本項基準。
	s530 胃構造	0	未達下列基準。
		1	胃全部切除，經口飲食但無法保持理想體重的75%，或需長期全靜脈營養治療者。
	s540 腸道構造	0	未達下列基準。
		1	因醫療目的，將腸道部分外置於體表，需裝置永久性人工肛門，終生由腹表排便。
		3	因醫療目的將小腸大量切除或因先天短腸症，腸道蠕動異常或腸道吸收黏膜缺陷等，無法經口飲食保持理想體重75%，或需長期全靜脈營養治療者。
	s560 肝臟構造	0	未達下列基準。
		1	室內生活可自理，室外生活仍受限制者，且符合Pugh's modification of Child-Turcotte criteria等級之Child's class B者。
		2	1.符合Pugh's modification of Child-Turcotte criteria等級之Child's class B，且合併食道或胃靜脈曲張破裂出血者。 2.反覆性膽道狹窄或肝內膽管結石經兩次以上手術，仍有反覆性膽管發炎者。

類別	鑑定向度	障礙程度	基準
	s560 肝臟構造	2	3.因先天膽管阻塞或狹窄，經手術後，仍有生長遲滯或反覆膽管發炎者。
		3	1.肝硬化併難治性腹水。 2.肝硬化併反覆發生及肝性腦病變。 3.肝硬化併反覆發生之食道或胃靜脈曲張破裂出血。 4.反覆發生自發性腹膜炎。 5.肝硬化併發生肝肺症候群或門脈性肺高壓。
		4	1.符合Pugh's modification of Child-Turcotte criteria等級之Child's class C者。 2.符合肝臟移植之條件，但未獲肝臟移植前。
六、泌尿與生殖系統相關構造及其功能	b610 腎臟功能	0	未達下列基準。
		1	慢性腎臟疾病或泌尿系統疾病，併發腎機能減退，肌酸酐廓清試驗（eGFR）每分鐘在31至60公撮之間，日常生活需要醫藥或人照顧，經治療三個月無進步者。
		2	腎臟機能或泌尿系統疾病遺存極度障礙，日常生活需要醫藥或人照顧，而有慢性腎臟疾病或泌尿系統疾病併發腎機能衰竭且肌酸酐廓清試驗（eGFR）每分鐘在16至30公撮之間，經治療三個月無進步者。
		3	慢性腎臟疾病或泌尿系統疾病併發腎機能衰竭，日常生活需要醫藥或人周密照顧，且肌酸酐廓清試驗（eGFR）每分鐘在15公撮以下，且合併有高血壓或貧血，經治療三個月無進步者。
		4	慢性腎臟疾病或泌尿系統疾病併發尿毒症，需長期透析治療，生活無法自理，經常需要醫藥或家人周密照顧者。
	b620 排尿功能	0	未達下列基準。
		2	1.膀胱造瘻，終生需由腹表排尿者。 2.因神經受損致膀胱功能異常，無法正常排尿，需長期導尿照護者。 3.因神經病變、長期憋尿、攝護腺肥大或尿液長期無法排空引發感染後膀胱收縮力變差，導致膀胱功能失常，膀胱變大、缺乏收縮力，膀胱脹卻無尿意感，導致滿溢性尿失禁者。

類別	鑑定向度	障礙程度	基準
七、神經、肌肉、骨骼之移動相關構造及其功能	s610 泌尿系統構造	0	未達下列基準。
		2	裝置永久性人工膀胱,終生需由腹表排尿者。
	b710a 關節移動的功能(上肢)	0	未達下列基準。
		1	1.一上肢之肩關節活動度喪失70%以上者。 2.一上肢之肘關節活動度喪失70%以上者。 3.一上肢之腕關節活動完全僵直者。 4.兩上肢之腕關節活動度喪失70%以上者。 5.一手之大拇指及食指完全僵直者。 6.一手之三指(含大拇指)完全僵直者。 7.兩手之大拇指完全僵直者。
		2	1.一上肢之三大關節中,有兩大關節活動完全僵直者。 2.兩上肢之三大關節中,各有一關節活動完全僵直者。 3.兩上肢之肩及肘關節活動度喪失70%以上者。 4.兩手之大拇指及食指完全僵直者。 5.兩手各有三指(含大拇指)完全僵直者。
		3	兩上肢之三大關節中,各有兩大關節活動完全僵直者。
	b710b 關節移動的功能(下肢)	0	未達下列基準。
		1	1.一下肢之髖關節活動度喪失70%以上者。 2.一下肢之膝關節活動度喪失70%以上者。 3.一下肢之踝關節活動完全僵直者。 4.兩下肢之踝關節活動度喪失70%以上者。
		2	1.一下肢之三大關節中,有兩大關節活動完全僵直者。 2.兩下肢之三大關節中,各有一關節活動完全僵直者。 3.兩下肢之髖及膝關節活動度喪失70%以上者。
		3	兩下肢之三大關節中,各有兩大關節活動完全僵直者。
	b730a 肌肉力量功能(上肢)	0	未達下列基準。
		1	1.一上肢之三大關節中,有兩關節肌力程度為3分(含)以下者。 2.一上肢之肩關節肌力程度為2分者。 3.一上肢之肘關節肌力程度為2分者。 4.一上肢之腕關節肌力程度為零級或1分者。 5.一手之大拇指及食指麻痺者(肌力程度為零級或1分)。 6.一手之五指肌力程度為2分者。

類別	鑑定向度	障礙程度	基準
七、神經、肌肉、骨骼之移動相關構造及其功能	b730a 肌肉力量功能（上肢）	2	1.一上肢之三大關節中，有兩大關節肌力程度為零級或1分者。 2.兩上肢之三大關節中，各有一關節肌力程度為零級或1分者。 3.兩上肢之肩及肘關節肌力程度為2分或3分者。 4.兩手之大拇指及食指麻痺者（肌力程度為零級或1分）。 5.一手之三指（含大拇指）麻痺者（肌力程度為零級或1分）。 6.兩手之五指肌力程度為2分者。
		3	1.兩上肢之三大關節中，各有兩大關節肌力程度為零級或1分者。 2.兩手各有三指（含大拇指）麻痺者（肌力程度為零級或1分）。
	b730b 肌肉力量功能（下肢）	0	未達下列基準。
		1	1.兩下肢之三大關節中，各有一關節肌力程度為3分（含）以下者。 2.一下肢之髖關節肌力程度為2分者。 3.一下肢之膝關節肌力程度為2分者。 4.兩下肢或一下肢之踝關節肌力程度為零級或1分者。 5.一下肢之三大關節中，有兩關節肌力程度為3分（含）以下者。
		2	1.一下肢之三大關節中，有兩大關節肌力程度為零級或1分者。 2.兩下肢之髖或膝關節，各有一關節肌力程度為零級或1分者。 3.兩下肢之髖及膝關節肌力程度為2分或3分者。
		3	兩下肢之三大關節中，各有兩大關節肌力程度為零級或1分者。
	b735 肌肉張力功能	0	未達下列基準。
		1	1.一上肢因肌張力不全、僵直或痙攣達modified Ashworth scale第二級，抓握控制困難，僅能部分協助日常生活。 2.一下肢或兩下肢肌張力不全、僵直或痙攣達modified Ashworth scale第二級，顯著影響站立或步態。

類別	鑑定向度	障礙程度	基準
七、神經、肌肉、骨骼之移動相關構造及其功能	b735 肌肉張力功能	2	1.兩上肢因肌張力不全、僵直或痙攣達modified Ashworth scale第二級，抓握控制困難，僅能部分協助日常生活。 2.一上肢因肌張力不全、僵直或痙攣達modified Ashworth scale第三級，日常生活完全無法使用。 3.兩下肢肌張力不全、僵直或痙攣達modified Ashworth scale第三級，行走及日常生活需要輔具或協助。
		3	1.兩上肢因肌張力不全、僵直或痙攣達modified Ashworth scale第三級，日常生活完全無法使用。 2.兩下肢肌張力不全、僵直或痙攣達modified Ashworth scale第三級，無法站立或行走。
	b765 不隨意動作功能	0	未達下列基準。
		1	1.巴金森氏病達Modified Hoehn-Yahr Stage第三級，明顯動作遲滯、姿勢平衡受損，影響站立或步態。 2.腦性麻痺Gross Motor Function Classification 第二級，行走受限、步態異常。 3.由於震顫、舞蹈病、肌躍症、小腦性或感覺性運動失調、神經或肌肉性疾病等症狀，影響站立或步態。 4.由於震顫、舞蹈病、肌躍症、小腦性或感覺性運動失調、神經或肌肉性疾病等症狀，手部操控有困難，日常活動需要調整或部分協助。
		2	1.巴金森氏病達Modified Hoehn-Yahr Stage 第四級，肢體軀幹僵直、動作遲緩，行走及日常生活需要輔具或協助。 2.腦性麻痺Gross Motor Functional Classification 第三級，行動需要輔具或大 協助。 3.由於震顫、舞蹈病、肌躍症、小腦性或感覺性運動失調、神經或肌肉性疾病等症狀，行走及日常生活需要輔具或協助。
		3	1.巴金森氏病達Modified Hoehn-Yahr Stage 第五級，無法站立或行走。 2.腦性麻痺Gross Motor Function Classification 第四或五級，無法功能性行走，須以輪椅行動。 3.由於震顫、舞蹈病、肌躍症、小腦性或感覺性運動失調、神經或肌肉性疾病等症狀，無法站立或行走。 4.由於震顫、舞蹈病、肌躍症、小腦性或感覺性運動失調、神經或肌肉性疾病等症狀，雙手操控顯著困難，日常生活完全無法使用。

類別	鑑定向度	障礙程度	基準
七、神經、肌肉、骨骼之移動相關構造及其功能	s730 上肢構造	0	未達下列基準。
		1	1.一手之大拇指及食指自掌指關節處欠缺者。 2.一手之三指（含大拇指或食指）自掌指關節處欠缺者。 3.兩手共四指（其中兩指為食指或中指）自掌指關節處欠缺者。 4.兩手部分指節欠缺之手指共五指以上者。
		2	1.一上肢腕關節及遠端欠缺者。 2.一上肢肘關節及遠端欠缺者。 3.一上肢肩關節及遠端欠缺者。 4.兩手之大拇指及食指中兩指（至少含一大拇指）自掌指關節處欠缺者。 5.兩手各有三指（含大拇指或食指）自掌指關節處欠缺者。
		3	兩上肢腕關節及遠端欠缺者。
	s750 下肢構造	0	未達下列基準。
		1	1.一下肢踝關節及遠端欠缺者。 2.兩下肢的全部腳趾欠缺者。 3.兩下肢正面X光片由股骨頭上端至脛骨下端之長度，相差5公分以上者。（註：請於身心障礙者鑑定表內填寫下肢長度）左下肢長度：＿＿＿＿＿公分；右下肢長度＿＿＿＿＿公分。 4.兩下肢正面X光片由股骨頭上端至脛骨下端之長度，相差十五分之一以上者。（註：請於身心障礙者鑑定表內填寫下肢長度）左下肢長度：＿＿＿＿＿公分；右下肢長度＿＿＿＿＿公分。
		2	1.一下肢膝關節及遠端欠缺者。 2.一下肢髖關節及遠端欠缺者。 3.兩下肢踝關節及遠端欠缺者。
		3	兩下肢膝關節及遠端欠缺者。
	s760 軀幹	0	未達下列基準。
		1	1.頸椎與胸椎X光片出現脊椎韌帶骨贅變化，皆各有超過一半以上的脊椎融合，且經脊椎側面X光檢查，胸腰椎之脊柱後凸Cobb角度大於70度。

類別	鑑定向度	障礙程度	基準
	s760 軀幹	1	2.頸椎與腰椎X光片出現脊椎韌帶骨贅變化，頸椎有超過一半以上的脊椎融合，且腰椎前彎Schober測試達2公分以下。
		2	頸椎與胸椎X光片出現脊椎韌帶骨贅變化，皆各有超過一半以上的脊椎融合，且經脊椎側面X光檢查，胸腰椎之脊柱後凸Cobb角度大於70度，及腰椎X光片出現脊椎韌帶骨贅變化，且腰椎前彎Schober測試達2公分以下。
八、皮膚與相關構造及其功能	b810 皮膚保護功能	0	未達下列基準。
		1	由於掌蹠角皮症而對肢體關節活動困難者，請加評關節移動的功能。
	s810 皮膚區域構造	0	未達下列基準。
		1	1.缺鼻二分之一，單側上顎或下顎缺損二分之一以下造成明顯中線偏移者。 2.頭、臉、頸部損傷面積佔頭臉頸部30%至39%，而無法或難以修復者。 3.因先天性、後天性疾病造成顏面外觀改變且無法或難以修復，面積佔頭臉頸部30%以上，而對社會生活適應困難者。 4.頭臉頸部以外之身體皮膚損傷面積佔身體皮膚之31%至50%，而無法或難以修復者。
		2	1.缺鼻、眼窩、雙側上顎、下顎二分之一者。 2.頭、臉、頸部損傷面積佔頭臉頸40%至59%，而無法或難以修復者。 3.頭臉頸部以外之身體皮膚損傷面積佔身體皮膚之51%至70%，而無法或難以修復者。
		3	1.頭、臉、頸部損傷面積佔頭臉頸部60%以上，而無法或難以修復者。 2.頭臉頸部以外之身體皮膚損傷面積佔身體皮膚之71%以上，而無法或難以修復者。

□未達下列基準

□經中央衛生主管機關認定因罕見疾病致身體系統構造或功能障礙者且無法區分其障礙程度等級之未滿六歲兒童，或六歲以上經評估其獨立自理生活、從事半技術性或簡單技術性工作，受到該疾病之影響者。

請選擇下列身心障礙類別〈可複選〉：

類別	鑑定向度	障礙程度	基準
身心障礙類別			□第一類 神經系統構造及精神、心智功能 □第二類 眼、耳及相關構造與感官功能及疼痛 □第三類 涉及聲音與言語構造及其功能 □第四類 循環、造血、免疫與呼吸系統構造及其功能 □第五類 消化、新陳代謝與內分泌系統相關構造及其功能 □第六類 泌尿與生殖系統相關構造及其功能 □第七類 神經、肌肉、骨骼之移動相關構造及其功能 □第八類 皮膚與相關構造及其功能
□未達下列基準 □未滿六歲由早期療育醫院或中心之醫師評估後，具有認知發展（應屬第一類）、語言發展（應屬第一、第三類）、動作發展（應屬第七類）及社會情緒發展（應屬第一類）等四項中兩項（含）以上或具有全面性發展之發展遲緩並取得報告者。 請選擇下列身心障礙類別〈可複選〉：			
身心障礙類別			□第一類 神經系統構造及精神、心智功能 □第二類 眼、耳及相關構造與感官功能及疼痛 □第三類 涉及聲音與言語構造及其功能 □第四類 循環、造血、免疫與呼吸系統構造及其功能 □第五類 消化、新陳代謝與內分泌系統相關構造及其功能 □第六類 泌尿與生殖系統相關構造及其功能 □第七類 神經、肌肉、骨骼之移動相關構造及其功能 □第八類 皮膚與相關構造及其功能

第八條　附表二乙修正規定

附表二乙　活動參與及環境因素

1. 十八歲以上或十五歲以上未滿十八歲有工作無學籍者

領域t.直接施測	
題目	能力
上肢活動	(0)：無協助 (1)：監督或提醒 (2)：一些協助
下肢活動	(3)：很多協助 (4)：完全協助

領域1.認知					
題目	輔具	輔具名稱	別人協助	表現困難程度	生活情境下能力困難程度
D1.1專心	(0)無、(＋8)有		(0)無、(＋8)有	(0)：沒有困難 (1)：輕度 (2)：中度 (3)：重度 (4)：極重度 (9)：不適用	(0)：沒有困難 (1)：輕度 (2)：中度 (3)：重度 (4)：極重度 (9)：不適用
D1.2記得	(0)無、(＋8)有		(0)無、(＋8)有		
D1.3解決	(0)無、(＋8)有		(0)無、(＋8)有		
D1.4學習	(0)無、(＋8)有		(0)無、(＋8)有		
D1.5了解	(0)無、(＋8)有		(0)無、(＋8)有		
D1.6交談	(0)無、(＋8)有		(0)無、(＋8)有		
領域2.四處走動					
題目	輔具	輔具名稱	別人協助	表現困難程度	生活情境下能力困難程度
D2.1長站	(0)無、(＋8)有		(0)無、(＋8)有	(0)：沒有困難 (1)：輕度 (2)：中度 (3)：重度 (4)：極重度 (9)：不適用	(0)：沒有困難 (1)：輕度 (2)：中度 (3)：重度 (4)：極重度 (9)：不適用
D2.2站起	(0)無、(＋8)有		(0)無、(＋8)有		
D2.3移動	(0)無、(＋8)有		(0)無、(＋8)有		
D2.4外出	(0)無、(＋8)有		(0)無、(＋8)有		
D2.5走遠	(0)無、(＋8)有		(0)無、(＋8)有		

領域3.生活自理					
題目	輔具	輔具名稱	別人協助	表現困難程度	生活情境下能力困難程度
D3.1洗澡	(0)無、(＋8)有		(0)無、(＋8)有	(0)：沒有困難 (1)：輕度 (2)：中度 (3)：重度 (4)：極重度 (9)：不適用	(0)：沒有困難 (1)：輕度 (2)：中度 (3)：重度 (4)：極重度 (9)：不適用
D3.2穿衣	(0)無、(＋8)有		(0)無、(＋8)有		
D3.3吃	(0)無、(＋8)有		(0)無、(＋8)有		

領域4.與他人相處					
題目	輔具	輔具名稱	別人協助	表現困難程度	生活情境下能力困難程度
D4.1陌生人	(0)無、(＋8)有		(0)無、(＋8)有	(0)：沒有困難 (1)：輕度 (2)：中度 (3)：重度 (4)：極重度 (9)：不適用	(0)：沒有困難 (1)：輕度 (2)：中度 (3)：重度 (4)：極重度 (9)：不適用
D4.2朋友	(0)無、(＋8)有		(0)無、(＋8)有		
D4.3親近者	(0)無、(＋8)有		(0)無、(＋8)有		
D4.4新朋友	(0)無、(＋8)有		(0)無、(＋8)有		

領域5-1.生活活動					
題目	輔具	輔具名稱	別人協助	表現困難程度	生活情境下能力困難程度
D5.1處理家務	(0)無、(＋8)有		(0)無、(＋8)有	(0)：沒有困難 (1)：輕度 (2)：中度 (3)：重度 (4)：極重度 (9)：不適用	(0)：沒有困難 (1)：輕度 (2)：中度 (3)：重度 (4)：極重度 (9)：不適用
D5.2做好家務	(0)無、(＋8)有		(0)無、(＋8)有		
D5.3完成家務	(0)無、(＋8)有		(0)無、(＋8)有		
D5.4盡快家務	(0)無、(＋8)有		(0)無、(＋8)有		

領域5-2.工作/學習

題目	輔具	輔具名稱	別人協助	表現困難程度	生活情境下能力困難程度
D5.5工作/學校	(0)無、(+8)有		(0)無、(+8)有	(0)：沒有困難 (1)：輕度 (2)：中度 (3)：重度 (4)：極重度 (9)：不適用	(0)：沒有困難 (1)：輕度 (2)：中度 (3)：重度 (4)：極重度 (9)：不適用
D5.6做好任務	(0)無、(+8)有		(0)無、(+8)有		
D5.7做完任務	(0)無、(+8)有		(0)無、(+8)有		
D5.8盡快任務	(0)無、(+8)有		(0)無、(+8)有		

領域6.社會參與

題目	輔具	輔具名稱	別人協助	表現困難程度	生活情境下能力困難程度
D6.1社區活動	(0)無、(+8)有		(0)無、(+8)有	(0)：沒有困難 (1)：輕度 (2)：中度 (3)：重度 (4)：極重度 (9)：不適用	(0)：沒有困難 (1)：輕度 (2)：中度 (3)：重度 (4)：極重度 (9)：不適用
D6.2戶外運動	(0)無、(+8)有		(0)無、(+8)有		
D6.3逛街購物	(0)無、(+8)有		(0)無、(+8)有		
D6.4交通工具	(0)無、(+8)有		(0)無、(+8)有		
D6.5公民活動	(0)無、(+8)有		(0)無、(+8)有		
D6.6宗教活動	(0)無、(+8)有		(0)無、(+8)有		

領域7.健康對個體和家庭的影響

題目	影響或困難程度
D7.1影響情緒	(0)：無影響 (1)：輕度 (2)：中度

D7.2放鬆娛樂	(3)：重度
D7.3時間花費	(4)：極重度
D7.4影響經濟	
D7.5影響家人	
D7.6環境致困難	
D7.7尊嚴	

2. 六歲以上未滿十五歲或十五歲以上未滿十八歲有學籍者

領域t.直接施測	
題目	**能力**
上肢活動	(0)：無協助 (1)：監督或提醒 (2)：一些協助
下肢活動	(3)：很多協助 (4)：完全協助

領域1.居家生活參與				
題目	**輔具**	**輔具名稱**	**參與頻率**	**參與獨立性**
C1.1家人互動	(0)無、 (+8)有		(0)：相同或更多 (1)：少一些 (2)：少很多 (3)：完全沒有	(0)：獨立 (1)：監督或輕度協助 (2)：中度協助 (3)：完全協助
C1.2朋友互動	(0)無、 (+8)有			
C1.3幫忙家務	(0)無、 (+8)有			
C1.4用餐/自理	(0)無、 (+8)有			
C1.5移動	(0)無、 (+8)有			
C1.6家中溝通	(0)無、 (+8)有			

領域2.鄰里社區參與				
題目	輔具	輔具名稱	參與頻率	參與獨立性
C2.1社區互動	(0)無、(＋8)有		(0)：相同或更多 (1)：少一些 (2)：少很多 (3)：完全沒有	(0)：獨立 (1)：監督或輕度協助 (2)：中度協助 (3)：完全協助
C2.2社區活動	(0)無、(＋8)有			
C2.3社區移動	(0)無、(＋8)有			
C2.4社區溝通	(0)無、(＋8)有			

領域3.學校生活參與				
題目	輔具	輔具名稱	參與頻率	參與獨立性
C3.1參與課業	(0)無、(＋8)有		(0)：相同或更多 (1)：少一些 (2)：少很多 (3)：完全沒有	(0)：獨立 (1)：監督或輕度協助 (2)：中度協助 (3)：完全協助
C3.2同學互動	(0)無、(＋8)有			
C3.3學校移動	(0)無、(＋8)有			
C3.4教材設備	(0)無、(＋8)有			
C3.5學校溝通	(0)無、(＋8)有			

領域4.家庭社區參與				
題目	輔具	輔具名稱	參與頻率	參與獨立性
C4.1做家事	(0)無、(＋8)有		(0)：相同或更多 (1)：少一些 (2)：少很多 (3)：完全沒有	(0)：獨立 (1)：監督或輕度協助 (2)：中度協助 (3)：完全協助
C4.2買東西	(0)無、(＋8)有			
C4.3作息管理	(0)無、(＋8)有			
C4.4交通工具	(0)無、(＋8)有			

第八條附表三修正規定

附表三　身心障礙無法減輕或恢復之基準

(一) 中華民國一百零一年七月十一日以後（簡稱現制）新申請身心障礙鑑定者，應符合下列之一規定，始得判定為無法減輕或恢復，無須重新鑑定：

1. 符合附表二甲等級判定原則（二）之規定，於六歲前經一次以上（≧1次）現制身心障礙鑑定，且年滿六歲後經一次以上（≧1次）現制身心障礙鑑定者。

2. 符合附表二甲等級判定原則（二）之規定，於年滿六歲後經二次以上（≧2次）現制身心障礙鑑定。

3. 符合下表規定之身心障礙類別及判定基準者：

類別	無法減輕或恢復，無須重新鑑定之判定基準	備註
第一類	鑑定向度為b110（意識功能），障礙程度為4且診斷為植物人狀態（ICD-10-CM為R40.2或R40.3），經二次以上（≧2次）現制鑑定。	經診斷為情感疾病（情緒障礙症/疾患）如：ICD-10-CM碼為F30-34者，不得納入無法減輕或恢復，無須重新鑑定者資格，應依醫師專業判斷進行重新鑑定。
	鑑定向度為b117（智力功能），障礙程度為2以上（≧2），經三次以上（≧3次）現制鑑定，至少一次（≧1次）於年滿十八歲後鑑定且最後一次鑑定時間與同鑑定向度第一次鑑定時間間隔十年以上（≧10年）。	
	鑑定向度為b144（記憶功能）或b164（高階認知功能），障礙程度為3以上（≧3），係因功能無可恢復之腦部器質病變所致（有具體腦影像檢查或生理功能儀器顯示相關之病變），年滿十八歲後經一次以上（≧1次）現制鑑定，其障礙程度持續十年以上（≧10年）。	
	鑑定向度為b167（語言功能）、b16700（口語理解功能）或b16710（口語表達功能），障礙程度為2以上（≧2），係因功能無可恢復之腦部器質病變所致（有具體腦影像檢查或生理功能儀器顯示相關之病變），年滿十八歲後經一次以上（≧1次）現制鑑定，其障礙程度持續十年以上（≧10年）。	
第二類	鑑定向度為b210（視覺功能），障礙程度為3，且兩眼診斷為眼球萎縮、眼球癆或無眼球，經一次以上（≧1次）現制鑑定；或障礙程度為3，經三次以上（≧3次）現制鑑定，至少一次（≧1次）於年滿十八歲後鑑定。	
	鑑定向度為b230（聽覺功能），障礙程度為3，且診斷為先天性聽神經發育不良或萎縮者，經一次以上（≧1次）現制鑑定。	

類別	無法減輕或恢復，無須重新鑑定之判定基準	備註
第二類	鑑定向度為b230（聽覺功能），障礙程度為3，經三次以上（≧3次）現制鑑定，至少一次（≧1次）於年滿十八歲後鑑定；或障礙程度為2以上（≧2），經二次以上（≧2次）現制鑑定，至少一次（≧1次）於年滿八十歲後鑑定。	
	鑑定向度為b235（平衡功能），障礙程度為2以上（≧2），經三次以上（≧3次）現制鑑定，至少一次（≧1次）於年滿十八歲後鑑定。	
	鑑定向度為s220（眼球構造），障礙程度為3，經一次以上（≧1次）現制鑑定。	
	鑑定向度為s260（內耳構造），障礙程度為3，經一次以上（≧1次）現制鑑定。	
第三類	鑑定向度為b310（嗓音功能）或b320（構音功能），障礙程度為3，年滿十八歲後同鑑定向度經二次以上（≧2次）現制鑑定。	
	鑑定向度為s320（口構造）、s330（咽構造）或s340（喉構造），經一次以上（≧1次）現制鑑定。	
第四類	鑑定向度為b410（心臟功能），符合基準為「永久性心律調節器置放者」，年滿十八歲後經二次以上（≧2次）現制鑑定。	
	鑑定向度為b415（血管功能），年滿十八歲後經二次以上（≧2次）現制鑑定。	
	鑑定向度為b430（血液系統功能），障礙程度為3以上（≧3），年滿十八歲後經二次以上（≧2次）現制鑑定。	
	鑑定向度為b440（呼吸功能），障礙程度為2以上（≧2），年滿十八歲後經二次以上（≧2次）現制鑑定。	
	鑑定向度為s430（呼吸系統構造），經一次以上（≧1次）現制鑑定。	
第五類	鑑定向度為b510（攝食功能），障礙程度為2以上（≧2），經三次以上（≧3次）現制鑑定，至少一次（≧1次）於年滿十八歲後鑑定。	
	鑑定向度為s530（胃構造）、s540（腸道構造）或s560（肝臟構造），經一次以上（≧1次）現制鑑定。	
第六類	鑑定向度為b610（腎臟功能），障礙程度為4，經二次以上（≧2次）現制鑑定，至少一次（≧1次）於年滿七十歲後鑑定。	

類別	無法減輕或恢復，無須重新鑑定之判定基準	備註
第六類	鑑定向度為b620（排尿功能），障礙程度為2，經三次以上（≧3次）現制鑑定，至少一次（≧1次）於年滿十八歲後鑑定。	
	鑑定向度為s610（泌尿系統構造），障礙程度為2，且經一次以上（≧1次）現制鑑定。	
第七類	鑑定向度為b730（肌肉力量功能）、b730a（肌肉力量功能（上肢））、b730b（肌肉力量功能（下肢））、b735（肌肉張力功能）或b765（不隨意動作功能），障礙程度為2以上（≧2），經三次以上（≧3次）現制鑑定，至少一次（≧1次）於年滿十八歲後鑑定且最後一次鑑定時間與同鑑定向度第一次鑑定時間間隔五年以上（≧5年）。	
	鑑定向度為b730（肌肉力量功能）、b730a（肌肉力量功能（上肢））、b730b（肌肉力量功能（下肢）），上肢、下肢障礙程度皆為1以上（≧1），經三次以上（≧3次）現制鑑定，至少一次（≧1次）於年滿十八歲後鑑定且最後一次鑑定時間與同鑑定向度第一次鑑定時間間隔五年以上（≧5年）。	
	鑑定向度為s730（上肢構造）或s750（下肢構造），經一次以上（≧1次）現制鑑定。	
第八類	鑑定向度為s810（皮膚區域構造），經一次以上（≧1次）現制鑑定。	

（二）原領有舊制永久效期手冊且已換發身心障礙證明，自行申請現制身心障礙鑑定者，應符合下列無法減輕或恢復，無須重新鑑定規定之一：

1. 其舊制身心障礙類別（十六類）可對應現制身心障礙類別（八類各鑑定向度）且達基準者。

2. 其舊制身心障礙類別屬多重障礙類且達現制基準者。

3. 其舊制身心障礙類別屬其他類（染色體異常、先天代謝異常、其他先天缺陷）或罕見疾病類，符合附表二甲等級判定原則（二）之規定者。

附錄十五

ICF 介紹

國際健康功能與身心障礙分類（International Classification of Functioning, Disability, and Health，簡稱ICF）

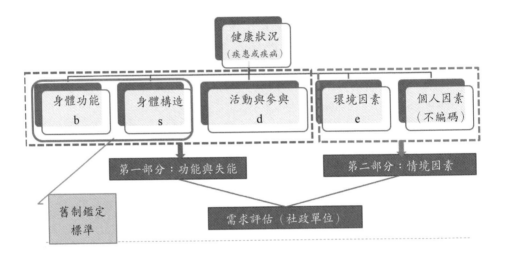

身體功能b（body functions）	身體構造s（body structures）
b1. 心智功能	s1. 神經系統構造
b2. 感官及疼痛功能	s2. 眼、耳與有關構造
b3. 發聲與言語功能	s3. 涉及發聲與言語的構造
b4. 心血管、血液、免疫與呼吸系統功能	s4. 心血管、免疫與內分泌系統有關構造
b5. 消化、代謝與內分泌系統功能	s5. 消化、代謝與內分泌系統有關構造
b6. 泌尿生殖與生殖功能	s6. 泌尿生殖與生殖系統有關構造
b7. 神經肌肉骨骼與動作有關的功能	s7. 動作有關構造
b8. 皮膚與有關構造功能	s8. 皮膚與有關構造

活動與參與d（Activity & Participation）	環境因素e（environment factors）
d1. 學習與應用知識	e1. 產品與科技
d2. 一般任務及需求	e2. 自然環境與人為環境
d3. 溝通	e3. 支持與關係
d4. 行動	e4. 態度
d5. 自我照護	e5. 服務、制度與政策
d6. 居家生活	
d7. 人際互動及關係	
d8. 主要生活領域	
d9. 社區、社交、公民生活	

附錄十六

ICD-11、DSM-5 中與特殊教育
相關常用編碼對照與診斷編碼說明

ICD-11	類別	DSM-5
8A05.00	Tourette's Disorder 妥瑞症	307
6A02	Autism Spectrum Disorder 自閉症類群障礙症	299.00
6A05	Attention-Deficit/ hyperactivity disorder (ADHD) 注意力不足 / 過動症	314
6A00	Intellectual Disabilities 輕度智能不足	317
6A00.1	中度智能不足	318.0
6A00.2	重度智能不足	318.1
6A03	Specific Learning Disorder 特定式學習疾患	315
6A03.0	閱讀障礙（with impairment in reading）	315.00
6A03.2	數學障礙（with impairment in mathematics）	315.1
6A03.1	書寫障礙（with impairment in written expression）	315.2

附註：

（一）ICD-1 主、次要診斷編碼指引

1. 主要診斷定義為「經研判後，被確定為引起病人此次住院醫療之主要原因」。

2. 主要診斷的選取原則

　2.1 兩個或兩個以上相關情況，皆符合主要診斷定義時，任何一種情況都可以為主要診斷。

　2.2 症狀伴隨對照性或比較性診斷時，以症狀為主要診斷，比較性或對照性診斷為附加診斷。

　2.3 病人因手術或其他醫療照護之併發症入院治療，此併發症為主要診斷。

3. 次要診斷的定義為所有的病況，不論住院時已經存在，或是於住院中產生，只要此診斷影響患者所接受的治療或延長住院天數者，皆可稱為次要診斷。

4. 次要診斷的編碼原則

　4.1 過去的病況（previous conditions）

　　4.1.1 病情已緩解、不存在或為過去入院施行之手術，與本次住院無關者，原則上不需編碼。

4.1.2　過去病況或家族史會影響醫療處置及照護時，可編寫病史代碼（Ｚ８０- Z87）為次要診斷。

4.2　異常發現（abnormal findings）：實驗室檢驗、X-光檢查、病理報告及其他診斷性檢查異常的結果，不可直接採納為編碼依據。

4.3　出院診斷描述為：可能（probable, likely, possible）、疑似（suspected）、質疑（questionable）、未排除（still to be ruled out）或其他類似的不確定之字詞時，應視該診斷已存在並予以編碼。

（二）ICD-10一般編碼指引

1. 如何選取正確的代碼

1.1　在字母索引表中選擇一個符合病歷記載的診斷或者入院理由的主要字詞，然後對照代碼表列說明，詳細閱讀並依循字母索引及代碼表列的指引性註解，尋找並確定一個符合的代碼。

1.2　診斷代碼必須分類至最詳細的位碼，若未編寫至該類代碼規範的位碼（如第7位碼），則此代碼為不完整之無效代碼。

2. 編碼通則

2.1　疾病過程相關的常規性症狀及癥候不需要編列為附加診斷，除非在分類上有其他的指示。

2.2　疾病過程常規上不一定會出現的症狀及癥候，若出現時，必須給予編碼。

2.3　單一病況有時需編寫多重代碼表達

2.3.1　病因／病癥（etiology/manifestation）之編碼需要編寫兩個代碼以完整描述影響身體多重系統之病況。

2.3.2　優先編碼（code first）註解表示此代碼可能具潛在病因意義，該潛在病因應優先予以編碼

2.4　如果同一病況被描述為急性（亞急性）和慢性，且字母索引在相同的縮排下為分開的項目，則兩個代碼都要編寫，編碼順序應先編寫急性（亞急性）代碼。

2.5　合併碼（combination code）

2.5.1　合併碼是以單一代碼來表示兩個診斷、一個診斷併有相關之續發性病程（病徵）或一個診斷併有相關併發症之情形。

2.5.2　當合併碼缺乏明確描述病徵或併發症時，可使用附加碼作為次要診斷。

2.6　後遺症（late effects/sequela）

2.6.1　後遺症是疾病急性期後或損傷已終止所殘存的病況，使用上沒有時間的限定。

2.6.2　後遺症通常需要兩個代碼來表示狀況，需先編寫殘存的病況，再加編寫後遺症代碼。

2.6.3　若病徵碼於代碼列表說明或標題上已述明後遺症，或後遺症的代碼已於第4、5或第6位碼表示時，則不需要編寫兩個代碼。

2.6.4　造成後遺症的急性期疾病或損傷代碼不可與後遺症代碼共用。

2.7　即將發生或有可能發生之病況（impending or threatened condition）

2.7.1 如果病況確實發生則視為確立診斷來編碼。

2.7.2 如果病況沒有發生，則查閱該病況之字母索引的分項中是否有impending 或 threatened 之字詞，也可以 impending 或 threatened為主要字詞來查閱。

2.7.2.1 如果字母索引的分項中有列出該病況，則依所給予之代碼編碼。

2.7.2.2 如果字母索引的分項中無該病況，則依現存的病況編碼，不可依 im- pending或threatened的病況編碼。

2.8 ICD-10-CM診斷代碼以最後一個位碼來表示身體的側性（laterality）。當病歷內容未描述側性時，使用未明示部位的代碼，當病情是兩側但無雙側代碼可選取時，則同時編寫左側及右側的代碼。

（三）ICD-11 一般編碼指引（https://icd.who.int/en）

1. ICD 用於將疾病和其他健康問題的診斷轉化為字母數字代碼。

2. ICD 採用的方法將「嚴重程度」確定為疾病／失調的屬性，並通過一組功能代碼描述健康狀況對人日常生活的影響。

3. 主要診斷定義為「住院結束評估後的入院原因」，編碼原則：

第一碼：與章節相關

第二碼：位置為字母

第三碼：包含強制數字可以防止拼寫「不需要的單詞」

"X"開頭的代碼表示擴展代碼

結尾字母"Y"為剩餘類別「其他指定」保留

結尾字母"Z"為剩餘類別「未指定」保留。

4. ICD-11 為了因應持續增加的疾病種類、病因及更細特徵（specifier）分類，如不同的嚴重度、病程、特質（qualifier）或亞型等描述。

5. ICD-11 編碼系統增加為六個「字碼（xxxx.xx）」，每一碼可以是0 到9 等10 個數字，也可以是y 及z 以外的英文字母。例如第6 章第一個精神疾病「智能發展障礙症，編碼6A00.x」、第二個精神疾病「言語或語言發展障礙症，編碼是6A01.xx」，對應到DSM-5 精神疾病是「溝通障礙症（communication disorder，ICD-10-CM 編碼F80.xx）」。也就是說ICD-10-CM 編碼的小數點前三碼（Fxx）算做一種精神疾病，至多99 種精神疾病，但是ICD-11 扣除不能單獨編碼的6A25「原發性精神病症的症狀表現」、6A80「情緒障礙症中情緒障礙發作的症狀及病程表現」、6D11「明顯的人格特質或型態」、6D86「失智症中的精神行為困擾」、HA40「性功能障礙及性交痛障礙症的病因考量」及該疾病類群第四碼為Y 或Z 的「其他特定（other specified）」或「非特定（unspecified）」的四位字碼：如6A0Y「其他特定的神經發展障礙症」及6A0Z「非特定的神經發展障礙症」。

（四）ICD-11精神疾病相關類群

序號	精神疾病類群名稱	編碼	四碼疾病種類
	第六章　精神、行為或神經發展障礙症		
1	神經發展障礙症（Neurodevelopmental disorders）	6A00-6A06	7
2	思覺失調症或其他原發性精神病症（other primary psychotic disorders）＊	6A20-6A25	55
3#	僵直症（Catatonia）		2
4	情緒障礙症（Mood disorders包括雙相情緒障礙症及憂鬱症）	6A60-6A62, 6A80 6A70-6A72	65
5	焦慮或恐懼相關障礙症（Anxiety and fear-related disorders）＊	6B00-6B06	7
6	強迫症或相關障礙症（Obsessive-compulsive or related disorders）	6B20-6B25	6
7	壓力特別相關的障礙症（Disorders specifically associated with stress）＊	6B40-6B45	6
8	解離症（Dissociative disorders）	6B60-6B66	7
9	餵食或飲食障礙症（Feeding or eating disorders）	6B80-6B85	6
10	排泄障礙症（Elimination disorders）	6C00-6C01	2
11	身體感受或失調症（Bodily distress disorder）＊	6C20.0-6C21	2
12	物質使用或成癮行為引起的障礙症（Disorders due to substance use for addictive behaviours）＊	6C40-6C4H, 6C50-6C51	20
13#	衝動控制障礙症（Impulse control disorders）	6C70-6C73	4
14#	侵擾行為或社會違常障礙症（Disruptive behaviour or dissocial disorders）＊	6C90-6C91	2
15	人格障礙症及相關人格特質（Personality disorders and related traits）＊	6D10-6D11	15
16	性偏好症（Paraphilic disorders）	6D30-6D36	7
17#	人為障礙症（Factitious disorders）	6D50-6D51	2
18	認知障礙症（Neurocognitive disorders，包括「失智症」次類群）＊	6D70-6D72, 6D80-6D86	95

序號	精神疾病類群名稱	編碼	四碼疾病種類
19#	和懷孕、生產及產褥期相關的精神或行為障礙症（Mental or behavioral disorders associated with pregnancy. childbirth and the puerperium, not elsewhere classified）	6E20-6E21	2
20#	影響他處已分類的身體疾病或障礙症的心理或行為因素（Psychological or behavioural factors affecting disorders or diseases classified elsewhere）	6E40	1
21#	他處已分類身體障礙症或疾病相關的續發性精神或行為症狀（Secondary mental or behavioural syndromes associated with disorders or diseases classified elsewhere）	6E60-6E69	10
22-27	第7章睡醒障礙症（Sleep-wake disorder）：包括6個類群，即失眠症、嗜睡症（Hypersomnolence disorders）、睡眠相關呼吸障礙症（Sleep-related breathing disonders）、日夜節律睡醒障礙症（Circadian rhythm sleep-wake disorders）、睡眠相關的動作障礙症（Sleep-related movement disorders）及類睡症（Parasomnia disorders）	7A00-7A01, 7A20-7A26, 7A40-7A42, 7A60-7A65, 7A80-7A88, 7B00-7B02	30
28	第8種神經疾病：動作障礙症類群（8A00-8A05）包括抽搐症（tic disorders, 8A05.0-8A05.3）。其他如「以認知障礙缺損作為主要特徵的障礙症（8A20-8A23）」、多發性硬化症、癲癇、頭痛症、腦血管疾病、腦性麻痺、神經系統的營養失衡或毒性症、人體普利昂症、等類群的疾病都需和精神疾病相關，其編碼詳見附錄。	8A05	1
29-31	第17章性健康相關狀況：性功能障礙（Sexual dysfunction）、性交痛／插入障礙症（Sexual pain-penetration disorder）*、性功能障礙及性交痛障礙症的病因考量（etiological considerations in sexual dysfunctions and sexual pain disorders）、性別不一致（gender incongruence）*	HA00-HA03, HA20, HA40, HA60-HA61	75

#：為新增或自舊章節中獨立出來的章節。*代表ICD-11診斷類群的名稱與DSM-5不同參考自WHO在2018年12月網頁https://icd.who.int/browsell/l-m/en。$代表該類群中已經扣除有一個不是獨立疾病的四位字碼_如6A25、6A80、6D11、6D86及HA40，也就是這些四位字碼在「沒有該章節的其他精神疾病編碼時，不能獨立編碼」。

（五）DSM-5 與ICD-11的精神疾病相關類群的對照

1. DSM-5將所有精神疾病分成20個類群，上述的精神疾病在ICD-11歸類在第6章「精神、行為或神經發展障礙症」的21個類群、第7章「睡醒障礙症」6個類群、第8章「神經系統疾病」的「動作障礙症」類群及第17章「性健康相關狀況」3個類群。

2. DSM-5「神經發展障礙症」類群的「抽搐症」歸在第8章「神經疾病」的「動作障礙症（8A00-8A07）」類群；「僵直症（6A40-6A41）」、「衝動控制障礙症（6C70-6C73）」、「侵擾行為或社會違常障礙症（6C90-6C91）」、「人為障礙症（6D50-6D51）」、「未明示的懷孕_生產及產褥期相關精神疾病（6E20-6E21）」、「受心理因素影響的其他身體病況（6E40）」及「續發性精神疾病（6E60-6E69）」等類群都是ICD-11新增的精神疾病類群。

3. ICD-11也加入「混合憂鬱及焦慮症，編碼6A73」，ICD-11認為「中等」或「重度」程度的憂鬱症就可以有精神病症狀。

4. DSM-5將過去的「慮病症（hypochondriasis）」不歸在「焦慮症類群」而是歸在「身體症狀障礙症」類群，且更名為「罹病焦慮症（illness anxiety disorder）」，ICD-11則維持「慮病症」，編碼6B23，但歸類在「強迫症」類群。

5. DSM-5拔毛症及摳皮症在ICD-11則屬於「專注身體的重複行為障礙症，編碼6C20-6C21」。

6. DSM-5的「創傷及壓力相關障礙症」類群在ICD-11改名「壓力特別相關障礙症」類群，且增加了「複雜的創傷後壓力障礙症（complex PTSD, 6B41）」及「哀慟過久症（6B42）」兩個精神疾病。

7. DSM-5的「解離症」類群沒有ICD-11該類群的「解離性神經症狀障礙症，編碼6B60，在DSM-5即為身體症狀障礙症類群的轉化症（conversion disorder）」、「恍惚症（6B62）」、「附身恍惚症（6B63）」及「部分解離性身分障礙症（6B65）」。

DSM-5與ICD-11的精神疾病相關類群的對照

章節	DSM-5 (2013)的精神疾病類群	2018年ICD-11精神疾病相關類群（編碼）
1	精神發展障礙症	神經發展障礙症類群a（6A00-6A06）、第8章神經系統疾病專章中「動作障礙症類群」的抽搐症（8A05）。
2	思覺失調類群和其他精神病症	思覺失調症或其他原發性精神類群b（6A20-6A25）、僵直症類群a（6B40-6B41）
3	雙相情緒及其相關障礙症	情緒障礙症類群的雙相情緒障礙症次類群b（6A60-6A62）
4	憂鬱症	情緒障礙症類群的憂鬱症次類群b（6A70-6A72）
5	焦慮症	焦慮或恐懼相關障礙症類群b（6B00-6B06）

章節	DSM-5 (2013)的精神疾病類群	2018年ICD-11精神疾病相關類群（編碼）
6	強迫症及相關障礙症	強迫症或相關障礙症類群b（6820-6B25）
7	創傷及壓力相關障礙症（tran-ma-and stress-related disorder）	壓力特別相關的障礙症類群（6B40-6B45）
8	解離症	解離症類群（6B60-6B66）
9	身體症狀及相關障礙症	身體感受或失調症類群（6C20-6C21）、人為障礙症（6D50-6D51）、影響他處已分類的身體疾病或障礙症的心理或行為因素（6E40）
10	餵食及飲食障礙症	餵食或飲食障礙症類群（6B80-6B85）
11	排泄障礙症	排泄障礙症類群（6C00-6C01）
12	睡醒障礙症	第7章睡醒障礙症專章（7A00-7B02）中共6個類群：失眠症、嗜睡症、睡眠相關呼吸障礙症、日夜節律睡醒障礙症、睡眠相關的動作障礙症及類睡症
13	性功能障礙	第7章性健康相關狀況的「性功能障礙」類群（HA00-HA03, HA4x）及「性交痛」類群（HA20）
14	性別不安（gender dysphoria）	第7章性健康相關狀況的「性別不一致」類群（HA60-HA61）
15	侵擾行為，衝動控制及行為規範障礙症（disruptive, impulse-control, and conduct disorders）	衝動控制障礙症類群（6C70-6C73）、侵擾行為或社會違常障礙症（6C90-6C91）
16	物質相關及成癮障礙症	物質使用或成癮行為引起的障礙症類群（6C40-6C4H, 6C50-6C51）
17	認知障礙類障礙症	認知障礙症（6D70-6D71、6D72〔失憶症〕、6D80-6D86 d〔失智症〕）
18	人格障礙症	人格障礙症及相關人格特質類群a（6D10-6D11）
19	性偏好症	性偏好症類群（6D30-6D36）
20	其他精神疾病（other mental disorders）	無

章節	DSM-5 (2013)的精神疾病類群	2018年ICD-11精神疾病相關類群（編碼）
--	--	和懷孕、生產及產褥期相關的精神或行為障礙症（6E20-6E21）
分散於各章節	--	他處被分類身體障礙症或疾病相關的續發性精神或行為症狀（6B60-6B69）

a：不包括DSM-5中的另一身體病況引起的相關精神疾病。b：不包括DSM-5中的「另一身體病況引起的相關精神疾病」及「物質或醫藥引發的精神疾病」。

附錄十七

身心障礙證明與 ICF

(1) 衛生福利部之身心障礙證明

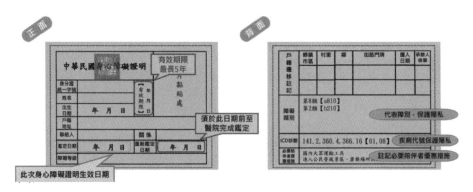

參考:https://dep.mohw.gov.tw/donahc/cp-1034-5208-104.html

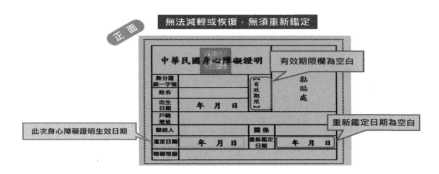

(2) ICF

(A) 國際健康功能與身心障礙分類（International Classification of Functioning, Disability, and Health，簡稱 ICF）。

(B) ICF 分類系統為四層分類，分別為身體功能 (b)、身體構造 (s)、活動與參與 (d)、環境因素 (e)，個人因素則採不編碼方式。

(C) ICF 的編碼原則──限定值：身體功能 b

b2 感官功能與疼痛第一層分類（英文＋第 1 個數字）

b210 視覺功能第二層分類（第 2、3 個數字）

b2102 視力品質第三層分類（第 4 個數字）

b21022 對比敏感度第四層分類（第 5 個數字）

定義	身體功能爲身體系統的生理功能（包含心理功能）損傷爲在身體功能有明顯偏差或缺損的問題
限定值的意義	評估損傷的程度
0無損傷	沒有損傷的問題
1輕度損傷	在30天之內，問題出現的頻率低於25%的時間，且該程度是當事者能忍受的情況
2中度損傷	在30天之內，問題出現的頻率低於50%的時間，且該程度偶爾干擾當事者的日常生活
3重度損傷	在30天之內，問題出現的頻率高於50%的時間，且該程度經常干擾當事者的日常生活
4完全損傷	在30天之內，問題出現的頻率高於95%的時間，且該程度完全干擾當事者的日常生活
8不特定	沒有足夠資訊可具體說明損傷的程度
9不適用	該情況並不適用於特定編碼（如b650月經功能不適用於年齡在初經前或停經後的女性）

例如：b2100.2（中度損傷／損傷程度）視力功能

(D) ICF 的編碼原則—限定值：身體構造 s

定義	身體構造爲身體的解剖部位，如器官、肢體與其組成部分 損傷爲在身體構造上有明顯偏差或缺損的問題	
限定值的意義：評估損傷的程度		
第一級限定值 損傷程度	第二級限定值 損傷性質	第三級限定值 損傷位置
0 無損傷 1 輕度損傷 2 中度損傷 3 重度損傷 4 完全損傷 8 不特定 9 不適用	0 無構造改變 1 全部缺損 2 部分缺損 3 增生或增加部分 4 異常尺寸 5 斷裂 6 異常姿勢 7 質性結構改變，包含液體堆積	0 多於一個區域 1 右邊 2 左邊 3 雙邊 4 前面 5 後面 6 近端 7 遠端 8 不特定 9 不適用

例如：s2203.2（中度損傷／損傷程度）2 （部分缺損／損傷性質）1 （右邊／損傷位置）視網膜

(E) ICF 的編碼原則—限定值：活動與參與 d

定義	・活動是指可由單獨的個人執行之工作或任務 ・參與是指存在有兩人以上的生活情境之參與
	・活動限制是指個人從事活動的困難 ・參與侷限是指個人在參與其生活情境的問題
限定值的意義：評估表現（Performance）與能力（Capacity） ・表現為描述個人在真實環境中做什麼 ・能力為描述個人在標準環境中執行工作的能力	
0 無困難	沒有損傷的問題
1 輕度困難	意指在30天之內，問題出現的頻率低於25%的時間，且該程度是當事者能忍受的情況
2 中度困難	意指在30天之內，問題出現的頻率低於50%的時間，且該程度偶爾干擾當事者的日常生活
3 重度困難	意指在30天之內，問題出現的頻率高於50%的時間，且該程度經常干擾當事者的日常生活
4 完全困難	意指在30天之內，問題出現的頻率高於95%的時間，且該程度完全干擾當事者的日常生活
不特定	意指沒有足夠資訊可具體說明困難的程度
9 不適用	意指該情況並不適用於特定編碼

例如：d166.2（中度困難）3 （重度困難）2 （中度困難）閱讀

(F) ICF 的編碼原則—限定值：環境因素 e

定義	環境因素是指人們所居住、並與其生活相關的自然、社會和態度之環境
限定值的意義：阻礙因素（Barriers）與促進因素（Facilitator） ・環境因素是以描述其所處情境之個人觀點來進行編碼，限定值指出該因素造成的阻礙或促進程度	
編碼後放點號為阻礙	編碼後放加號為促進
xxx.0　沒有阻礙	xxx+0　沒有促進
xxx.1　輕度阻礙	xxx+1　輕度促進

xxx. 2	中度阻礙	xxx+2	中度促進
xxx. 3	重度阻礙	xxx+3	重度促進
xxx. 4	完全阻礙	xxx+4	完全促進
xxx. 8	不特定阻礙	xxx+8	不特定促進
xxx. 9	不適用	xxx. 9	不適用

例如：e1251.1（輕度阻礙）溝通用輔具產品與科技

國家圖書館出版品預行編目資料

學習障礙與補救教學：教師及家長實用手冊／
孟瑛如著. ーー五版.ーー臺北市：五南圖
書出版股份有限公司, 2025.01
面； 公分
ISBN 978-626-393-985-1（平裝）

1.CST: 學習障礙 2.CST: 特殊教育 3.CST:
補救教學

529.69   113018515

1IKD

學習障礙與補救教學
教師及家長實用手冊

作　　者 ― 孟瑛如

編輯主編 ― 黃文瓊

責任編輯 ― 李敏華

封面設計 ― 封怡彤

出 版 者 ― 五南圖書出版股份有限公司

發 行 人 ― 楊榮川

總 經 理 ― 楊士清

總 編 輯 ― 楊秀麗

地　　址：106臺北市大安區和平東路二段339號4樓

電　　話：(02)2705-5066　　傳　真：(02)2706-6100

網　　址：https://www.wunan.com.tw

電子郵件：wunan@wunan.com.tw

劃撥帳號：01068953

戶　　名：五南圖書出版股份有限公司

法律顧問　林勝安律師

出版日期　2002年 3 月初版一刷（共十二刷）
　　　　　2013年 8 月二版一刷（共二刷）
　　　　　2016年 8 月三版一刷（共三刷）
　　　　　2019年 8 月四版一刷（共二刷）
　　　　　2025年 1 月五版一刷

定　　價　新臺幣620元

全新官方臉書

五南讀書趣

WUNAN
Books since1966

經典永恆‧名著常在

五十週年的獻禮 ── 經典名著文庫

五南，五十年了，半個世紀，人生旅程的一大半，走過來了。

思索著，邁向百年的未來歷程，能為知識界、文化學術界作些什麼？

在速食文化的生態下，有什麼值得讓人雋永品味的？

歷代經典‧當今名著，經過時間的洗禮，千錘百鍊，流傳至今，光芒耀人；

不僅使我們能領悟前人的智慧，同時也增深加廣我們思考的深度與視野。

我們決心投入巨資，有計畫的系統梳選，成立「經典名著文庫」，

希望收入古今中外思想性的、充滿睿智與獨見的經典、名著。

這是一項理想性的、永續性的巨大出版工程。

不在意讀者的眾寡，只考慮它的學術價值，力求完整展現先哲思想的軌跡；

為知識界開啟一片智慧之窗，營造一座百花綻放的世界文明公園，

任君遨遊、取菁吸蜜、嘉惠學子！